Udo Branahl

Justizberichterstattung

Udo Branahl

Justizbericht-erstattung

Eine Einführung

VS VERLAG FÜR SOZIALWISSENSCHAFTEN

VS Verlag für Sozialwissenschaften
Entstanden mit Beginn des Jahres 2004 aus den beiden Häusern
Leske+Budrich und Westdeutscher Verlag.
Die breite Basis für sozialwissenschaftliches Publizieren

Bibliografische Information Der Deutschen Bibliothek
Die Deutsche Bibliothek verzeichnet diese Publikation in der Deutschen Nationalbibliografie;
detaillierte bibliografische Daten sind im Internet über <http://dnb.ddb.de> abrufbar.

1. Auflage Juli 2005

Alle Rechte vorbehalten
© VS Verlag für Sozialwissenschaften/GWV Fachverlage GmbH, Wiesbaden 2005

Lektorat: Barbara Emig-Roller

Der VS Verlag für Sozialwissenschaften ist ein Unternehmen von Springer Science+Business Media.
www.vs-verlag.de

Umschlaggestaltung: KünkelLopka Medienentwicklung, Heidelberg

Gedruckt auf säurefreiem und chlorfrei gebleichtem Papier

ISBN-13:978-3-531-14618-8   e-ISBN-13:978-3-322-80736-6
DOI: 10.1007/978-3-322-80736-6

Inhalt

Einleitung:
Justiz – ein schwieriges Berichterstattungsfeld

Regierungen und Parlamente genießen in der politischen Berichterstattung der Massenmedien weitaus größere Aufmerksamkeit als die Justiz. Dies beruht zum Teil sicher auf dem Umstand, dass der Legislative und Exekutive eine größere Bedeutung für die politische Entwicklung des Landes zugemessen wird als der Rechtsprechung. Das Ausmaß, in dem die Tätigkeit der Justiz von den Medien vernachlässigt wird, ist nach Ansicht des Autors jedoch auch darauf zurückzuführen, dass sie für Journalisten[1], die in der Regel nicht über eine juristische Ausbildung verfügen, ein sehr sperriges und schwer zu durchschauendes Berichterstattungsfeld bildet. Dass sich die Tätigkeit der Justiz dem Beobachter nicht so leicht erschließt, mag zum einen daran liegen, dass in Regierungen und Parlamenten Politiker arbeiten, die den Wert der Öffentlichkeitsarbeit für die Durchsetzung ihrer Ziele frühzeitig erkannt haben, während die Justiz es bis vor nicht allzu langer Zeit für weitgehend überflüssig gehalten hat, einen Teil ihrer knappen Ressourcen für die Unterrichtung fachlich inkompetenter Journalisten zu verwenden.[2] Hinzu kommt, dass Gerichte ihre Entscheidungen in einem stark formalisierten Verfahren entwickeln und in einer oft schwer verständlichen Sprache formulieren. Nicht immer leicht zu durchschauen ist schließlich die Bedeutung, die einem Gerichtsurteil über den Ein-

---

[1] In dieser Arbeit wird für die handelnden Personen aus Gründen der besseren Lesbarkeit des Textes immer die männliche Form verwendet. Das bedeutet natürlich nicht, dass in Justiz und Berichterstattung lediglich männliche Personen tätig sind. Sowohl in Justiz wie im Journalismus ist der Anteil der Frauen in den vergangenen Jahren ständig gewachsen – und der Autor verdankt den Kolleginnen (mindestens) genau so viele Anregungen und Einsichten wie den Kollegen.
[2] Zur Entwicklung der Öffentlichkeitsarbeit der Justiz vgl. z.B. Wassermann, S. 145 ff.; zum gegenwärtigen Stand vgl. die Diplomarbeit von Schäder aus dem Jahre 2002.

zelfall hinaus für die Konkretisierung und Fortbildung des Rechts zukommt.[3]

Mit der Vorlage dieses Lehrbuchs verbindet der Autor die Hoffnung, dem juristisch nicht vorgebildeten Leser Grundkenntnisse zur Verfügung zu stellen, die für eine sachgerechte Berichterstattung über die Justiz hilfreich sein können. Wenn damit zugleich ein Beitrag zur Stärkung einer „offenen Rechtskommunikation" in der Bundesrepublik Deutschland[4] erbracht werden könnte, entspräche dies seinen Intentionen.

Während im Mittelpunkt der traditionellen „Gerichtsberichterstattung" zumeist Gerichtsberichte und Reportagen über Strafprozesse stehen[5], soll die Bezeichnung „Justizberichterstattung" das Augenmerk darauf lenken, dass Justiz mehr ist als Strafjustiz und eine umfassendere Berichterstattung verdient.

An den Vorarbeiten zu diesem Lehrbuch haben in den letzten Jahren zahlreiche Studierende mitgewirkt, die an meinen Lehrveranstaltungen zur Gerichtsberichterstattung teilgenommen haben. Ihnen bin ich zu Dank verpflichtet. Wichtige Hinweise zur Gestaltung des Textes verdanke ich ferner Frau Prof. Dr. Reinhild Rumphorst. Auch ihr danke ich an dieser Stelle herzlich.

Udo Branahl   Dortmund, im April 2005

---

[3] Zu Defiziten der Justizberichterstattung aus anwaltlicher Sicht vgl. die Polemik von Zuck in NJW 2001, S. 40 ff.
[4] Zum Konzept einer „offenen Rechtskommunikation" vgl. Castendyk, S. 39 ff.
[5] Zur Verteilung der Gerichtsberichterstattung auf die verschiedenen Gerichtsbarkeiten vgl. die – allerdings schon ältere - Studie von Delitz.

1 Ziele der Justizberichterstattung

Die Berichterstattung über die Tätigkeit der Justiz kann unterschiedliche Ziele verfolgen. Sie kann sich an der Neugier des Publikums, seinem Unterhaltungsinteresse, oder an individuellen Informationsinteressen des Einzelnen orientieren. Sie kann ihre Rolle aber auch aus demokratietheoretischen Konzepten ableiten, als Beitrag zur öffentlichen Meinungs- und Willensbildung interpretieren.

Der Qualität eines Beitrages kommt es zugute, bei seiner Konzeption zu klären, worin seine „Relevanz"[6] besteht, welche Publikumsinteressen mit ihm befriedigt werden sollen. Die Ausgangsfragen lauten auch bei der Justizberichterstattung: Für *wen* ist der Beitrag bestimmt? *Warum* sollen seine Adressaten ihn zur Kenntnis nehmen?

1.1 Individuelle Informationsinteressen

1.1.1 Neugier

Traditionell konzentriert sich die Justizberichterstattung auf Berichte über einzelne Gerichtsverfahren. Vieles deutet darauf hin, dass diese in hohem Ausmaß der Unterhaltung des Publikums dienen: Im Mittelpunkt der meisten Gerichtsberichte steht ein Strafprozess.[7] Unter diesen werden wiederum vorrangig solche Fälle ausgewählt,

---

[6] Zu Relevanzkriterien vgl. z.B. Haller, Recherchieren, S. 95
[7] So ermittelte Friske (S. 172 ff.), dass der Anteil der Strafprozesse an der Justizberichterstattung in der Westfälischen Rundschau im Jahre 1960 86,6% und im Jahre 1980 immerhin noch 69,3% betrug.

- in denen es um die Bestrafung schwerer Gewaltverbrechen[8] geht oder Sexualität eine Rolle spielt,
- die etwas Außergewöhnliches, Sensationelles enthalten oder
- bei denen „mit einer netten menschlichen Geschichte zu rechnen ist".

In der Lokalberichterstattung kommt es dann zusätzlich darauf an, dass die Geschichte einen „lokalen Bezug" aufweist, also in der Stadt passiert ist oder der Beschuldigte aus der Stadt stammt.[9] Solche Gerichtsberichte dienen vielfach in erster Linie als Lesestoff. In ihnen werden Aufsehen erregende Fälle oder „schnuckelige Geschichten" erzählt. Häufig bietet das Gerichtsverfahren hier nur den Aufhänger für eine ausführliche Darstellung des begangenen Verbrechens. Folgerichtig bezieht sich dann auch die Überschrift des Beitrages nicht auf das Verfahren, sondern auf die zu beurteilende Tat. Entsprechende Berichte finden sich nicht nur im Boulevardjournalismus. Sie prägen auch die Berichterstattung „seriöser" Medien.

Beispiele:
„Mordprozess ohne Leiche und Tatbeweise": Bericht von Hans Holzhaider über ein Verfahren gegen einen geistig behinderten Mann, der ein neunjähriges Mädchen sexuell missbraucht und später erdrosselt haben soll, um die Aufdeckung der Tat zu verhindern, Süddeutsche Zeitung vom 4./5.10.2003, S. 36.
„Für ein paar Euro und sonst nichts": Derselbe Autor berichtet darüber, „wie das verpfuschte Leben des ... in der Ermordung dreier Menschen mündete", so der Untertitel in der Süddeutschen Zeitung vom 2./3.10.2003, S. 3.

Auch außerhalb des Strafverfahrens finden sich Berichte, die in erster Linie die Neugier des Publikums befriedigen.

Beispiele dafür bilden etwa Berichte über Nachbarschaftsstreitigkeiten oder den „Scheidungskrieg" von Prominenten.

---

[8] Zu Faktoren, die ein solches Verfahren zu einem „Medienereignis" machen können, vgl. das Beispiel von Busse in message 1/2002.
[9] Diese Relevanzkriterien fand Höbermann (S. 99) bei der Befragung der Gerichtsberichterstatter einer westdeutschen Großstadt. Sie werden durch eine Inhaltsanalyse der Gerichtsberichterstattung im Jahre 1983 allerdings relativiert, vgl. dazu Delitz, S. 98 ff.

Zuweilen bildet ein Gerichtsverfahren den „Hintergrund" für ein Thema, an dem (nach Auffassung der Medien) ein Informationsinteresse besteht, das von diesem Verfahren unabhängig ist.

Beispiel:
Der Torwart eines Bundesliga-Vereins möchte noch während der Laufzeit seines Vertrages den Verein wechseln. Die Beteiligten streiten darüber, ob der Verein ihn – gegebenenfalls gegen Zahlung einer Ablösesumme – „ziehen lassen" muss.

1.1.2 Information über individuelle Rechte und Pflichten

Fast jeder Bericht über ein Gerichtsverfahren vermittelt dem Rezipienten zumindest mittelbar auch Informationen über seine individuellen Rechten und Pflichten.[10] So erfährt das Publikum durch den Bericht über ein Strafverfahren z.B., welche Sanktionen durch eine bestimmte Tat ausgelöst worden sind. Solche Informationen mögen potenzielle Nachahmungstäter abschrecken („Generalprävention").

Möglicherweise hat die Information über die strafrechtlichen und die zivilrechtlichen Folgen einer Bombendrohung einen solchen Effekt.

In *Ratgebersendungen* oder auf *Ratgeberseiten* wird diese Informationsfunktion zum leitenden Auswahl- und Gestaltungskriterium: Sie stellen in erster Linie Entscheidungen vor, die Auswirkungen für einen größeren Teil des Publikums haben. Die Bedeutung für ihr alltägliches Verhalten ergibt sich in der Regel aus der „Präzedenzwirkung"[11] einer Entscheidung auf einem Rechtsgebiet, das einen großen Teil der Adressatengruppe des jeweiligen Mediums betrifft.

Für ein breites Publikum relevant sind z.B. Entscheidungen auf dem Gebiet des Arbeitsrechts, des Mietrechts, des Verbraucherschutzes und des Sozialrechts. Auch steuerrechtliche Entscheidungen können – je nach Steuerart – für weite Publikumskreise wichtig sein.

---

[10] Eine Ausnahme mag für einige staatsrechtliche Auseinandersetzungen gelten, z.B. solche, in denen es ausschließlich um die Kompetenzverteilung innerhalb eines Staatsorgans geht, etwa die Rechtsstellung eines Abgeordneten oder die Bildung von Fraktionen und deren Rechte.
[11] Vgl. dazu unten 2.1.2.

1.1.3 Vermittlung von Orientierungswissen

Einblicke in die Tätigkeit der Justiz, Kenntnisse darüber, wie Justiz „funktioniert", bezieht ein nicht unerheblicher Teil des Publikums aus den Massenmedien.

So ist von Richtern zu erfahren, dass Prozessbeteiligte ihre Verwunderung darüber äußern, dass es in ihren Verfahren nicht so zugeht „wie bei (der TV-Richterin) Frau Salesch".

Solche Grundkenntnisse sind von doppelter Bedeutung. Zum einen bilden sie die Basis für die Beantwortung der Fragen:

- Was muss ich tun, um zu meinem Recht zu kommen?
- Welche Kosten und Risiken sind mit der Prozessführung verbunden?

Insoweit haben sie also Ratgeber-Funktion.

Zum anderen bilden sie die grundlegende Voraussetzung dafür, dass die Bevölkerung die Arbeit der Justiz verstehen und beurteilen kann. Diese Fähigkeiten wiederum bilden einen wesentlichen Bestandteil demokratietheoretischer Konzepte.

1.2 Demokratietheoretische Konzepte

Presse- und Rundfunkgesetze schreiben den Medien die Wahrnehmung einer „öffentlichen Aufgabe" zu, die diese dadurch erfüllen (sollen), dass sie am Prozess der „öffentlichen Meinungs- und Willensbildung" mitwirken.[12] Diese Mitwirkung soll in erster Linie darin bestehen, die Informationen zu beschaffen, aufzubereiten und zu veröffentlichen, die das Publikum benötigt, um sich auf rationale Weise ein eigenes Urteil zu Angelegenheiten von allgemeiner Bedeutung zu bilden.[13] Um diese Aufgabe zu erfüllen, müssen die Ziele der Justizberichterstattung erweitert werden:

---

[12] Vgl. beispielsweise § 3 der Landespressegesetze von Baden-Württemberg, Brandenburg, Hamburg, Mecklenburg-Vorpommern, Niedersachsen, Nordrhein-Westfalen, Rheinland-Pfalz, Sachsen, Sachsen-Anhalt, Saarland und Thüringen sowie die Formulierung des Programmauftrages in zahlreichen Rundfunk- und Landesmediengesetzen, etwa § 31 Landesmediengesetz von Nordrhein-Westfalen.
[13] Grundlegend dazu BVerfGE 20, S. 174 ff. („Spiegel-Urteil").

1.2.1 Informationsfunktion

Über die Ratgeberfunktion hinaus muss das Publikum über die Tätigkeit der Justiz informiert werden, soweit es um Angelegenheiten von allgemeiner Bedeutung geht. Dazu gehört alles, was Anlass zur öffentlichen Erörterung (im Sinne der politischen Meinungs- und Willensbildung) bietet.[14] Ihre Informationsfunktion erfüllen die Massenmedien, wenn sie in ihrer Gesamtheit dem Publikum die Möglichkeit geben, sich ein eigenes, zutreffendes Bild von der Tätigkeit der Justiz zu machen.

1.2.2 Kritik und Kontrolle

Zu den Grundüberzeugungen einer freiheitlichen Demokratie gehört die Annahme, dass die Institutionen und Träger der Staatsgewalt der ständigen Kontrolle bedürfen, um Machtmissbrauch zu verhindern. Dazu dient zum einen das System der Gewaltenteilung aus Staatsorganen, die sich wechselseitig kontrollieren. Dieses System wird verstärkt und ergänzt durch die freie öffentliche Erörterung von (vermeintlichem) Fehlverhalten und Missständen. Diese wiederum ist in weiten Bereichen nur durch die Massenmedien zu organisieren und zu gewährleisten. Für die Massenmedien ergeben sich hier zwei Berichterstattungsfelder:

Erörterungswürdig sind zum einen die *Leistungen* der Justiz unter dem Gesichtspunkt, ob die Justiz ihre Aufgaben
- im Allgemeinen oder im Einzelfall
- in angemessener Zeit (Prozessdauer)
- mit angemessenem Aufwand und
- unter Einhaltung der einschlägigen Gesetze erledigt und
- sachgerechte Ergebnisse erzielt.

Zum anderen erfüllen die Massenmedien ihre öffentliche Aufgabe dadurch, dass sie über Prozesse berichten, in denen es um ein Fehlverhalten von politischen Organisationen oder Personen des öffentli-

---

[14] Vgl. dazu die Beispiele unten 4.2.2.

chen Lebens geht. Denn die Aufgabe umfasst nicht nur die Kritik und Kontrolle von Staatsorganen und Trägern staatlicher Ämter, sondern auch von sonstigen Personen und Organisationen, die auf Grund ihrer gesellschaftlichen Stellung eine herausgehobene Position bekleiden; sei es, dass diese Position sie zu Entscheidungen ermächtigt, die die Lebensumstände vieler Menschen berühren, oder sei es, dass sie allein auf Grund ihrer Prominenz „zu Kristallisationspunkten für Zustimmung oder Ablehnung" werden und damit „Leitbild- oder Kontrastfunktionen" erfüllen.[15]

1.3 Ausrichtung der einzelnen Beiträge

Auf welche Ziele der Autor seinen Beitrag im Einzelfall am besten ausrichtet, hängt zum einen von der Sachlage ab. Nicht jeder Konflikt lässt sich unterhaltsam darstellen; nicht jedes Urteil eignet sich für die Ratgeberseite oder verlangt nach einem Kommentar. Eine Kommentierung gerichtlicher Verfahren und Entscheidungen bietet sich vor allem an, wenn ein Verfahren oder sein Ergebnis als nicht sachgerecht angesehen werden. Der Kommentar kann

- sich darauf beschränken, dies zu konstatieren,
- Änderungsbedarf anmelden oder
- Änderungsvorschläge machen.

Zum anderen stellen Beiträge je nach Zielsetzung unterschiedliche Anforderungen an die Qualifikation ihrer Autoren:

Es erleichtert die Berichterstattung über ein gerichtliches Verfahren ungemein, wenn der Berichterstatter sich zuvor Basisinformationen über Ablauf, Grundsätze, Instrumente und mögliche Ergebnisse des jeweiligen Verfahrens im Allgemeinen und den Stand „seines" Verfahrens im Besonderen verschafft hat.

Ohne entsprechende Vorkenntnisse dürfte es z.B. einem Sportreporter schwer fallen, angemessen über das Verfahren vor dem Ar-

---

[15] So BVerfG in AfP 2000, S. 80, zur Legitimierung des öffentlichen Informationsinteresses an solchen Personen. Anderer Ansicht insoweit aber EGMR in NJW 2004, S. 2647 ff.

beitsgericht zu berichten, in dem der Bundesliga-Torwart seine Freigabe durch seinen Verein durchsetzen will.

Wer seinem Publikum Orientierungswissen vermitteln will, muss den Stellenwert und die Reichweite der Entscheidung beurteilen können, über die er berichtet. Dazu muss er u.a. in Erfahrung bringen:

- Handelt es sich um eine Einzelfallentscheidung oder hat sie Bedeutung über den konkreten Fall hinaus?
- Ist die Entscheidung rechtskräftig?
- Wie reiht sich diese Entscheidung in die bisherige Rechtsprechung ein: Bestätigung bzw. Fortführung oder Änderung der bislang „herrschenden Meinung"?
- Ist zu erwarten, dass viele andere Gerichte der Auffassung dieses Spruchkörpers folgen (präjudizielle Wirkung)?

Wer ein Verfahren oder eine Entscheidung kritisiert oder gar Änderungen vorschlägt, macht sehr leicht Fehler, wenn er nicht abschätzen kann, wer welchen Anteil daran hat, dass das Verfahren *so* gelaufen ist und mit *diesem* Ergebnis geendet hat. Diese Abschätzung erfordert entweder hinreichende eigene Kenntnisse der jeweils einschlägigen Rechtsnormen oder eine gute Recherche.

Schließlich brauchen Medien ein ausreichend breites Publikum, das sich für die angebotenen Beiträge interessiert und – zumindest bei den meisten Printmedien - darüber hinaus auch noch bereit ist, dafür zu zahlen. Deshalb ist es legitim, das Informationsinteresse des (eigenen) Publikums zum bestimmenden Faktor sowohl für die Themenfindung und -auswahl wie auch für die Gestaltung der einzelnen Beiträge zu machen. Dabei sollte aber nicht unterschätzt werden, dass zu den zentralen Qualitätsmerkmalen eines Mediums auch die Fähigkeit gehört, Beiträge so zu gestalten, dass sie das Interesse des Publikums an relevanten Themen erst wecken. „Lesegeschichten", die in erster Linie auf die Unterhaltung des Publikums zielen, bringen ihm einen Zusatznutzen, wenn sie Informationen transportieren, die für das eigene Verhalten oder die eigene Meinungsbildung von Bedeutung sind.

1.4 Themenfindung und Themenauswahl

Ferner ist bei der Ausrichtung der Themenauswahl am Publikumsinteresse zu berücksichtigen, dass „das" Interesse „des" Publikums sich in der Regel aus vielen unterschiedlichen Informationsinteressen einzelner Rezipienten(gruppen) zusammensetzt. Eine Reduzierung der Medieninhalte auf massenwirksame Beiträge, die ein möglichst breites Publikum erreichen, mag für werbefinanzierte Fernsehprogramme eine ökonomisch erfolgreiche Strategie sein. Eine generelle Reduzierung des Medienangebots auf solche Informationen, für die sich *alle* (potenziellen) Rezipienten interessieren, würde jedoch nicht nur der „öffentlichen Aufgabe" der Massenmedien zuwiderlaufen. Sie wäre zumindest bei den Printmedien auch nicht dazu angetan, eine möglichst breite Leserschaft zu gewinnen und damit eine entsprechend hohe Auflage zu erzielen. Innerhalb der Ausrichtung auf sein Zielpublikum bildet die **Vielfalt** des Angebots deshalb ein wichtiges Qualitätsmerkmal (auch) in der Justizberichterstattung.

Im Idealfall besteht die Justizberichterstattung eines Mediums deshalb aus einer Mischung von Beiträgen, die in unterschiedlicher Gewichtung das oben entwickelte Spektrum von Berichterstattungszielen möglichst gut abdecken. Dazu müssen sie die unterschiedlichen „Felder", auf denen die Gerichte tätig sind, angemessen berücksichtigen.

Für die redaktionelle Planung bedeutet dies, relevante Vorgänge und Entwicklungen in *allen* Gerichtsbarkeiten aufzuspüren, zu beobachten und zu beschreiben. Dazu empfiehlt sich

- eine Abkehr vom Prinzip Zufall, nach dem in erster Linie über das berichtet wird, was dem Gerichtsberichterstatter gerade zu Gesicht gekommen ist,
- eine Ausdehnung des gängigen Terminjournalismus von Staatsanwaltschaft und Strafgerichten auf Zivil-, Arbeits-, Verwaltungs-, Sozial- und Finanzgerichte (soweit vorhanden),
- eine Ergänzung des Terminjournalismus um eine mittelfristige systematische Bearbeitung relevanter Themen.

Relevant[16] sind solche Themen vor allem, wenn sie dem Adressaten ermöglichen,

- das geltende Recht und die Rolle der Justiz bei der Rechts-„findung" und -durchsetzung (Aufgaben, Verfahren, Ergebnisse/Leistungen) besser zu verstehen,
- sein eigenes Verhalten daran auszurichten („Lebenshilfe", „Sozialisation") und
- sich an der (kritischen) Erörterung der Rechtslage, gerichtlicher Entscheidungen und Verfahrensweisen sachgerecht zu beteiligen („offene Rechtskommunikation").[17]

---

[16] Zu Relevanzkriterien vgl. auch Haller, Recherchieren, S. 95.
[17] Zum Konzept einer „offenen Rechtskommunikation" vgl. Castendyk, S. 38 ff.

2 Die Justiz

Als „Justiz" wird die Gesamtheit der staatlichen Einrichtungen bezeichnet, die mit der „Rechtsprechung" befasst sind. Die „Rechtsprechung" bildet gem. Art. 20 Abs. 2 GG eine der drei Staatsgewalten – neben der Gesetzgebung (Legislative) und der vollziehenden Gewalt (Exekutive). Die Recht sprechende Gewalt wird gem. Art. 92 GG durch die Gerichte ausgeübt. Deren Organisation und die Rechtsstellung der Richter, denen die Ausübung dieser Gewalt anvertraut ist, sind im Grundgesetz (Art. 93 ff.) und in Bundesgesetzen (Gerichtsverfassungsgesetz, Deutsches Richtergesetz) geregelt. Ebenfalls durch Bundesgesetze ist das Verfahren geregelt, das die Gerichte bei der Ausübung ihrer Tätigkeit zu beachten haben.

Das Bild der Justiz in der Öffentlichkeit ist stark geprägt von der Strafjustiz, die jedoch nur einen relativ kleinen Teil ihrer Tätigkeit bildet. Da das Strafverfahren im Vergleich zu den anderen Verfahrensarten zahlreiche Besonderheiten aufweist, wird die allgemeine Vorstellung von der Tätigkeit der Gerichte durch die Konzentration auf den Strafprozess verfälscht.

2.1 Aufgaben

2.1.1 Streitentscheidung

Die Tätigkeit der Justiz ist in gewisser Weise eine Dienstleistung. Ihre Aufgabe besteht darin, Rechtsstreitigkeiten zu schlichten und wenn der Schlichtungsversuch erfolglos bleibt, eine verbindliche Entscheidung zu treffen. Als „Rechtsstreitigkeit" wird eine Auseinandersetzung zwischen verschiedenen (natürlichen oder juristischen) Personen bezeichnet, in der die Beteiligten darüber streiten, ob dem einen (dem „Kläger") ein Rechtsanspruch darauf zusteht, dass sich der andere (der „Beklagte") in bestimmter Weise verhält, also das tut oder unterlässt, was der Kläger von ihm fordert. Zuständig ist die Justiz für *alle* Rechtsstreitigkeiten unabhängig davon, ob Privatleute, Kaufleute, Unternehmen untereinander oder mit dem Staat streiten. Auch Rechtsstreitigkeiten zwischen Bund, Ländern und Gemeinden oder zwischen Verfassungsorganen dieser Gebietskörperschaften können von Gerichten verbindlich entschieden werden.

„Verbindlich" bedeutet, dass der Verurteilte das in der Entscheidung enthaltene Gebot oder Verbot befolgen muss, sobald das Urteil „rechtskräftig" geworden ist, also nicht mehr mit einem Rechtsmittel angegriffen werden kann. Die Missachtung eines rechtskräftigen Urteils durch eine Gebietskörperschaft oder ein Staatsorgan wäre ein Verfassungsbruch, der mit den in der Verfassung vorgesehenen Mitteln zu ahnden wäre. Gegen Personen des Privatrechts kann das Urteil vollstreckt werden. Dabei wird seine Befolgung durch Einsatz staatlicher Gewalt erzwungen.

Gerichte entscheiden ausschließlich über die Frage, ob dem Kläger der von ihm geltend gemachte (Rechts-)Anspruch zusteht. Dabei sind sie prinzipiell an das vom Gesetzgeber festgelegte Entscheidungsprogramm (die „Gesetze") gebunden. Allerdings haben sie die Kompetenz, deren Inhalt durch Auslegung festzustellen bzw. festzulegen („Rechtsfindung" bzw. „Rechtsprechung").[18]

Grundlage des gerichtlichen Verfahrens ist die jeweilige Prozessordnung, die dessen Inhalt und Ablauf regelt - teilweise sehr detailliert, teilweise auch nur in Grundzügen. Die Kenntnis dieser Regeln ist erforderlich, um richterliche Handlungsspielräume sachgerecht beurteilen zu können. Maßstäbe für die Beurteilung dieser Regeln selbst wiederum ergeben sich aus Sinn und Zweck der jewei-

---

[18] Hinter diesen Formulierungen steckt als grundlegendes Problem juristischer Methodenlehre die Frage, ob bei der Rechtsanwendung allein auf (Norm-)Texterkenntnis gerichtete hermeneutische Methoden legitim sind oder ob und inwieweit der richterlichen Entscheidungstätigkeit auch ein voluntatives Element innewohnt, das insbesondere auf einer eigenen Bewertung der erwarteten Auswirkungen der Entscheidung durch den Richter basiert.

ligen Verfahrensart und den daraus abgeleiteten Verfahrensprinzipien.[19]

Vor einer autoritativen Entscheidung soll das Gericht auf eine „gütliche Einigung" der streitenden Parteien hinwirken. Deren Bereitschaft, einen „Vergleich" abzuschließen, wird entscheidend beeinflusst durch die Kompetenz des Gerichts, über den Rechtsanspruch verbindlich zu entscheiden, und das dabei anzuwendende Verfahren. Denn die Bereitschaft der Parteien (und ihrer Anwälte!), einem Vergleichsvorschlag des Gerichts zuzustimmen, setzt gewöhnlich voraus, dass sich *beide* einen Vorteil davon versprechen. Der Nachteil, dass jeder der beiden weniger erreicht als er eigentlich will, muss also durch andere Vorteile ausgeglichen werden. Diese können darin bestehen, dass das Verfahren kürzer und für alle Beteiligten weniger aufwändig wird. Zudem können sich durch einen Vergleich die Risiken verringern, die sich für beide Parteien ergeben, wenn der Ausgang des Prozesses unsicher ist – weil er z.B. von dem Ergebnis einer Beweisaufnahme abhängt, die zudem noch mit erheblichen Kosten (z.B. für das Gutachten eines Sachverständigen) verbunden ist.

Das Gericht ist verpflichtet, den Rechtsstreit in angemessener Frist zu entscheiden. Es darf die Entscheidung in der Sache nicht mit dem Hinweis verweigern, der Gesetzgeber habe den vorliegenden Fall (noch) nicht geregelt.

Die Gerichte sind bei ihrer Recht sprechenden Tätigkeit „an Gesetz und Recht gebunden" (Art. 20 Abs. 3 GG). Dafür gelten die folgenden Grundsätze:

Der Inhalt des Gesetzes ist durch Auslegung („Interpretation") zu ermitteln. Dabei wendet die Jurisprudenz eigene, rechtswissenschaftliche Methoden an.[20] Danach muss der Interpret

- vom Wortlaut der Norm ausgehen (grammatische Auslegung),
- den normativen Kontext berücksichtigen, in dem sich die Regelung befindet (systematische Auslegung), und

---

[19] Vgl. dazu unten 2.3.1.
[20] Diese unterscheidet sich im einzelnen deutlich von der Textinterpretation im linguistischen Sinne. Vgl. dazu Busse in Haß-Zumkehr, a.a.O., S. 136.

- den „Sinn" der Norm unter Berücksichtigung ihrer Entstehungsbedingungen (genetische und historische Auslegung) dadurch zu bestimmen suchen, dass er das „Ziel" der Regelung, ihren Zweck, deutend zu ermitteln sucht (teleologische Auslegung).

Zum Inhalt des Gesetzes, der durch Auslegung zu ermitteln ist, gehört die Frage, welche Bindungskraft der jeweilige Rechtssatz entfaltet.[21] Er kann

- einen (strikten) Befehl geben (in Form eines Gebots oder Verbots),
- einen Auftrag erteilen (vor allem an die Exekutive),
- einen Rahmen für gesetzeskonformes Handeln setzen oder
- (einer natürlichen oder juristischen Person) Freiheit bzw. Autonomie gewährleisten.

Soweit der Gesetzgeber in seiner Norm einen bestimmten Regelungswillen zum Ausdruck gebracht hat, bindet dieser (neben der Exekutive) auch die Judikative. Soweit der Gesetzgeber hingegen auf tatsächliche Umstände verweist, sind diese vom Gericht zu ermitteln.

Bei der Auslegung einer Norm ist der Kontext zu berücksichtigen, in dem der jeweilige Rechtssatz steht. Der Maßstab für die „systematische" Auslegung ist zunächst dem jeweiligen Gesetz, dann dem Kontext der Teilrechtsordnung, schließlich dem Rahmen der Gesamtrechtsordnung zu entnehmen; er ist dann seinerseits an seiner Vereinbarkeit mit dem Verfassungsrecht zu messen. Dadurch kann derselbe Rechtsbegriff unterschiedliche Bedeutungen haben.

So erfasst z.B. der Begriff des „Beamten" im Verfassungsrecht z.B. nicht genau denselben Personenkreis wie im Beamtengesetz (also im Recht des öffentlichen Dienstes) oder im Strafrecht.

Die Norm ist so zu interpretieren, dass das Regelungsziel auch unter veränderten tatsächlichen Gegebenheiten noch erreicht wird.

Deshalb ist es zum Schutze des Urhebers beispielsweise geboten, als „Lichtbild" im Sinne des § 72 Abs. 1 UrhG auch ein als Datei gespeichertes Foto anzusehen.

---

[21] Zur Anwendung im Verfassungsrecht vgl. Kirchhof in: Haß-Zumkehr, a.a.O., S. 122.

Juristische Interpretation ist „nicht nur logische Umsetzung eines Textes in einen aktuellen Befehl, sondern verstehendes Nachdenken des gesetzlich Vorgeschriebenen"[22]. Die Suche nach der sachgerechten Entscheidung, die den in der Gesamtrechtsordnung enthaltenen Wertentscheidungen möglichst gerecht wird, führt nicht immer zu eindeutigen Ergebnissen. Da bei dieser Suche oft gegensätzliche Interessen zu bewerten, zu gewichten und in einem hoch komplexen (Denk-)Prozess gegeneinander abzuwägen sind, lassen sich nicht selten gegensätzliche Auffassungen über das, was im Einzelfall zu gelten hat, mit so beachtlichen Argumenten vertreten, dass nicht eindeutig festzustellen ist, welche Entscheidung die Richtige ist. Deshalb kommen Juristen in solchen Fällen im Rechtsgespräch zu dem Ergebnis, man könne die Sache „so oder so" entscheiden: In derselben Sache sind mehrere Entscheidungen „vertretbar", die einander widersprechen.

Um angesichts dieser Sachlage richterliche Willkür zu vermeiden, sichern die Verfahrensordnungen den Beteiligten „rechtliches Gehör" zu. Außerdem verpflichten sie das Gericht grundsätzlich, seine Entscheidungen zu begründen. Das „rechtliche Gehör" zwingt den Richter, sich mit dem Tatsachen- und Rechtsverständnis *beider* Parteien inhaltlich auseinanderzusetzen, mit ihnen im Rechtsgespräch die Sach- und Rechtslage zu erörtern, um so auf möglichst rationale, intellektuell nachvollziehbare Weise eine angemessene Entscheidung zu finden.

Die Begründungspflicht wiederum zwingt das Gericht, nachvollziehbar darzulegen, dass sich seine Entscheidung aus dem Gesetz „ableiten" lässt. Dazu muss es die Argumente darlegen, die es zu der Annahme bewogen haben, dass seine Entscheidung den gesetzlichen Zielvorgaben am besten gerecht wird.

Das Gleichbehandlungsgebot (Art. 3 Abs.1 GG) gilt auch für die Rechtsprechung. Es wirkt sich unmittelbar auf die Methodik der Rechtsanwendung aus:

---

[22] So Kirchhof in: Haß-Zumkehr, a.a.O., S. 126.

Jede gerichtliche Entscheidung ist einzubinden in einen relativ fest gefügten fachlichen „Wissensrahmen"[23], die juristische „Dogmatik", die sich im Laufe der Zeit für praktisch jede Norm und jeden Normkomplex entwickelt. Sie besteht aus einer systematisch gegliederten Auswertung und Darstellung einschlägiger, vorwiegend höchstrichterlicher Entscheidungen und Interpretationsvorschlägen aus der Jurisprudenz, die sich oft zu einer „herrschenden Lehre" verdichten. Sie enthält vor allem

- Definitionen von Rechtsbegriffen,
- Erläuterungen zur methodischen Anwendung der Norm (Regelungszweck, Anwendungsbereich) und
- Anwendungsbeispiele.

„Einbindung" bedeutet, dass darzulegen ist, wie sich die Entscheidung in diesen Bestand einfügt. Daraus ergeben sich Anforderungen an den Begründungsaufwand:

- Soweit sie auf frühere Entscheidungen („Präzedenzfälle") gestützt wird, kann ihre Begründung kurz sein, auf die dort bereits gegebene Begründung verweisen.
- Soweit sie Präjudizien „verfeinert", konkretisiert, den vorliegenden Fall von bereits entschiedenen Fällen abgrenzt, kann sie (jedenfalls teilweise) ebenfalls auf bereits vorhandene Begründungen verweisen.
- Eine Entscheidung hingegen, in der eine andere Rechtsauffassung vertreten wird als in früheren, insbesondere höchstrichterlichen Entscheidungen, bedarf einer ausführlichen Begründung. In ihr muss sich das Gericht mit den Argumenten auseinandersetzen, die die Präzedenzentscheidung getragen haben, und seine (besseren) Gegenargumente darlegen.

Der Charakter der gerichtlichen Entscheidungsfindung *zur Entscheidung eines konkreten Rechtsstreits* bringt es mit sich, dass die Tätigkeit des Richters immer wieder von der „Arbeit am Fall" ausgeht:

- Das Gericht hat den Tatsachenvortrag der Prozessbeteiligten ständig darauf zu überprüfen, ob er die von ihnen geltend gemachte Rechtsfolge legitimiert. Dabei hat das Gericht das ge-

---

[23] Zu diesem Konzept vgl. Busse in: Haß-Zumkehr, a.a.O., S. 144.

samte Normprogramm, grundsätzlich also die gesamte Rechtsordnung, zu berücksichtigen.

- Rechtsanwendung erweist sich damit in aller Regel als ein kompliziertes Zusammenspiel verschiedener Einzelbestimmungen,
  die nicht selten mehreren Gesetzen zu entnehmen sind.[24]
- Die im Gleichbehandlungspostulat steckende Gerechtigkeitsidee
  verlangt zudem, Wertungswidersprüche innerhalb der Rechtsordnung jedenfalls dort zu vermeiden, wo sie nicht legitimierbar
  sind. Dies erfordert in vielen Fällen zusätzlich den Blick über
  die jeweils einschlägigen Vorschriften hinaus auf Normkomple-
  xe zu richten, in denen vergleichbare Interessenlagen geregelt
  sind.

Gerichtliche Entscheidungen werden in einem Diskurs[25] hergestellt,
in den die Beteiligten für sie (vermeintlich) vorteilhafte Versatzstü-
cke der Realität einbringen, um deren rechtliche Bewertung sie streiten. In diesem Diskurs verfolgt jede Partei das Ziel, möglichst güns-
tige Rechtsfolgen zu erzielen, sei es durch Aushandeln („Vergleich";
„deal" im Strafprozess), sei es durch gerichtliche Entscheidung
(„Urteil"). In mündlichen Verhandlungen, insbesondere in der
Hauptverhandlung eines Strafverfahrens, wird dieser Diskurs in einer Form inszeniert, der Züge eines Rituals aufweist. Die Bedeutung der in diesem Ritual zwischen den eingeweihten Fachleuten
ausgetauschten Signale ist für das Publikum nicht immer nachvollziehbar.[26]

- Der Umstand, dass der Vorsitzende den Hauptbelastungszeugen
  der Staatsanwaltschaft in der Vernehmung plaudern lässt, ohne
  ihn zu unterbrechen oder ihm Vorhaltungen zu machen, bedeutet
  noch nicht, dass er ihn für glaubwürdig hält.

---

[24] Beispiele finden sich bei Branahl, Rechtsordnung, S. 189 f., und bei Busse in: Haß-Zumkehr, a.a.O.,
S. 151 ff.
[25] Einen umfassenden Überblick über linguistische Ansätze zur Analyse solcher Diskurse gibt Hoffmann in Brinker u.a., S. 1540 ff.
[26] Zu den folgenden Hinweisen bin ich angeregt worden durch die Erfahrungen, die Sabine Rückert als
Gerichtsreporterin der ZEIT gemacht und in ihrer Festrede beim Empfang des Regino-Preises 2003
geschildert hat. Die Rede ist zugänglich unter http://www.regino-preis.de/festrede_rueckert.htm
(Stand: 14.07.03).

- Zuweilen ist der Ablauf der Hauptverhandlung nur dadurch zu erklären, dass zwischen dem Gericht, der Staatsanwaltschaft und der Verteidigung im Vorfeld Gespräche über einen „deal" geführt worden sind.

- Auch im Gerichtsverfahren lassen sich manche Verhaltensweisen von Prozessbeteiligten nur verstehen, wenn man sie als „Fensterreden" interpretiert – also als Gesten, die in erster Linie an das Publikum, den eigenen Mandanten oder die eigene Klientel gerichtet sind. Zuweilen wird dabei auch „geblufft".

Im Übrigen gelten – wie schon angedeutet - für das Strafverfahren Besonderheiten. Auch dessen Ziel lässt sich zwar als „Verwirklichung des staatlichen Strafanspruchs" beschreiben. Verständlicher und treffender ist es aber wohl, die Aufgabe dieses Verfahrens so zu formulieren: Es geht darum festzustellen, ob der Angeklagte (nach Überzeugung des Gerichts) die ihm vorgeworfene Tat schuldhaft begangen hat, und für diesen Fall die angemessene Strafe festzusetzen.

Neben der Verhängung einer Kriminalstrafe sind auch sonstige Entscheidungen über die Entziehung der Freiheit wegen ihrer besonderen Bedeutung für das Leben der Betroffenen grundsätzlich einer richterlichen Entscheidung vorbehalten. Dasselbe gilt für die Scheidung einer Ehe sowie bestimmte besonders gravierende Entscheidungen im Rahmen der elterlichen Sorge, einer Vormundschaft oder eines Betreuungsverhältnisses.

2.1.2 Rechtsfortbildung

Den Ausgangspunkt richterlicher Tätigkeit bildet immer die Entscheidung eines konkreten Rechtsstreits. Oft haben jedoch insbesondere die Entscheidungen der Obergerichte eine Bedeutung, die weit über den Einzelfall hinausgeht. Die Ursachen dafür liegen zum einen im Verhältnis von Rechtsetzung und Rechtsanwendung, zum anderen in dem Bestreben, ein gewisses Maß an Rechtsgleichheit und Rechtssicherheit zu gewährleisten.

Gemäß Art. 20 Abs. 2 GG sind die Gerichte an „Gesetz und Recht" gebunden. Diese Bindung zwingt sie zur Anwendung der von der Legislative erlassenen Gesetze, soweit diese nicht gegen höherrangiges „Recht" verstoßen. Als höherrangiges Recht kommt zum einen das Verfassungsrecht des jeweiligen Bundeslandes, der Bundesrepublik Deutschland oder das Recht der Europäischen Union in Betracht. Kommt ein (Fach-)Gericht zu der Überzeugung, dass eine im konkreten Streitfall einschlägige Rechtsnorm gegen höherrangiges Recht verstößt, muss sie diese Frage dem zuständigen Gericht (Landesverfassungsgericht, Bundesverfassungsgericht oder Europäischem Gerichtshof)[27] zur Entscheidung vorlegen. An dessen Entscheidung ist es dann im konkreten Fall gebunden.[28]

Im Übrigen sind die Gesetze von den Gerichten „anzuwenden", d.h. die jeweils einschlägigen Normen sind der Entscheidung des Rechtsstreits zugrunde zu legen. Das daraus resultierende Entscheidungsprogramm ist jedoch in weiten Bereichen ungenau und unvollständig - ungenau, weil der Gesetzgeber „unbestimmte Rechtsbegriffe" verwendet hat; unvollständig, weil er regelungsbedürftige Fallkonstellationen übersehen hat oder nicht vorhersehen konnte.

Unbestimmte Rechtsbegriffe finden sich in allen Bereichen der Rechtsordnung in großen Mengen. Ihre Verwendung in der Gesetzgebung ist zuweilen darauf zurückzuführen, dass die Beteiligten sich nur auf einen „Formelkompromiss" einigen konnten, der die in der Sache bestehenden Meinungsunterschiede kaschiert. Im Allgemeinen beruht sie jedoch darauf, dass der Gesetzgeber mit der detaillierten Regelung aller in Betracht kommenden Einzelfälle überfordert wäre und die Ausfüllung des mit der allgemeinen Regelung gesetzten Rahmens deshalb bewusst der Rechtsprechung überlässt. Deren Aufgabe besteht dann darin, eine Entscheidung zu treffen, die den Zielen möglichst gut entspricht, die der Gesetzgeber mit seiner Regelung verfolgt hat.

---

[27] Zur Bedeutung solcher Vorlagen der Finanzgerichte für die Harmonisierung des Steuerrechts in Europa vgl. Weber-Grellet, a.a.O.
[28] Zur Bindung der nationalen Gerichte an Entscheidungen des Europäischen Gerichtshofs für Menschenrechte vgl. BVerfG NJW 2004, S. 3407 ff.

Beispiel:
Gemäß § 32 UrhG kann der Urheber von den Nutzern seiner Werke eine „angemessene" Vergütung verlangen. Als „angemessen" gilt zunächst die Vergütung, die sich aus
einem Tarifvertrag oder einer gemeinsamen Nutzungsregel der Verbände (§ 36 UrhG)
ergibt. Soweit eine solche Regelung nicht besteht, ist angemessen, „was im Ge-
schäftsverkehr nach Art und Umfang der eingeräumten Nutzungsmöglichkeit, insbesondere nach Dauer und Zeitpunkt der Nutzung, unter Berücksichtigung aller Umstände üblicher- und redlicherweise zu leisten ist" (§ 32 Abs. 2 Satz 2 UrhG).
Wie sich aus der Entstehungsgeschichte ergibt, hat der Gesetzgeber diese Vorschrift
geschaffen, um zu verhindern, dass mit freien Autoren oder Künstlern, die auf den
„Verkauf" ihrer Werke angewiesen sind, Nutzungsverträge abgeschlossen werden,
durch die diese unangemessen benachteiligt werden. Ausgangspunkt für die Regelung
war die Einschätzung des Gesetzgebers, dass solche Verträge in manchen Geschäfts-
bereichen in weitem Umfang anzutreffen sind.
Unvereinbar mit dem Ziel dieser Regelung wäre deshalb eine Interpretation, die aus
der empirischen Feststellung, dass das im Einzelfall vereinbarte Honorar sich im
Rahmen dessen hält, was dieser Verlag üblicherweise zahlt, den Schluss zieht, dass
die Vergütung „angemessen" ist. Denn das ist nur dann der Fall, wenn sie zugleich
dem entspricht, was „redlicherweise" zu leisten ist.
Maßstäbe für die „Redlichkeit" hat der Gesetzgeber der Rechtsprechung jedoch nicht
geliefert. Sie sind deshalb von den Gerichten zu entwickeln. Das geschieht dadurch,
dass die Richter in jedem Streitfall, der ihnen vorgelegt wird, nicht nur entscheiden,
ob das vereinbarte Honorar angemessen ist, sondern auch begründen, welches (Min-
dest-) Honorar sie für angemessen halten und *warum*.

Außer der ratio legis, dem Sinn der gesetzgeberischen Entscheidung,
berücksichtigen die Richter auch die bisherige Rechtsprechung zur
Interpretation der einschlägigen Vorschrift. Zwar gibt im deutschen
Recht im Allgemeinen keine Präjudiz-Bindung der Gerichte im
strengen Sinne. Aus dem Rechtsstaatsprinzip mit seinen Anforderungen an Rechtsklarheit und (Rechts-) Gleichheit folgt jedoch die
Pflicht des Gerichts, seine Entscheidung zu begründen. Und zu einer
vollständigen Begründung gehört die Auseinandersetzung mit einschlägigen Urteilen anderer Gerichte vor allem dann, wenn die eigene Entscheidung inhaltlich von den Grundsätzen abweicht, die diese
der Interpretation der einschlägigen Vorschrift zugrunde gelegt haben. Besondere Sorgfalt verwenden die erstinstanzlichen Gerichte
dabei auf die Berücksichtigung einschlägiger Entscheidungen „ihrer" Obergerichte, um eine Aufhebung des eigenen Urteils in der
nächsten Instanz zu vermeiden. Die Obergerichte wiederum berücksichtigen in erster Linie ihre früheren Urteile bei ihrer Entscheidung
und deren Begründung. Abweichungen von der bisherigen Recht-

sprechung bedürfen besonders sorgfältiger Begründung, um den Anschein von Willkür zu vermeiden.

Durch die Systematisierung solcher Einzelfallbegründungen insbesondere der Obergerichte lassen sich Regeln gewinnen, die für die Prognose künftiger Entscheidungen der Gerichte genutzt werden können. Diese Regeln bezeichnet man auch als „Richterrecht" oder „juristische Dogmatik".

Für die Justizberichterstattung sind Entscheidungen, aus denen sich solche Regeln gewinnen lassen, naturgemäß von besonderer Bedeutung, weil sie sich dazu eignen, einen Beitrag zur „Ratgeberfunktion" der Medien zu leisten.

2.2 Organisation

2.2.1 Unabhängigkeit

Abgesehen von der Bindung der Rechtsprechung an „Gesetz und Recht"(Art. 20 Abs. 2 GG) sind Richter „unabhängig und nur dem Gesetz unterworfen" (Art. 97 Abs. 1 GG). Deshalb kann die Exekutive den Gerichten keine Weisungen zur Rechtsanwendung erteilen. Trotz ihrer Unabhängigkeit steht die Justiz nicht völlig selbstständig und unverbunden neben den beiden anderen Gewalten. Denn zum einen entscheidet die Legislative über die Gesetze, die die Gerichte anzuwenden haben. Soweit dem Gesetzgeber die Ergebnisse der Rechtsprechung nicht gefallen, kann er deren Änderung grundsätzlich durch eine entsprechende Gesetzesänderung erzwingen. Zum anderen entscheiden der Bundestag bzw. die Länderparlamente im Rahmen ihres Budgetrechts über die Ausstattung „ihrer" Justiz mit Personalstellen und Sachmitteln. Schließlich beeinflussen Legislative und Exekutive mit Hilfe der Richterwahlausschüsse die Zusammensetzung der Richterschaft.

So werden die Richter des Bundesverfassungsgerichts je zur Hälfte vom Bundestag und vom Bundesrat gewählt (Art. 94 Abs. 1 GG).
Über die Berufung der Richter der anderen Bundesgerichte entscheidet der zuständige Bundesminister zusammen mit einem Richterwahlausschuss, der aus allen Landesmi-

nistern des jeweils zuständigen Ressorts und einer gleichen Anzahl von Mitgliedern besteht, die vom Bundestag nach den Regeln der Verhältniswahl gewählt werden (§§ 1 bis 5 RichterwahlG).

Die Berufung der Richter an den übrigen Gerichten richtet sich nach Landesrecht. In einigen Ländern entscheidet der zuständige Landesminister allein, in anderen[29] trifft er die Auswahl gemeinsam mit einem Richterwahlausschuss, in dem neben Landtagsabgeordneten im Allgemeinen auch Vertreter der Richterschaft, teilweise auch der Anwälte[30] vertreten sind.

2.2.2 Gerichtsbarkeiten und Gerichte

Die Justiz der Bundesrepublik Deutschland gliedert sich in „Gerichtsbarkeiten", diesen zugeordnete „Gerichte" und die für das einzelne Verfahren zuständigen „Spruchkörper".

Verfassungsrechtliche Streitigkeiten gehören vor das Bundesverfassungsgericht, soweit sie Verstöße gegen das Grundgesetz betreffen. Für Streitigkeiten über die Landesverfassung ist das Verfassungsgericht des jeweiligen Landes zuständig, das in den meisten Ländern als „Verfassungsgerichtshof"[31], in einigen als „Staatsgerichtshof"[32] bezeichnet wird. Nur Schleswig-Holstein verfügt bislang nicht über ein eigenes Landesverfassungsgericht; daher ist das Bundesverfassungsgericht auch für Streitigkeiten über die Verfassung dieses Landes zuständig.

Bei verfassungsrechtlichen Streitigkeiten geht es in der Regel um Fragen der Kompetenzverteilung zwischen dem Bund und den Ländern oder zwischen einzelnen Staatsorganen (z.B. Parlament und Regierung, Bundestag und Bundesrat) oder um die Vereinbarkeit von Gesetzen, Verordnungen oder sonstigem staatlichen Handeln mit der Verfassung.

---

[29] So z.B. in Berlin, Brandenburg, Bremen, Hamburg, Hessen, Schleswig-Holstein und Thüringen. In Mecklenburg-Vorpommern wirkt der Präsidialrat mit, der ausschließlich aus Vertretern der Justiz besteht.
[30] So z.B. in Brandenburg und Hamburg; in Hessen und Thüringen wirkt der Präsident einer Rechtsanwaltskammer mit. In Schleswig-Holstein sind darüber hinaus bei Entscheidungen über Arbeits- und Sozialrichter je ein Vertreter der Arbeitgeber und der Arbeitnehmer beteiligt.
[31] So in Bayern, Berlin, Niedersachsen, Nordrhein-Westfalen, Rheinland-Pfalz, Saarland, Sachsen und Thüringen.
[32] So in Baden-Württemberg, Bremen und Hessen.

Die Verfassungsgerichte des Bundes und der Länder entscheiden im Rahmen ihrer Zuständigkeiten endgültig. Gegen die Entscheidung eines Landesverfassungsgerichts kann kein Rechtsmittel beim Bundesverfassungsgericht eingelegt werden.

Öffentlich-rechtliche Streitigkeiten betreffen das Rechtsverhältnis zwischen Staat und Bürger. Hier überprüft das zuständige Gericht Hoheitsakte von Behörden auf ihre Rechtmäßigkeit.

So ist für die Überprüfung von Bescheiden, durch die Steuern und Abgaben an Bund oder Land festgesetzt werden, die **Finanzgerichtsbarkeit** zuständig, die aus den Finanzgerichten und dem Bundesfinanzhof besteht.

In Angelegenheiten der Sozialversicherung, des Arbeitsförderungsgesetzes, des Kindergeldes und der Versorgung von Kriegsopfern, Soldaten, Zivildienstleistenden, Beamten des Bundesgrenzschutzes, der Opfer von Gewalttaten und bei Ansprüchen aus dem Bundesseuchengesetz entscheidet die **Sozialgerichtsbarkeit**. Zu ihr gehören die Sozialgerichte, die Landessozialgerichte und das Bundessozialgericht.

Alle anderen öffentlich-rechtlichen Streitigkeiten gehören vor die allgemeine **Verwaltungsgerichtsbarkeit**, die sich aus den Verwaltungsgerichten, den Oberverwaltungsgerichten bzw. Verwaltungsgerichtshöfen und dem Bundesverwaltungsgericht zusammensetzt.

Für Streitigkeiten aus dem Arbeitsrecht sind die Arbeitsgerichte, Landesarbeitsgerichte und das Bundesarbeitsgericht zuständig, die gemeinsam die **Arbeitsgerichtsbarkeit** bilden. Zu den Arbeitssachen gehören Streitigkeiten aus dem Arbeitsverhältnis zwischen Arbeitgeber und Arbeitnehmer, Streitigkeiten zwischen den Tarifvertragsparteien sowie Angelegenheiten des Betriebsverfassungsrechts und der Arbeitnehmer-Mitbestimmung.

Die Amts- und Landgerichte, die Oberlandesgerichte und der Bundesgerichtshof schließlich werden als **ordentliche Gerichtsbarkeit** bezeichnet. Dies geht auf den Umstand zurück, dass diese Gerichte lange Zeit die einzigen gewesen sind, die mit richterlicher Unabhängigkeit ausgestattet waren. Sie sind zuständig für „bürgerliche" Rechtsstreitigkeiten, Strafsachen und Angelegenheiten der „freiwilligen" Gerichtsbarkeit.

Zu den **bürgerlichen Rechtsstreitigkeiten** gehören Streitigkeiten über zivilrechtliche Ansprüche („Zivilsachen") sowie Kindschafts-, Unterhalts- und Ehesachen, für die bei den Amtsgerichten besondere Abteilungen bestehen, die „Familiengericht" heißen (§ 23b GVG). Auch für die Durchführung von Insolvenzverfahren gibt es besondere Abteilungen („Insolvenzgericht").

Bei zivilrechtlichen Ansprüchen geht es um die Rechtsbeziehungen gleichberechtigter Personen, die zueinander nicht in einem Hoheitsverhältnis stehen. Das trifft generell auf alle Privatpersonen und nichtstaatlichen Personengruppen (Gesellschaften, Vereine, Verbände) zu, aber auch auf den Staat, wenn er „fiskalisch" tätig wird, also z.B. als Käufer oder Verkäufer, Mieter oder Vermieter auftritt.

Bei den **Strafsachen** geht es um die Feststellung, ob der Angeklagte die ihm vorgeworfene Straftat schuldhaft begangen hat, die Festsetzung der Strafe oder von Maßnahmen der Sicherung und Besserung sowie um Entscheidungen im Rahmen der Vollstreckung dieser Strafe oder Maßnahmen.

Unter dem Begriff der **freiwilligen Gerichtsbarkeit** werden eine Reihe von staatlich geregelten Verfahren zusammengefasst, in denen Entscheidungen auf dem Gebiet des Zivilrechts wegen ihrer besonderen Bedeutung für die Betroffenen den Gerichten vorbehalten sind. Dazu gehört insbesondere die Tätigkeit des Amtsgerichts als Grundbuchamt, als Vormundschafts-, Nachlass- und Registergericht (Handels-, Vereins-, Genossenschafts- und Partnerschaftsregister; Güterrechtsregister).[33]

2.2.3 Die Zusammensetzung der Spruchkörper

Der **Spruchkörper**, vor dem das Verfahren stattzufinden hat, und seine Zusammensetzung sind gesetzlich geregelt. Um Personal zu

---

[33] Weitere Hinweise zur freiwilligen Gerichtsbarkeit finden sich unten unter 7.1.9.

sparen, hat der Gesetzgeber in den vergangenen Jahren dem **Einzel-richter** immer weitere Zuständigkeiten übertragen.

2.2.3.1 Ordentliche Gerichtsbarkeit

Beim Amtsgericht bearbeitet ein Einzelrichter alle Zivilsachen und Angelegenheiten der freiwilligen Gerichtsbarkeit. In Strafsachen steht neben dem Einzelrichter das **Schöffengericht** für Straftaten von größerem Gewicht zur Verfügung, das im Allgemeinen aus einem Berufsrichter und zwei Laienrichtern (Schöffen)[34] besteht. Beim Landgericht entscheiden **Kammern**, die in allgemeinen Zivilsachen aus drei Berufsrichtern, in Handelssachen aus einem vorsitzenden Berufsrichter und zwei Laienrichtern (Handelsrichter), in Strafsachen mit drei Berufsrichtern und zwei Schöffen (große Strafkammer)[35] bzw. einem Berufsrichter und zwei Schöffen (kleine Strafkammer)[36] besetzt sind. Beim Oberlandesgericht entscheiden in der Regel **Senate** aus drei Berufsrichtern; beim Bundesgerichtshof bestehen die Senate in der Regel aus fünf Berufsrichtern.

2.2.3.2 Arbeitsgerichtsbarkeit

Beim Arbeitsgericht und beim Landesarbeitsgericht entscheiden Kammern aus einem Berufsrichter und je einem ehrenamtlichen Richter (Arbeitsrichter) aus dem Kreise der Arbeitgeber und der Arbeitnehmer. Die Senate des Bundesarbeitsgerichts bestehen aus drei Berufsrichtern und ebenfalls zwei ehrenamtlichen Richtern.[37]

---

[34] In schwierigen Sachen kann das Präsidium einen zweiten Berufsrichter hinzuziehen (erweitertes Schöffengericht).
[35] In einfacheren Sachen kann das Präsidium sie um einen Berufsrichter verkleinern.
[36] In Berufungsverfahren gegen Entscheidungen des erweiterten Schöffengerichts wird sie um einen zweiten Berufsrichter vergrößert.
[37] Weitere Informationen zum Arbeitsgerichtsverfahren finden sich unter 7.2.

2.2.3.3 Verwaltungsgerichtsbarkeit

Die Kammer eines Verwaltungsgerichts besteht aus drei Berufsrichtern und zwei ehrenamtlichen Richtern. Die Kammer soll jedoch Sachen, die nicht von grundsätzlicher Bedeutung und keine besonderen Schwierigkeiten aufweisen, einem ihrer Mitglieder als Einzelrichter zur Entscheidung übertragen. Beim Oberverwaltungsgericht entscheiden in der Regel Senate aus drei Berufsrichtern; sie können um zwei weitere Berufsrichter und zwei ehrenamtliche Richter erweitert werden. Die Senate des Bundesverwaltungsgerichts bestehen aus fünf Berufsrichtern. An Entscheidungen, die außerhalb einer mündlichen Verhandlung zu treffen sind, wirken nur drei Berufsrichter mit.

2.2.3.4 Sozialgerichtsbarkeit

Die Sozialgerichte entscheiden durch Kammern, die aus einem Berufsrichter als Vorsitzendem und zwei ehrenamtlichen Richtern bestehen. Die Senate der Landessozialgerichte und des Bundessozialgerichts bestehen aus drei Berufsrichtern und zwei ehrenamtlichen Richtern.

2.2.3.5 Finanzgerichtsbarkeit

Die Finanzgerichte entscheiden durch Senate. Diese sind mit drei Berufsrichtern und zwei ehrenamtlichen Richtern besetzt. Auch sie können die Entscheidung einem ihrer Berufsrichter als Einzelrichter übertragen. Die Senate des Bundesfinanzhofs sind wie die des Bundesverwaltungsgerichts mit fünf Berufsrichtern, bei Entscheidungen außerhalb der mündlichen Verhandlung mit drei Berufsrichtern besetzt.

2.2.4 Sachliche und örtliche Zuständigkeit

Welches Gericht innerhalb der jeweiligen Gerichtsbarkeit für die Bearbeitung eines bestimmten Verfahrens **sachlich** zuständig ist, richtet sich nach der jeweiligen Verfahrensordnung. Im Allgemeinen sind als erste Instanz die Untergerichte zuständig, also Amts- oder Landgericht, Arbeitsgericht, Verwaltungsgericht, Sozialgericht oder Finanzgericht. Über Rechtsmittel gegen deren Entscheidungen, im allgemeinen die Berufung, entscheidet in der Regel das nächst höhere Gericht, also das Landgericht über Entscheidungen des Amtsgerichts, das Oberlandesgericht über Entscheidungen des Landgerichts, das Landesarbeitsgericht über Entscheidungen des Arbeitsgerichts, das Oberverwaltungsgericht über Entscheidungen des Verwaltungsgerichts, und das Landessozialgericht über Entscheidungen des Sozialgerichts. Rechtsmittel gegen Entscheidungen eines Finanzgerichts kommen direkt vor den Bundesfinanzhof. Im Übrigen entscheiden die oberen Bundesgerichte gewöhnlich über Urteile der oberen Landesgerichte, wenn sie mit dem Rechtsmittel der Revision angerufen werden.

Ob das Amts- oder Landgericht und ob beim Amtsgericht der Einzelrichter oder das Schöffengericht, beim Landgericht die große oder die kleine Strafkammer für die Entscheidung erster Instanz sachlich zuständig ist, richtet sich ebenfalls nach der Prozessordnung. Hier gilt im Allgemeinen, dass im Zweifel die Sachen mit den höheren Streitwerten sowie die schwereren Straftaten vor dem höheren Gericht bzw. dem größeren Spruchkörper verhandelt werden. Im Einzelnen sind die einschlägigen Regelungen allerdings komplizierter.

Die Verfahrensordnungen regeln auch **örtliche** Zuständigkeit der einzelnen Gerichte. So ist für die Durchführung eines Zivilprozesses in der Regel das Amts- bzw. Landgericht örtlich zuständig, in dessen Gerichtsbezirk der Beklagte wohnt. Strafverfahren können vor dem Gericht stattfinden, in dessen Bezirk der Tatort liegt, der Beschuldigte wohnt oder ergriffen worden ist.

2.2.5 Die Geschäftsverteilung

Da bei dem sachlich und örtlich zuständigen Gericht gewöhnlich mehrere Einzelrichter, Kammern oder Senate bestehen, bleibt noch zu entscheiden, welcher dieser Spruchkörper für den konkreten Einzelfall zuständig sein soll. Um Manipulationen zu vermeiden, darf diese Entscheidung nicht ad hoc getroffen werden. Der Anspruch der Betroffenen auf Entscheidung ihrer Sache durch den „gesetzlichen Richter" verlangt, dass von vornherein feststeht, welche Richter für die Entscheidung des Einzelfalls zuständig sind. Dies wird dadurch gewährleistet, dass das Präsidium eines jeden Gerichts jährlich einen „Geschäftsverteilungsplan" aufstellt, in dem geregelt ist, welcher Richter zu welchem Spruchkörper gehört und nach welchen Kriterien die eingehenden Sachen auf diese Spruchkörper zu verteilen sind. Die Verteilung kann nach Sachgebieten erfolgen. So kann beim Landgericht beispielsweise eine Kammer für Pressesachen zuständig sein. Üblich ist aber auch die Verteilung nach Buchstaben, etwa den Anfangsbuchstaben des Familiennamens des Beklagten bzw. Beschuldigten.

Über die Grundsätze, nach denen die Geschäfte innerhalb eines Spruchkörpers verteilt werden, entscheiden die ihm angehörenden Berufsrichter durch Beschluss vor Beginn des Geschäftsjahres. Auf der Basis dieses Geschäftsverteilungsplans verteilt der Vorsitzende des Spruchkörpers dann die Aufgaben im Einzelfall, § 21g GVG.

2.3 Gerichtliche Verfahren im Überblick

Gerichte werden nicht von sich aus tätig; die **Einleitung** eines Gerichtsverfahrens setzt immer voraus, dass das Gericht von jemandem angerufen wird.

Beim Strafprozess geschieht dies in der Regel[38] dadurch, dass die Staatsanwaltschaft Anklage erhebt. Die anderen Verfahren wer-

---

[38] In bestimmten Fällen kann das Opfer einer Straftat auch die so genannte „Privatklage" erheben, vgl. §§ 374 ff. StPO. Näheres dazu in 7.6.13.

den im allgemeinen auf Initiative eines Betroffenen eingeleitet, der einen Antrag stellt, z.B. auf Erlass einer einstweiligen Verfügung bzw. Anordnung, Klage erhebt oder ein Rechtsmittel einlegt.

Das **Ziel** des Verfahrens besteht im Allgemeinen darin, festzustellen, ob dem Kläger der geltend gemachte Anspruch zusteht. Beim Strafverfahren geht es um die Feststellung, ob der Angeklagte sich dadurch einer Straftat schuldig gemacht hat, dass er die ihm vorgeworfene Tat begangen hat, und gegebenenfalls um die Festsetzung einer Strafe.

Das Kernstück der meisten Gerichtsverfahren bildet die – gewöhnlich öffentliche[39] – **mündliche Verhandlung**. In ihr erörtert das Gericht mit den Prozessparteien die Umstände, die für die Entscheidung des Rechtsstreits wesentlich sind.

Im **Strafprozess** ist das Prinzip der Mündlichkeit konsequent durchgehalten: Der Urteilsfindung darf nur das zugrunde gelegt werden, was in der Hauptverhandlung mündlich erörtert worden ist. Das macht die Berichterstattung für einen sachverständigen Zuhörer relativ einfach. Im **Zivilprozess** hingegen ist die Bezugnahme auf den Inhalt der Akten, die zwischen den Parteien und dem Gericht bereits gewechselten Schriftsätze, zulässig und in weitem Umfang üblich. Der Inhalt der mündlichen Verhandlung ist für einen Außenstehenden deshalb nur verständlich, wenn er sich über den Sach- und Streitstand zuvor ausreichend informiert hat[40] oder wenn das Gericht dem Prozessbeobachter zuliebe ausnahmsweise ausführlich in den Sach- und Streitstand einführt. Eine solche ausführliche Einführung in den Sach- und Streitstand ist im **Verwaltungsprozess** üblich – was die Berichterstattung wiederum erheblich erleichtert.

---

[39] Zu den Ausnahmen vgl. unten 5.2.1.
[40] Hinweise zur Vorbereitung einer Prozessbeobachtung finden sich unter 5.2.3.

2.3.1 Verfahrensgrundsätze

Auch im Übrigen weisen die Verfahren der verschiedenen Gerichtszweige erhebliche Unterschiede auf, mit denen die Rechtsordnung typischen Interessenlagen gerecht zu werden sucht.

2.3.1.1 Strafverfahren

So dienen das Strafrecht, und mithin auch das Strafverfahren, dem Schutz der Allgemeinheit vor Straftaten. Um diesen Schutz zu sichern, verpflichtet sich der Staat, alle Straftaten durch staatliche Behörden von Amts wegen („Offizialmaxime") möglichst weit aufzuklären und zu verfolgen. Auf diesen Verfolgungszwang („Legalitätsprinzip") wird allerdings verzichtet, wenn sich die Strafverfolgung nicht „lohnt" („Opportunitätsprinzip"): So kann die Staatsanwaltschaft von der Verfolgung ganz absehen,

- wenn die Schuld des Täters gering ist und deshalb kein öffentliches Interesse an der Verfolgung besteht (§§ 153 – 153b StPO) sowie bei tätiger Reue (§ 153e StPO),
- bei Auslandstaten (§ 153c StPO), Auslieferung oder Landesverweisung eines ausländischen Beschuldigten (§ 154b StPO),
- bei politischen Straftaten, wenn der Strafverfolgung überwiegende öffentliche Interessen entgegenstehen (§ 153d StPO).

Um Straftäter besser verfolgen zu können, die ihr Opfer mit der Drohung erpressen, eine frühere Straftat des Opfers zu offenbaren, hat die Staatsanwaltschaft die Möglichkeit, von der Verfolgung der früheren Straftat des Opfers abzusehen, wenn sie nicht allzu schwer ist (§ 154c StPO). Auf diese Weise soll die Bereitschaft des Erpressungsopfers gestärkt werden, die Erpressung anzuzeigen.

Um überflüssigen Ermittlungsaufwand zu vermeiden, kann die Staatsanwaltschaft die Verfolgung bei mehreren Gesetzesverletzungen des Beschuldigten auf einzelne Verstöße beschränken, wenn dies für die zu erwartende Strafe oder Maßregel nicht erheblich ins Gewicht fällt (§§ 154, 154a StPO).

Da die Verurteilung zu einer Strafe einen gravierenden Eingriff darstellt, muss besonders sorgfältig darauf geachtet werden, dass kein Unschuldiger verurteilt wird. Dazu dient zum einen der Amtsermittlungsgrundsatz, der die Strafverfolgungsbehörden verpflichtet, bei ihren Ermittlungen gegen einen Beschuldigten neben den ihn belastenden auch die ihn entlastenden Umstände zu berücksichtigen. Zum anderen verpflichtet der **Untersuchungsgrundsatz** das Gericht, von sich aus alle Umstände zu ermitteln, die für den Ausgang des Verfahrens von Bedeutung sind (Prinzip der „materiellen" Wahrheit). Dazu hat es die Beweisaufnahme auf alle Tatsachen zu erstrecken und alle Beweismittel zu nutzen, die für den Ausgang des Verfahrens von Bedeutung sein können (§ 244 Abs. 2 StPO).

Um den Prozessbeteiligten nicht die Möglichkeit zu nehmen, sich ein eigenes Bild von der Glaubwürdigkeit einer Zeugenaussage zu machen, darf die Vernehmung eines Zeugen aber nicht ohne weiteres durch die Verlesung einer schriftlichen Erklärung oder des Protokolls einer früheren Aussage ersetzt werden (Grundsatz der persönlichen Vernehmung, § 250 StPO). Ausnahmen sind in den §§ 251 ff. StPO geregelt. Dazu gehört insbesondere die Möglichkeit, die Aussage von sexuell missbrauchten oder misshandelten Minderjährigen durch die Vorführung einer Videoaufnahme ihrer früheren Vernehmung durch einen Richter zu ersetzen, wenn der Angeklagte und sein Verteidiger Gelegenheit hatten, an dieser Vernehmung teilzunehmen (§ 255a Abs. 2 StPO). Die Aufzeichnung darf allerdings in der Hauptverhandlung nicht zu Beweiszwecken vorgeführt werden, wenn der Zeuge nachträglich von seinem Zeugnisverweigerungsrecht Gebrauch macht.[41]

Beweisanträge der Staatsanwaltschaft oder der Verteidigung darf das Gericht gemäß § 244 Abs. 3 – 5 StPO nur ablehnen, wenn die Erhebung des Beweises unzulässig oder überflüssig ist, weil

- das Beweismittel völlig ungeeignet ist oder
- die Tatsache, die bewiesen werden soll, für die Entscheidung ohne Bedeutung, schon bewiesen oder offenkundig ist, oder

---

[41] Vgl. dazu die ausführliche Begründung des BGH in NJW 2004, S. 1605 ff.

- eine Behauptung, die den Angeklagten entlasten soll, vom Gericht so behandelt wird, als wäre die behauptete Tatsache wahr.

Unzulässig ist ein Beweisantrag ferner, wenn er zum Zweck der Prozessverschleppung gestellt wird oder das Beweismittel unerreichbar ist. Auf die Einholung eines Sachverständigengutachtens kann das Gericht verzichten, wenn es selbst die erforderliche Sachkunde besitzt oder neue Erkenntnisse von einem weiteren Gutachten nicht zu erwarten sind.

Ein Beweisantrag darf im Strafverfahren nicht mit der Begründung abgelehnt werden, er sei zu spät gestellt worden (§ 246 Abs. 1 StPO). Diesen Umstand nützen Strafverteidiger zuweilen, um noch in letzter Minute, kurz vor der Verkündung des Urteils einen Beweisantrag „nachzuschieben", wenn sie den Eindruck haben, das Urteil könne zu Ungunsten ihres Mandanten ausgehen. Über das Ergebnis der Beweisaufnahme entscheidet das Gericht nach seiner freien Überzeugung (§ 261 StPO). Das Gericht ist also nicht an feste Beweisregeln gebunden.

So muss es z.B. weder einem Geständnis des Angeklagten noch den Aussagen von zwei unabhängigen Zeugen auf jeden Fall glauben.

Freie Beweiswürdigung bedeutet aber nicht Willkür. Das Gericht muss in den Entscheidungsgründen vielmehr nachvollziehbar darlegen, wie es zu seiner Überzeugung gekommen ist, und dabei den gesamten Inhalt der Hauptverhandlung berücksichtigen.

Das gilt insbesondere dann, wenn Aussage gegen Aussage steht und die Entscheidung davon abhängt, welchen Angaben das Gericht glaubt.[42]

Ist das Gericht von der Schuld des Angeklagten nicht vollständig überzeugt, muss es ihn freisprechen. Hier gilt der Grundsatz: „Im Zweifel für den Angeklagten".

Eine besonders vorsichtige Beweiswürdigung und gegebenenfalls die Anwendung des Zweifelssatzes ist geboten, wenn die Exe-

---

[42] BGH NStZ-RR 2004, S. 87 f.

kutive die Sachaufklärung dadurch behindert, dass sie Beweismittel sperrt.

> Das ist z. B. dann der Fall, wenn die Polizei die Identität von verdeckten Ermittlern, Vertrauensleuten oder Informanten mit behördlicher Vertraulichkeitszusage nicht preisgibt oder ihnen die erforderliche Aussagegenehmigung nicht oder nur beschränkt erteilt. Es gilt aber auch für die Fälle, dass Verfassungsschutz, Bundesnachrichtendienst oder Bundeskriminalamt Informationen zurückhalten, die sie selbst gewonnen oder von ausländischen Geheimdiensten erhalten haben.[43]

2.3.1.2 Zivilprozess

Demgegenüber basiert die Gestaltung des Zivilprozesses auf der Grundannahme, dass die Prozessparteien ihre individuellen Interessen selbst am besten wahrnehmen können. Dieser Gedanke, dem im Zivilrecht das Prinzip der Vertragsfreiheit („Privatautonomie") entspricht, führt dazu, dass die Führung eines Zivilprozesses weitgehend in der Hand der Prozessparteien liegt („**Dispositionsmaxime**"). So kann der Kläger frei entscheiden, ob er Klage erheben - und damit den Prozess einleiten – oder darauf verzichten will, seinen Anspruch gerichtlich durchzusetzen. Er kann seine Klage vor dem Abschluss des Verfahrens auch jederzeit zurücknehmen und das Verfahren damit ohne Entscheidung beenden. Andererseits kann sich der Beklagte entscheiden, die Klageforderung anzuerkennen, obwohl er sie eigentlich für unberechtigt hält. Er wird dann verurteilt, ohne dass das Gericht prüft, ob der Anspruch tatsächlich besteht. Schließlich können die Parteien den Prozess auch dadurch beenden, dass sie – mit oder ohne Zutun des Gerichts – einen Kompromiss schließen („Vergleich"). Das Gericht ist in all diesen Fällen an die Erklärung der Parteien gebunden – unabhängig davon, ob es sie für „richtig" hält oder nicht.

Anders als im Strafverfahren ist das Zivilgericht auch weder berechtigt noch verpflichtet, von sich aus umfassend die Wahrheit zu erforschen. Es hat seinem Verfahren ausschließlich den Sachvortrag der Parteien zugrunde zu legen („**Verhandlungsgrundsatz**").

---

[43] Wie z.B. im Fall El Mossadeq; vgl. dazu BGH NJW 2004, S. 1259 ff.

Dass die Unkenntnis dieser auf den ersten Blick verblüffenden Regelung zu erheblichen Fehlern bei der Berichterstattung führen kann, zeigt folgendes Beispiel:
Die Kundin eines Reiseveranstalters verlangt die Rückzahlung eines Teils des Reisepreises, weil sie sich in ihrem Urlaub von einer Reisegruppe gestört fühlte, die in demselben Hotel wie sie untergebracht war. Sie behauptet, es habe sich um eine Gruppe von geistig schwer Behinderten gehandelt, die ihre Nachtruhe durch laute Schreie erheblich gestört hätten. Der Reiseveranstalter bestreitet diese Behauptungen nicht, ist aber der Auffassung, sie berechtigten die Klägerin nicht zur Minderung des Reisepreises. Das Gericht verurteilt den Reiseveranstalter zur Minderung des Reisepreises um 10%.
Ein Journalist recherchiert die Geschichte nach und stellt fest, dass es sich bei der Gruppe um Behinderte aus Schweden gehandelt hat, die an einer spastischen Krankheit leiden. Er kritisiert das Gericht öffentlich, weil es unzutreffend von geistig schwer Behinderten ausgegangen sei, ohne dies nachzuprüfen.
Dass dieser Vorwurf unberechtigt ist, folgt aus dem oben beschriebenen Verhandlungsgrundsatz: Das Gericht musste den Vortrag der Klägerin als wahr behandeln, da er vom Beklagten nicht bestritten wurde.
Das Beispiel zeigt zugleich, dass dieser Grundsatz auch sinnvoll ist: Die Ermittlung der Wahrheit mit prozessual zulässigen Mitteln hätte in diesem Fall Kosten von mehreren tausend DM verursacht. Denn um die Art der Behinderung festzustellen, hätte das Gericht voraussichtlich nach Schweden reisen und die Betroffenen in Augenschein nehmen müssen. Diese Kosten hätten in keinem vernünftigen Verhältnis zum Streitwert gestanden, der 10% des Reisepreises ausmachte und demzufolge bei wenigen hundert DM lag. Die Kosten hätte am Ende der Verlierer des Prozesses tragen müssen. Wegen dieses erheblichen Prozesskostenrisikos war es aus der Sicht des Beklagten vernünftig, den Sachvortrag der Klägerin nicht zu bestreiten – und damit die teure Beweisaufnahme zu vermeiden.

Diesem Prinzip der „formellen" Wahrheit entsprechend erhebt das Gericht im Zivilprozess im Allgemeinen nur die von den Parteien für ihre Behauptungen angebotenen Beweise. Die **Darlegungs- und Beweislast** für die Tatsachen, auf die sie ihre Ansprüche stützt, trägt die Klägerin; der Beklagte hingegen muss die Tatsachen vortragen und beweisen, die seine Einwendungen begründen. Als Beweismittel sind im Zivilprozess zugelassen:
- der Beweis durch Augenschein, §§ 371 ff. ZPO;
- der Zeugenbeweis, §§ 373 ff. ZPO;
- der Beweis durch Sachverständige, §§ 402 ff. ZPO;
- der Beweis durch Urkunden, §§ 415 ff. ZPO, und
- der Beweis durch Vernehmung der gegnerischen Partei, §§ 445 ff. ZPO.

2.3.1.3 Verwaltungsgerichtsverfahren

Den **Verwaltungsprozess** kennzeichnet eine Mischung der Verfahrensgrundsätze aus den beiden beschriebenen Prozesstypen: Einerseits gilt die Dispositionsmaxime, andererseits der Untersuchungsgrundsatz. Einerseits gelten für die Darlegungs- und Beweislast dieselben Regeln wie im Zivilprozess, andererseits wird deren praktische Bedeutung durch den Umstand erheblich relativiert, dass das Gericht von sich aus die Wahrheit zu ermitteln hat und die beklagte Behörde ihm dazu alle erforderlichen Informationen zur Verfügung stellen muss, über die sie verfügt. Dasselbe gilt für das Verfahren vor den Sozial- und den Finanzgerichten.

2.3.2 Ablauf

Einem **Zivilprozess** gehen in der Regel vorprozessuale Auseinandersetzungen voraus, in denen der spätere Kläger gegen den späteren Beklagten einen Anspruch geltend macht, die dieser trotz Mahnung nicht erfüllt. Um seinen Anspruch in einem solchen Fall durchzusetzen, benötigt der Gläubiger einen „Titel", aus dem er die „Vollstreckung" gegen den Schuldner betreiben kann.

Um diesen Titel zu bekommen, muss der Gläubiger beim zuständigen Gericht beantragen, den Schuldner zu dem verlangten Verhalten zu verurteilen (**„Klageerhebung"**). Dieses gibt dem Beklagten Gelegenheit zur Stellungnahme und prüft den Sachvortrag der Parteien - gegebenenfalls unter Beweisaufnahme - darauf, ob dem Kläger der geltend gemachte Anspruch zusteht („Erkenntnisverfahren"). Ist das der Fall, verurteilt es den Beklagten antragsgemäß; anderenfalls weist es die Klage ganz oder teilweise ab. Das Urteil wird rechtskräftig, wenn kein Rechtsmittel (Berufung oder Revision) mehr zulässig ist. Tut der Beklagte nicht, wozu er verurteilt ist, kann ihn der Kläger durch einen Gerichtsvollzieher oder das Vollstreckungsgericht zwingen lassen, das Urteil zu befolgen („Zwangsvollstreckung").

Einen billigeren und kürzeren Weg, einen Vollstreckungstitel zu bekommen, bietet das „**Mahnverfahren**": Eine Geldforderung kann der Gläubiger dadurch geltend machen, dass er dem Schuldner durch das zuständige Amtsgericht einen Mahnbescheid zustellen lässt. Erhebt dieser keinen Widerspruch, bekommt der Gläubiger einen Vollstreckungsbescheid über die Forderung. Legt der Schuldner gegen diesen Bescheid keinen Einspruch ein, wirkt der Bescheid wie ein rechtskräftiges Urteil, aus dem der Kläger vollstrecken lassen kann. Erhebt der Schuldner hingegen rechtzeitig Widerspruch gegen den Mahnbescheid oder legt er Einspruch gegen den Vollstreckungsbescheid ein, geht das Verfahren auf Antrag des Gläubigers in das normale Klageverfahren über. Die Einleitung eines Mahnverfahrens ist deshalb nur sinnvoll, wenn der Gläubiger nicht mit einem Einspruch des Beklagten rechnet.

Das **Strafverfahren** beginnt mit dem **Ermittlungsverfahren**, das von der Staatsanwaltschaft mit Hilfe der Kriminalpolizei geführt wird. Sobald Polizei oder Staatsanwaltschaft von einer Straftat erfahren, leiten sie ein Verfahren ein, um die Tat aufzuklären und die Schuldigen zu finden. Dazu sichern sie Spuren und Beweismittel, ergreifen Fahndungsmaßnahmen, observieren Verdächtige, vernehmen Zeugen und Beschuldigte, beauftragen Sachverständige, holen Auskünfte von Behörden ein; manche Maßnahmen dürfen sie in der Regel nur mit richterlicher Genehmigung durchführen. Dazu gehören etwa die Überwachung des Telefonverkehrs sowie die Durchsuchung von Wohnungen oder Geschäftsräumen. Außerdem benötigen sie einen richterlichen Haftbefehl, wenn sie einen Festgenommenen nicht mit Ablauf des folgenden Tages freilassen wollen.

Führen die Ermittlungen nicht zu einem hinreichenden Tatverdacht gegen einen Beschuldigten, stellt die Staatsanwaltschaft das Ermittlungsverfahren ein (§ 170 Abs. 2 StPO). Diese Entscheidung kann der durch die Straftat Verletzte in einem „Klageerzwingungsverfahren" gerichtlich überprüfen lassen (§ 172 StPO).

Wenn die Schwere der Schuld nicht entgegensteht, kann die Staatsanwaltschaft das Verfahren mit Zustimmung des für die Eröffnung des Hauptverfahrens zuständigen Gerichts auch dadurch abschließen, dass es dem Beschuldigten bestimmte Auflagen oder

Weisungen erteilt, nach deren Erfüllung das Verfahren eingestellt wird. In Betracht kommen beispielsweise

- Bemühungen, einen Ausgleich mit dem Verletzten zu erreichen (Täter-Opfer-Ausgleich),
- die Wiedergutmachung des angerichteten Schadens, Erfüllung von Unterhaltspflichten oder
- die Erbringung gemeinnütziger Leistungen, Zahlung eines Geldbetrages an gemeinnützige Einrichtungen oder die Staatskasse („Buße").

Anderenfalls erhebt die Staatsanwaltschaft **Anklage** gegen den Beschuldigten bei dem zuständigen Gericht. Dieses gibt dem Angeschuldigten Gelegenheit zur Stellungnahme und prüft das Ermittlungsergebnis darauf, ob es die Anklage rechtfertigt („Zwischenverfahren"). Wenn das der Fall ist, lässt es die Anklage zu, beschließt die **Eröffnung des Hauptverfahrens** und bestimmt das Gericht, vor dem die Hauptverhandlung stattfinden soll.

Der Vorsitzende des zuständigen Spruchkörpers bereitet die Hauptverhandlung vor. Er setzt die Verhandlungstermine fest und veranlasst die Ladung des Angeklagten, seines Verteidigers, von Zeugen und Sachverständigen. Die **Hauptverhandlung** beginnt nach dem Aufruf der Sache und der Belehrung von Zeugen und Sachverständigen über ihre Rechte und Pflichten mit der Vernehmung des Angeklagten über seine persönlichen Verhältnisse. Es folgt die Verlesung der Anklage, die Belehrung des Angeklagten über sein Zeugnisverweigerungsrecht und gegebenenfalls die Vernehmung des Angeklagten. Dann schließt sich die Beweisaufnahme an. Nach Beendigung der Beweisaufnahme erhalten Staatsanwalt und Verteidiger (bzw. der Angeklagte selbst) Gelegenheit, zu den Ergebnissen der Beweisaufnahme Stellung zu nehmen und die Entscheidung des Gerichts zu beantragen, die sie für richtig halten (Plädoyers). Besteht der Spruchkörper aus mehreren Personen, entscheidet er in geheimer Beratung über das Urteil, das dann durch den Vorsitzenden öffentlich verkündet und mündlich begründet wird. Der Angeklagte und die Staatsanwaltschaft erhalten später noch eine schriftliche Begründung des Urteils. Wird innerhalb einer Woche nach Verkündung des Urteils kein Rechtsmittel eingelegt, wird es rechtskräftig und kann vollstreckt werden. Anderenfalls folgen das Berufungs- bzw. das Revisionsverfahren.

Die Hauptverhandlung vor dem Strafrichter oder dem Schöffengericht kann durch den Erlass eines **Strafbefehls** ersetzt werden. Durch ihn kann der Angeschuldigte aber nur zu einer Geldstrafe oder einer Freiheitsstrafe von höchstens einem Jahr verurteilt werden, deren Vollstreckung zur Bewährung auszusetzen ist[44]. Den von der Staatsanwaltschaft beantragten Strafbefehl erlässt der Strafrichter bzw. der Vorsitzende des angerufenen Schöffengerichts, wenn er den Angeschuldigten für hinreichend verdächtig hält und mit der von der Staatsanwaltschaft beantragten Strafe einverstanden ist. Anderenfalls weist er ihn zurück oder beraumt die Hauptverhandlung an. Legt der Angeklagte gegen den Strafbefehl fristgerecht Einspruch ein, wird die Hauptverhandlung anberaumt; anderenfalls wirkt der Strafbefehl wie ein rechtskräftiges Urteil (§ 410 StPO).

Einem **Verwaltungsprozess** geht in der Regel ein mehrgliedriges Verwaltungsverfahren voraus. Dieses kann damit beginnen, dass jemand bei der zuständigen Behörde den Antrag stellt, eine bestimmte Leistung zu erbringen (z.B. Sozialhilfe zu zahlen, eine Auskunft zu geben) oder ihm eine Genehmigung zu erteilen (z.B. Fahrerlaubnis, Baugenehmigung). Lehnt die Behörde den Antrag ab, kann der Betroffene gegen den entsprechenden Bescheid Widerspruch einlegen. Dasselbe gilt, wenn die Behörde von sich aus einen Verwaltungsakt erlässt, den der Betroffene nicht akzeptieren will (z.B. Einberufung zum Wehrdienst, Steuerbescheid, Bußgeldbescheid)[45]. Tut er das nicht fristgerecht, kann die Behörde sofort die Vollstreckung einleiten, ohne dass es zu einem gerichtlichen Verfahren kommt. Der Widerspruch hingegen führt dazu, dass die Behörde ihre Entscheidung noch einmal auf ihre Recht- und Zweckmäßigkeit überprüft. Erhält sie ihren Bescheid aufrecht, legt sie die Sache der Widerspruchsbehörde, in der Regel[46] der nächst höheren Behörde,

---

[44] Zu den zulässigen Nebenfolgen vgl. § 407 StPO.
[45] Das Widerspruchsverfahren entfällt, wenn eine Leistung verlangt wird, die keines vorherigen Verwaltungsaktes bedarf, oder es um die Entscheidung einer obersten Landes- oder Bundesbehörde geht. In diesen Fällen kann sofort Klage erhoben werden.
[46] Ausnahmen sind in § 73 VwGO geregelt.

zur Entscheidung vor. Diese erlässt nach Prüfung der Rechts- und Zweckmäßigkeit den Widerspruchsbescheid. Will der Betroffene diesen nicht hinnehmen, muss er vor dem zuständigen Verwaltungsgericht Klage erheben. Dieses prüft dann, ob die Verwaltungsbehörde rechtmäßig gehandelt hat. Falls nicht, hebt es die Entscheidung auf und verurteilt die Behörde gegebenenfalls, eine bestimmte andere Entscheidung zu treffen bzw. eine bestimmte Leistung erbringen. Falls gegen das Urteil des Verwaltungsgerichts fristgerecht ein zulässiges Rechtsmittel eingelegt wird, wird das Verfahren vor dem Berufungs- bzw. Revisionsgericht fortgesetzt. Anderenfalls wird die Entscheidung rechtskräftig.

2.3.3 Rechtsmittel

Die Überprüfung gerichtlicher Entscheidungen durch Einlegung eines Rechtsmittels ist in den Prozessordnungen abschließend geregelt. Danach sind verschiedene Rechtsmittel zu unterscheiden.

Gegen ein **Urteil**, das den Rechtsstreit vor dem jeweiligen Gericht ganz oder teilweise abschließt, kommt als Rechtsmittel die Berufung oder die Revision in Betracht. Die **Berufung** kann auf den Vortrag von Tatsachen gestützt werden, die ein anderes Urteil rechtfertigen, oder auf die Behauptung, das Gericht habe das Recht nicht richtig angewendet. Das **Revision**sverfahren hingegen ist darauf beschränkt, das angegriffene Verfahren auf Rechtsfehler zu überprüfen. Als Faustregel lässt sich festhalten: Gegen ein erstinstanzliches Urteil ist im Allgemeinen die Berufung, gegen ein Berufungsurteil ist allenfalls die Revision zulässig. Von dieser Regel gibt es allerdings wichtige Ausnahmen. So ist insbesondere gegen das erstinstanzliche Urteil einer großen Strafkammer nur die Revision zum BGH zulässig. Einen Überblick über die zugelassenen Rechtsmittel gegen Urteile gibt Tabelle 1.[47] Sie zeigt, dass Rechtsmittel häufig erst nach Zulassung durch das erkennende Gericht statthaft sind. Dieses muss das Rechtsmittel insbesondere dann zulassen, wenn die

---

[47] Die Tabellen befinden sich im Anhang.

Entscheidung grundsätzliche Bedeutung hat oder die Entscheidung des höheren Gerichts zur Fortbildung des Rechts oder zur Sicherung einer einheitlichen Rechtsprechung erforderlich ist. Tut es das in einem solchen Fall nicht, kann der Betroffene dagegen mit der „Nichtzulassungsbeschwerde" vorgehen. Dann entscheidet das höhere Gericht über die Zulassung des Rechtsmittels.

Streben die Prozessparteien die höchstrichterliche Entscheidung ihres Rechtsstreits an, können sie sich darauf verständigen, die Berufungsinstanz zu überspringen und das erstinstanzliche Urteil sofort mit der „Sprungrevision" anzugreifen.

Beispiel für eine Sprungsrevision:
Nachdem das Berliner Verwaltungsgericht die Herausgabe der Stasi-Unterlagen über Altkanzler Helmut Kohl im September 2003 grundsätzlich gebilligt hatte, einigten sich die Parteien darauf, aus prozessökonomischen Gründen auf die Berufung vor dem OVG zu verzichten. Mit Zustimmung der Bundesbeauftragten legten Kohls Anwälte deshalb sofort Revision beim Bundesverwaltungsgericht ein.

Als **Beschwerde** wird im Allgemeinen ein Rechtsmittel gegen eine gerichtliche Entscheidung bezeichnet, die ohne mündliche Verhandlung ergangen ist. Eine **Rechtsbeschwerde** ist vor allem dort zulässig, wo dies zur Vereinheitlichung der Rechtsprechung erforderlich ist.

2.3.4 Kosten

Durch einen Rechtsstreit entstehen in der Regel erhebliche Kosten für die Tätigkeit der beteiligten Anwälte und des Gerichts. Die Höhe der „Gebühren", die an Gericht und Anwälte zu entrichten sind, ist in dem Rechtsanwaltsvergütungsgesetz (RVG) und dem Gerichtskostengesetz (GKG)[48] geregelt. Sie richtet sich beim Strafverfahren nach Art und Dauer der Hauptverhandlung, in den anderen Verfahren nach dem „Gegenstandswert", also der Höhe der Forderung oder dem Wert des Gegenstandes, um die bzw. den gestritten wird.

---

[48] Mit einer Sonderregel für das Arbeitsgerichtsverfahren im Arbeitsgerichtsgesetz.

Beispielsberechnungen für die Höhe der Gebühren in einem Zivilprozess enthält Tabelle 2.[49] Sie zeigt, dass die Kosten den Gegenstandswert durchaus erreichen, bei kleinen Forderungen auch deutlich übersteigen können. Die Tabelle enthält nur die durch den Prozess entstehenden Anwalts- und Gerichtsgebühren. Die Gesamtkosten können durch die Kosten einer umfangreichen Beweisaufnahme, z.B. mit Hilfe eines arbeitsaufwändigen Sachverständigen-Gutachtens, noch erheblich steigen. Damit die Kosten nicht als Zugangssperre für wirtschaftlich schwächere Bevölkerungsgruppen wirken, hat der Gesetzgeber zum einen für bestimmte Verfahrensarten Kosten senkende Regelungen getroffen.

So können sich die Parteien vor dem **Arbeitsgericht** und vor dem Landesarbeitsgericht von einem Vertreter ihrer Gewerkschaft (Rechtsschutzsekretär) bzw. ihres Arbeitgeberverbandes vertreten lassen und damit die Anwaltskosten sparen. Im erstinstanzlichen Arbeitsgerichtsverfahren sind Anwaltskosten zudem generell nicht erstattungsfähig. Zudem sind die Gerichtskosten deutlich geringer als im Zivilprozess. Sie betragen z.B. bei einem Streitwert von 5.000 € in erster Instanz 200 €, in zweiter Instanz 181,20 €.

Im Verfahren vor den **Sozialgerichten** werden von dem Versicherten oder sonstigen Leistungsempfänger in der Regel keine Gerichtskosten erhoben. Das gilt für alle Instanzen. Selbst die Kosten, die durch die Beweisaufnahme entstehen, z.B. für ein Gutachten, das das Gericht einholt, und die Kosten des Prozessgegners müssen von dem Versicherten im Allgemeinen nicht erstattet werden. Die Gebühren eines eigenen Anwalts muss der Versicherte allerdings selbst tragen, wenn er den Prozess verliert; er benötigt einen Anwalt aber erst vor dem Bundessozialgericht.

Zum anderen haben Personen, die die Gerichtskosten aus eigener Kraft nicht aufbringen können, einen Anspruch auf die Gewährung von **Prozesskostenhilfe**. Diese Hilfe besteht darin, dass der Staat dem Bedürftigen die Kosten zunächst vorstreckt. Verliert er den Prozess, muss er die Kosten in Raten, deren Höhe sich nach seinem Einkommen richtet, zurückzahlen. Soweit die Kosten nach Zahlung von 48 Monatsraten nicht erstattet sind, wird dem Schuldner die Rückzahlung erlassen. Um Missbrauch zu verhindern, wird Prozesskostenhilfe nur gewährt, wenn die Prozessführung bei pauschaler Prüfung „hinreichende Aussicht auf Erfolg" bietet und „nicht mutwillig erscheint". Über den Antrag auf Gewährung von Prozesskos-

---

[49] Siehe unten im Anhang.

tenhilfe entscheidet das erstinstanzliche Gericht durch – unanfecht-
baren – Beschluss. Die Prozesskostenhilfe befreit allerdings nicht
von der Pflicht, dem Prozessgegner dessen Kosten zu erstatten,
wenn der Prozess verloren geht.

Die gesamten Kosten – sowohl die eigenen wie die des Gegners
- hat grundsätzlich die Partei zu tragen, die den Prozess verliert. Das
gilt bei einem Prozess, der durch mehrere Instanzen geführt wird,
auch für die Kosten der Vorinstanzen. Wenn also der Kläger seinen
Prozess sowohl in der ersten Instanz wie auch im Berufungsverfahren gewinnt, die Klage dann aber durch das Revisionsgericht abgewiesen wird, muss er die Kosten für alle drei Instanzen zahlen. Doch
auch für den Gewinner ist die Prozessführung nicht völlig ohne Kostenrisiko: Er bleibt „auf seinen Kosten sitzen", wenn sie beim unter-
legenen Gegner nicht eingetrieben werden können, weil dieser zahlungsunfähig ist.

Soweit die Klage nur zum Teil Erfolg hat, werden die Kosten
zwischen den Parteien anteilig aufgeteilt. Kosten, die eine Partei
durch ihr Fehlverhalten, insbesondere dadurch verursacht hat, dass
sie zu einem Termin nicht erschienen ist, trägt sie auf jeden Fall
selbst.

Das Prozesskostenrisiko lässt sich durch eine Rechtsschutzver-
sicherung abdecken.

2.4 Die Prozessbeteiligten

An einem Gerichtsverfahren beteiligt sind die (Prozess-)Parteien und
ihre Vertreter, das Gericht sowie gegebenenfalls Zeugen und Sachverständige. In einem Strafverfahren kann zudem das Opfer der
Straftat als Nebenkläger auftreten, in einen Verwaltungsprozess
können weitere Beteiligte einbezogen werden.

2.4.1 Die Prozessparteien

Klagen und verklagt werden können natürliche Personen (Menschen), juristische Personen (AG, GmbH, eingetragene Vereine) und ihnen gleichgestellte Gesellschaften (OHG, KG, Gewerkschaften). Diese sind **parteifähig**. Soweit sie nicht selbst geschäftsfähig sind, müssen sie im Prozess durch ihre gesetzlichen Vertreter vertreten werden. Nur diese sind **prozessfähig**. Soweit für ein Gerichtsverfahren Anwaltszwang besteht, können die Parteien und ihre gesetzlichen Vertreter die erforderlichen Anträge im Prozess nicht selbst stellen; sie müssen sich dazu ihres Rechtsanwalts bedienen. Nur dieser ist in einem solchen Verfahren **postulationsfähig**.

Klagebefugt ist grundsätzlich nur eine Partei, die **eigene Rechte** geltend macht (Aktivlegitimation). Verklagen muss sie den, gegen den sich ihr Anspruch richtet. Grundsätzlich ist nur dieser ist in einem Prozess **passivlegimiert**.

Besonderheiten gelten für das **Strafverfahren**. Hier gibt es im strengen Sinn keine Prozessparteien (Kläger und Beklagte). Vielmehr wird die **Anklage** durch einen Staatsanwalt vertreten, **Angeklagter** kann nur eine natürliche Person sein, die zum Zeitpunkt der Straftat bereits **strafmündig** war, also ihr 14. Lebensjahr vollendet hatte (§ 19 StGB). Zum „Angeklagten" wird der Verdächtige erst durch den Eröffnungsbeschluss; von der Erhebung der Anklage bis zu diesem Zeitpunkt bezeichnet das Gesetz ihn als „Angeschuldigten", davor als „Beschuldigten" (§ 157 StPO). Für die Kriminalberichterstattung bietet es sich deshalb an, bis zur Eröffnung der Hauptverhandlung die Bezeichnung „Beschuldigter" oder „Verdächtiger" zu benutzen – den Betroffenen jedenfalls nicht als „Angeklagten" zu bezeichnen. Ebenso unrichtig ist es, den Beklagten in einem Zivil-, Arbeitsgerichts- oder Verwaltungsprozess als „Angeklagten" zu bezeichnen.

2.4.2 Parteivertreter

In allen Verfahren können die Prozessparteien sich jederzeit eines Rechtsbeistandes bedienen. Bei Verfahren vor den Bundesgerichten müssen sie durch einen dort zugelassenen Rechtsanwalt vertreten sein; auch für Zivilprozesse vor dem Landgericht und dem Oberlandesgericht gilt **Anwaltszwang**. Vor dem Oberwaltungsgericht können Anträge nur durch einen Anwalt oder einen Hochschullehrer mit der Befähigung zum Richteramt gestellt werden.

Auch im Strafverfahren kann der Beschuldigte jederzeit – schon bei seiner ersten Vernehmung im Ermittlungsverfahren – die Hilfe eines Anwalts in Anspruch nehmen, der hier als „**Verteidiger**" bzw. „Strafverteidiger" bezeichnet wird. Notwendig ist die Mitwirkung eines Verteidigers, wenn sich der Angeklagte wegen der Schwere des ihm vorgeworfenen Delikts, der Schwierigkeit der Sach- und Rechtslage oder aus anderen Gründen nicht ausreichend selbst verteidigen kann. In diesem Fall bestellt das Gericht ihm nach Eingang der Anklageschrift einen **Pflichtverteidiger**, wenn er bis dahin keinen Verteidiger seiner Wahl mit der Vertretung seiner Interessen beauftragt hat.

Der Rechtsanwalt ist Vertreter der Interessen seines Mandanten und zugleich „Organ der Rechtspflege". Daraus folgt, dass er sich im Prozess einerseits so verhalten muss, dass er seinem Mandanten nicht schadet. Ohne Genehmigung seines Mandanten darf er dem Gericht deshalb nicht ohne weiteres alles mitteilen, was er von seinem Mandanten erfahren hat. Auf der anderen Seite darf er auch nicht bewusst wahrheitswidrig vortragen, um seinem Mandanten ungerechtfertigte Vorteile zu verschaffen.

2.4.3 Die Staatsanwaltschaft

Die Aufgabe der Staatsanwaltschaft besteht darin, das strafrechtliche Ermittlungsverfahren zu leiten, die Anklage im Strafprozess zu vertreten und die Strafvollstreckung zu beaufsichtigen. Die Staatsanwaltschaften sind Justizbehörden, die bei den Gerichten eingerichtet sind. Sie bestehen aus

- dem Generalbundesanwalt und den Bundesanwälten beim Bundesgerichtshof,
- dem Generalstaatsanwalt und weiteren Staatsanwälten beim Oberlandesgericht,
- dem Leitenden Oberstaatsanwalt und weiteren (Ober-) Staatsanwälten beim Landgericht; beim Amtsgericht zudem aus Amtsanwälten.

Als Behörde ist die Staatsanwaltschaft hierarchisch organisiert. Die Leitung und Dienstaufsicht über die Bundesanwaltschaft führt der Bundesjustizminister; die Justizminister der Länder sind gegenüber den Generalstaatsanwaltschaften ihres Landes, die Generalstaatsanwälte gegenüber den Staatsanwaltschaften ihres Bezirks weisungsbefugt. Im Übrigen ist jeder einzelne Staatsanwalt an die Weisungen seiner Vorgesetzten (Abteilungsleiter, Behördenleiter) gebunden.

In Angelegenheiten der Strafverfolgung ist die Weisungsbefugnis allerdings begrenzt durch das Legalitätsprinzip einerseits, das den Staatsanwalt zur Ermittlung und Verfolgung einer Straftat verpflichtet, und das Verbot der Verfolgung Unschuldiger andererseits (§§ 344, 345 StGB). Immerhin hat innerhalb einer Staatsanwaltschaft die Behördenleitung das Recht, dem zuständigen Sachbearbeiter die Bearbeitung bestimmter Angelegenheiten zu entziehen und einem anderen zu übertragen oder selbst vorzunehmen.

2.4.4 Das Gericht

Der Spruchkörper eines Gerichts besteht aus einem oder mehreren Berufsrichtern. Ihm können ferner zwei Laienrichter angehören (Schöffen, Handelsrichter, Arbeitsrichter usw.). Berufs- und Laienrichter sind bei ihrer Rechtsprechung nur an Gesetz und Recht gebunden; sie sind weder untereinander weisungsberechtigt noch fremden Weisungen unterworfen.

Dennoch führt der Instanzenzug zu einer gewissen Hierarchie der Gerichte. Denn das Rechtsmittelgericht kann das Urteil der Vorinstanz „kassieren" und durch eine eigene Entscheidung ersetzen oder die Vorinstanz anweisen, die Sache unter Beachtung seiner Rechtsauffassung neu zu entscheiden. Bindend ist die Rechtsauffassung des Obergerichts zwar nur in dem entschiedenen Fall; ein strenges „Präjudiz" kennt das deutsche Recht nicht. Allerdings wird sich das Untergericht in gleich gelagerten Fällen genau überlegen, ob es gegen die Auffassung „seines" Obergerichts entscheiden will. Denn da der Unterlegene gegen dieses Urteil mit hoher Wahrscheinlichkeit ein Rechtsmittel einlegt und in der nächsten Instanz gewinnt, würde eine solche Entscheidung dem in erster Instanz Obsiegenden „Steine statt Brot" geben: Er würde den Prozess am Ende doch verlieren, müsste aber zusätzlich noch die durch die Rechtsmittelinstanz entstandenen Kosten tragen.

Die Hierarchie innerhalb der Gerichtsbarkeit spiegelt sich auch in der Besoldung der Berufsrichter wider: Der Richter eines Bundesgerichts z.B. erhält ein bedeutend höheres Gehalt als sein Kollege beim Gericht der ersten Instanz. Wie groß die Unterschiede sind, zeigt die Tabelle 3, der auch zu entnehmen ist, dass die Verwaltungsposten (Präsident, Vizepräsident) bei den Gerichten deutlich besser bezahlt werden als die richterliche Tätigkeit im eigentlichen Sinne.

Die Bindung der Gerichte an Gesetz und Recht wird zum anderen vor allem durch die **Ausbildung der Berufsrichter** gesichert. Jeder Berufsrichter hat nach einem Jura-Studium und bestandenem ersten Staatsexamen ein Referendariat absolviert, in dem er in verschiedenen „Stationen" die (zivil-)gerichtliche Praxis, die Arbeit der Staatsanwaltschaft, eines Rechtsanwaltsbüros und der Verwaltung kennen gelernt hat. Nach bestandenem zweiten Staatsexamen und erfolgreicher Bewerbung um die Stelle eines Richters wird er zunächst „auf Probe" eingestellt.

Im Idealfall ist er in seiner Probezeit zunächst als Beisitzer in der Kammer eines Landgerichts oder Verwaltungsgerichts tätig, wo er seine praktischen Fähigkeiten unter Anleitung seines Vorsitzenden und mit Hilfe des anderen Beisitzers erproben und erweitern kann. Schwieriger wird es, wenn er sich am Amtsgericht oder am Arbeitsgericht allein „durchbeißen" muss – insbesondere wenn das

Präsidium „den jungen Kollegen" dadurch „erprobt", dass er damit beauftragt wird, verwaiste Dezernate wieder in Ordnung zu bringen.

Nach erfolgreichem Abschluss der dreijährigen Probezeit wird er zum Richter auf Lebenszeit ernannt und kommt auf die Planstelle eines Richters an einem erstinstanzlichen Gericht. Bewährt er sich dort, wird er nach einigen Jahren für einige Zeit (mindestens 6 Monate) zur „Erprobung" als Hilfsrichter an ein Obergericht abgeordnet. Hinterlässt er dort einen guten Eindruck („drittes Staatsexamen"), hat er die Chance, auf die Stelle eines Richters am Obergericht oder eines vorsitzenden Richters am Landgericht bzw. am Verwaltungsgericht berufen zu werden. Diese „Laufbahn" gewährleistet, dass vor allem an den Obergerichten überwiegend ältere und erfahrene Richter tätig sind, die nach Auffassung ihrer Kollegen für ihr Amt besonders qualifiziert sind. Das gilt jedenfalls, solange in den Richterwahlausschüssen keine sachfremden Beurteilungskriterien, etwa die Mitgliedschaft in einer politischen Partei, die Oberhand gewinnen.

Die Funktion der **Laienrichter** besteht in einigen Bereichen darin, den erforderlichen Sachverstand in die gerichtliche Entscheidung einzubringen. So bringen Kaufleute und leitende Mitarbeiter von Wirtschaftsunternehmen (§ 109 GVG) ihre Kenntnisse in die Kammer für Handelssachen beim Landgericht ein, die dadurch über kaufmännische Angelegenheiten aus eigener Sachkunde entscheiden kann, ohne einen Gutachter zu benötigen (§ 114 GVG). Ähnliches gilt im Arbeitsgerichtsverfahren für die Arbeitsrichter „aus den Kreisen der Arbeitnehmer und der Arbeitgeber" (§ 16 ArbGG) und im Sozialgerichtsverfahren für die ehrenamtlichen Richter, die von den Verbänden der Betroffenen benannt werden.

In anderen Bereichen dient die Mitwirkung ehrenamtlicher Richter wohl in erster Linie der Verankerung der Rechtsprechung in der Bevölkerung durch Kontrolle der Berufsrichter und Sicherung der Lebensnähe ihrer Entscheidungen. Das gilt vor allem für die Tätigkeit der Schöffen im Strafverfahren, aber auch für die Mitwirkung in der Verwaltungs- und Finanzgerichtsbarkeit.

In allen Fällen nehmen die Laienrichter gleichberechtigt an der Rechtsfindung in der mündlichen Verhandlung teil. Sie haben das

Recht, dort Fragen zu stellen und an der (nicht öffentlichen) Beratung über das Urteil mitzuwirken. Bei der Abstimmung über das Urteil haben sie dasselbe Stimmrecht wie die Berufsrichter. Um Manipulationen zu verhindern, gilt auch für sie das Prinzip, dass der für die Entscheidung des Falles zuständige Richter gesetzlich bestimmt sein muss. Das geschieht dadurch, dass vor Beginn des Geschäftsjahres bzw. vor Beginn der Amtszeit neu berufener Richter eine Liste aufgestellt wird, aus der hervorgeht, welche Richter zu den einzelnen Sitzungen herangezogen werden und durch wen sie im Falle ihrer Verhinderung vertreten werden.

Am kompliziertesten ist das Verfahren zur Aufstellung dieser Listen bei den Schöffen für das Strafverfahren. Es beginnt damit, dass der Präsident des Amts- bzw. des Landgerichts die für jedes Amtsgericht erforderliche Zahl von Schöffen so festlegt, dass jeder Schöffe voraussichtlich zu nicht mehr als 12 Sitzungstagen im Jahr herangezogen werden muss. Diese Zahl wird auf die zu dem jeweiligen Amtsgerichtsbezirk gehörenden Gemeinden nach ihrer Bevölkerungszahl verteilt. Die Gemeindevertretung stellt daraufhin eine Vorschlagsliste auf, die mindestens doppelt so viele Personen enthalten muss, wie benötigt werden. Die Liste soll die Gruppen der Bevölkerung nach Geschlecht, Alter, Beruf und sozialer Stellung angemessen repräsentieren. Die Aufnahme einer Person in die Vorschlagsliste bedarf der Zustimmung von zwei Dritteln der gesetzlichen Mitglieder der Gemeindevertretung. Für die Kommune ist es nicht immer leicht, die Schöffen in der erforderlichen Anzahl und passenden Zusammensetzung zu finden. Deshalb ruft sie zuweilen öffentlich zu Bewerbungen auf.

Aus den Vorschlagslisten wählt ein Ausschuss die erforderliche Anzahl von Schöffen und Ersatzleuten („Hilfsschöffen") aus („Schöffenliste"). Die Entscheidung bedarf einer Mehrheit von zwei Dritteln der abgegebenen Stimmen. Der Ausschuss besteht aus dem Vorsitzenden des Schöffengerichts, einem von der Landesregierung bestimmten Verwaltungsbeamten und zehn Vertrauenspersonen. Diese werden von der Vertretung der unteren staatlichen Verwaltungsbehörde des Gerichtsbezirks, also dem Kreistag bzw. dem Rat der kreisfreien Stadt mit einer Mehrheit von zwei Dritteln ihrer gesetzlichen Mitglieder gewählt.

Nachdem der Vorsitzende des Schöffengerichts die Sitzungstage für das nächste Jahr im voraus festgelegt hat, lost er in öffentlicher Sitzung die Reihenfolge aus, in der die Hauptschöffen an den Sitzungen teilnehmen – und zwar so, dass möglichst jeder ausgeloste

Schöffe zu zwölf Sitzungstagen herangezogen wird. Dasselbe macht
er dann für die Hilfsschöffen, die im Falle der Verhinderung des
Hauptschöffen zu der jeweiligen Sitzung herangezogen werden.
Schließlich werden die Schöffen über das Ergebnis der Auslosung
informiert.

> Die Schöffenlisten werden bei einem Urkundsbeamten der Geschäftsstelle geführt
> („Schöffengeschäftsstelle").

Bei einer **fehlerhaften Besetzung des Gerichts** ist das Recht der
Beteiligten auf den „gesetzlichen Richter" verletzt. Sie bildet deshalb einen unheilbaren Verfahrensmangel. Fehlerhaft besetzt ist das
Gericht, wenn ein Richter mitwirkt, der nach der Geschäftsordnung
des Gerichts oder des Spruchkörpers nicht für die Entscheidung zuständig ist.[50] Das gilt auch dann, wenn „nur" *ein* „falscher" Schöffe
mitgewirkt hat.

Zu den wichtigsten Eigenschaften eines Richters gehört seine
Unparteilichkeit. Deshalb kann niemand Richter in eigener Sache
sein oder in der Sache von Personen, zu denen er eine enge persönliche Beziehung hat oder gehabt hat.[51] Liegt ansonsten ein Grund vor,
an der Unparteilichkeit eines Richters zu zweifeln, kann eine jede
Prozesspartei beantragen, ihn wegen der Besorgnis der Befangenheit
vom Verfahren auszuschließen.[52] Über den Ablehnungsantrag entscheidet das Gericht, dem der Abgelehnte angehört, ohne seine Mitwirkung durch Beschluss. Gegen die Ablehnung des Antrags kann
der Antragsteller das Rechtsmittel der sofortigen Beschwerde einlegen.

> Beispiele für Beschwerdeentscheidungen:
> - Ein Richter, der eine Partei darauf hinweist, dass der geltend gemachte Anspruch
>   verjährt ist, liefert einen Ablehnungsgrund.[53]

---

[50] Demgegenüber führt ein Verfahrensmangel bei der Wahl eines Berufsrichters nicht zur Unwirksam-
keit seiner Ernennung – und damit auch nicht zu einer fehlerhaften Besetzung des Gerichts, BGH NJW
2004, S. 3784.
[51] Im Einzelnen ist der Ausschluss eines Richters in den Prozessordnungen geregelt, vgl. § 41 ZPO,
§ 22 StPO, § 54 VwGO.
[52] Vgl. §§ 42 ZPO, 24 StPO, 54 VwGO.
[53] BGH NJW 2004, S. 164 f.

- Ein Richter ist nicht schon deshalb befangen, weil seine Ehefrau an dem erstinstanzlichen Urteil mitgewirkt hat, über dessen Bestand er in der Rechtsmittelinstanz (mit-) entscheiden soll.[54]
- Ein Richter ist befangen, wenn er zu erkennen gibt, dass er den Argumenten einer Partei nicht zugänglich ist. Darauf können auch abfällige, ironische oder kränkende Bemerkungen schließen lassen. Hingegen reicht es nicht aus, dass der Richter zu den Argumenten einer Partei kritisch Stellung nimmt (hier: Bewertung einer Rechtsauffassung als „rabulistisch").[55]

In zahlreichen Angelegenheiten der freiwilligen Gerichtsbarkeit[56] und im Verfahren nach der Insolvenzordnung tritt in weitem Umfang der **Rechtspfleger** an die Stelle des Richters. Der Rechtspfleger ist ein Beamter des gehobenen Justizdienstes, der nach einem Vorbereitungsdienst von drei Jahren die Rechtspflegerprüfung bestanden hat. Der Vorbereitungsdienst besteht aus dem Studium an einer Fachhochschule von mindestens 18 Monaten und einer praktischen Ausbildung von mindestens einem Jahr (§ 2 RPflG).

2.4.5 Zeugen

Zeugen sind Personen, die Wahrnehmungen gemacht haben, die für die rechtliche Beurteilung der Sache unmittelbar oder mittelbar (Indiztatsachen) von Bedeutung sind. Wer von einem Gericht oder einer Staatsanwalt als Zeuge geladen wird, ist verpflichtet, zu dem bestimmten Termin zu kommen, wahrheitsgemäß und vollständig zur Sache auszusagen und seine Aussage auf Verlangen des Gerichts zu beeiden. Diese **Zeugnispflicht** trifft neben Deutschen auch Ausländer, die sich in Deutschland aufhalten, soweit sie nicht Exterritorialität genießen (Diplomaten). Die Pflicht kann durch Zwangsmittel durchgesetzt werden. In Betracht kommen insbesondere die zwangsweise Vorführung des Zeugen und seine Verurteilung zu einem Ordnungsgeld, ersatzweise zu Ordnungshaft. Außerdem hat er die durch sein Ausbleiben entstandenen Kosten zu tragen. Die Aussage verweigern darf ein Zeuge, der

---

[54] BGH NJW 2004, S. 163 f.
[55] OLG Frankfurt NJW 2004, S. 621.
[56] Zur Freiwilligen Gerichtsbarkeit vgl. unten 7.1.9.

- mit einer Partei verlobt, verwandt oder verschwägert ist, mit ihr verheiratet ist oder war oder mit ihr in einer Lebensgemeinschaft lebt oder gelebt hat (vgl. § 383 Abs.1 Nr. 1 - 3 ZPO[57] bzw. § 52 Abs. 1 Nr. 1 – 3 StPO[58]) oder

- sich selbst oder eine der unter (1) genannten Personen durch seine Aussage der Verfolgung wegen einer Straftat oder Ordnungswidrigkeit aussetzen würde (§ 384 Nr. 2 ZPO bzw. § 55 StPO); im Zivilprozess reicht es auch, dass die Aussage einen unmittelbaren vermögensrechtlichen Schaden verursachen würde (§ 384 Nr. 1 ZPO) oder er ein Betriebs- oder Geschäftsgeheimnis verraten müsste (§ 384 Nr. 3 ZPO).

Ein Zeugnisverweigerungsrecht steht ferner Personen zu, die auf Grund ihres Berufs von ihren Klienten vertraulich zu behandelnde Informationen erhalten. Die Einzelheiten sind in § 383 Nr. 5 und 6 ZPO sowie in § 53 StPO unterschiedlich geregelt. Zu den geschützten Berufsgruppen gehören auch die Mitarbeiter von Medien.[59]

2.4.6 Sachverständige

Sachverständige sind Personen, die auf Grund ihrer Sachkunde für die Beurteilung der Sache relevante Tatsachen und Erfahrungssätze feststellen oder beurteilen können. Der Sachverständige wird vom Gericht ausgewählt und beauftragt. Er ist im Allgemeinen nicht verpflichtet, den Auftrag anzunehmen.

> Eine Ausnahme gilt allerdings im Zivil- und Strafprozess für Sachverständige, die öffentlich bestellt sind oder ihre Fachtätigkeit öffentlich zum Erwerb ausüben. Sie müssen jeden Auftrag annehmen, der in ihr Fachgebiet fällt, wenn ihnen nicht im Einzelfall ein Gutachtenverweigerungsrecht zusteht. Dieses folgt denselben Regeln wie das Zeugnisverweigerungsrecht.

Der Sachverständige erstattet sein Gutachten in der Regel schriftlich. Wegen der strengen Einhaltung des Mündlichkeitsprinzips im Straf-

---

[57] Die Regeln der ZPO gelten auch in Arbeits-, Verwaltungs-, Sozial- und Finanzgerichtsverfahren.
[58] Die Regeln der StPO gelten auch in Ordnungswidrigkeits- und Disziplinarverfahren.
[59] Deren Zeugnisverweigerungsrecht ist ausführlich dargestellt in Branahl, Medienrecht, S. 47 ff.

verfahren muss er es in der Hauptverhandlung außerdem mündlich vortragen. In anderen Verfahren muss er es nur auf Verlangen des Gerichts mündlich erläutern.

Sachverständige erhalten für die Erstellung des Gutachtens neben dem Ersatz ihrer Auslagen eine Vergütung, die sich nach dem Arbeitsaufwand bemisst. Sie beträgt in der Regel zwischen 25 und 52 € pro Stunde; dieser Satz kann um bis zu 50% erhöht werden (§ 3 ZSEG).

Daneben steht es den Prozessbeteiligten frei, auf eigene Kosten einen Sachverständigen mit der Erstellung eines Gutachtens zu beauftragen und dieses als **Parteigutachten** beim Gericht einzureichen. Zuweilen wird diese Möglichkeit zu dem Versuch genutzt, öffentlichen Druck auf das Gericht auszuüben.

Nicht nur bei Parteigutachten ist die Frage nach der *Zuverlässigkeit* des Gutachtens zu stellen. Auf einigen Feldern scheint die Beurteilung des Sachverhalts beim gegenwärtigen Stand der Wissenschaft mit großen Unsicherheiten behaftet zu sein. Das mag etwa für graphologische Gutachten gelten. Von besonders großer Bedeutung ist dieses Problem bei der Beurteilung der Gefährlichkeit von Straftätern und psychisch Kranken. Seine Thematisierung bildet einen wichtigen Gegenstand der Justizberichterstattung.

2.4.7 Nebenkläger

Anders als in den übrigen Verfahren, die von den Betroffenen selbst geführt werden, misst die Strafprozessordnung dem durch die Straftat Verletzten keine eigene Prozessrolle zu. Er kommt allenfalls als Zeuge zu Wort. Dies kann seinen Interessen entsprechen: er braucht sich um nichts selbst zu kümmern. Es kann ihnen aber auch zuwiderlaufen: Er hat keinen Einfluss auf Inhalt und Ablauf des Verfahrens. Um seine Verfahrensrechte zu stärken, gibt die Strafprozessordnung ihm in bestimmten Fällen das Recht, sich der Anklage als „Nebenkläger" anzuschließen. Das gilt vor allem in Verhandlungen über Straftaten gegen die sexuelle Selbstbestimmung, Ehrverletzungen, Körperverletzungen, Straftaten gegen die persönliche Freiheit (Freiheitsberaubung, Geiselnahme u.ä.) und versuchte Tötungsdelikte. Bei vollendeten Tötungsdelikten treten die Angehörigen an die Stelle des Opfers.

Der Nebenkläger hat das Recht, in der Hauptverhandlung anwesend zu sein, Fragen zu stellen, Richter und Sachverständige wegen Befangenheit abzulehnen, Anordnungen und Fragen des Vorsitzenden zu beanstanden, Beweisanträge zu stellen und Erklärungen abzugeben (§ 397 StPO). Er kann sich dabei eines Rechtsanwaltes bedienen und dafür gegebenenfalls auch Prozesskostenhilfe beantragen (§ 397a StPO).

2.4.8 Weitere Beteiligte im Verwaltungsgerichtsverfahren

Nicht selten berührt die Entscheidung in einem Verwaltungsgerichtsverfahren nicht nur die Prozessparteien, sondern auch einen Dritten. Dieser ist schon von der Verwaltungsbehörde im Verfahren vor dem Erlass des Verwaltungsaktes zu beteiligen. Am Verwaltungsgerichtsprozess kann er als **Beigeladener** teilnehmen.

> Beispiel:
> Der Kläger klagt gegen die zuständige Behörde auf Erteilung einer Baugenehmigung. Damit der Nachbar des Klägers in dem Verfahren geltend machen kann, dass die Erteilung der Baugenehmigung ihn in seinen Rechten verletzen würde, muss er an dem Verfahren beteiligt werden. Dort kann er dann geltend machen, der Bau beeinträchtige ihn in unzulässiger Weise in seinen rechtlich geschützten Interessen.

Ähnliches gilt für das Sozialgerichtsverfahren.

Außerdem hat das Bundesverwaltungsgericht dem Oberbundesanwalt, in Disziplinarsachen dem Bundesdisziplinaranwalt bzw. Wehrdisziplinaranwalt, als Vertreter des öffentlichen Interesses Gelegenheit zur Stellungnahme zu geben und ihn auf Verlangen an dem Verfahren zu beteiligen. Bei den Verwaltungs- und Oberverwaltungsgerichten tritt an seine Stelle des Oberbundesanwalts die Landesanwaltschaft.

> In der Praxis beteiligt sich der Vertreter des öffentlichen Interesses vor allem dann an einem Rechtsstreit, wenn im Verfahren die Gültigkeit eines Gesetzes oder einer Rechtsverordnung streitig wird und der Ausgang des Verfahrens von dieser Frage abhängt.

2.5 Die Vollstreckung gerichtlicher Entscheidungen

Die Vollstreckung gerichtlicher Entscheidungen wird – wie das Erkenntnisverfahren – bestimmt durch die jeweiligen Verfahrensziele.

2.5.1 Zivilgerichtliche Urteile

Die **Vollstreckung eines Zivilurteils** dient dazu, die Ansprüche des Gläubigers gegen den Schuldner durchzusetzen. Folgerichtig wird sie (nur) auf Antrag des Gläubigers eingeleitet. Dazu benötigt dieser einen **vollstreckbaren Titel**. Als solcher kommt vor allem[60] ein Urteil in Betracht, das rechtskräftig geworden oder für vorläufig vollstreckbar erklärt worden ist.

Dass Zivilurteile, die noch nicht rechtskräftig sind, gemäß §§ 708, 709 ZPO in der Regel für **vorläufig vollstreckbar** zu erklären sind, dient dem Schutz des Gläubigers. Müsste er mit der Vollstreckung warten, bis er ein rechtskräftiges Urteil hat, könnte die Vollstreckung daran scheitern, dass der Schuldner im Laufe des weiteren Verfahrens zahlungsunfähig geworden ist. Andererseits muss der Schuldner für den Fall geschützt werden, dass sich die Forderung des Gläubigers im weiteren Verfahren als unberechtigt herausstellt: In diesem Fall muss der Gläubiger ihm den Schaden ersetzen, der ihm aus der vorzeitigen Vollstreckung entstanden ist, § 717 Abs. 2 ZPO. Um diesen Anspruch abzusichern, darf der Gläubiger die vorläufige Vollstreckung in der Regel[61] nur gegen Sicherheitsleistung betreiben. Dazu kann er den erforderlichen Betrag bei Gericht hinterlegen oder für den Betrag eine Bankbürgschaft beibringen, § 108 ZPO.

---

[60] Als Vollstreckungstitel kann jedoch auch ein gerichtlicher Vergleich, eine einstweilige Anordnung, ein Vollstreckungsbescheid, ein Schiedsspruch oder eine notarielle Urkunde dienen, in der sich der Schuldner der sofortigen Zwangsvollstreckung unterworfen hat. Zu den Einzelheiten vgl. § 794 ZPO.
[61] Die Einzelheiten sind in den §§ 708 ff. ZPO geregelt.

Die Art und Weise der Zwangsvollstreckung richtet sich zum einen nach dem Inhalt des Anspruchs, zum anderen danach, in welche Gegenstände vollstreckt wird.[62]

Bleibt die Zwangsvollstreckung ganz oder teilweise erfolglos, kann der Gläubiger von dem Schuldner verlangen, ein vollständiges Verzeichnis seines Vermögens vorzulegen und dessen Richtigkeit an Eides statt zu versichern (§ 807 ZPO). Die Abgabe dieser Versicherung, die früher „Offenbarungseid" genannt wurde, kann durch Haft erzwungen werden (§§ 901 ff. ZPO). Auf diese Weise erhält der Gläubiger die Möglichkeit, auf das gesamte Vermögen des Schuldners zuzugreifen. Außerdem wird der Schuldner, der eine solche Erklärung abgeben musste, in ein „Schuldnerverzeichnis" eingetragen (§ 915 ZPO), das potenziellen Geschäftspartnern die Möglichkeit gibt, sich über die mangelnde „Bonität" des Schuldners zu informieren.

Das ändert jedoch nichts daran, dass der Gläubiger nicht zu seinem Geld kommt, wenn der Schuldner über kein pfändbares Einkommen oder Vermögen verfügt. Insbesondere hat er nicht das Recht, die Anwendung von Gewalt oder Eingriffe in die persönliche Freiheit des Schuldners („Schuldturm") zu veranlassen.

2.5.2 Verwaltungsgerichtsurteile

Der Staat vollstreckt seine Verwaltungsakte grundsätzlich selbst, durch seine eigenen Behörden. Vollstreckungsbehörde für die Vollstreckung von Urteilen der Verwaltungsgerichte **zugunsten der öffentlichen Hand** ist der Vorsitzende des Gerichts der ersten Instanz. Er bedient sich dabei in der Regel der (Landes-) Behörde, die für die Vollstreckung des Verwaltungsakts zuständig wäre. Die Vollstreckung folgt denselben Regeln wie die Vollstreckung eines Verwaltungsaktes. Zur Erzwingung von Handlungen, Duldungen oder Unterlassungen kommen nach dem Verwaltungsvollstreckungsgesetz neben der Ersatzvornahme und dem Zwangsgeld auch der Einsatz

---

[62] Die Einzelheiten sind unten in 7.1.6 dargestellt.

unmittelbaren Zwangs in Betracht (§§ 9 ff. VwVG). Die Vollstreckung von Geldforderungen erfolgt nach den Regeln der Abgabenordnung, die weitgehend den Regeln der Zivilprozessordnung entsprechen. An Stelle des Gerichtsvollziehers bedient sich der Staat jedoch seiner Vollziehungsbeamten.[63]

Ein Verwaltungsgerichtsurteil **gegen die öffentliche Hand** muss im Allgemeinen nicht vollstreckt werden. Denn in einem Rechtsstaat gehört es zu den Selbstverständlichkeiten, dass die Exekutive das Urteil vollzieht. Für den Fall der Nichtbefolgung ermächtigt die Verwaltungsgerichtsordnung das Gericht der ersten Instanz jedoch, Vollstreckungsmaßnahmen einzuleiten (§ 170 VwGO), zu denen auch die Verhängung eines Zwangsgeldes gehören kann (§ 172 VwGO).

2.5.3 Strafurteile

Die Strafvollstreckung wird von Amts wegen betrieben. Sie setzt eine rechtskräftige Verurteilung zu einer Strafe (§§ 38 ff. StGB), einer Maßregel der Sicherung oder Besserung (§§ 61 ff. StGB) oder die Anordnung von Verfall oder Einziehung (§§ 73 ff. StGB) voraus.

Geldstrafen werden von der Gerichtskasse mit Hilfe von Vollstreckungsbeamten eingetrieben (§§ 1 ff. JBeitrO). Dasselbe gilt für die Durchsetzung von Verfall und Einziehung. Das Verfahren entspricht im Wesentlichen der Zwangsvollstreckung des Zahlungsurteils eines Zivilgerichts.[64] Anders als im Zivilrecht tritt jedoch eine (Ersatz-)Freiheitsstrafe an die Stelle der Geldstrafe, wenn diese nicht eingetrieben werden kann. Deren Dauer entspricht der Anzahl der verhängten Tagessätze (§ 43 StGB). An die Stelle der Ersatzfreiheitsstrafe soll künftig nach Möglichkeit gemeinnützige Arbeit treten.

---

[63] Zu den Einzelheiten vgl. §§ 249 ff. AO.
[64] Vgl. dazu oben 2.5.1.

Freiheitsstrafen werden in Justizvollzugsanstalten vollzogen.[65] Zu den **Maßregeln** der Sicherung oder Besserung gehört die Unterbringung in einem psychiatrischen Krankenhaus oder einer Entziehungsanstalt. Die Sicherungsverwahrung wird in der Regel in einer besonderen Abteilung einer Justizvollzugsanstalt vollstreckt.

2.6 Verfahrensbeschleunigung und Eilentscheidungen

Zu den allgemeinen Problemen der Rechtsdurchsetzung gehört die Dauer des Gerichtsverfahrens. Bis zur rechtskräftigen Entscheidung vergehen in der Regel viele Monate, nicht selten auch mehrere Jahre.[66] Dieser Umstand kann die Entscheidung für den Kläger wertlos machen.

Beispiele:
- Der Schuldner ist in der Zwischenzeit zahlungsunfähig geworden.
- Der gute Ruf des Verleumdeten ist ruiniert.
- Der Täter einer Straftat ist ins Ausland geflüchtet.
- Der Verdächtige hat unschuldig viele Monate in Untersuchungshaft gesessen.
- Der Fluglärm hat die Bewohner vertrieben.
- Die Rentnerin ist gestorben, bevor über ihren Rentenanspruch entschieden wurde.

So kommt es einer Rechtsverweigerung gleich, wenn die Entscheidung über die Gewährung von Prozesskostenhilfe in einer Sozialhilfesache mehr als fünf Jahre dauert, weil „wegen Überlastung" zuerst das Verwaltungsgericht die Sache mehr als zwei Jahre liegen gelassen und das Oberverwaltungsgericht sie in zweiter Instanz dann mehr als 20 Monate lang nicht vorangebracht hat.[67]

Eine übermäßige Verfahrensdauer verletzt das Recht der Beteiligten auf ein faires Verfahren und stellt damit einen Verstoß gegen Art. 6 der Konvention zum Schutze der Menschenrechte und Grundfreiheiten dar. Sie ist bei der Verurteilung eines Angeklagten zu sei-

---

[65] Zum Strafvollzug vgl. unten 7.7.

[66] So hat das BVerfG die Dauer eines verwaltungsgerichtlichen Verfahrens von etwas über zwei Jahren in einer Baurechtssache als „noch nicht unangemessen" bewertet, BVerfG NVwZ 2004, S. 471 f.

[67] Die Daten entstammen einer Entscheidung des BVerfG vom 14.10.2003, veröffentlicht in NJW 2004, S. 334 ff.; es hat diesen Zustand für verfassungswidrig erklärt.

nen Gunsten zu berücksichtigen[68] und kann den Staat bei Zivilprozessen zum Ersatz des durch die Verzögerung entstandenen Schadens verpflichten.[69]

Um solche Missstände zu vermeiden oder zu minimieren, gibt es zum einen die Möglichkeit, das Verfahren bis zur Rechtskraft zu beschleunigen. Das kann prinzipiell dadurch geschehen, dass

- den Gerichten ausreichende personelle und sächliche Ressourcen zur Verfügung gestellt werden,
- Richter zu beschleunigter Arbeitsweise angehalten werden,
- die Prozessbeteiligten daran gehindert werden, das Verfahren zu verschleppen,
- Berufungs- und Revisionsverfahren vermieden werden.

Der Verschleppung des Verfahrens hat das Gericht dadurch vorzubeugen, dass es Fristen setzt und verspätetes Vorbringen der Verfahrensbeteiligten als unzulässig zurückweist (vgl. § 296 ZPO).

Überflüssige Berufungs- und Revisionsverfahren sollen dadurch vermieden werden, dass ein Rechtsmittel nur zulässig ist, wenn der Rechtsstreit grundsätzliche Bedeutung hat, die Fortbildung des Rechts oder die Sicherung einer einheitlichen Rechtsprechung eine Entscheidung des Rechtsmittelgerichts erfordert.

Um den Arbeitsaufwand der Gerichte zu verringern, entscheiden die Kammern der Landgerichte in vielen Fällen durch eines ihrer Mitglieder als Einzelrichter (§§ 348, 348a ZPO). Auch die Verwaltungsgerichte sollen einfach gelagerte Streitigkeiten einem Kammermitglied als Einzelrichter zur Bearbeitung und Entscheidung übertragen (§ 6 VwGO).

Zum anderen kann im Rahmen des Verfahrens durch vorläufige Maßnahmen verhindert werden, dass die Durchsetzung des Verfahrensziels vereitelt wird. Beispiele dafür bilden

- die Eilverfahren im Zivilrecht (einstweilige Verfügung und dinglicher Arrest) und im öffentlichen Recht (einstweilige Anordnung),
- die Gegendarstellung im Medienrecht,

---

[68] Vgl. z.B. OLG Karlsruhe in NJW 2004, S. 1887 f.
[69] Vgl. etwa das Urteil des EGMR III. Sektion vom 8.1.2004 in NJW 2005, S. 41 ff.

- die vorläufige Vollstreckbarkeit von Zivilurteilen,
- die Anordnung der sofortigen Vollziehung im öffentlichen Recht,
- die Zwangsmaßnahmen im Ermittlungsverfahren (insbesondere die Untersuchungshaft).

2.6.1 Eilentscheidungen im Zivilrecht

Zur Abwehr wesentlicher Nachteile, insbesondere zur Verhinderung drohender Gefahren, kann der Betroffene beim zuständigen Amtsgericht den Erlass einer „**einstweiligen Verfügung**" (§ 940 ZPO) beantragen, durch die dem „Störer" aufgegeben wird, die beanstandeten Maßnahmen vorerst zu unterlassen oder vorläufige Maßnahmen zur Beseitigung der Gefahr zu ergreifen.

> Droht beispielsweise durch das Ausheben einer Baugrube das Nachbarhaus einzustürzen, kann dessen Eigentümer verlangen, dass die Bauarbeiten sofort eingestellt werden und die Wand der Baugrube provisorisch befestigt wird.

Um das Verfahren zu beschleunigen, entscheidet das Gericht ohne Beweisaufnahme allein auf Grund der Angaben des Antragsstellers, die – etwa durch eidesstattliche Erklärungen - glaubhaft zu machen sind. Stellt sich im nachfolgenden „Hauptsacheverfahren" jedoch heraus, dass die Verfügung zu Unrecht erwirkt worden ist, hat der Antragsteller dem Gegner den Schaden zu ersetzen, der diesem durch die Vollziehung der Verfügung entstanden ist.

> Hat der Eigentümer des Nachbarhauses die Gefahr z.B. mit Rissen in der Hauswand begründet, die in Wirklichkeit bereits vor Beginn der Bauarbeiten vorhanden gewesen sind, muss er dem Bauherrn die Aufwendungen für die provisorischen Maßnahmen und den Schaden ersetzen, der ihm durch die Verzögerung des Bauvorhabens entstanden ist.

Der Abwendung wesentlicher Nachteile für den Betroffenen dient auch die **Gegendarstellung**. Sie gibt ihm das Recht, in dem Medium, das eine unrichtige Tatsachenbehauptung über ihn veröffentlicht hat, mit seinem Dementi zu Wort zu kommen. Das Eilverfahren zur Durchsetzung dieses Anspruchs ähnelt dem zum Erlass einer einstweiligen Verfügung. In ihm wird die Wahrheit der widerstreitenden Behauptungen in der Regel gerichtlich nicht geprüft. Auf diesen Umstand darf das Medium in dem so genannten „Redaktionsschwanz" hinweisen. Ein Hauptverfahren zur Feststellung der Wahrheit der Gegendarstellung gibt es hingegen nicht.

Der **dingliche Arrest** dient der Sicherung der Zwangsvollstreckung. Er wird auf Antrag des Gläubigers verhängt, wenn die Vollstreckung einer Geldforderung dadurch zu scheitern droht, dass der Schuldner sich anschickt, Vermögensgegenstände beiseite zu schaffen, insbesondere in ein Land zu bringen, in dem das Urteil eines deutschen Gerichts nicht ohne weiteres vollstreckt werden kann (§§ 916 f. ZPO).

> So kann die Forderung gegen einen Reeder z.B. dadurch gesichert werden, dass sein Schiff in einem deutschen Hafen „an die Kette" gelegt, also am Auslaufen gehindert wird.

Im Übrigen gelten für das Arrestverfahren dieselben Grundsätze wie für die einstweilige Verfügung.

Neben dem „dinglichen" sieht die Zivilprozessordnung auch einen **„persönlichen Sicherheitsarrest"** für den Fall vor, dass dieser erforderlich ist, um die gefährdete Zwangsvollstreckung in das Vermögen des Schuldners zu sichern (§ 918 ZPO).

Die **vorläufige Vollstreckbarkeit** von Zivilurteilen schließlich gibt dem Obsiegenden die Möglichkeit, seine Zahlungsansprüche gegen einen späteren Vermögensverfall des Schuldners zu sichern.[70]

2.6.2 Eilentscheidungen im öffentlichen Recht

Die sofortige Vollstreckung eines Verwaltungsakts wird in der Regel[71] dadurch gehemmt, dass der Betroffene ein Rechtsmittel (Widerspruch, Einspruch) gegen ihn einlegt (§ 80 Abs.1 VwGO). Duldet die Vollziehung nach Ansicht der Verwaltungsbehörde jedoch kei-

---

[70] Vgl. dazu oben 2.5.
[71] Zu den Ausnahmen vgl. § 80 Abs. 2 VwGO

nen Aufschub, kann sie seine „sofortige Vollziehung" anordnen. Diese Anordnung wiederum kann der Betroffene vor dem Verwaltungsgericht anfechten (§ 80 Abs. 5 VwGO). Dieses entscheidet dann in einem Eilverfahren über die Wiederherstellung der aufschiebenden Wirkung.

Die Vollziehung von Abgabenbescheiden (Steuern, Gebühren) wird durch den Einspruch *nicht* gehemmt (§ 80 Abs. 2 Nr. 1 VwGO). Der Schuldner kann in diesen Fällen jedoch beantragen, die Vollziehung des Bescheides bis zur Entscheidung über sein Rechtsmittel auszusetzen. Lehnt die Behörde diesen Antrag ganz oder teilweise ab, kann er diese Entscheidung ebenfalls vor dem Verwaltungs- bzw. Finanzgericht angreifen (§ 80 Abs. 6 VwGO).

Im Übrigen kann jemand, dessen Rechte durch die Veränderung des bestehenden Zustandes vereitelt werden könnte, den Erlass einer einstweiligen Anordnung durch das Verwaltungsgericht beantragen (§ 123 Abs. 1 S. 1 VwGO).

Dasselbe gilt, wenn eine vorläufige Regelung erforderlich ist, um wesentliche Nachteile für den Betroffenen abzuwenden (§ 123 Abs. 1 S. 2 VwGO)

2.6.3 Strafverfahren

Förderlich für die präventive Wirkung von Strafverfahren wäre es, wenn die Strafe der Tat „auf dem Fuße folgte", also möglichst unmittelbar nach der Tat vollzogen werden könnte.[72] Da die Strafe in einem Rechtsstaat jedoch erst vollstreckt werden kann, nachdem die Schuld des Täters in einem ordentlichen Verfahren festgestellt und seine Verurteilung rechtskräftig geworden ist, lässt sich dieses Ziel allenfalls in „unproblematischen" Fällen erreichen, etwa solchen, in denen die Schuld des Täters auf Grund der Tatumstände ohne großen Aufwand festgestellt werden kann.

Für solche Fälle sieht die Strafprozessordnung ein **beschleunigtes Verfahren** vor (§§ 417 ff. StPO). Zur Durchführung eines sol-

---

[72] Zur Dauer der Strafverfahren vgl. Tabelle 4.3.

chen Verfahrens kann ein Täter, der auf frischer Tat gefasst wird, von Polizei oder Staatsanwaltschaft bis zu einer Woche festgehalten werden, wenn zu erwarten ist, dass die Hauptverhandlung in dieser Zeit durchgeführt wird, und auf Grund bestimmter Tatsachen zu befürchten ist, dass der Festgenommene sonst der Hauptverhandlung fernbleiben würde („Hauptverhandlungshaft", § 127b StPO).

Im Übrigen können zur Sicherung des Hauptverfahrens notwendige Maßnahmen bereits im Ermittlungsverfahren ergriffen werden. Dazu gehören neben der Sicherung von Beweismitteln mit Hilfe von Durchsuchung und Beschlagnahme vor allem Fahndungsmaßnahmen (§§ 131 ff. StPO) und die Verhaftung des Verdächtigen, um ihn an der Flucht bzw. der Verwischung von Spuren oder Beeinflussung von Zeugen („Verdunkelungsgefahr") zu hindern („Untersuchungshaft", §§ 112 ff. StPO).

Misslich sind demgegenüber Verzögerungen, die sich beim Vollzug von Freiheitsstrafen daraus ergeben, dass nicht genügend Haftplätze zur Verfügung stehen.[73] Sie gefährden nicht nur die generalpräventive Wirkung der Strafe, sondern verletzen auch die berechtigten Interessen der Opfer. So wird man dem Opfer einer Gewalttat oder einer sexuellen Belästigung kaum zumuten können, Verständnis dafür aufzubringen, bis auf Weiteres ständig mit dem rechtskräftig verurteilten Täter aus der Nachbarschaft konfrontiert zu werden, weil dessen Haftantritt sich wegen Überfüllung der Justizvollzugsanstalten über Monate verzögert.

---

[73] Vgl. dazu unten 7.7.

3 Gestaltung der Justizberichterstattung

Bei Planungs-, Erkenntnis- und Vermittlungsprozessen werden Auswahl und Einsatz angemessener Methoden generell vernünftigerweise an den jeweiligen Handlungs- oder Erkenntniszielen ausgerichtet. Das gilt auch für die Gestaltung der Berichterstattung im Allgemeinen und der Justizberichterstattung im Besonderen. Sie sollte im Einzelnen von den jeweils verfolgten Erkenntnis- bzw. Vermittlungszielen bestimmt werden.[74] Daneben lassen sich jedoch allgemeine Qualitätsmerkmale identifizieren, auf die bei der Gestaltung der Justizberichterstattung generell zu achten ist.

So folgt aus dem Vielfaltspostulat[75] der Rat, bei der Themenfindung und Themenauswahl im Rahmen der redaktionellen Planung zu prüfen,

- welche Themen bzw. Berichterstattungsfelder in jüngerer Vergangenheit zu kurz gekommen sind (Themenlöcher) und
- wo sich bedeutsame Entwicklungen abzeichnen, die näherer Beobachtung und Erörterung wert sind.

Zu den allgemeinen Postulaten gehört auch die Einhaltung rechtlicher und berufsethischer Grenzen bei der Informationsbeschaffung sowie der Verbreitung von Beiträgen. Die besonderen Probleme, die die Justizberichterstattung in dieser Hinsicht aufwirft, werden unten unter 5. und 6. dargestellt.[76] Im Übrigen gelten auch für die Justizberichterstattung die allgemeinen Qualitätskriterien

- Wahrheit/Wahrhaftigkeit der Darstellung,
- Sachgerechte Auswahl der Informationen,

---

[74] Hinweise zur Auswahl und Gestaltung einzelner (Beitrags-) „Typen" finden sich in 4.

[75] Zur Begründung dieses Postulats vgl. oben 1.4..

[76] Im Übrigen vgl. dazu Branahl, Medienrecht, Kapitel 3 bis 7.

- Verständlichkeit für den Adressatenkreis und
- Vermeidung unerwünschter Nebenfolgen der Berichterstattung.

3.1 Wahrheit / Wahrhaftigkeit

Einem Gerichtsverfahren liegt in aller Regel ein Rechtsstreit zugrunde, in dem die Parteien (zumindest auch) über den *Sachverhalt* streiten[77], also darüber, „wie es wirklich gewesen ist". Auch im Strafverfahren geht es in der Regel überwiegend um die Ermittlung von *Tatsachen*, nämlich darum, wie der Beschuldigte sich verhalten hat und in welchem Zustand er sich bei der Ausführung der Tat befunden hat. Die Aufgabe des Gerichts besteht darin, zunächst nach bestimmten, in der einschlägigen Verfahrensordnung festgelegten Regeln[78] den Sachverhalt zu ermitteln, den es seiner Entscheidung zugrunde legt.[79] Wie weit dieser Sachverhalt mit dem tatsächlichen Geschehen übereinstimmt, lässt sich wegen der begrenzten Erkenntnismöglichkeiten des Gerichts nicht immer feststellen. Trotzdem muss das Gericht den „lege artis", d.h. nach den Regeln der einschlägigen Prozessordnung, ermittelten Sachverhalt als wahr behandeln.

Bei dieser Sachlage kann sich die Forderung nach „Wahrheit"[80] bzw. „sachlicher Richtigkeit"[81] eines Verfahrensberichts nur auf die sachgerechte Wiedergabe des Verfahrensstandes bzw. des vom Gericht ermittelten Sachverhalts beziehen. Das schließt die Äußerung berechtigter Zweifel daran, ob dieser mit der Wirklichkeit übereinstimmt, aber selbstverständlich nicht aus. Bei den Schlussfolgerun-

---

[77] Für die Berichterstattung bedeutsamer ist allerdings der Umstand, dass in ihm es (auch) um die Auslegung des geltenden Rechts geht, das Gericht also darüber entscheidet, welcher der von den Parteien vorgetragenen Rechtsansichten es den Vorzug gibt.

[78] Vgl. dazu oben 2.3.

[79] Zu den Mechanismen, die in den Prozess der gerichtlichen Überzeugungsbildung einfließen („Normalitätskonzept"), vgl. Hoffmann in Haß-Zumkehr, a.a.O., S. 80 ff.

[80] Das Gebot, Nachrichten vor ihrer Verbreitung auf deren Wahrheit zu prüfen, ist in vielen Landespressegesetzen enthalten, vgl. z.B. § 6 Pressegesetz für das Land Nordrhein-Westfalen.

[81] So z.B. § 5 Thüringer Pressegesetz.

gen, die aus solchen Zweifeln gezogen werden, ist die Bindung des Gerichts an die Prozessordnung zu beachten.

Sachgerecht ist die Wiedergabe des Verfahrensstandes, wenn sie

- keine unzutreffenden Tatsachenbehauptungen des Berichterstatters enthält und
- den Sachvortrag der verschiedenen Prozessbeteiligten (Parteien, Zeugen, Sachverständige) zutreffend und angemessen wiedergibt.

Unzulässig ist es, die Geschichte durch eine einseitige Darstellung des Sachverhalts, die diesen verfälscht, "interessanter" oder "eindeutiger" zu machen. Besonders schwer wiegt in diesem Zusammenhang die Vorverurteilung eines Beschuldigten.

Ein Beitrag gewinnt in der Regel an Qualität, wenn er

- die verschiedenen Prozessbeteiligten je nach ihrer Bedeutung zu Wort kommen lässt,
- die Sichtweisen und Argumente der Beteiligten und Betroffenen aufnimmt,
- die Erkenntnisquellen des Berichterstatters bzw. des Gerichts offen legt, auf denen die Angaben basieren und deren Zuverlässigkeit würdigt und
- die Fakten mitteilt, auf die eigene und fremde Bewertungen gestützt werden.

Ist ein gerichtliches Verfahren zum Gegenstand der Berichterstattung gemacht worden, fordert die Wahrheitspflicht, dass gerade dann über den Ausgang des Verfahrens berichtet wird, wenn sich erhobene Vorwürfe nicht haben erweisen lassen. Folgerichtig ist in solchen Fällen auch über Rechtsmittel- und Wiederaufnahmeverfahren zu berichten.

Im Übrigen gilt generell, dass Tatsachenbehauptungen, die sich als unrichtig erwiesen haben, mit deutlichem Hinweis auf die Falschmeldung richtig zu stellen sind.[82]

Zur Wahrhaftigkeit der Berichterstattung gehört auch, dass beim Abdruck von Pressemitteilungen der Justiz oder der Prozessbeteiligten nicht der Eindruck erweckt wird, es handele sich um eigene re-

---

[82] Vgl. dazu auch Ziffer 3 und Richtlinie 3.1 Pressekodex des Deutschen Presserates.

daktionelle Beiträge.[83] Ethisch nicht vertretbar ist ferner die Verbreitung erfundener Interviews. Das gilt auch dann, wenn Äußerungen, die der Zitierte tatsächlich gemacht hat, in Form eines Interviews präsentiert werden, ohne den fiktiven Charakter dieses „Interviews" aufzudecken.[84]

Die Forderung nach Wahrheit bzw. Wahrhaftigkeit lässt sich nicht nur auf den einzelnen Beitrag, sondern auch auf die Berichterstattung einer Zeitung oder eines Senders als Ganze beziehen. Unwahr in diesem Sinne ist die Justizberichterstattung, wenn sie ein insgesamt unzutreffendes Bild von der Tätigkeit der Justiz zeichnet, indem sie relevante Teile oder Merkmale des Berichterstattungsfeldes systematisch vernachlässigt oder unterdrückt und anderen Aspekten dadurch, dass sie sie übermäßig hervorhebt, ein Gewicht verleiht, das ihnen in Wirklichkeit nicht zukommt.

> So wird insbesondere von Kriminologen die Gerichtsberichterstattung heftig kritisiert, weil sie mit ihrem Schwerpunkt auf der Darstellung von Gewaltkriminalität ein völlig falsches Bild der Wirklichkeit vermittle.[85]

Sachgerecht ist die in dieser Kritik steckende Forderung allerdings nur, wenn sie berücksichtigt, dass Medien die Realität nicht wirklich abbilden können, sondern immer eine (Re-) Konstruktion von Wirklichkeit bieten, die durch bestimmte Relevanzkriterien gesteuert ist und dass diese Relevanzkriterien dem Berichterstattungsfeld nicht inhärent sind, sondern aus den Zielen und Aufgaben der Berichterstattung abzuleiten sind.

> Veranschaulichen lässt sich dies durch den Vergleich mit einer Landkarte: So wie eine Landkarte nur *die* Merkmale der Landschaft wiedergibt, die für den Nutzer wichtig sind, so filtert eine qualitativ hochwertige Berichterstattung aus ihrer Umwelt die Informationen, deren Verbreitung zur Erreichung der jeweils angestrebten publizistischen Ziele funktional ist.

---

[83] Vgl. dazu auch Richtlinie 1.3 Pressekodex des Deutschen Presserates.
[84] Zur Veröffentlichung von Interviews vgl. im übrigen Richtlinie 2.4 Pressekodex des Deutschen Presserates.
[85] Bussmann z.B. beschimpft die Berichterstattung in den Medien pauschal als „Desinformation", a.a.O., S. 14.

Dabei zeigt sich allerdings, dass die sich aus dem Spektrum der unterschiedlichen Ziele ergebenden unterschiedlichen Relevanzkriterien miteinander in Konflikt geraten können. So kann die Befriedigung der Lust des Publikums an Unterhaltung in Widerspruch geraten zu dem Ziel, dem Einzelnen zu helfen, sich in der Gesellschaft zu orientieren und sich zu Angelegenheiten von allgemeiner Bedeutung auf sachgerechte Weise eine eigene Meinung zu bilden. Das lässt sich am Beispiel der Kriminalberichterstattung plausibel machen: Das Unterhaltungsinteresse des Publikums, seine Neugier, lässt sich sehr gut mit Geschichten über Straftaten befriedigen. Als besonders attraktiv erweisen sich dabei Geschichten über Gewaltkriminalität („Gruselkabinett"), vorzugsweise im Zusammenspiel mit Sexualität. Dieser Umstand spricht dafür, solche Geschichten in den Medien bevorzugt, also besonders häufig, ausführlich und an prominenter Stelle, zu platzieren.[86] Unter dem Aspekt der Orientierungs- und Meinungsbildungsfunktion löst diese Praxis aber eine Reihe von Fragen aus:

- Entspricht die Häufung in der Berichterstattung der „gesellschaftlichen Relevanz" von Straftaten im Allgemeinen – und Gewaltverbrechen im Besonderen? Wovon hängt diese Relevanz ab?
- Erzeugt die Häufung beim Publikum irrationale Ängste? Fühlt sich der Einzelne auf Grund der „Berichterstattung" durch Kriminalität stärker bedroht, als er es in Wirklichkeit ist - etwa im Vergleich zu anderen Gefahren (Straßenverkehr, Ernährung, Krankheit usw.)?[87]
- Welche Gefühle löst die Gestaltung solcher Beiträge beim Publikum des Weiteren aus? Mitleid mit dem Opfer, Rachebedürfnis gegenüber dem Täter?
- Führen solche Gefühle, im Zusammenwirken mit der berechtigten Forderung nach staatlichem Schutz vor solchen Straftaten,

---

[86] Dass Kapitaldelikte in der Berichterstattung tatsächlich überrepräsentiert sind, ist eine Binsenweisheit; vgl. z.B. die Nachweise bei Bussmann, S. 14.

[87] So z.B. Bussmann, S. 15, m.w.N. Zum Einfluss der Medien auf die Kriminalitätswahrnehmung des Publikums vgl aber auch die differenzierte Studie von Kania, S. 85 ff., und die Ergebnisse der EMNID-Umfrage in chrismon 1/2004, S. 9.

zu politischen Forderungen, die rational nicht begründbar sind?[88] Welche Forderungen sind rational begründbar – welche nicht?

Der Hinweis, die in den Massenmedien erörterten Verfahren stellten nach Art, Menge und Umfang keine repräsentative Auswahl der von der Justiz tatsächlich bearbeiteten Konflikte dar[89], deutet die Gefahr an, dass die Justizberichterstattung zu einer verzerrten Wahrnehmung durch das Publikum führen kann, enthält aber nicht zugleich die Lösung des Problems. Die Forderung, die Medien sollten ein in quantitativer Hinsicht repräsentatives Bild der Realität wiedergeben, verkennt die Rahmenbedingungen, unter denen sie arbeiten. Selbst wenn sich diese Art von Repräsentativität „technisch" herstellen ließe, wäre die Attraktivität einer solchen Berichterstattung extrem gering.[90] Nicht zufällig gehören Neuigkeit und Ungewöhnlichkeit zu den zentralen Nachrichtenfaktoren.

Entschärfen lässt sich die Gefahr jedoch dadurch, dass die in den Fragen angesprochenen Probleme im Rahmen der Justizberichterstattung thematisiert werden, um Fehlvorstellungen beim Publikum auf diese Weise zu vermeiden oder zu korrigieren.

Zu einer qualitativ hochwertigen Justizberichterstattung gehören deshalb nicht nur Berichte über einzelne Gerichtsverfahren, sondern auch Informationen dazu,

- wie häufig und wo vorwiegend welche Arten von Straftaten begangen werden,
- wie hoch die Wahrscheinlichkeit ist, Opfer bestimmter Straftaten zu werden,
- welche (begrenzten) Möglichkeiten der Staat hat, Straftaten zu verhindern, welche Maßnahmen geeignet sind, um dieses Ziel zu erreichen und welche nicht,

---

[88] Vgl. z.B. Bussmann, S. 15.

[89] Bussmann, S. 14, meint, dass „die Massenmedien die Realität der Kriminalität auf den Kopf stellen" und bewertet diesen Umstand als „Desinformation".

[90] Darauf weist zu Recht auch Hassemer hin, in Oehler u.a., S. 71.

- welche Möglichkeiten der Einzelne hat, durch sein eigenes Verhalten die Gefahr zu verringern, Opfer einer (schweren) Straftat zu werden.[91]

Hingegen reicht es wohl nicht aus, die jährliche Veröffentlichung der Kriminalstatistik zum Anlass zu nehmen, allgemeine Tendenzen vorzustellen, die diesem Zahlenwerk zu entnehmen sind.

3.2 Sachgerechte Auswahl der Informationen
Relevanz, Vollständigkeit, Beschränkung auf das Wesentliche

Im Kern hat die Justizberichterstattung die Aufgabe, Informationen über die Tätigkeit der Gerichte zu sammeln, zu sichten und so auszuwählen und aufzubereiten, dass das Publikum sich ein zutreffendes Bild von dieser Arbeit machen kann.

Da deren Tätigkeit im Wesentlichen darin besteht, in einem rechtlich geregelten Verfahren (Prozess) über Rechtsstreitigkeiten zu entscheiden[92], bildet die Berichterstattung über solche Verfahren auch den Schwerpunkt der Justizberichterstattung. Wegen der Vielzahl der verhandelten Streitigkeiten kann das Ziel allerdings nicht darin bestehen, dem Publikum einen auch nur halbwegs vollständigen Überblick über diese Verfahren zu geben. Hohen Qualitätsstandards genügt die Justizberichterstattung vielmehr bereits dann, wenn es der Redaktion gelingt, die Verfahren, über die sie berichtet, so auszuwählen, dass sie jeweils exemplarisch die im ersten Kapitel vorgestellten Ziele unterstützen und in ihrer Gesamtheit die Vielfalt dieser Ziele abdecken.

Für die Qualität eines Prozessberichts ist in erster Linie von Bedeutung, wie weit es gelingt, die Darstellung auf die wesentlichen Merkmale des Konflikts, des Prozessverlaufs und der abschließenden Entscheidung zu konzentrieren, diese Merkmale aber auch voll-

---

[91] Dazu kann z.B. auf die kriminologische „Opferforschung" zurückgegriffen werden, vgl. z.B. Schneider a.a.O.
[92] Vgl. dazu unten 3.1.

ständig wiederzugeben. Dabei wird die Frage, was wesentlich ist und was als nebensächlich wegzulassen ist, durch die Ziele bestimmt, die mit dem Beitrag verfolgt werden.

Dies gilt insbesondere für die Frage, mit welchen „Hintergrundinformationen" er angereichert werden muss.

So kann es sich unter Umständen anbieten, die Ursachen des konkreten Konflikts aufzuspüren, Informationen über die gesellschaftliche Bedeutung solcher Konfliktlagen und die Häufigkeit ähnlicher Verfahren mitzuliefern.

Zum besseren Verständnis des Berichts kann es auch angezeigt sein, Erläuterungen zum Verfahren zu geben. Dazu gehören Informationen

- zum zuständigen Gericht (Gerichtsbarkeit, Spruchkörper) und zur Funktion von Verfahrensbeteiligten, insbesondere von Sachverständigen,
- zur Verfahrensart, z.b. bei Eilverfahren, und zum Stand des Verfahrens (Instanz, Rechtsmittelfähigkeit der Entscheidung),
- zum Prozessverlauf, vor allem zur Verhandlungsführung, zur Ausübung des Fragerechts, insbesondere durch Anwälte, sowie zu Befangenheitsanträgen, Beweisanträgen, Beweismitteln, zur Beweisaufnahme und Beweislast,
- zur Verfahrensdauer und den Ursachen für deren Länge,
- zu den Erledigungsarten und den Möglichkeiten der Beteiligten unter Einschluss des Gerichts, Inhalt, Verlauf, Dauer und Ergebnis des Verfahrens zu beeinflussen,
- zu den Auswirkungen des Verfahrens bzw. der Gerichtsentscheidung für die Verfahrensbeteiligten, also für den Kläger bzw. den Beklagten oder für den Täter bzw. das Opfer, und
- zur Bedeutung des Verfahrens über den konkreten Einzelfall hinaus. Dazu ist die Entscheidung in die bisherige Rechtsprechung einzuordnen: Führt sie lediglich die Rechtsprechung der Obergerichte fort oder modifiziert sie sie? Ist die Entscheidung rechtskräftig? Ist zu erwarten, dass sie als Präzedenzentscheidung wirkt? Inwieweit lässt sich der Inhalt der Entscheidung verallgemeinern?

Welche dieser Informationen in den einzelnen Prozessbericht hineingehören und welche nicht, hängt davon ab, *was* der Adressat verstehen soll, was er mit dem Bericht anfangen können soll. So lässt sich seine Sachgerechtigkeit daran messen, ob sein Rezipient anschließend in der Lage ist,

- den Inhalt des Prozesses korrekt wiederzugeben, also z.B. zu beschreiben,
  - um welchen Sachverhalt es bei dem Rechtsstreit ging, insbesondere
    + welche Behauptungen unter den Beteiligten streitig waren,
    + welchen Sachverhalt das Gericht seiner Entscheidung zugrunde gelegt hat und
    + auf welchem Weg es dazu gekommen ist (Ergebnis der Beweisaufnahme, Beweislast),
  - wie das Verfahren ausgegangen ist (Inhalt der Entscheidung) und wodurch es beendet wurde (Vergleich, Beschluss, Urteil) und gegebenenfalls,
  - auf welche Gründe das Gericht seine Entscheidung gestützt hat (Normen, Norminterpretation),
- den Ablauf und das Ergebnis des Verfahrens angemessen zu beurteilen,
  - ethisch bzw. politisch als Bürger, aber Laie auf diesem Gebiet,
  - fachlich-juristisch im Hinblick auf
    + die Schlüssigkeit der Argumentation des Gerichts,
    + die Qualität der Argumentation (Defizite, Abwägungsfehler),
- aus ihm Erkenntnisse für das eigene Verhalten zu gewinnen, also
  - die „Reichweite" der Entscheidung sachgerecht beurteilen und
  - angemessene Konsequenzen für das eigene Verhalten ziehen kann.

Welche dieser Fähigkeiten der einzelne Rezipient durch den Beitrag erwerben kann, hängt zum einen vom Inhalt des Beitrages, zum anderen aber entscheidend von seinem Vorwissen ab. Von hoher journalistischer Qualität ist ein Beitrag, dessen Inhalt Rezipienten mit unterschiedlichen Vorkenntnissen ermöglicht, ihre jeweiligen

Kenntnisse und Fähigkeiten zu erweitern. Die „Vermittlungskunst" besteht darin, einerseits den Rezipienten mit geringen Vorkenntnissen begrifflich und inhaltlich nicht zu überfordern, andererseits aber auch dem bereits gut Informierten die Möglichkeit zu geben, seine Kenntnisse zu erweitern und damit die rationale Basis für ein eigenes Urteil zu gewinnen.

3.2.1 Brauchbarkeit für die politische Meinungsbildung

Als „Brauchbarkeit"[93] eines Beitrages zur Justizberichterstattung soll hier seine Eignung verstanden werden, als Grundlage einer sachgerechten Meinungs- und Willensbildung zu dienen. Dazu muss er dem Publikum die Informationen an die Hand geben, die dieses benötigt, um sich auf rationale Weise eine eigene Meinung zu bilden.

Neben allgemeinen (Wert-)Maßstäben zur Bewertung richterlichen Handelns und gerichtlicher Entscheidungen gehören dazu Einsichten in die Aufgaben und in die Funktionsweise der Justiz, insbesondere in das Zusammenwirken von Gesetzgebung, Verwaltung und Rechtsprechung sowie in die Methodik juristischer Entscheidungsfindung. Solche Einsichten sind zum einen für ein vertieftes Verständnis des jeweiligen Verfahrensablaufs und –ergebnisses erforderlich. Zum anderen helfen sie, den richtigen Adressaten für Kritik und Reformvorschläge zu finden.

Sinnvoll ergänzen lässt sich die Prozessberichterstattung unter diesem Aspekt auch durch Beiträge, in denen die Rahmenbedingungen vorgestellt und erörtert werden, unter denen die Justiz arbeitet. Dazu gehören zum Beispiel Art und Menge der anhängigen Verfahren, personelle und technische Ausstattung, organisatorische Maßnahmen zur Verfahrensbeschleunigung u.ä. Ein anschaulicheres Bild von der Justiz kann die Redaktion ihrem Publikum dadurch vermitteln, dass sie die Personen vorstellt, die in den Gerichten arbeiten

---

[93] Diese Begriffsbestimmung deckt sich allerdings nicht mit dem linguistisch ausgerichteten Konzept von Sauer; vgl. dazu Sauer a.a.O., S. 149 ff.

und diese prägen. Das sind in erster Linie Richter in den unter-schiedlichsten Positionen. Hinzu kommen die Rechtspfleger, Justiz-wachtmeister und das Personal der Geschäftsstellen bzw. der „Servi-ce-Einheiten", die an deren Stelle getreten sind.

3.2.2 Nutzwert

Der „Nutzwert" eines Beitrages zielt auf die Fähigkeit des Rezipien-ten, aus der Lektüre Folgerungen für sein eigenes Verhalten zu zie-hen. Im Rahmen der Justizberichterstattung bedeutet dies vor allem, Informationen darüber zu erhalten, welche rechtlichen Konsequen-zen ein bestimmtes Verhalten auslösen kann, um die eigene „Prog-nosefähigkeit" zu erhöhen.

Zu diesem Zweck muss der Beitrag Angaben über die „Reich-weite" der Entscheidung enthalten. Hier geht es um die Frage, ob und in welchem Ausmaß die Entscheidung die künftige Rechtspre-chung voraussichtlich beeinflussen wird, also als faktisches Präjudiz wirkt.[94] Dazu lassen sich einige „Faustregeln" aufstellen:

- Für eine starke präjudizielle Wirkung spricht es, wenn die Ent-scheidung sich „nahtlos" in die vorhandene Dogmatik einfügt, insbesondere, wenn sie an frühere Entscheidungen anschließt, diese „bestätigt" oder „vertieft".
- Entscheidungen von Obergerichten entwickeln eine größere Reichweite als Untergerichte.
    - Die stärkste Wirkung kommt den Entscheidungen des Bun-desverfassungsgerichts zu. Sie binden de facto die gesamte Rechtsprechung.
    - Die Entscheidungen der Bundesgerichte[95] bilden die Richt-schnur für alle Gerichte der jeweiligen Gerichtsbarkeit.
    - Entscheidungen von Landesobergerichten[96] entfalten eine star-ke Judizwirkung, soweit sie nicht im Widerspruch zur Recht-

---

[94] Zur präjudiziellen Wirkung von Gerichtsentscheidungen vgl. 3.1.2.
[95] Das sind der Bundesgerichtshof, das Bundesarbeitsgericht, das Bundesverwaltungsgericht, das Bundessozialgericht und der Bundesfinanzhof.

Rechtsprechung des entsprechenden Gerichts eines anderen Bundeslandes oder gar des zuständigen Bundesgerichts stehen. - Die Judizwirkung aller anderen Gerichte ist deutlich schwächer.

Die Anwendbarkeit des Beitrages hängt davon ab, dass bei der Darstellung des Entscheidungsinhalts, des zugrunde liegenden Sachverhalts und der Analyse der tragenden Gründe sorgfältig darauf geachtet wird, dass die Entscheidung nicht in unzulässiger Weise verallgemeinert wird. Ein Beitrag, der eine Gerichtsentscheidung in unzulässiger Weise verallgemeinert, birgt Gefahren für den Rezipienten. Denn sie kann ihn zu einem Verhalten verleiten, durch das er sich selbst großen Schaden zufügt.

Soll Justizberichterstattung dem Publikum die Möglichkeit geben, Gerichtsentscheidungen sachgerecht zu bewerten, muss sie folglich nicht nur die Entscheidung selbst und den Sachverhalt korrekt wiedergeben, der ihr zugrunde liegt. Sie muss vielmehr auch Angaben darüber enthalten,

- wie das Gericht seine Entscheidung begründet hat,
- wie sich die Entscheidung zur bisherigen Rechtsprechung (und sonstigen juristischen Dogmatik) verhält,
- welche (juristischen) Streitfragen sie in welcher Weise beantwortet und
- wie sie in einschlägige Wertentscheidungen der Gesamtrechtsordnung eingebunden ist.

Dies setzt im Allgemeinen voraus, dass der Berichterstatter sich über die im Einzelfall einschlägige juristische Dogmatik informiert. Angesichts der Komplexität mancher juristischer Entscheidungen ist dies eine durchaus anspruchsvolle Forderung. Um diese erfüllen zu können, muss der Berichterstatter zum einen über ausreichende Einsichten in die Struktur der Rechtsordnung verfügen (Basiskenntnisse). Zum anderen muss er sein journalistisches Handwerkszeug be-

---

[96] Das sind die Oberlandesgerichte, Landesarbeitsgerichte, Oberverwaltungsgerichte, Landessozialgerichte und die Finanzgerichte.

herrschen, das ihm ermöglicht, sich die fehlenden Informationen im Einzelfall zu beschaffen (Recherche)[97].

3.3 Verständlichkeit

Generell besteht die zentrale Vermittlungsleistung von Medien darin, komplizierte Vorgänge für das Publikum durchschaubar zu machen, so dass es sie verstehen kann.[98] Jeder Beitrag muss folglich hinreichend[99] verständlich sein. An dieser Stelle kann weder ein Überblick über den Stand der Verständlichkeitsforschung gegeben[100] noch sollen deren Ergebnisse in allgemeiner Form vorgestellt werden.[101] Im Mittelpunkt dieses Abschnitts stehen vielmehr die besonderen Probleme, die sich für den Berichterstatter beim Verständnis juristischer Texte und der „Übersetzung" juristischer Fachsprache ergeben.

3.3.1 Aufbau und Systematik juristischer Fachtexte

Das Verständnis der Rechtsordnung, die der Tätigkeit der Gerichte zugrunde liegt, wird durch ihre Komplexität erschwert. Diese spiegelt sich in der juristischen Fachliteratur, die aus verschiedenen Textsorten mit unterschiedlichen Funktionen besteht:

Die Basis bilden *Kodifikationen* von der Verfassung über die Gesetze, Rechtsverordnungen und Satzungen bis hin zu Verwaltungsvorschriften. Sie enthalten die verbindlichen Normvorgaben für ihre Adressaten.

Deren Inhalt wird ergänzt durch die juristische Dogmatik. Sie umfasst die juristische Methodenlehre, Auslegungsvorschläge zu

---

[97] Zur Informationsbeschaffung für die Justizberichterstattung vgl. 5.

[98] Haller, Recherchieren, S. 47.

[99] „Hinreichend" verständlich ist ein Beitrag nicht nur dann, wenn er auf Anhieb verstanden wird. Er kann seinen Adressaten auch dazu anregen, sich mit der Sache eingehender zu beschäftigen und auf diese Weise zu einem „tieferen" Verständnis komplexer Sachverhalte zu gelangen, vgl. Klein 1984.

[100] Vgl. dazu Weischenberg a.a.O., Bd. 2, S. 179 ff.; Lasser a.a.O., S. 36

[101] Vgl. dazu Langer/Schulz v. Thun/Tausch a.a.O., S. 108 ff.

einzelnen Normen bzw. Normkomplexen und Entscheidungsvorschläge für Problemfälle, die durch die Kodifikationen nicht angemessen erfasst sind. Die juristische Dogmatik wird in erster Linie geprägt durch *Urteile* der Obergerichte, die als Präzedenzentscheidungen behandelt werden. Solche Urteile werden gewöhnlich zunächst in Fachzeitschriften, neuerdings zunehmend auch im Internet veröffentlicht. Sie bilden neben den Gesetzestexten den hauptsächlichen Inhalt juristischer *Kommentare.* Daneben finden sich in der Fachliteratur zahlreiche Beiträge von juristischen Experten aus Wissenschaft, Wirtschaft und Verbänden, deren Stellungnahmen zum Teil „mit Vorsicht zu genießen" sind, weil sie partielle Interessen wahrnehmen, ohne dass dies auf den ersten Blick erkennbar ist.

3.3.1.1 Kodifikationen

Das in Normtexten kodifizierte, in Deutschland geltende Recht gliedert sich in
- Rechtsakte der Europäischen Union,
- das Grundgesetz der Bundesrepublik Deutschland und die Landesverfassungen,
- Bundes- und Landesgesetze,
- Rechtsverordnungen und Satzungen sowie
- Richtlinien und andere Verwaltungsvorschriften.

Nach dem Entwurf der „Verfassung für Europa" (Art. I-32 – I-35) kann die Europäische Union im Rahmen der ihr durch Teil III der Verfassung übertragenen Zuständigkeiten Gesetze, Rahmengesetze, Verordnungen und Beschlüsse erlassen. Europäische Gesetze schaffen in allen Mitgliedstaaten unmittelbar geltendes Recht. Rahmengesetze enthalten für die Mitgliedstaaten verbindliche Ziele, werden für die EU-Bürger aber erst dadurch verbindlich, dass die Mitgliedstaaten sie in nationales Recht umsetzen. Verordnungen können unmittelbare Geltung haben oder nach dem Muster der Rahmengesetze umsetzungsbedürftig sein. Sie dienen der Durchführung Europäischer Gesetze und werden vom Ministerrat, der Kommission oder der Europäischen Zentralbank erlassen. Beschlüsse des

Europäischen Rates und der Europäischen Zentralbank setzen für ihre Adressaten ebenfalls verbindliches Recht. Zuständig für die Entscheidung von Rechtsstreitigkeiten über die Umsetzung und Anwendung Europäischen Rechts ist der Europäische Gerichtshof mit unterschiedlichen Spruchkörpern (vgl. Art. I-28).

Den Rahmen für das nationale Recht setzen das Grundgesetz und die Landesverfassungen. Sie enthalten Zuständigkeits-, Organisations- und Verfahrensregeln sowie inhaltliche Vorgaben für die Gesetzgebung, Verwaltung und Rechtsprechung in Bund und Ländern. Für die Allgemeinheit ergeben sich ihre Rechte und Pflichten aus den

- Gesetzen des Bundes und der Länder,
- Rechtsverordnungen, die Exekutive in Bund und Land auf Grund einer gesetzlichen Ermächtigung erlassen haben und
- Satzungen von Gemeinden oder Gemeindeverbänden.

Zusätzliche Rechte und Pflichten ergeben sich für die einzelne Person aus vertraglichen Vereinbarungen, die sie mit anderen getroffen hat, oder aus der Mitgliedschaft in Vereinen oder Verbänden.

Richtlinien und andere Verwaltungsvorschriften hingegen gelten nur verwaltungsintern. Sie sind nur für die Mitarbeiter der Verwaltung verbindlich – so wie in privaten Unternehmen die Anweisungen der Unternehmensleitung von den Mitarbeitern des Unternehmens zu beachten sind.

Oft reicht die Lektüre der einschlägigen Kodifikation aus, um im konkreten Fall eine Antwort auf die Frage nach der Rechtslage zu erhalten. Erschwert wird die Anwendung mancher Gesetze aber durch ihren komplizierten Aufbau. Ein Musterbeispiel dafür bietet das Bürgerliche Gesetzbuch, dessen Gliederung in Allgemeine Teile und Besondere Teile dazu führt, dass der Anwender sich die einschlägigen Normen jeweils an mehreren Stellen zusammenzusuchen muss.[102] In vielen Fällen scheitert der Versuch, die Klärung der Rechtslage im konkreten Fall allein dem Gesetzestext zu entnehmen, daran, dass dieser unbestimmte Rechtsbegriffe oder „Generalklauseln" enthält, die erst durch die Rechtsprechung konkretisiert wer-

---

[102] Vgl. das Beispiel bei Branahl, Rechtsordnung, S. 189 f.

den. In diesen Fällen kann die Prognose, wie das zuständige Gericht den vorliegenden Konflikt voraussichtlich entscheiden wird, durch die Lektüre einschlägiger Präzedenzentscheidungen erleichtert werden.

3.3.1.2 Urteile

In der *Originalfassung* ist jedes Urteil nach einem strengen Schema aufgebaut. Es beginnt mit der Bezeichnung der Prozessparteien, also der Kläger und Beklagten, in Strafsachen des Angeklagten, sowie des Gerichts und des Spruchkörpers, der die Entscheidung getroffen hat (Urteilseingang, auch „**Rubrum**" genannt).

> Beispiel:
> „In dem Rechtsstreit
> des Herrn Franz Mustermann, Bahnhofstraße 68, 36037 Fulda, Klägers,
> - Prozessbevollmächtigte: Rechtsanwälte Klug und Meier, Fulda –
> gegen
> die Firma Schlucht Kraftfahrzeuge GmbH, vertreten durch den Geschäftsführer Hans Schlucht, Ebertstraße 73, 36129 Gersfeld, Beklagte,
> - Prozessbevollmächtigte: Rechtsanwälte Rosshaupt und Partner, Fulda –
> hat die 2. Zivilkammer des Landgerichts in Fulda aufgrund der mündlichen Verhandlung vom 18. April 2004 durch den Vorsitzenden Richter am Landgericht Dr. Schulte als Einzelrichter
> für Recht erkannt:"

Für den konkreten Rechtsstreit ist das Rubrum von großer praktischer Bedeutung. Aus ihm geht hervor, für wen die Entscheidung verbindlich ist, d.h. wer aus ihr gegen wen vollstrecken kann. In der Berichterstattung dürfen die Angaben nur verwendet werden, soweit an ihrer Verbreitung ausnahmsweise ein öffentliches Informationsinteresse besteht[103].

Auf das Rubrum folgt der **Tenor**. Er bildet die Grundlage für die Vollstreckung des Urteils.

---

[103] Vgl. dazu unten 6.1 und 6.2.

Beispiel:
„Die Klage wird abgewiesen. Die Kosten des Rechtsstreits hat der Kläger zu tragen.
Das Urteil ist für die Beklagte gegen Sicherheitsleistung in Höhe von 2.500,- € vor-
läufig vollstreckbar.“

Für die Berichterstattung bedeutsam ist hier allein der Umstand, dass die Klage abgewiesen worden ist. Die Entscheidung über die Kosten und die vorläufige Vollstreckbarkeit ergibt sich aus dem Gesetz.

An den Tenor schließt sich der **Tatbestand** an. Aus ihm geht hervor, um welchen Sachverhalt die Prozessparteien gestritten haben. Auch für den Tatbestand[104] gibt es eine Aufbauregel:

Er beginnt mit dem unstreitigen Sachverhalt, also den Tatsachen, die von einer der beiden Prozessparteien vorgetragen worden und von der anderen Partei nicht bestritten worden sind. Es folgen die Behauptungen des Klägers und sein Antrag, der Gegenantrag des Beklagten und seine Behauptungen. Am Ende steht die „Prozessgeschichte", also das, was das Gericht im Laufe des Verfahrens getan hat. In der Regel ist das der Hinweis auf eine Beweisaufnahme.

Die Trennung der unstreitigen Sachverhaltselemente vom streitigen Vorbringen der Parteien gibt den Fachleuten die Möglichkeit, sich schnell einen Überblick über den Streitstoff zu verschaffen. Sie erschwert jedoch die Verstehbarkeit des Tatbestandes für jemanden, der erwartet, dass ihm die Geschichte in ihrem zeitlichen Ablauf erzählt wird.

Für seinen Bericht muss der Journalist zum einen die für den Ausgang des Verfahrens wesentlichen Elemente herausarbeiten, zum anderen die zur Veranschaulichung des Streits dienenden Sachverhaltselemente wieder zu einer „Geschichte" zusammenfügen. Zu beantworten sind also die Fragen:

- Was hat das Gericht entschieden? Das ergibt sich bereits aus dem Tenor.
- Worauf kam es an? Welche Umstände waren für den Ausgang des Verfahrens entscheidend?
- Welche „Geschichte" liegt der Entscheidung zugrunde?

---

[104] Vgl. dazu die Tatbestände der beiden Beispielsurteile im Anhang.

Die Antwort auf die Frage, worauf es rechtlich ankam, ist den **Entscheidungsgründen**[105] zu entnehmen. In ihnen stellt das Gericht fest,

- dass die Klage unzulässig bzw. zulässig ist; Ausführungen zur Zulässigkeit finden sich allerdings nur, wenn die Zulässigkeit zweifelhaft oder umstritten ist.
- in welchem Umfang der geltend gemachte Anspruch begründet ist.

Dazu legt das Gericht dar,

- auf welche Normen der Kläger seinen Anspruch und der Beklagte seine Einwendungen stützen kann,
- inwieweit diese Normen durch den vorliegenden Sachverhalt erfüllt sind,
- von welchem Sachverhalt das Gericht bei seiner Entscheidung ausgegangen ist und
- mit welcher Begründung. An dieser Stelle muss es bei einem streitigen Sachverhalt das Ergebnis der Beweisaufnahme würdigen und sich gegebenenfalls mit der Beweislast auseinandersetzen.

Für den Berichterstatter stellt sich die Aufgabe, die Entscheidungsgründe daraufhin zu untersuchen, ob sie Elemente enthalten, die für sein Publikum relevant sind, weil sie nützlich sind für das individuelle Verhalten oder die eigene Meinungsbildung oder weil sie einen gewissen Unterhaltungswert besitzen.

In *Fachzeitschriften* werden Urteile in der Regel in einer bearbeiteten Fassung veröffentlicht. Diese besteht aus einem Leitsatz, dem Sachverhalt und Auszügen aus den Entscheidungsgründen.

Diese beginnt mit einem **Leitsatz**, der unter Angabe des Gerichts und des Aktenzeichens die für die juristische Fachöffentlichkeit relevante Information enthält, also das juristische Problem benennt, mit dem sich die Entscheidung beschäftigt oder die von dem Gericht aufgestellte Normaussage formuliert bzw. wiedergibt. Oft wird der Leitsatz von dem Gericht, das die Entscheidung zur Veröf-

---

[105] Muster für Entscheidungsgründe bieten die beiden Beispielsurteile im Anhang.

fentlichung gibt, selbst formuliert; zuweilen stammt der Leitsatz auch von der Redaktion.

Beispiel:[106]

„1. Die Darlegung, dass die Medien zu einem bestimmten Thema recherchieren, reicht grundsätzlich nicht aus, um dem Betroffenen einen vorbeugenden Rechtsschutz einzuräumen.

2. Ein Journalist, der im Rahmen einer wegen eines ehrenrührigen Gerüchts anberaumten Pressekonferenz unter Nennung des Namens einer bestimmten Person eine Frage danach stellt, ob das Gerücht zutreffend sei, handelt im Rahmen der Recherche rechtmäßig und kann sich auf den Grundsatz der Wahrnehmung berechtigter Interessen berufen.

Oberlandesgericht Frankfurt am Main, Urteil vom 20. Februar 2002 – 23 U 212/01"

Der **Sachverhalt** enthält in der Regel die Angaben zu den Tatsachen, die der Entscheidung zugrunde gelegen haben. Zuweilen besteht er aus Auszügen aus dem Tatbestand; oft ist er aber schon in eine leichter lesbare Form gebracht. Die Auszüge aus den **Entscheidungsgründen** hingegen geben die entscheidenden Passagen des Urteils in aller Regel wörtlich wieder. Zur Erstellung von Service-Beiträgen bilden solche Veröffentlichungen deshalb ein gutes Hilfsmittel.

3.3.1.3 Kommentare

Ob es zu einem Problem eine „herrschende Lehre" gibt, lässt sich in der Regel am besten mit Hilfe der einschlägigen juristischen „Kommentare" feststellen. Als „Kommentar" bezeichnen Juristen ein – teilweise mehrbändiges – Werk, das die Vorschriften eines Gesetzes oder eines Rechtsgebietes im Wortlaut enthält und zu jeder Vorschrift systematische Erläuterungen, Hinweise zur Anwendung der Vorschrift, die vorwiegend auf die höchstrichterliche Rechtsprechung zu dieser Vorschrift gestützt sind. Oft enthält ein Kommentar darüber hinaus umfangreiche Hinweise auf einschlägige Veröffentlichungen in der Fachliteratur.

---

[106] AfP 2003, S. 63 f.

In der Rechtspraxis weit verbreitet sind z.B. der „Palandt", ein Kommentar zum Bürgerlichen Gesetzbuch, und der „Schönke/Schröder", ein Kommentar zum Strafgesetzbuch. Diese einbändigen Kommentare umfassen jeweils mehr als 2000 Seiten, werden
von mehreren Bearbeitern ständig aktualisiert und erscheinen in relativ kurzen Abständen, teilweise jährlich, in Neuauflage.

Im Rahmen der Vorbereitung auf den Besuch einer Gerichtsverhandlung eignen sich Kommentare gut, um sich über den Stand der
„herrschenden Lehre" zu den Streitfragen zu informieren, die im
Zentrum etwa eines Berufungs- oder Revisionsverfahrens stehen.
Generell können sie auch verwendet werden, um die konkrete Entscheidung eines Gerichts daraufhin zu überprüfen, ob sie sich in die
bisherige Rechtsprechung einreiht, sie konkretisiert oder von ihr
abweicht.

3.3.1.4 Monografien und Aufsätze

Die Lektüre von Monografien und Aufsätzen in Fachzeitschriften, in
denen Interpretations- bzw. Entscheidungsvorschläge zu einem juristischen Problemkomplex systematisch entwickelt und begründet
werden, kann hilfreich sein, wenn es zu einer Frage noch keine
Rechtsprechung gibt oder der Autor die Argumente in seinem
Kommentar verbreitern oder vertiefen will. Bei ihrer Lektüre ist jedoch Vorsicht geboten. Juristen tendieren zuweilen dazu, ihre Inter-
pretationsvorschläge so zu formulieren, als seien sie verbindliches
Recht. Das gilt auch dann, wenn ihre Vorschläge einseitig durch die
Interessen ihres Dienstherrn oder Auftraggebers oder ihre eigenen
Vorurteile geprägt sind. Hilfreich für die Einschätzung der Zuverlässigkeit einer solchen Quelle ist es deshalb zu wissen, welche Stellung der Autor des Beitrages hat, ob es sich um eine Auftragsarbeit
handelt und wer der Auftraggeber ist.

3.3.1.5 Lehrbücher

Schließlich finden sich in der juristischen Literatur Lehrbücher mit systematischen Einführungen, Übersichten und Darstellungen einzelner Rechtsgebiete. Sie lassen sich gut nutzen, um einen Überblick über ein Problemfeld zu gewinnen, reichen aber in der Regel für die Klärung eines speziellen Rechtsproblems nicht aus.

3.3.2 Verwendung juristischer Fachbegriffe

Einen informierenden Text kann man nur dann richtig verstehen, wenn er *treffend* und *präzise* formuliert ist. *Fachtermini*, die in der Alltagssprache ungebräuchlich sind, müssen ersetzt oder erläutert werden. Werden juristische Termini verwendet, die auch in der Alltagssprache vorkommen, muss deren Verwendung auch fachlich korrekt sein.[107]

Beispiele:
Ein „Mord" ist nach allgemeinem Sprachgebrauch die „absichtliche Tötung eines Menschen"[108]. Im Strafrecht hingegen ist die vorsätzliche Tötung eines Menschen ein „Totschlag", wenn der Täter sie nicht auf bestimmte Art, nämlich „heimtückisch", „grausam", „mit gemeingefährlichen Mitteln, oder aus „niedrigen Beweggründen" oder zu bestimmten Zwecken begeht, und zwar „zur Befriedigung des Geschlechtstriebes", „aus Habgier" oder „um eine andere Straftat zu ermöglichen oder zu verdecken". Nur wenn eines dieser Merkmale vorliegt, ist die Tat ein „Mord". Um Missverständnisse zu vermeiden, empfiehlt es sich, zumindest in der Prozessberichterstattung den Terminus „Mord" nur in der engeren juristischen Bedeutung zu benutzen. Jemanden, gegen den ein Strafverfahren läuft, nennt man den „Beschuldigten". Dieser Begriff ist sowohl fachlich korrekt wie auch in der Umgangssprache gebräuchlich. Er kann von der Einleitung des Ermittlungsverfahrens bis zur Verurteilung verwendet werden. Seine Bezeichnung als „Angeklagter" ist ebenfalls allgemein verständlich, fachlich korrekt aber erst, wenn das Gericht beschlossen hat, das Hauptverfahren gegen ihn zu eröffnen („Eröffnungsbeschluss"). Den Begriff „Angeschuldigter" verwendet die Strafprozessordnung (§ 157 StPO) für den Beschuldigten während des Zwischenverfahrens, also zwischen der Erhebung der Anklage durch die Staatsanwaltschaft und dem Eröffnungsbeschluss. Er ist in der Alltagssprache ungebräuchlich,

---

[107] Vorzügliche und umfassende Erläuterungen zu juristischen Fachtermini bietet das Rechtswörterbuch von Creifelds; gut geeignet zum Nachschlagen ist auch das Redaktionshandbuch Justiz von Dethjen.
[108] Vgl. Wahrig, S. 889.

in einem journalistischen Beitrag deshalb zu vermeiden. Er kann ersetzt werden durch den Begriff „Beschuldigter", nicht aber durch „Angeklagter".
„Angeklagt" wird nur der Beschuldigte im Strafprozess; der Beklagte in allen anderen Verfahrensarten wird „verklagt".
„Urteil" und „Beschluss" sind nicht dasselbe.
„Berufung" und „Revision" sind unterschiedliche „Rechtsmittel".
Manche Entscheidungen trifft „das Gericht", d.h. der jeweilige Spruchkörper („Kammer" oder „Senat") gemeinsam; manche hingegen „der Vorsitzende" (des jeweiligen Spruchkörpers) allein.

Vielfach kritisiert wird der *Sprachstil* von Juristen in Gesetzgebung, Verwaltung und Rechtsprechung. Zu den Merkmalen, die die Verständlichkeit erschweren und deshalb in journalistischen Texten vermieden werden sollten, gehören insbesondere Nominalstil und komplizierter Satzbau, z.B. Schachtelsätze, Substantiv-, Verb- oder Satzklammern. Ausdrücke wie „bezüglich", „in Bezug auf", „mittels" klingen nach Bürokratendeutsch. In einen journalistischen Text gehören sie nur als wörtliche Zitate.

3.3.3 Aufbau eines Gerichtsberichts

Eine treffende *Überschrift* (eventuell mit Unterzeile) erleichtert das Verständnis eines Zeitungs- oder Zeitschriftenartikels. Durch sie erfährt der Leser, „worum es in dem Beitrag geht". So kann er sich entscheiden, ob er den Artikel lesen will oder nicht, und sich auf das Thema einstellen, seine Vorkenntnisse aktivieren.[109] Deshalb muss die Überschrift Thema und Kernaussage des Beitrags korrekt und in einer attraktiven Formulierung wiedergeben.[110] Dieselbe Funktion übernimmt bei einem Rundfunkbeitrag der Vorspann bzw. die Einführung des Moderators.

Gut zu verstehen ist ein Beitrag nur dann, wenn er klar, deutlich erkennbar und folgerichtig *gegliedert* ist. Ein *Bericht* über eine Ge-

---

[109] Die Überschrift übernimmt in einem journalistischen Text somit die Funktion eines „advance organizers", der dem Leser hilft, die neue Information geistig einzuordnen, in seinen Wissensstand zu integrieren. Zum Konzept des „advance organizers" vgl. Ausubel 1968.
[110] Gute Hinweise zur Gestaltung einer Überschrift bieten Blum/Bucher, S. 30 ff.

richtsentscheidung erfüllt dieses Postulat im Allgemeinen am besten bei folgendem Aufbau:

- Was ist entschieden worden? Von welchem Gericht? Wann?
- Welcher Sachverhalt lag der Entscheidung zugrunde?
- Worauf kam es (rechtlich) an?
- Welche Gründe tragen die Entscheidung?
- Über welche (gravierenden) Einwände setzte sich das Gericht hinweg?

Von Ausnahmefällen abgesehen, folgt erst nach der Beantwortung dieser Fragen die Beschreibung der Vorgeschichte (Entwicklung des Verfahrens bis zum Urteil), soweit diese zum Verständnis des Falles überhaupt erforderlich ist. Sonst bleibt sie besser weg.

Bei gerichtlichen Entscheidungen (Urteilen, Beschlüssen), die für das allgemeine Publikum als Präjudiz von Bedeutung sein können, empfiehlt sich die Angabe des Aktenzeichens am Ende des Berichts. Sie gibt den Lesern die Möglichkeit gibt, das Urteil unmittelbar bei dem Gericht anzufordern, und kann der Redaktion damit die Beantwortung vieler Nachfragen ersparen. Bei einer anderweitigen Verfahrenserledigung, etwa durch Einstellung oder Vergleich, ergibt die Angabe des Aktenzeichens hingegen keinen Sinn. Denn solche Entscheidungen sind als „Musterfall" generell ungeeignet.

Der „rote Faden" einer (Gerichts-)*Reportage* ergibt sich hingegen in der Regel aus dem Ablauf des Geschehens (historischer Aufbau), der einen anschaulichen Rahmen (Szene, Porträt) eingebettet und durch systematische Exkurse ergänzt wird. Im Übrigen lassen sich auch für die Gerichtsreportage die allgemeinen Empfehlungen (z.B. von Haller a.a.O.) zur Gestaltung einer Reportage nutzen .

Ein Beitrag, der vor allem unterhaltsam sein soll, gewinnt durch Anschaulichkeit und „Farbigkeit" der Darstellung. Die Qualität eines Beitrages, der in erster Linie darauf abzielt, dem Nutzer (neue) Erkenntnisse zu vermitteln, hängt demgegenüber stärker davon ab, dass er an Bekanntes anknüpft, Wichtiges hervorhebt und Überflüssiges weglässt.

3.4 Vermeidung unerwünschter Nebenfolgen der Gerichtsberichterstattung

Dass eine *unzutreffende* Berichterstattung über die Tätigkeit der Justiz zu vermeiden ist, bedarf keiner Debatte. Diskussionswürdig ist aber die Frage, wo die ethischen und die rechtlichen *Grenzen einer inhaltlich zutreffenden Berichterstattung* zu ziehen sind. Die rechtlichen Grenzen der Berichterstattungsfreiheit unter dem Gesichtspunkt des Persönlichkeitsschutzes, des Schutzes von Betriebs- und Geschäftsgeheimnissen und des Schutzes von Staatsgeheimnissen sind unten unter 6. dargestellt.

Weitergehende ethische Anforderungen an die Gestaltung der Justizberichterstattung werden auch damit begründet, dass ihr in bestimmten Formen unerwünschte Folgen zugeschrieben werden. Neben der Vermutung, dass die Konzentration der Gerichtsberichterstattung auf schwere Straftaten beim Publikum irrationale Ängste und Forderungen nach härteren Strafen erzeugt[111], geht es vor allem um

- das Auslösen von Nachahmungseffekten durch Berichterstattung über spektakuläre Straftaten, aber auch Selbsttötungen, und
- die Gefährdung der Resozialisierung eines Straftäters durch Berichterstattung über seine früheren Straftaten.

Wann welche Berichterstattung unerwünschte Nachahmungseffekte fördert oder dämpft, ist nicht abschließend geklärt. Zumindest plausibel ist die Annahme, dass zwei Faktoren eine Rolle spielen können:

- Informationen, die vom Rezipienten zur Beurteilung der Frage herangezogen werden, ob sich ein Fehlverhalten „lohnt",

  beispielsweise:
  - wo mit geringem Aufwand „reiche Beute zu machen" ist,
  - wo das Risiko, „erwischt zu werden", gering ist und
  - wo mögliche Sanktionen spät kommen und milde ausfallen,

---

[111] Vgl. dazu oben 3.1.

- und ihre öffentliche Beurteilung durch Meinungsführer, wie Rechtfertigung, Verharmlosung, Billigung oder Verurteilung, Forderung nach schärferer Kontrolle und härterer Bestrafung.

Beispiele:
- Die Sanierung eines Unternehmens durch den Abbau von Arbeitsplätzen wird als „unternehmerische Leistung" bewertet.
- Die Selbstbedienungsmentalität von Unternehmensvorständen (Einkommen, Abfindungen, Alterssicherung) wird kritisiert oder als „marktkonform" bewertet.
- Schwarzarbeit wird mit zu hohen Nebenkosten (Steuern, Sozialabgaben) „erklärt".

Plausibel ist allerdings auch die Annahme, dass die Berichterstattung zur Beseitigung von Missständen führt.

So mag z.B. die Gefahr, dass die Schilderung eines erfolgreichen Banküberfalls Nachahmungstätern als Modell dient, dadurch ausgeglichen werden, dass die Bank zugleich zur Verstärkung ihrer Sicherungsmaßnahmen veranlasst wird.

Die Forderung, Journalisten sollten solche Folgen ihrer Berichterstattung bedenken, ist angesichts der Schwierigkeit, diese einigermaßen zuverlässig zu beurteilen, nur erfüllbar, wenn sie auf den folgenden Grundsatz beschränkt wird:

Soweit hinreichend plausible Anhaltspunkte dafür sprechen, dass die Verbreitung einer bestimmten Information unerwünschte Auswirkungen haben kann, ist zu prüfen,

- ob das Publikum ein legitimes Interesse hat, diese Information zu erhalten, und
- dieses Interesse so bedeutsam ist, dass die Nachteile bei Nichtveröffentlichung höher zu bewerten sind als die Nachteile für die Allgemeinheit oder die Betroffenen, die durch die Veröffentlichung entstehen.

Besonderer Sorgfalt bedarf diese Prüfung meines Erachtens, wenn Anhaltspunkte für die Annahme bestehen, dass Straftäter die Berichterstattung über ihre Taten als „Belohnung" werten – weil es ihnen z.B. darauf ankommt, öffentliche Aufmerksamkeit zu erregen.

Auch die zweite Forderung, die Berichterstattung solle die Resozialisierung von Straftätern fördern, dürfe sie zumindest nicht behindern, ist legitim, steht jedoch in einem gewissen Spannungsverhältnis zu anderen, ebenfalls legitimen Zielen.

Ihr liegt die Annahme zugrunde, die Medien könnten die Bereitschaft der Allgemeinheit positiv oder negativ beeinflussen, Straftäter nach Verbüßung ihrer Strafe (wieder) zu integrieren, sie vor allem bei der Vergabe von Arbeitsplätzen, der Vermietung von Wohnungen und der Pflege persönlicher Kontakte nicht zu diskriminieren.[112] Diese Bereitschaft gilt als wichtige Voraussetzung dafür, dass das Ziel des Strafvollzuges erreicht werden kann, straffällig Gewordene zu resozialisieren, d.h. zu erreichen, dass sie nach ihrer Entlassung ein Leben ohne Straftaten führen (§ 2 StVollzG).

Diese Resozialisierung wiederum ist ein Teilproblem der staatlichen Aufgabe, den Einzelnen und die Gesellschaft vor Straftaten zu schützen. Zur Erfüllung dieser Aufgabe setzt der Staat generell darauf, dass

- sozialschädliche Verhaltensweisen dadurch, dass sie zu Straftaten erklärt werden, als Unrecht gesellschaftlich geächtet werden und deshalb unterbleiben („positive" Generalprävention")[113],
- die Androhung von Strafen potenzielle Rechtsbrecher abschreckt („negative" Generalprävention),
- der Vollzug von Freiheitsstrafen Straftäter daran hindert, weitere Straftaten zu begehen (Sicherungsfunktion des Strafvollzugs) und sie zugleich „befähigt", künftig ein Leben ohne Straftaten zu führen (Resozialisierungsfunktion).

Dass die Gefährdung der Resozialisierung der Medienfreiheit Grenzen setzt, hat das BVerfG 1973 im „Lebach"-Urteil entschieden, durch das es dem ZDF untersagte, ein Dokumentar-Fernsehspiel über einen Soldatenmord auszustrahlen.[114]

Dieses Fernsehspiel beschreibt den Überfall auf ein Munitionsdepot der Bundeswehr, den drei junge Männer unternahmen, um sich Waffen zu besorgen, mit denen sie weitere Straftaten begehen wollten, um sich die Mittel für ein schönes Leben auf einer Hochseejacht in der Südsee zu beschaffen. Bei dem Überfall töteten sie vier schlafende Wachsoldaten und verletzten einen weiteren schwer. Das Fernsehspiel, in dem die namentlich genannten Täter zunächst im Bild vorgestellt und dann durch Schauspieler ersetzt werden, beschreibt anschaulich die Planung des Überfalls und seine Ausführung sowie die Fahndung und Ermittlung der Täter. Es hat eine Gesamtdauer von 2

---

[112] BVerfG in NJW 1973, S. 1232 -. Lebach I
[113] Zu Begriff und Konzept vgl. die Übersicht bei Müller-Tuckfeld.
[114] BVerfGE 35, S. 202 ff.

Stunden und 40 Minuten und sollte etwa vier Jahre nach der Tat kurz vor der Haftentlassung eines der Tatbeteiligten ausgestrahlt werden.

Nach Ansicht des BVerfG hätte die Ausstrahlung des Fernsehspiels zu diesem Zeitpunkt die Einstellung der Umwelt gegenüber dem Entlassenen ungünstig beeinflusst und seine Resozialisierung damit gefährdet. Bei dieser Einschätzung berücksichtigte das Gericht neben der erwarteten hohen Reichweite vor allem die Form der Darstellung, die dem Publikum „die schreckliche Tat erneut eindringlich vor Augen" führe und damit „die entsprechenden verständlichen Reaktionen" hervorrufe.

Demgegenüber sah es keinen ausreichenden Grund dafür, dreißig Jahre später die Ausstrahlung eines Fernsehfilms über diesen Mord zu verbieten, in dem die Täter weder namentlich genannt noch im Bild gezeigt werden. Dass sich nunmehr ein weiterer Täter in der Entlassungsphase befand, der fürchtete, dass dadurch Personen gegen ihn eingenommen würden, die wissen, der er einer der Täter war, ließ das Gericht nicht gelten. Auf Grund der Darstellungsweise und des großen zeitlichen Abstands zur Tat hielt es eine Beeinträchtigung der Resozialisierungschancen des Täters für „äußerst fern" liegend.[115]

Für die *aktuelle* Berichterstattung hatte das BVerfG schon 1973 betont, im Allgemeinen gehe das „durchaus anzuerkennende Interesse an näherer Information über Tat und Täter" jedenfalls bei schweren Straftaten vor.

Dieses Interesse der Allgemeinheit ergibt sich nicht zuletzt daraus, dass die Berichterstattung über die Ahndung von Straftaten zugleich einen Beitrag dazu leistet, dass das Strafrecht seine generalpräventiven Funktionen erfüllen kann.[116] Das gilt sowohl für die „negative" wie insbesondere auch für die „positive" Generalprävention. Denn das Ziel, das Rechtsbewusstsein der Allgemeinheit dadurch zu stärken, dass die Gerichte verbindlich feststellen, was Recht und was Unrecht ist, kann nur erreicht werden, soweit ihre Feststellungen öffentlich kommuniziert werden – was nach Lage der Dinge nur mit Hilfe der Medien möglich ist.

Für die Justizberichterstattung ergibt sich daraus meines Erachtens zweierlei:

Zum einen erbringt sie im Rahmen der aktuellen Berichterstattung einen Beitrag zur Erhaltung und Stärkung des allgemeinen Rechtsbewusstseins dadurch, dass sie kriminelle Taten deutlich als Unrecht kennzeichnet. Dem entspricht eine Prozessberichterstattung,

---

[115] BVerfG in AfP 2000, S. 160 ff.
[116] So auch Widmaier a.a.O., S. 399.

die stärker durch die Sicht des Opfers als durch die des Täters bestimmt wird.

Das dadurch entstehende negative Täterbild bedarf der Differenzierung und Korrektur durch die Thematisierung der Schwierigkeiten, die mit der Resozialisierung von Straftätern verbunden sind. Diese lassen sich sowohl aus der Perspektive der ehemaligen Täter wie auch der Personengruppen beschreiben, die mit dieser Aufgabe beruflich oder ehrenamtlich befasst sind. Für diesen Bereich gilt (ausnahmsweise?): Auch eine gute Nachricht kann eine gute Nachricht sein! Denn angesichts der gegenteiligen Erwartungen des Publikums kann die Vorstellung gelungener Modelle und Karrieren durchaus Nachrichtenwert haben.

4 Formen und Typen der Justizberichterstattung

Der Vielfalt der Ziele, die mit der Justizberichterstattung verfolgt werden, entspricht eine Vielzahl von Gestaltungsformen und –elementen, die sich in vielfacher Weise miteinander kombinieren lassen. In der folgenden Darstellung werden unterschiedliche Darstellungsformen und Inhalte zu „Typen" zusammengefasst, die sich in der journalistischen Praxis finden. Diese Typisierung dient in erster Linie analytischen Zwecken: Es geht darum, die Leistungsfähigkeit einzelner Berichterstattungstypen zu untersuchen, Probleme zu identifizieren, die mit ihnen verbunden sind und daraus Hinweise zu deren sinnvoller Gestaltung zu entwickeln. Demgegenüber ist hier keine (weitere) Darstellung „klassischer" Darstellungsformen des Journalismus beabsichtigt; insoweit kann auf die vorliegende Literatur verwiesen werden.[117]

4.1 Erzählungen

Als Berichterstattungsfeld gewinnt die Justiz einen erheblichen Teil ihrer Attraktivität dadurch, dass sie mit der Bearbeitung *individueller Konflikte* beschäftigt ist. Die Beschreibung dieser Konflikte prägt journalistische Beiträge häufig stärker als die Darstellung ihrer Bearbeitung durch die Justiz. Das zeigen Überschriften wie die folgenden, die alle innerhalb einer Woche in der Westdeutschen Allgemeinen Zeitung (WAZ) veröffentlicht wurden.

„Wenn ein Betrüger sich betrogen fühlt" (WAZ 4.11.2003)
„Mit 2,6 Promille Polizisten gebissen" (WAZ 6.11.2003)

---

[117] Vgl. z.B. Haller, Reportage; Nowag/Schalkowski, Kommentar und Glosse; Haller, Interview; Zehrt, Hörfunk-Nachrichten; Wachtel, Schreiben fürs Hören; Zindel/Rein, Radio-Feature.

„Die betrogene Verkäuferin glaubte an ein prima Geschäft" (WAZ 6.11.2003)
„Seine Leselust hätte Mann fast in Haft gebracht" (WAZ 6.11.2003)
„Mann wollte Chef beim Sterben zusehen" (WAZ 7.11.2003)
„In letzter Minute riss sich Opfer Plastiktüte vom Kopf" (WAZ 7.11.2003)
„City gesperrt – Taxifahrer gab trotzdem Gas" (WAZ 8.11.2003)

Die Arbeit von Gerichtsreportern, die für Lokalredaktionen arbeiten, scheint sich seit der Untersuchung von Höbermann (1989, S. 93 ff.) nicht wesentlich geändert zu haben. Sie suchen nach einer „Geschichte", die

▪ rührend oder komisch ist, Mitleid oder Schadenfreude auslöst, nachdenklich oder heiter stimmt, oder etwas Außergewöhnliches, Sensationelles enthält,

▪ ein Gewaltdelikt zum Gegenstand hat oder bei der Sexualität im Spiel ist.[118]

4.1.1 „Geschichten, die das Leben schrieb"

Von fiktionalen Erzählungen unterscheiden sich „Berichte" der ersten Art im Wesentlichen dadurch, dass die geschilderten Vorgänge tatsächlich passiert sind. Bei der Auswahl solcher „Fälle" ist zu prüfen, aus welchen Gründen und mit welchem Ziel gerade diese Geschichte erzählt wird: Befriedigt sie allein die Neugier des Publikums? Oder kann und soll sie dazu dienen,

1. das Publikum vor Straftaten bzw. Tätern zu warnen,
2. vor der Begehung von Straftaten zu warnen,
3. Einsichten in einen fremden Lebensbereich zu gewinnen, die dazu beitragen können, die Handelnden, ihre Lage und die Beweggründe ihres Tuns, besser zu verstehen?

---

[118] Höbermann a.a.O., S. 99.

4.1.1.1 Warnung vor gefährlichen Situationen

Dem Schutz des Publikums vor Straftaten kann eine „Lesegeschichte" dienen, wenn sie Taten schildert, die relativ häufig vorkommen, wie z.B.

- Trickdiebstähle,
- Betrügereien („Betrugsmaschen"),
- Bezahlung mit Falschgeld.

Gesteigert wird die Brauchbarkeit einer solchen Geschichte, wenn sie Hinweise enthält, wie man sich davor schützen kann, Opfer einer solchen Tat zu werden.

Ein gutes Beispiel für diese Art von Unterhaltung lieferte lange die Sendereihe „Nepper, Schlepper, Bauernfänger", in der Eduard Zimmermann in Zusammenarbeit mit der Polizei entsprechende Fälle unterhaltsam aufbereitete. Dass auch ein Zeitungsbeitrag eine solche Funktion erfüllen kann, zeigt das Beispiel „Die betrogene Verkäuferin glaubte an ein prima Geschäft".[119]

4.1.1.2 Warnung vor der Begehung von Straftaten

Auch ohne die Frage zu entscheiden, unter welchen Voraussetzungen Justizberichterstattung generalpräventive Wirkungen entfalten kann[120], lässt sich feststellen, dass „Lesegeschichten" eine **Warnfunktion** haben, wenn sie

■ die Unzulässigkeit weit verbreiteten Fehlverhaltens in Erinnerung rufen,

Beispiele:
- Beschäftigung „schwarz" arbeitender Handwerker, Haushaltshilfen usw.,
- Kopieren von Datenverarbeitungsprogrammen; Verbreitung von Kopien urheberrechtlich geschützter Werke; Brechen des Kopierschutzes,

---

[119] Beispieltext im Anhang.
[120] Vgl. dazu oben 2.4.

- oder die möglichen (Rechts-)Folgen solchen Fehlverhaltens beschreiben.

Beispiele:
- Verstöße gegen Straßenverkehrsvorschriften (überhöhte Geschwindigkeit, „Drängeln" usw.),
- Ladendiebstahl, Bestellung von Waren bei Zahlungsunfähigkeit, Zechprellerei,
- Beschimpfung von Nachbarn, Kontrolleuren usw.,
- (Wirtshaus-)Prügeleien.

4.1.1.3 Einsicht in die Lage und Beweggründe der Beteiligten

In seiner Geschichte kann der Gerichtsreporter Verständnis für die Lage und Beweggründe der Streitenden erzeugen und dem Publikum Einsichten vermitteln, die zu einer sachgerechten Meinungsbildung beitragen.

Beispiel:
Warum hat das Unternehmen dem Mitarbeiter gekündigt? Welche Folgen hätte es für den Betrieb, wenn das Arbeitsverhältnis fortgesetzt würde? Welche Folgen ergeben sich für den Gekündigten? Hat er die Kündigung selbst verursacht?

Oft gewinnt eine Geschichte an Anschaulichkeit dadurch, dass sie aus der Perspektive *eines* Beteiligten erzählt wird. Eine sachgerechte Meinungsbildung wird dem Publikum allerdings nur ermöglicht, wenn im Gesamtangebot die Perspektiven auch der *anderen* Beteiligten vertreten sind.

Eine solche „Perspektiven-Vielfalt" ist vor allem dort geboten, wo sich in Konflikten antagonistische Interessen verschiedener gesellschaftlicher Gruppen widerspiegeln, etwa

- Arbeitgeber – Arbeitnehmer,
- Hersteller - Händler - Verbraucher,
- Beitragszahler – Beitragsempfänger, aber auch:
- Täter – Opfer.

Besondere Aufmerksamkeit sollte darauf verwendet werden, keine Vorurteile gegenüber schutzbedürftigen Gruppen zu schüren, etwa gegenüber ethnischen, religiösen oder sozialen Minderheiten. Dies verlangt auch der Pressekodex (Ziffer 12) des Deutschen Presserates. So ist bei der Schilderung missbräuchlicher Ausnutzung sozialer Macht, rechtlicher Regelungslücken oder von Sozialleistungen sorgfältig darauf zu achten, dass der Eindruck vermieden wird, der Missbrauch sei typisch für die jeweilige Gruppe – solange keine Anhaltspunkte dafür ersichtlich sind, dass er weit verbreitet ist.

In Geschichten über Straftaten darf die Zugehörigkeit der Täter zu solchen Minderheiten nur erwähnt werden, wenn diese für das Verständnis der Angelegenheit von Bedeutung ist (Richtlinie 12.1 des Deutschen Presserates). Das Diskriminierungsverbot gilt auch für Straftaten psychisch Kranker.

Bei der Erzählung solcher „Gerichtsstories" ist genau darauf zu achten, dass ihre Veröffentlichung das allgemeine Persönlichkeitsrecht der Beteiligten nicht verletzt. Dies gilt im Strafverfahren sowohl für die Beschuldigten wie für die Opfer und Zeugen der Tat, in den anderen Verfahrensarten analog dazu für alle Prozessbeteiligten (Kläger, Beklagter, Beigeladene). In der Regel ist die Veröffentlichung deshalb so zu gestalten, dass sie keinen der Betroffenen für seine Verwandten und Bekannten sowie das allgemeine Publikum erkennbar werden lässt. Denn an einer identifizierenden Berichterstattung besteht bei dieser Art von Berichterstattung in der Regel kein öffentliches Informationsinteresse.

> So darf über einen Nachbarschaftsstreit nur dann identifizierend berichtet werden, wenn sich *beide* Parteien an die Öffentlichkeit wenden oder zumindest zu erkennen gegeben haben, dass sie mit der öffentlichen Erörterung ihres Streits einverstanden sind.

Außerdem gerät ein Gerichtsberichterstatter, der sich auf Strafsachen beim Amtsgericht konzentriert und die Fälle „so nimmt, wie sie kommen", immer in Gefahr, Banalitäten zum Gegenstand seiner Arbeit zu machen und Berichte abzuliefern, bei denen kaum zu erkennen ist, dass sie ein Informationsinteresse des Publikums befriedigen. Deshalb tut er gut daran, seine Arbeit vorausschauend zu planen[121] und sie auf die Rechtsprechung weiterer Gerichte und anderer Rechtsgebiete auszudehnen.

---

[121] Vgl. dazu unten 5.

4.1.2 „Das Gruselkabinett"

Strafverfahren, in denen es um Gewalttaten, insbesondere Tötungs- und Sexualdelikte geht, erfahren in der Justizberichterstattung eine Vorzugsbehandlung. Das gilt nicht nur für den Boulevard. Auch Gerichtsberichterstatter, die für eine Lokal- und Regionalzeitung arbeiten, betrachten Berichte über solche Verfahren als unverzichtbar, als ein „Muss"[122].

Entsprechende Beiträge können verschiedenen Zwecken dienen: Sie können zeigen,

- wie wir, das Volk, in dessen Namen Recht gesprochen wird, mit Kriminellen umgehen[123],
- dass der Täter seine „gerechte" Strafe erhält oder auch nicht,
- wie Täter zu Tätern und Opfer zu Opfern geworden sind.

Ethisch kaum vertretbar ist demgegenüber ein Beitrag, der vorwiegend oder allein die Neugier des Publikums und seine Lust an einer „gruseligen" Geschichte befriedigt.[124]

Bei diesen Geschichten aus dem „Gruselkabinett" ist besonders darauf zu achten, dass der *Persönlichkeitsschutz der Opfer* gewahrt bleibt. Auch wenn die Beschuldigten die wahrheitsgemäße Verdachtsberichterstattung wegen der Schwere der Tat hinnehmen müssen[125], bleibt der Schutz der Opfer in vollem Umfang erhalten. Der Umstand, dass jemand zum Opfer einer schweren, Aufsehen erregenden Straftat geworden ist, macht ihn auch nicht zur Person der Zeitgeschichte. Abbildungen von Opfern, die nicht unabhängig von der Tat Personen der Zeitgeschichte (gewesen) sind, dürfen deshalb nur mit deren Einwilligung veröffentlicht werden. Im Falle ihres Todes ist die Einwilligung des Ehe- bzw. Lebenspartners und aller Kinder einzuholen. Falls solche nicht vorhanden sind oder nicht mehr leben, wird die Einwilligung beider Eltern benötigt. Leben auch diese nicht mehr, ist die Veröffentlichung rechtlich nicht zu beanstanden. Ethisch zu beanstanden ist jedoch (auch) in diesem

---

[122] Höbermann, S. 101, vgl. auch Friske, S. 37. Zur Differenzierung nach Medien vgl. Delitz, S. 104 .
[123] So Mauz in Wilmes, S. 10; Gerasch, S. 16.
[124] Vgl. dazu auch Richtlinie 11.5 Pressekodex des Deutschen Presserates.
[125] Vgl. dazu unten 5.

Fall eine Darstellung, die das Leiden oder Sterben eines Menschen in unangemessen sensationeller Weise schildert.[126]

Besondere Vorsicht geboten ist bei der Schilderung von Gewalttaten aus der Sicht des Täters („Verbrecher-Memoiren"). Nach Ansicht des Deutschen Presserates verletzt sie die Standesrichtlinien, wenn Straftaten nachträglich gerechtfertigt oder relativiert werden oder die Opfer unangemessen belastet werden.[127]

Strafbar ist ein Beitrag, im dem solche Gewalttaten verherrlicht, verharmlost oder in einer die Menschenwürde verletzenden Weise dargestellt werden, soweit er nicht allein der Berichterstattung dient, § 131 StGB.

Kriminologen kritisieren die Häufung solcher Geschichten. Sie gehen davon aus, dass diese beim Publikum zu einer verzerrten Wahrnehmung der Wirklichkeit führt, unberechtigte Ängste auslöst und den irrationalen Ruf nach schwereren Strafen begünstigt.[128]

Die Frage, für wie repräsentativ das Publikum die Berichterstattung über Straftaten hält, hat EMNID im Auftrag von chrismon im November 2003 untersucht. Danach hält ein knappes Viertel (23%) die Berichterstattung für angemessen. Mehr als zwei Fünftel (42%) glauben, die Wirklichkeit sei schlimmer, als sie in den Medien dargestellt wird, und nur ein knappes Drittel (31%) meinen, die Medien übertrieben, die Realität sei nicht so schlimm wie in den Medien dargestellt.

Gegensteuern lässt sich der Tendenz zu einer verzerrten Wahrnehmung der Wirklichkeit wohl nur dadurch, dass in das Berichterstattungsprogramm regelmäßig Beiträge aufgenommen werden, aus denen hervorgeht, wie groß die Wahrscheinlichkeit ist, Opfer einer (schweren) Straftat zu werden, welche Faktoren diese Wahrscheinlichkeit erhöhen und welche sie vermindern.

---

[126] Vgl. dazu den Pressekodex des Deutschen Presserates, Richtlinie 11.1.

[127] Richtlinie 11.5.

[128] So z.B. Bussmann 2000, S. 14 ff.

4.1.3 Die Gerichtsverhandlung als Schauspiel

Gerichtsverhandlungen kann eine gewisse Dramatik innewohnen. Diese ergibt sich zum einen daraus, dass viele Verfahren als „Kampf der Prozessparteien um ihr Recht" verstanden werden können. Damit bieten sie Anknüpfungspunkte für die Erzeugung von Spannung („Wer wird gewinnen?") und Parteinahme (z.B. „David gegen Goliath"). Eine gespannte Erwartungshaltung kann auch dadurch erzeugt werden, dass die Beweisaufnahme in einem Strafverfahren sich als schrittweise Aufdeckung der Wahrheit darstellen lässt – mit überraschenden Wendungen, als Puzzle aus vielen Einzelelementen oder als kontinuierlicher stringenter Prozess. All diese Elemente bilden dementsprechend auch Ansatzpunkte für eine unterhaltsame Form der Berichterstattung über das Verfahren.

Als Fernsehformat hat die *Simulation von Gerichtsverhandlungen* eine lange Tradition. Begründet wurde sie durch Sendereihen der öffentlich-rechtlichen Anstalten wie „Das Fernsehgericht tagt" und „Wie würden Sie entscheiden?". Mit diesen Formaten leisteten die Sender in unterhaltsamer Form einen Beitrag zur Erfüllung ihres Bildungsauftrages: Gerichtsverhandlungen oder Teile davon wurden so gespielt, wie sie in der Praxis lege artis abliefen – oder im Idealfall hätten ablaufen sollen. Auf diese Weise konnten sich die Zuschauer ein Bild davon machen, „wie es vor Gericht zugeht", ohne selbst solche Verhandlungen besuchen zu müssen. Gegenüber realen Gerichtsbesuchen wurde der Informationswert noch dadurch gesteigert, dass der Prozessverlauf von Fachleuten erläutert und kommentiert wurde und das Publikum Gelegenheit erhielt, zu dem Fall und seiner Behandlung durch das Gericht Stellung zu nehmen.

An diese Tradition knüpften Privatsender zunächst mit Sendereihen an, in denen „echte" Richter(innen) reale Fälle wirksam (d.h. mit Bindungswirkung für den konkreten Fall) verhandelten.[129] Dieses Maximum an Realitätsnähe wurde dadurch erzielt, dass die Parteien, deren Fälle verhandelt wurden, sich zuvor in einer Schiedsvereinbarung dem Spruch der „Fernsehrichterin" unterworfen hatten.

---

[129] Diesem Typ entsprachen die Sendungen der ersten Staffel von „Barbara Salesch".

Damit war dieses Sendeformat auf zivilrechtliche Streitigkeiten und im Wesentlichen[130] auf vermögensrechtliche Ansprüche beschränkt. Dieser Umstand begrenzte zugleich die Attraktivität dieses Formats für ein größeres Publikum.

Es wurde abgelöst durch „Gerichtsshows", bei denen „echte" Richter nach den Regeln der jeweils einschlägigen Prozessordnung Verfahren simulieren, die zwar realitätsnah aussehen, aber mit zahlreichen Elementen „angereichert" sind, die die Geschichte unterhaltsamer machen sollen. Das gilt für die Konstruktion der verhandelten Fälle ebenso wie für das Verhalten der Beteiligten (und der Zuschauer) in der Verhandlung. Problematisch ist diese Form von „Reality-TV", weil sie - stärker noch als rein fiktionale Beiträge, wie etwa Kriminalfilme -geeignet ist, bei einem nicht geringen Teil des Publikums unzutreffende Vorstellungen von der Gerichtswirklichkeit zu erzeugen.

4.1.4 „Menschen vor Gericht"

Ein Beispiel für den Typ von Gerichtsberichterstattung, in dessen Mittelpunkt „Menschen vor Gericht" stehen, bildet der Beitrag „Die trostlose Seite der Grausamkeit" von Hans Holzhaider in der Süddeutschen Zeitung vom 7.11.2003. In der Regel ist es der Angeklagte, dessen Bild gezeichnet wird. Gerhard Mauz hat es in dieser Kunst der psychologisierenden Gerichtsreportage zur Meisterschaft gebracht.[131] Als Themen bieten sich aber auch die Zeugenvernehmung (vor allem aus der Sicht des Opfers einer Straftat) sowie die Schwierigkeiten an, die die Beteiligten in den anderen Prozessarten haben, sich in der für sie „fremden Welt" des Gerichts zurechtzufinden.

In den meisten Fällen dürfen solche Beiträge den Porträtierten nur mit dessen Einwilligung identifizierend darstellen. Ein überwiegendes Informationsinteresse kann jedoch an der Darstellung einer Person des öffentlichen Lebens bestehen. Auch wer eine schwere

---

[130] Zur „Schiedsfähigkeit" von Rechtsstreitigkeiten im Einzelnen vgl. § 1030 ZPO.
[131] Beispiele in Mauz 1968.

Straftat begangen hat, muss eine identifizierende Berichterstattung hinnehmen.[132]

Im Übrigen sind bei Beiträgen dieser Art die Folgen zu berücksichtigen, die die öffentliche Darstellung für den Porträtierten haben kann – soweit diese vorhersehbar sind. Besondere Einfühlsamkeit ist dort gefordert, wo seine Unbeholfenheit zum Thema gemacht wird. Denn in der Regel ist es nicht gerechtfertigt, jemanden dem Spott des Publikums auszusetzen.

4.1.5 „Menschen im Gericht"

Eine größere Frustrationstoleranz kann von den „Profis" erwartet werden. Richter, Staats- und Rechtsanwälte, Sachverständige, Behördenvertreter und das sonstige Gerichtspersonal müssen sich gefallen lassen, von den Medien (auch kritisch) beäugt zu werden. Über ihr berufliches Verhalten dürfen die Medien identifizierend berichten. An ihm besteht ein hohes öffentliches Informationsinteresse. Ihre persönlichen, privaten Lebensumstände dürfen hingegen in der Regel nur mit ihrer Zustimmung veröffentlicht werden.[133]

Ziel solcher Beiträge kann es sein, dem Publikum Einblick in die berufliche Tätigkeit des Rollenträgers, in seine besondere Qualifikation oder in Qualifikationsdefizite zu verschaffen. So zum Beispiel ein Beitrag von Marc Raschke über die Tätigkeit eines Gefängnispfarrers mit dem Titel: „Wie zufällig falten sich Hände zum Gebet".[134]

4.2 Berichte

„Berichte" zielen stärker als die bislang erörterten erzählenden oder reportageartigen Formen auf eine sachliche Darstellung der Arbeit

---

[132] Zu den Einzelheiten vgl. unten 6.

[133] Vgl. Branahl, Medienrecht, Kapitel 4.

[134] In der Westdeutschen Zeitung vom 13.11.2003, abgedruckt als Beispielstext im Anhang.

der Justiz und ihrer Ergebnisse. Sie befriedigen nicht nur das Unterhaltungsinteresse des Publikums, sondern sind in erster Linie darauf ausgerichtet, ihm Orientierungshilfe für das eigene Verhalten zu geben („Ratgeber") oder als Basis für die eigene Meinungsbildung zu dienen.

4.2.1 „Ratgeber Recht"

Als Ratgeber kann die Justizberichterstattung wirken, wenn sie Gerichtsentscheidungen zum Gegenstand hat, die Rechtsfragen von allgemeiner Bedeutung betreffen. Die „allgemeine Bedeutung" resultiert bei diesem Typ von Berichterstattung daraus, dass es um Fragen geht, die das alltägliche Leben vieler Leute betreffen und deren Kenntnis deshalb auch einem breiten Publikum als Orientierung für das eigene Verhalten dienen kann.

Solche Rechtsfragen tauchen in fast allen Rechtsgebieten auf. Hier eine kleine – und ziemlich willkürliche – Auswahl:

- Rechte des Käufers, wenn die gekaufte Sache Mängel aufweist,
- Pflichten des Mieters bzw. Vermieters; Zulässigkeit von Mieterhöhungen,
- Sonstige Fragen des Verbraucherschutzes,
- Rechte und Pflichten von Eltern bei der Sorge für ihre Kinder; Scheidungsfolgen,
- Erbfolge, Gültigkeit von Testamenten,
- Rechte und Pflichten des Arbeitnehmers; Wirksamkeit von Kündigungen,
- Schadenshaftung (z.B. Produkthaftung, Produzentenhaftung, Verkehrssicherungspflicht, Unfallfolgen),
- Versicherungsrecht (insbes. Erstattungsansprüche),
- Steuerrecht (insbes. Absetzbarkeit von Aufwendungen).

4.2.1.1 Leitsätze

Unter dem Motto „Was gibt's Neues in der Rechtsprechung?" können solche Informationen zum einen als *(Kurz-)Nachrichten* in Form
von Leitsätzen präsentiert werden. Diese Darstellungsform ist allerdings wenig leserfreundlich („trocken"). Das gilt insbesondere dann,
wenn eine Sammlung solcher Nachrichten zu unterschiedlichsten
Themen präsentiert wird, aus denen sich der Leser relativ mühsam
das ihn Interessierende selbst heraussuchen muss. Hilfreich ist insoweit die Zusammenstellung von Urteilen zu einem bestimmten Themenkreis – dann allerdings in der Regel zu Lasten der Aktualität der
einzelnen Entscheidungen.

4.2.1.2 Musterfälle

Leichter konsumierbar ist der *Bericht* über eine entsprechende Entscheidung, wenn er den Sachverhalt anschaulich darstellt, über den
das Gericht zu entscheiden hatte, und die Gründe wiedergibt, die das
Gericht zu seiner Entscheidung bewogen haben. Im Vergleich zur
Nachricht muss der Rezipient bei dieser Darstellungsform allerdings
eine geringere Informationsdichte in Kauf nehmen.[135]

4.2.1.3 Überblicke

Die Orientierung in einem bestimmten Problemfeld („Wie verhalte
ich mich richtig?") wird dem Publikum durch Berichte erleichtert,
die einen *Überblick* über die Rechtsprechung zu dem entsprechenden Themenkreis geben. Beispiele für solche Themen:
- Gewährleistung bei Kaufverträgen,
- Haustiere in Mietwohnungen,
- Wer trägt die Kosten für Schönheitsreparaturen der Mietwoh-
  nung?

---

[135] Vgl. den Beispielstext im Anhang: „Auf Geld in Jacke selbst aufpassen", WAZ v. 20.1.2004

- Heizung von Mietwohnungen,
- Kündigung von Arbeitsverhältnissen,
- Streupflichten bei Schnee und Eis,
- Umschuldung von Baukrediten,
- Steuerliche Anerkennung von Verlusten bei Vermietung an Angehörige.

Als Darstellungsform kommt neben dem Bericht auch ein Interview mit einem Experten in Betracht.

4.2.1.4 Einzelfallberatung

Beiträge, in denen Ratschläge für die Behandlung bestimmter realer, nicht bereits abgeschlossener Rechtsstreitigkeiten gegeben werden, müssen so gestaltet werden, dass sie nicht gegen das Rechtsberatungsgesetz verstoßen. Dieses behält die geschäftsmäßige „Besorgung fremder Rechtsangelegenheiten einschließlich der Rechtsberatung" in erster Linie Rechtsanwälten vor, § 3 Nr. 2 RBerG. Andere Personen benötigen dazu im Allgemeinen[136] eine besondere behördliche Erlaubnis, § 1 Abs.1 RBerG. Da Sender und Verlage für ihre publizistische Tätigkeit eine solche Erlaubnis nicht erhalten können, müssen sie sich beim Einsatz von Darstellungsformen, die Einzelfallberatungen einschließen, der Mitwirkung eines Rechtsanwalts bedienen. Im Einzelnen gilt folgendes:

Der Umstand, dass das Publikum aus der allgemeinen Berichterstattung über Rechtsfragen und Gerichtsentscheidungen in Form von Übersichten, Interviews, Musterfällen usw. in den bislang beschriebenen Formen[137] Schlussfolgerungen für das eigene Verhalten ziehen kann, macht diese *nicht* zu einer „Rechtsberatung" im Sinne des RBerG.[138] Dasselbe gilt für die Erörterung fiktiver Fälle.[139] Eine „Besorgung fremder Rechtsangelegenheiten" liegt nur vor, wenn individuelle Ratschläge aus der detaillierten Würdigung eines kon-

---

[136] Zu den Ausnahmen vgl. §§ 2 bis 5 RBerG.
[137] In Abschnitt 1.1 bis 1.3.
[138] Vgl. Piepenstock S. 87 m.w.N.
[139] Ständige Rechtsprechung; vgl. Piepenstock S. 88 m.w.N.

kreten Sachverhalts abgeleitet werden.[140] Denn mit „Rechtsberatung" ist im RBerG nur die „umfassende und vollwertige Beratung
der Rechtsuchenden" gemeint.[141]

Dementsprechend gilt das RBerG auch nicht für die Beantwortung von Leser- bzw. Zuschauerfragen zu einem rechtlichen Thema,
soweit diese in allgemeiner Form erfolgt, ohne sämtliche Aspekte
des Falles in die rechtliche Beurteilung einzubeziehen.[142] Das gilt
insbesondere dann, wenn die Fragesteller ausdrücklich auf diesen
Umstand hingewiesen werden und ihnen geraten wird, weitere Bera-
tungsmöglichkeiten in Anspruch zu nehmen.

Beispiel:
In einem Beitrag der Sendereihe "WISO" zum Recht von Pauschalurlaubern, sich für
Reisemängel entschädigen zu lassen, bietet der Moderator Anrufern an, ihnen „jetzt
gleich hier im Studio" Ratschläge zu geben. Im Verlauf der Sendung stellen vier Zu-
schauerinnen und Zuschauer Fragen zu ihren Reiseerlebnissen und zur Möglichkeit
der Minderung des Reisepreises, die von einem Redakteur beantwortet werden.
Der BGH[143] sah in dieser Gestaltung keinen Verstoß gegen das RBerG. Anhaltspunkte dafür, dass der Sender Rechtsrat außerhalb der Sendung angeboten habe, vermochte
das Gericht in der Ankündigung nicht zu erkennen. Wegen der kurzen Sendedauer (30
Minuten) sei das Angebot erkennbar auf die Erörterung weniger allgemein interessie-
render Fälle beschränkt gewesen, in die zudem nicht sämtliche Aspekte des jeweiligen
Falles einbezogen werden konnten. Die Fälle hätten deshalb erkennbar nicht abschließend geklärt werden können. Der Rechtsrat habe deshalb unverbindlich sein müssen.
Bei dieser Fallgestaltung sei weder der Schutz des Einzelnen oder der Allgemeinheit
vor ungeeignetem fachlichen Rat tangiert noch seien angesichts der geringen Zahl der
erörterten Fälle die wirtschaftlichen Rahmenbedingungen der rechtsberatenden Berufe
ernsthaft betroffen.

Demgegenüber betreibt ein Verlag oder Sender unlauteren Wettbewerb, wenn er dem Publikum ausführlichen telefonischen Rechtsrat
außerhalb der Sendung anbietet, um auf diese Weise möglichst viele
Fallbeispiele zu bekommen und daraus die für die Veröffentlichung
am besten Geeigneten auszuwählen.

Beispiel:„Wir Schuldenmacher"
Ein zweiteiliger Beitrag des Dritten Programms des Bayerischen Fernsehens zum
Thema „Schulden" zeigt zunächst die persönliche Situation einzelner Schuldner und

---

[140] Zur Begründung vgl. Piepenstock S. 87 ff. mit zahlreichen Rechtsprechungsnachweisen.
[141] BVerfGE 97, S. 28.
[142] BGH in AfP 2002, S. 421 ff. – Wir Schuldenmacher.
[143] AfP 2002, S. 426 ff.

führt in die Regelungen des neuen Insolvenzrechts ein. Während der Sendung werden eine Telefon- und eine Telefaxnummer eingeblendet, unter der Zuschauer Fragen zum Thema stellen können. Die Redaktion nimmt die Anrufe entgegen, wählt Fragen aus, die häufig gestellt werden oder typische Probleme betreffen. Die ausgewählten Fragen werden von den Mitgliedern einer Expertenrunde im Studio (Schuldnerberater, Sparkassenvorstand, Ministerialbeamter und Rechtsanwalt, der als Konkursverwalter tätig ist) während der Sendung beantwortet. Der Moderator weist mehrfach darauf hin, dass die Fragen in der Sendung nur in allgemeiner Form beantwortet werden können. Er empfiehlt den Anrufern, zur detaillierten Prüfung ihres Problems die Beratung durch einen Anwalt oder eine Schuldnerberatungsstelle in Anspruch zu nehmen. Außerdem bietet er aber telefonischen Rat in der Zeit zwischen den Programmteilen und nach der Sendung an. In einem Fall bietet er dem Fragesteller auch an, nach der Sendung zur Klärung der aufgeworfenen Fragen zurückzurufen.

Mit der „ersichtlich nicht abschließenden" Beantwortung der Fragen durch die Expertenrunde verstößt der Sender nach Ansicht des BGH nicht gegen das RBerG. Sie beeinträchtige weder den Schutz des Einzelnen oder der Allgemeinheit vor ungeeignetem fachlichen Rat noch die wirtschaftlichen Rahmenbedingungen der rechtsberatenden Berufe.

Demgegenüber hat der Sender nach Ansicht des Gerichts jedoch dadurch, dass er anbot, außerhalb der Sendung telefonischen Rechtsrat zu erteilen, den rechtsberatenden Berufen unter Verstoß gegen das RBerG in unlauterer Weise Wettbewerb gemacht. [144] Seiner Ansicht nach ist die Erteilung von Rechtsrat außerhalb der laufenden Sendung nicht mehr durch das allgemeine Interesse begründet, die Zuschauer anhand konkreter Fälle über typische Sachverhalte zu unterrichten. Es lasse sich auch nicht damit rechtfertigen, dass der Sender dadurch eine möglichst große Zahl von Anrufen erhalten wollte, um aus ihnen die für die Sendung am besten geeigneten Fälle auszuwählen.

Das Angebot habe sich für die Zuschauer zudem als Angebot einer vollwertigen telefonischen Rechtsberatung dargestellt. Da außerhalb der Sendung kein entsprechender Zeitdruck bestanden habe, hätten die Anrufer erwarten dürfen, ihr Problem im Einzelnen darstellen zu können und eine darauf abgestimmte umfassende Beratung zu erhalten.

Selbstkontrollfrage 4/1:

Die Zeitschrift „Auto Bild" enthält regelmäßig eine Seite mit der Überschrift: „Auto Bild hilft." Die Serie wird eingeleitet mit den Worten: „Ärger mit der Werkstatt oder gar Pfusch ab Werk? Wir versuchen zu helfen, wenn das Auto Kummer macht. Mit Erfolg – wie die Beispiele auf dieser Seite belegen." Auf der Seite folgen Fallbeispiele, in denen Aktivitäten der Redaktion zu Zahlungen an die Betroffenen geführt haben.
Verstößt der Verlag damit gegen das RBerG?

---

[144] BGH in AfP 2002, S. 421 ff. – Wir Schuldenmacher.

Ein Verstoß gegen das RBerG liegt nicht vor, wenn die Beratung überwiegend der Wahrnehmung wirtschaftlicher oder sozialer Belange dient, ohne dass die Klärung der Rechtslage im konkreten Fall im Vordergrund steht.[145] Deshalb liegt keine erlaubnispflichtige Rechtsbesorgung vor, wenn ein Medium die Wirkung öffentlicher Berichterstattung einsetzt, um Betroffenen bei der Durchsetzung ihrer Interessen zu helfen, ohne dass der Schwerpunkt der Hilfe „im rechtlichen Bereich liegt".[146] Diese Möglichkeit ist in der jüngeren Vergangenheit vor allem von Fernsehsendern verstärkt genutzt worden.

Selbstkontrollfrage 4/2:

> Der Bayerische Rundfunk strahlt bundesweit eine Fernseh-Sendereihe mit dem Titel „Bürgeranwalt" aus. In ihr lässt er Leute zu Wort kommen, die sich durch ein Unternehmen oder eine Behörde schlecht behandelt fühlen, und versucht – ohne auf die rechtlichen Probleme des Falles im Einzelnen einzugehen – durch die öffentliche Darstellung eine einverständliche Problemlösung herbeizuführen. Er wirbt für die Sendung u.a. mit dem Hinweis: „Wenn Sie sich um Ihr gutes Recht gebracht fühlen, von Behörden schikaniert oder beim Einkauf übervorteilt, das Bürgeranwalt-Team geht der Sache nach. Sprechen Sie auf's Band. Telefon … Rund um die Uhr."
> **Verstößt der BR damit gegen das RBerG?**

Beispiel:
In der Sendereihe „Wie bitte?!" (RTL) wurden ärgerliche Alltagserlebnisse von Zuschauern mit Behörden und Unternehmen vorgestellt. Ein als „Mahn-Man" bezeichneter Schauspieler nahm mit den Verantwortlichen Kontakt auf und stellte diese zur Rede. Die Ergebnisse der „Einmischung" wurden in der Sendereihe vorgestellt.
Nach Auffassung des BGH verstößt diese Gestaltung nicht gegen das RBerG. Eine Rechtsbesorgung liege nicht schon dann vor, wenn ein Sender die von der Berichterstattung ausgehende Wirkung benutze, um Forderungen von Zuschauern mit Hilfe des öffentlichen Drucks durchzusetzen. Liege der Schwerpunkt der Hilfestellung nicht im rechtlichen Bereiche, berühre eine solche Tätigkeit nicht den Schutzzweck des

---

[145] BGH in AfP 2002, S. 423 ff. – Wie bitte?!
[146] BGH in AfP 2002, S. 423 ff. – Wie bitte?!

RBerG, den Einzelnen und die Allgemeinheit vor ungeeigneten Beratern zu schützen und die Funktionsfähigkeit der Rechtspflege nicht zu gefährden.[147]

4.2.1.5 Sorgfaltspflichten

Unabhängig von der Darstellungsform ist bei Ratgeberbeiträgen besonders darauf zu achten, dass aus der jeweiligen Entscheidung bzw. aus der vorliegenden Rechtsprechung insgesamt keine falschen Schlüsse gezogen werden. Falsch wäre es zum Beispiel, eine Entscheidung des Amtsgerichts, die konträr zur bisherigen Rechtsprechung der Obergerichte liegt, so darzustellen, dass der Eindruck entsteht, der Inhalt dieser Entscheidung sei jetzt allgemein geltendes Recht.

Um die „Reichweite" einer Entscheidung sachgerecht zu beurteilen, sind insbesondere die folgenden Gesichtspunkte zu berücksichtigen:

- Welches Gericht hat die Entscheidung getroffen (Stellung in der Hierarchie; örtliche Zuständigkeit)?
- Ist die Entscheidung rechtskräftig?
- Weicht die Entscheidung von der bisherigen Rechtsprechung (insbesondere der Obergerichte) ab? Oder bestätigt sie lediglich die „herrschende Lehre"?

Ferner ist anhand der Urteilsbegründung sorgfältig zu prüfen, wie weit die Entscheidung durch die Umstände des konkreten Einzelfalls bestimmt ist. Denn eine Darstellung, die die relevanten Umstände nicht vollständig berücksichtigt, führt zu einer unzulässigen Verallgemeinerung – und damit zu einer falschen Aussage.

---

[147] Nur diese einschränkende Auslegung des RBerG ist auch mit dem Grundrecht der Presse- und Rundfunkfreiheit vereinbar, vgl. BVerfG in NJW 2004, S. 672 f., sowie BVerfG in NJW 2004, S. 1855 ff.

4.2.2 Beiträge zur öffentlichen Meinungsbildung

Als Beitrag zur öffentlichen Meinungsbildung dienen Berichte, die Angelegenheiten betreffen, über die der Einzelne informiert sein muss, um sich *als Staatsbürger* eine eigene Meinung zu bilden, um in wichtigen Angelegenheiten „mitreden" zu können. In diesem Sinne kann sich die allgemeine Bedeutung eines Gerichtsverfahrens ergeben aus

- der Bedeutsamkeit der Sache, die verhandelt wird,
- der Stellung der Prozessbeteiligten (Beteiligung des Staates, eines Unternehmens, eines „Prominenten") oder
- der Art und Weise, wie die Justiz mit dem Problem umgeht, das sie in dem Verfahren zu bearbeiten hat.

Zu einer Justizberichterstattung, die ihrer öffentlichen Aufgabe gerecht werden will, gehört neben der Berichterstattung über bedeutsame Verfahren die Thematisierung von Gesichtspunkten, die dem Publikum ein eigenes Urteil über die Leistungen und die Leistungsfähigkeit der Justiz ermöglichen (z.B. Verfahrensdauer, Entwicklung, Ursachen).

4.2.2.1 Bedeutsamkeit der Sache

Bedeutsam für die öffentliche Meinungsbildung ist die Sache, um die es in einem Rechtsstreit geht, insbesondere wenn

1. die Vereinbarkeit einer Norm oder einer staatlichen Einzelfallentscheidung (Verwaltungsakt, Urteil) mit höherrangigem Recht (Verfassung, Recht der Europäischen Union) auf dem Prüfstand steht,
2. die Rechtsbeziehungen zwischen Staat und Bürger betroffen sind,
3. Angelegenheiten verhandelt werden, die Einfluss auf die wirtschaftliche Entwicklung haben oder die Rechte Abhängiger (Zulieferer, Konsumenten) betreffen,
4. die öffentliche Sicherheit und Ordnung durch Straftaten erheblich gefährdet wird, etwa durch Korruption,

5. organisierte Kriminalität oder
6. politisch motivierte Rechtsbrüche.

4.2.2.1.1. Verfassungs- und europarechtliche Streitigkeiten

Die Bedeutsamkeit der Entscheidungen der Europäischen Gerichtshöfe, des Bundesverfassungsgerichts und der Verfassungsgerichte der Länder ergibt sich aus ihrer Reichweite: Sie setzen bundesweit oder zumindest landesweit verbindliche Vorgaben für Legislative, Exekutive und Judikative.

Ihre Berichte über Verfahren vor diesen Gerichten und deren Entscheidungen beziehen große Qualitätszeitungen und die Nachrichtenagenturen in der Regel von einigen wenigen Mitarbeitern, die auf diese Aufgabe spezialisiert sind. Die Justizberichterstattung auf diesem Feld ist im Allgemeinen von hoher Qualität.

4.2.2.1.2. Staat und Bürger

Die öffentliche Erörterung der Rechtsbeziehungen zwischen dem Staat und seinen Bürgern bzw. Einwohnern gehört zu den wesentlichen Merkmalen einer freiheitlichen Demokratie. Von dementsprechend hoher Bedeutung für die öffentliche Meinungsbildung ist die Berichterstattung über Entscheidungen der Verwaltungsgerichte, die die Gestaltung dieser Rechtsbeziehungen durch die Exekutive auf ihre Rechtmäßigkeit überprüfen. Wegen der Vielfalt staatlicher Leistungen und der Dichte staatlicher Regelung und Kontrolle beeinflussen Entscheidungen der Verwaltungs-, Sozial- und Finanzgerichte weite Bereiche von Wirtschaft und Gesellschaft.

Dieser Bedeutung entsprechend sollte die Tätigkeit dieser Gerichtszweige vor allem in der Regionalberichterstattung stärker beachtet werden.

Zu den Angelegenheiten von allgemeiner Bedeutung, die vor diesen Gerichten verhandelt werden, gehören z.B.
- Steuern, Gebühren, Abgaben;

- Sozialversicherungspflicht, Beiträge, Leistungen;
- Schulorganisation, Schulpflicht, Zeugnisse, Noten;
- Erhebung und Speicherung von Daten durch Polizei und Private: „big brother";
- Flächennutzungsplanung (Infrastruktur, Bau- und Gewerbegebiete, Sanierungsgebiete);
- Umwelt- und Naturschutz (Schutzgebiete, Nutzung, Überwachung);
- Tierschutz und Tierhaltung (Kampfhunde, Käfighennen, Tiertransporte, Versuchstiere usw.).

4.2.2.1.3. Wirtschaftsunternehmen und ihre Kunden

Die Bedeutsamkeit von Verfahren, an denen Wirtschaftsunternehmen beteiligt sind, ergibt sich häufig daraus, dass sie sich direkt oder indirekt auf die Lebensumstände zahlreicher Personen auswirken. Denn zu einen kann bei solchen Prozessen um Beträge gestritten werden, die so hoch sind, dass sie die Werthaltigkeit oder zumindest den laufenden Gewinn des Unternehmens erheblich beeinflussen können.

Beispiele:
- Ein Pharmaunternehmen verliert einen Patentrechtsstreit und muss Produktion und Vertrieb eines Arzneimittels deshalb einstellen.
- Ein Aktionär verlangt von DaimlerChrysler 1,2 Milliarden US-Dollar als Ersatz des Schadens, den er dadurch erlitten haben will, dass der Zusammenschluss von Daimler-Benz und Chrysler 1998 fälschlicherweise als Fusion unter Gleichen ausgegeben worden sei.[148]
- Leo Kirch macht eine öffentliche Äußerung des damaligen Vorstandsvorsitzenden der Deutschen Bank für seine Pleite verantwortlich und verlangt von ihm und der Bank 100 Millionen € Schadensersatz als ersten Teilbetrag einer Milliardenentschädigung.
- Ein blutdrucksenkendes Mittel wird für den Tod zahlreicher Patienten verantwortlich gemacht. Die Hinterbliebenen fordern vom Hersteller des Mittels Schadensersatz und Schmerzensgeld.

---

[148] Vgl. z.B. den Bericht von Andreas Oldag in der Süddeutschen Zeitung vom 3. 12. 2003, S. 23.

- Das Europäische Gericht erster Instanz hebt einen Bußgeldbescheid der EU-Kommission gegen die Volkswagen AG in Höhe von 30,96 Millionen € auf.[149]

Zum anderen kann die Entscheidung des Rechtsstreits zwischen dem Unternehmen und einem seiner Kunden als „Muster" für viele andere Kunden dienen. Das gilt z.b. für die Wirksamkeit einer Klausel in den Allgemeinen Geschäftsbedingungen oder die Haftung für Schäden, die sich für den Kunden aus der Geschäftsbeziehung ergeben.

Beispiele:
- Das örtliche Amtsgericht beanstandet die Betriebskostenabrechnung eines großen Wohnungs(bau)unternehmens als nicht nachvollziehbar.
- Das regionale Landgericht weist die Schadensersatzklage eines Kettenrauchers gegen den Zigarettenhersteller[150] oder eines Diabeteskranken gegen eine Fast-Food-Kette ab.
- Der Discountbroker Consors muss einem Kunden den Schaden ersetzen, der diesem dadurch entstanden ist, dass seine Kauforder wegen technischer Probleme verspätet an die Börse weitergeleitet wurde.[151]

Auch an Streitigkeiten zwischen den Eigentümern und Geschäftsführern eines Unternehmens, Streitigkeiten mit dem Betriebsrat und sonstige arbeitsrechtliche Streitigkeiten (z.B. über Kündigungen) kann wegen ihrer Bedeutung für das Image des Unternehmens ein allgemeines Informationsinteresse bestehen.

Das öffentliche Informationsinteresse an der Bekämpfung der *Wirtschaftskriminalität* wird aus mehreren Quellen gespeist. Zum einen können durch Wirtschaftsdelikte hohe Schäden verursacht werden. Das gilt insbesondere für Betrügereien im Zusammenhang mit Kapitalanlagen (Anlagebetrug, Prospektbetrug, Insidergeschäfte) und Insolvenzdelikte. Zum anderen können sie die wirtschaftliche Existenz einer Vielzahl von Betroffenen gefährden (Stoßbetrug, Insolvenzdelikte, Betrug bei Kreditvermittlung und Umschuldung). Zum Dritten schließlich tragen sie nicht unerheblich zur finanziellen Unterversorgung des Staates (Steuerhinterziehung; Subventionsbetrug) und der Sozialversicherungen bei (Schwarzarbeit, Hinterzie-

---

[149] Rs T-208/01 v. 3.12.2003.
[150] So das LandG Arnsberg gem. dpa in WAZ v. 15.11.2003.
[151] OLG Nürnberg - 8 U 36/03 – laut Süddeutscher Zeitung vom 3.12. 2003.

hung von Sozialversicherungsbeiträgen, Abrechnungsbetrug z.B. von Kassenärzten).

Besondere Aufmerksamkeit verdient die Bekämpfung der Wirtschaftskriminalität nicht zuletzt dadurch, dass ihre Verfolgung der Justiz besondere Probleme bereitet. Diese resultieren daraus, dass „Kriminelle mit weißen Kragen" häufig über finanzielle und intellektuelle Ressourcen verfügen, die ihre Chancen erhöhen, sich der Strafverfolgung zu entziehen. Zudem erfordert die Verfolgung solcher Taten erheblichen wirtschaftlichen Sachverstand und verursacht einen besonders großen Arbeitsaufwand. Gesetzgeber und Justiz haben darauf mit der Einrichtung von Schwerpunktstaatsanwaltschaften und speziellen Wirtschaftsstrafkammern reagiert. Deren Effizienz ist ein Dauerthema von hohem öffentlichem Interesse.

4.2.2.1.4. Korruption

Als „Korruption" im weiteren Sinne ist berufliches Fehlverhalten anzusehen, bei dem ein Entscheidungsträger seine Entscheidungskompetenz missbraucht, um sich oder einem anderen ungerechtfertigte Vorteile zu verschaffen. Sie kommt in unterschiedlichen Formen vor, von denen einige mit Strafe bedroht sind:

Im öffentlichen Dienst ist das Annehmen von Vorteilen als „Bestechlichkeit" (§ 332 StGB) strafbar, wenn der Vorteil als Gegenleistung für eine pflichtwidrige Diensthandlung gewährt wird. Wer sie gewährt, ist wegen „Bestechung" (§ 334 StGB) zu bestrafen. Um schon den bösen Anschein zu vermeiden, wird die Annahme bzw. das Gewähren einer Gegenleistung selbst dann bestraft, wenn die Diensthandlung pflichtgemäß vorgenommen wird, der Amtsträger also auch ohne „Gegenleistung" dieselbe Entscheidung hätte treffen müssen („Vorteilsannahme", § 331 StGB; „Vorteilsgewährung", § 332 StGB).

Analog dazu macht sich in der Privatwirtschaft ein Mitarbeiter strafbar, der eine Gegenleistung dafür verlangt oder nimmt, dass er einen Geschäftspartner „seines" Unternehmens gegenüber Konkurrenten in unlauterer Weise bevorzugt („Bestechlichkeit im geschäftlichen Verkehr", § 299 Abs. 1 StGB). Dasselbe gilt für den, der ihm eine solche Gegenleistung verspricht oder gewährt („Bestechung im geschäftlichen Verkehr", § 299 Abs. 2 StGB).

Darüber hinaus macht sich generell jeder wegen „Untreue" (§ 266 StGB) strafbar, der

- die Befugnis hat, Entscheidungen über fremdes Vermögen zu treffen,
- seine Pflicht verletzt, dabei die finanziellen Interessen des anderen wahrzunehmen und dadurch
- dem, dessen Vermögensinteressen er zu betreuen hat, einen Nachteil zufügt.

Das gilt im öffentlichen Dienst ebenso wie in der Privatwirtschaft und für gesetzliche Vertreter (Eltern, Vormund, Vorstand) ebenso wie für Beauftragte.

Andere dubiose Verhaltensweisen werden durch das (Straf-) Recht nicht erfasst. So ist der Tatbestand der „Abgeordnetenbestechung" (§ 108e StGB) so eng („Stimmenkauf") gefasst, dass er einen weiten Raum lässt, das Verhalten von Abgeordneten mit Hilfe von „Beraterverträgen" zu beeinflussen. Unabhängig von ihrer Strafbarkeit besteht an der Berichterstattung über diese Art von Geschäftsbeziehungen im Allgemeinen ein hohes öffentliches Informationsinteresse. Dasselbe gilt z.B. für Verträge, die eine Behörde mit Unternehmen oder Personen abschließt, an denen leitende Mitarbeiter der Behörde beteiligt sind oder zu denen sie enge persönliche Beziehungen unterhalten.

Soweit solche Verhaltensweisen von der Allgemeinheit als ungerechtfertigt und damit zumindest als unanständig angesehen werden, tragen Medien dadurch, dass sie sie bekannt machen, dazu bei, sie zu verhindern: Die „öffentliche Meinung" dient in diesen Fällen als ein Kontrollinstrument, das die Wirkung der Justiz verstärkt bzw. ergänzt.

4.2.2.1.5. Organisierte Kriminalität

Eine erhebliche Gefahr für die öffentliche Sicherheit bilden Serienstraftäter – besonders dann, wenn sie Banden bilden und ihren Lebensunterhalt berufs- und gewohnheitsmäßig aus Straftaten beziehen. Besondere Organisationseinheiten haben die Länder zur Bekämpfung der „organisierten" Kriminalität gebildet. Darunter verstehen Justiz und Polizei[152]

- die von Gewinn- oder Machtstreben bestimmte planmäßige Begehung von Straftaten,
- die einzeln oder in ihrer Gesamtheit von erheblicher Bedeutung sind,
- wenn mehr als zwei Beteiligte auf längere oder unbestimmte Dauer arbeitsteilig
  - unter Verwendung gewerblicher oder geschäftsähnlicher Strukturen,
  - unter Anwendung von Gewalt oder anderer zur Einschüchterung geeigneter Mittel oder
  - unter Einflussnahme auf Politik, Medien, öffentliche Verwaltung, Justiz oder Wirtschaft

zusammenwirken.

Betätigungsfelder krimineller Organisationen in Deutschland sind beispielsweise

- internationaler Rauschgifthandel,
- Zigarettenschmuggel,
- Menschenhandel, Zuhälterei,
- Kfz-Diebstahl,
- Schutzgelderpressung.

Die Organisationsformen sind vielfältig. Sie reichen von lockeren Beziehungen innerhalb überschaubarer Gruppen bis zu ausgedehnten, hierarchisch gegliederten Organisationen, deren Mitglieder untereinander häufig durch ethnische Solidarität, gemeinsame Sprache und Sitten sowie einen sozialen und familiären Hintergrund verbun-

---

[152] Richtlinien für das Strafverfahren und das Bußgeldverfahren (RiStBV) in der ab 01.05.1991 bundeseinheitlich geltenden Fassung, Anlage E.

den sind. So ist neben italienischen Mafiagruppierungen und mafiösen russischen Organisationen in Deutschland z.B. auch die polnische Gruppe „Pruszkow" tätig geworden.[153]

Typisch für organisierte Kriminalität ist der starke Auslandsbezug der Taten und Organisationen, der eine erfolgreiche Strafverfolgung erheblich erschwert.[154]

4.2.2.1.6. Politisch motivierte Rechtsbrüche

Ihre Bedeutsamkeit für die öffentliche Meinungs- und Willensbildung gewinnen politisch motivierte Rechtsbrüche schon daraus, dass sie auf die Veränderung bestehender gesellschaftlicher (Macht-) Verhältnisse zielen. Sie reichen von zivilem Ungehorsam bis zu internationalem Terrorismus. Entsprechende Aktionen können gegen (vermeintliches) Fehlverhalten großer Wirtschaftsunternehmen[155] gerichtet sein, aber auch Minderheiten und Schwache terrorisieren.[156]

Politisch motivierte Rechtsbrüche lösen regelmäßig einen allgemeinen Informationsbedarf aus, der sich bezieht auf

- die verfolgten Ziele und ihre Legitimität,
- die eingesetzten Mittel (Regelverstöße) und ihre Legitimität sowie
- die Reaktion der Betroffenen bzw. des Staates und deren Angemessenheit.

---

[153] Vgl. dazu das gemeinsame Lagebild der Justiz und Polizei von NRW zur organisierten Kriminalität 2000.

[154] Einen Überblick über den Stand der polizeilichen Erkenntnisse zu Kriminalitätsfeldern von besonderer Bedeutung geben die entsprechenden „Lagebilder" des Bundeskriminalamtes und einiger Landeskriminalämter (z.B. von NRW), die im Internet zugänglich sind.

[155] Beispiele dafür bilden zahlreiche Aktivitäten von Greenpeace.

[156] Dazu gehört z.B. die Errichtung so genannter „befreiter Gebiete" durch rechtsradikale Schlägertrupps.

4.2.2.2 Stellung der Prozessbeteiligten

Relativ unabhängig vom Gegenstand des Streits kann sich ein öffentliches Informationsinteresse an einem Prozess auch aus der Prominenz eines der Prozessbeteiligten ergeben.

„Prominent" sind Personen, die auf Grund ihrer hervorgehobenen beruflichen oder gesellschaftlichen Stellung im Blickpunkt der Öffentlichkeit stehen. Dazu gehören zum einen die Inhaber leitender Positionen in Staat und Gesellschaft, also Träger öffentlicher Ämter, Inhaber und leitende Mitarbeiter von Wirtschaftsunternehmen, Vereinen und Verbänden. An ihrer Tätigkeit besteht wegen der Bedeutung, die diese für das allgemeine Wohlergehen hat, ein Informationsinteresse der Allgemeinheit. Ein solches Informationsinteresse bejaht die Rechtsprechung ferner für Personen, die durch ihre Berufstätigkeit oder ihr sonstiges Verhalten einen hohen Bekanntheitsgrad erlangt haben, also etwa Sportler, Künstler, Radio- und Fernsehmoderatoren, aber auch „Selbstdarsteller", die etwa durch ihr extravagantes Gehabe die Aufmerksamkeit auf sich lenken. Die Prominenz kann örtlich begrenzt sein. So kann z.B. an einem Fußballspieler, der mit seiner Mannschaft in einer Kreis- oder Bezirksliga spielt, ein lokales oder regionales Informationsinteresse bestehen, das eine Berichterstattung im Lokalteil der Heimatzeitung legitimiert, aber nur dort.

Soweit die Prominenz reicht, die Betroffenen also als „Personen des öffentlichen Lebens" gelten, müssen sie hinnehmen, dass ihr Fehlverhalten öffentlich bekannt gemacht und erörtert wird. Dass dies grundsätzlich sowohl für berufliches wie auch für privates Fehlverhalten gilt, ist nach Ansicht des Bundesverfassungsgerichts dadurch legitimiert, dass sie auf Grund ihrer Prominenz „Kristallisationspunkte" bilden für Gespräche über „Lebenseinstellungen, Werthaltung und Verhaltensmuster" und damit „Leitbild- oder Kontrastfunktionen" erfüllen.[157]

---

[157] BVerfG AfP 2000, S. 80 (in anderem Zusammenhang; zur Bewertung unterhaltender Personalisierung in der Berichterstattung)

Wie relevant ein solcher Beitrag für die öffentliche Meinungsbildung ist, hängt wohl vor allem von den folgenden Faktoren ab:

1. Geht es um ein Fehlverhalten, also um eine Pflichtverletzung? Je gravierender die Pflichtverletzung, desto höher ist das Informationsinteresse der Allgemeinheit zu bewerten.

2. Geht es um eine Verletzung *beruflicher* Pflichten? Je enger der Zusammenhang zwischen Pflichtverletzung und beruflicher Tätigkeit, desto bedeutsamer ist das berechtigte Interesse der Allgemeinheit informiert zu werden.

3. Welchem Umstand verdankt der Betroffene seine Prominenz? Je stärker die Funktion des Prominenten dem Allgemeinwohl verpflichtet ist, desto höher ist im Allgemeinen das öffentliche Informationsinteresse an seinem Verhalten. Deshalb unterliegt der Träger eines (hohen) Staatsamtes intensiverer Kontrolle als der Inhaber einer leitenden Funktion in einem Unternehmen oder Verband. Deren Verhalten wiederum ist für die öffentliche Meinungsbildung von größerer Bedeutung als das von „Stars" und „Sternchen" aus Sport, Kultur und Unterhaltungsindustrie.

Der Bericht über *das private Fehlverhalten* eines Prominenten leistet meines Erachtens nur dann einen sachlichen Beitrag zur öffentlichen Meinungsbildung, wenn er

- ein Fehlverhalten betrifft, das die Eignung des Betroffenen beeinträchtigt, seinen Beruf auszuüben, oder
- erforderlich ist, um das öffentliche Bild („Image") zu korrigieren bzw. zu ergänzen, das der Betroffene von sich zeichnet, und damit eine Täuschung oder Irreführung des Publikums verhindert.

Wenn beispielsweise der Bewerber um die Stelle des Oberbürgermeisters im Sperrbezirk „seiner" Stadt Kontakt zu einer Prostituierten aufnimmt, wird er sich öffentlich fragen lassen müssen, ob er für den Chefposten der Verwaltung geeignet ist, zu deren Aufgaben es gehört, die Ausübung von Prostitution in diesem Sperrbezirk zu verhindern.

Wer öffentlich den Verfall von Sitte und Moral geißelt, muss sich fragen lassen, ob sein eigenes (privates) Verhalten den hohen moralischen Anforderungen genügt, die er öffentlich propagiert.

4.2.2.3 Leistungsfähigkeit der Justiz

Neben der Berichterstattung über einzelne Verfahren sollten Informationen, aus denen sich Rückschlüsse auf die Leistungsfähigkeit der Justiz ziehen lassen, einen wichtigen Bestandteil der Justizberichterstattung bilden.

Für die Strafjustiz im weiteren Sinne (einschließlich Strafverfolgung und Strafvollzug) sind hier vor allem die Entwicklung der Kriminalität (Art und Zahl der Straftaten), der Aufklärungsquoten und der Rückfallquoten von Bedeutung.

Bei den anderen Gerichtsbarkeiten geht es in erster Linie um die Zugänglichkeit der Justiz für die Betroffenen (Service, Kosten), die Transparenz des Verfahrens, die Verfahrensdauer und die Befriedungsfunktion des Verfahrens. In diesem Zusammenhang sind auch die (Fehl-) Leistungen der Rechtsbeistände, insbesondere der Anwaltschaft, von erheblicher Bedeutung.

Von allgemeinem Interesse mögen auch Informationen sein, was die Justiz kostet, zu welchen Anteilen sie über die Prozessgebühren finanziert wird, wie hoch ihr Zuschussbedarf ist und wodurch dieser entsteht.

Zu den Rahmenbedingungen, die die Leistungsfähigkeit der Justiz am stärksten beeinflussen, gehören

- die technische und die personelle Ausstattung der Gerichte, Staatsanwaltschaften, der Polizei und des Strafvollzuges und
- die Gestaltung des Verfahrens in den verschiedenen Gerichtsbarkeiten. Hier sind insbesondere die Besetzung der Spruchkörper, die Befugnisse von Einzelrichtern, die Verfahrensprinzipien (Aufklärung vs. Beschleunigung) und die Zulässigkeit von Rechtsmitteln relevant.

Von den Justizverwaltungen werden die entsprechenden Informationen in der Regel in einer wenig rezipientenfreundlichen Form präsentiert, nämlich als Zahlen (Statistiken) und abstrakte Normen (z.B. die Änderungen der ZPO). Für die Justizberichterstattung ergibt sich daraus die Aufgabe, die Bedeutung dieser Informationen für die Allgemeinheit anschaulich zu machen. Als Instrumente bieten sich z.B. Fallbeschreibungen und Reportagen an.

4.2.2.3.1. Leistungsfähigkeit der Strafjustiz

Wichtige Indikatoren für die Beurteilung der Leistungsfähigkeit der Strafjustiz bilden Aufklärungs- und Rückfallquoten. Daraus ergibt sich bereits, dass die Leistungsbilanz der Strafgerichte eng gekoppelt ist an die Tätigkeit der Strafverfolger (Staatsanwaltschaft, Kriminalpolizei) und der Strafvollstreckung (Justizvollzugsanstalten). Informationen zur Entwicklung der Häufigkeit von (registrierten) Straftaten und der Aufklärungsquoten, zur Zahl und zum Ergebnis von Strafprozessen sowie zu Rückfallquoten liefern Polizei und Justiz in Form von *Kriminal- und Justizstatistiken.*[158] Aussagekraft und Zuverlässigkeit dieser Statistiken sind umstritten und nicht leicht zu beurteilen. Dennoch geben sie regelmäßig Veranlassung, nach Ursachen und Gegenmaßnahmen zu fragen.

Maßnahmen zur *Kriminalitätsbekämpfung* („öffentliche Sicherheit") bilden in der politischen Berichterstattung generell ein wichtiges Thema. Das gilt vor allem für

- Art und Zahl polizeilicher Kontroll- und Aufklärungsmaßnahmen,
- Art und Härte von Sanktionen (Strafen, sonstige Maßnahmen) sowie
- Art und Wirksamkeit von (Re-)Sozialisierungsmaßnahmen (Jugendhilfe, Sozialarbeit, Strafvollzug).

Beispiele:
- Video-Überwachung öffentlicher Plätze oder des Kfz-Verkehrs,
- abendliche Ausgehbeschränkungen für Kinder und Jugendliche,
- Heroin-Substituierung durch Methadon; Fixerstuben.

Informationen über den *Strafvollzug* sind von erheblicher Bedeutung für die öffentliche Meinungs- und Willensbildung. Fehlvorstellungen über seine Gestaltung sind weit verbreitet, da der allergrößte Teil des Publikums nicht über eigene Einsichten in den Strafvollzug verfügt. Solche Fehlvorstellungen können durch eine Berichterstattung verstärkt werden, die sich auf besonders spektakuläre Ereignis-

---

[158] Beispiele dafür unten im Tabellenteil.

se beschränkt und dadurch den Eindruck erweckt, diese seien repräsentativ für den Strafvollzug.

Beispiele:
- Entweichungen, Straftaten im Hafturlaub,
- „Liebeszellen",
- Ausstattung von (Untersuchungs-)Haftanstalten: „Luxusvollzug"

Zur Relativierung solcher Fehlvorstellungen beitragen können sowohl Übersichtsartikel über die Vielfalt der Strafvollzugsanstalten wie auch Reportagen aus dem Alltag des Strafvollzugs, die mit Informationen über seine jeweiligen Rahmenbedingungen angereichert werden.

4.2.2.3.2. Justiz im Spannungsverhältnis zwischen „Kunden"interessen und Gemeinwohl

Die Tätigkeit der anderen Gerichtsbarkeiten lässt sich in weiten Bereichen als Dienstleistung für die Prozessparteien interpretieren: Sie dient dazu, einen Streit zwischen ihnen zu schlichten oder zu entscheiden. Unter diesem Gesichtspunkt könnte man die Leistungsfähigkeit der Justiz an der Zufriedenheit ihrer „Kunden" mit dem „Produkt" (Vergleich, Urteil), den „Lieferungsbedingungen" (Verfahrensdauer, Arbeitsaufwand für die Partei) und dem „Preis" (Verfahrenskosten) messen.

Als Ausübung von Staatsgewalt ist Rechtsprechung jedoch zugleich hoheitliche Tätigkeit: Die Justiz konkretisiert und ergänzt durch ihre Entscheidungen die allgemein geltenden Normen. Die Qualität ihrer Arbeit lässt sich demzufolge nicht allein an der Zufriedenheit ihrer „Kunden" messen; sie muss (zumindest auch) Maßstäben genügen, die sich aus dem Wohl der Allgemeinheit ergeben.

Unter Beachtung des daraus resultierenden Spannungsverhältnisses lassen sich die folgenden **Beurteilungskriterien für die Leistungsfähigkeit der Justiz** formulieren:

1. Zugänglichkeit:
   Jeder, der Leistungen der Justiz benötigt, muss diese in ausreichendem Maße in Anspruch nehmen können. Der Zugang darf nicht durch finanzielle und intellektuelle Hürden übermäßig erschwert werden. Daraus ergeben sich Folgerungen für die Gestaltung von
   - Prozessvoraussetzungen und Rechtsmitteln (Zulässigkeit),
   - Prozesskostenhilfe,
   - Transparenz und Verständlichkeit des Verfahrens.
2. (Produkt-)Qualität:
   Verfahren und Entscheidungen müssen (im Rahmen des geltenden Rechts) berechtigten Anforderungen der Beteiligten und der Allgemeinheit genügen. Das gilt insbesondere auch für Verfahrensaufwand und Verfahrensdauer. Der Aufwand, den das Gericht betreibt, um ein sachgerechtes Ergebnis zu finden, darf nicht höher sein als erforderlich, um berechtigten Anforderungen der Prozessparteien im Rahmen des geltenden Rechts zu genügen.
   Jedes Verfahren ist so schnell wie möglich durchzuführen. Gerichte müssen so organisiert und ausgestattet sein, dass sich die Verfahren nicht übermäßig verlängern. Verfahrensordnungen müssen Vorkehrungen für eine möglichst zügige Abwicklung treffen.
3. Kosten:
   Die Justiz muss möglichst effizient arbeiten, um die Verfahrenskosten so gering wie möglich zu halten. Als Dienstleistung sollten Gerichtsverfahren zu einem möglichst hohen Anteil durch die Prozessparteien über Gebühren finanziert werden.

4.2.2.3.3. Rechtsanwälte: Parteivertreter und „Organ der Rechtspflege"

Als „unabhängiges Organ der Rechtspflege" (§ 1 BRAO) ist der Rechtsanwalt ein Teil der Justiz. Anders als Richter und Staatsanwalt wird er jedoch nicht vom Staat alimentiert, sondern bezieht sein

Einkommen aus den Honoraren seiner Klienten. Deren Höhe richtet sich nach einer eigenen Gebührenordnung (Rechtsanwaltsvergütungsgesetz: RVG); sie hängt im Allgemeinen von der Höhe des Streitwertes ab.

Für das *Strafverfahren* gilt ein relativ weiter Gebührenrahmen, dessen Höhe von Art und Dauer des Verfahrens abhängig ist. In diesem Rahmen kann der (Wahl-) Verteidiger mit seinem Mandanten eine Honorarvereinbarung abschließen. Er macht sich allerdings wegen Geldwäsche (§ 261 Abs. 2 Nr. 1 StGB) strafbar, wenn er von seinem Mandanten Geld nimmt, von dem er sicher weiß[159], dass es aus einer der in § 261 Abs. 1 StGB genannten Straftaten stammt.

Da jeder Jurist, der sein zweites Staatsexamen bestanden hat, das Recht hat, als Anwalt zugelassen zu werden (§ 6 Abs. 2 BRAO) und der Staat in den letzten Jahrzehnten sehr viele Juristen ausgebildet hat, gibt es sehr viele Rechtsanwälte, die sich um die Gewinnung von Mandanten – und insbesondere um lukrative Mandate mit hohen Streitwerten – bemühen müssen. Dabei ist Preiskonkurrenz durch individuelle Honorarvereinbarungen weitgehend ausgeschlossen (§ 49b BRAO).

Werbung ist Anwälten nur erlaubt, „soweit sie über die berufliche Tätigkeit in Form und Inhalt sachlich unterrichtet und nicht auf die Erteilung eines Auftrags im Einzelfall gerichtet ist" (§ 43b BRAO). Diese Beschränkung ist von einem Anwalt auch bei einem Medienauftritt zu beachten. Deshalb kann ein Journalist seinen Interviewpartner in Schwierigkeiten bringen, wenn er ihn ohne ausreichende sachliche Begründung als „führenden Experten" auf einem bestimmten Gebiet vorstellt oder ihn auf andere Weise ohne sein Einverständnis „über den grünen Klee" lobt.

So hat z.B. ein Artikel der Hamburger Morgenpost unter der Überschrift „Prinz der Anwälte", in dem die „einzigartige Karriere des Dr. Matthias Prinz" zum Anlass genommen wurde, die Sozietät „Prinz Neidhardt Engelschall" als „prominente Medienkanzlei" vorzustellen, die Hanseatische Rechtsanwaltskammer veranlasst, den

---

[159] Zur Begründung dieser einschränkenden Auslegung des § 261 Abs. 2 Nr. 1 StGB vgl. BVerfG in NJW 2004, S. 1305 ff.

Inhabern dieser Kanzlei eine Rüge zu erteilen. Sie hat beanstandet, dass diese sich von der Zeitung hatten ablichten lassen, ohne sich die Überprüfung des Artikels vorzubehalten, in dem das Bild veröffentlicht werden sollte.[160]

Unlauteren Wettbewerb betreibt ein Blatt oder Sender durch die Veröffentlichung einer Anwalts-Rangliste („Die besten 100 Scheidungsanwälte"), wenn

- sich aus der Darstellung nicht ergibt, nach welchen Kriterien die Rangbildung erfolgt ist,
- die Kriterien nicht sachgerecht sind oder
- die Subjektivität der Bewertungen in dem Beitrag nicht hinreichend zum Ausdruck kommt.[161]

Als erfolgreiche Strategie im Konkurrenzkampf hat sich für Anwälte (jedenfalls in den Großstädten) der Zusammenschluss zu großen Sozietäten erwiesen, die teilweise international vernetzt sind und besonders Prozesse im Wirtschaftsrecht dominieren.[162] Angesichts der geringen Chancen, mit der Gründung einer eigenen Kanzlei wirtschaftlich erfolgreich zu sein, bemühen sich junge Anwälte in der Regel um die Anstellung in einer bereits eingespielten Sozietät.

Anwälte bewältigen gewöhnlich ein hohes Arbeitspensum, da die Höhe ihres Einkommens im Allgemeinen unmittelbar durch die Anzahl ihrer Mandate bestimmt wird.

Das wichtigste Erfolgskriterium für einen Anwalt ist die Zufriedenheit seiner Mandanten. Sie muss er auch dann von der Qualität seiner Arbeit überzeugen, wenn er ihren Prozess nicht gewonnen hat.

Anwälte sind verpflichtet, ihre Mandanten umfassend und erschöpfend zu beraten. Dazu haben sie die relevanten Tatsachen zu erfragen und alle einschlägigen rechtlichen Regelungen sowie den Stand der obergerichtlichen Rechtsprechung zu berücksichtigen. Auf dieser Grundlage haben sie dem Mandanten darzulegen, welche Prozessrisiken sich aus der Sach- und Rechtslage ergeben, damit dieser

---

[160] Vgl. dazu auch BVerfG in AfP 2000, S. 75 f.
[161] BGH in AfP 1997, S. 797 f. – Die Besten II.; vgl. auch OLG München in NJW 2001, S. 1950 ff.
[162] Zur Gestaltung solcher „Rechtsanwaltsgesellschaften" vgl. §§ 59c ff. BRAO.

auf rationaler Grundlage entscheiden kann, was er tun will. Im Prozess haben sie ihre Mandanten sachgerecht zu vertreten. Dazu haben sie den sichersten, risikoärmsten Weg zur Durchsetzung seiner Interessen zu beschreiten, die geeigneten Anträge zu stellen und das Gericht auf einschlägige Normen und obergerichtliche Urteile hinzuweisen.

Der Mandant darf sich auf den Rat seines Anwalts verlassen. Einen Schaden, der ihm aus einer fehlerhaften Beratung oder Prozessvertretung entsteht, kann er von dem Anwalt ersetzt verlangen, wenn dieser den Schaden mindestens fahrlässig verursacht hat. Dabei gilt ein „objektiver" Maßstab: Der Anwalt kann sich nicht damit entschuldigen, dass ihm die erforderliche Erfahrung gefehlt habe.

Anwälte müssen eine Berufshaftpflichtversicherung abschließen, die solche Schäden in einer Höhe von mindestens 250 000 € für jedes Mandat abdeckt, § 51 BRAO. Sie können ihre Haftung durch Allgemeine Geschäftsbedingungen auf 1 000 000 € pro Mandat beschränken, wenn diese Summe durch eine Berufshaftpflichtversicherung gedeckt ist, § 51a Abs. 1 Nr. 2 BRAO.

4.3 Kritik und Kontrolle

4.3.1 Gegenstand und Anlass von Justizkritik

Kritische Fragen können sich auf die Justiz als System oder auf ein spezielles Verfahren beziehen. So kann die Justizstatistik beispielsweise Fragen nach der Effizienz der Justiz auslösen, z.B.:

1. Müssen wirklich alle Streitigkeiten vor Gericht? Und dann auch noch durch mehrere Instanzen ausgetragen werden? Hat sich die Effizienz der Rechtsprechung verändert? Woran hat das gelegen?

2. Hat sich die durchschnittliche Verfahrensdauer verändert? Woran liegt das?

3. Ist die Justiz angemessen ausgestattet und organisiert? Haben sich Änderungen im Personalbestand ergeben? Gründe? Mit

welchen technischen Hilfsmitteln ist die Justiz ausgestattet? Planungen? Welche organisatorischen Veränderungen wurden vorgenommen? Planungen?

4. Wie haben sich die Kosten entwickelt, die der Staat für die Justiz aufwendet? Welcher Anteil davon ist durch Einnahmen (Gebühren) gedeckt? Welche Teile der Justiz verursachen welche Kosten? Welche Maßnahmen zur Kostenreduzierung wurden ergriffen?

Kritik am einzelnen Verfahren kann sich ergeben aus

1. Verfahrensmängeln[163], wie
    a) übermäßiger Verfahrensdauer, z.B. durch
       - unzureichende Vorbereitung der "Profis",
       - Verzögerungsstrategien von Anwälten,
    b) unangemessenem Umgang des Gerichts mit den Prozessparteien, Zeugen oder Sachverständigen;
2. unverständlichen Entscheidungen, die resultieren können
    a) aus Fehlern bei der Aufklärung des Sachverhalts (soweit prozessual geboten) oder
    b) bei der Beweisaufnahme und Beweiswürdigung oder
    c) aus der rechtlichen Würdigung des Sachverhalts durch das Gericht,
       - bei Beurteilung mit "gesundem Menschenverstand",
       - durch Wertungsdifferenzen zwischen dem Gericht und der Bevölkerung (oder Teilen davon),
3. der Rechtslage, z.B. infolge von Regelungslücken oder Regelungsbedarf für neue technische oder gesellschaftliche Entwicklungen oder Änderungsbedarf infolge gesellschaftlichen Wertewandels;
4. dem Verhalten von Journalisten / Massenmedien.

Nicht selten lässt sich am Einzelfall auch die Eignung eines Gerichtsverfahrens zur Konfliktbewältigung oder zur Erzeugung normkonformen Verhaltens thematisieren.

---

[163] Zu „Fehlerquellen im Strafverfahren" vgl. Gerasch, S. 28 ff.

4.3.2 Formen

Justizkritik kann als eigene Stellungnahme in einem Kommentar präsentiert werden. Sie kann aber auch dadurch an das Publikum herangetragen werden, dass kritische Stellungnahmen von Betroffenen, Experten, Verbandsvertretern, Trägern politischer Ämter oder anderen Meinungsführern eingeholt und in Form eines Berichts veröffentlicht werden.

Ziel der Berichterstattung sollte in beiden Fällen sein, dem Publikum zu helfen, sich eine eigene Meinung zu bilden. Das setzt voraus, dass nicht lamentiert, sondern argumentiert wird. Das kann durchaus polemisch geschehen, erfordert aber, dass der Autor Argumente vorträgt, die seine Meinung stützen, und sich mit Argumenten auseinandersetzt, die für die gegenteilige Auffassung sprechen.

Um die Qualität eines Beitrages mit kritischen Stellungnahmen anderer zu sichern, lassen sich zwei alternative Strategien wählen:

Das Pluralismus-Konzept setzt darauf, dass durch eine Zusammenstellung verschiedener Stellungnahmen, die jeweils durch spezifische Eigeninteressen geprägt sind, ein Argumentations- und Meinungsspektrum entsteht, das dem Publikum hilft, seinen eigenen Standpunkt zu finden. In diesem Konzept ist die zentrale Aufgabe des Journalisten, dafür zu sorgen, dass Stellungnahmen von Repräsentanten möglichst aller betroffenen Interessengruppen eingeholt und präsentiert werden und die Stellungnahmen sich argumentativ und umfassend mit den für die Angelegenheit bedeutsamsten Aspekten auseinandersetzen.

Das Experten-Konzept vertraut darauf, dass fachliche Fragen am besten durch Sachverständige beurteilt werden können, die von dem einschlägigen Problem möglichst viel verstehen und in den vorliegenden Konflikt möglichst wenig durch eigene Interessen involviert sind. In diesem Konzept besteht die Aufgabe des Journalisten darin,

- die richtigen Experten zu finden,
- diesen die richtigen Fragen zu stellen und

- deren Antworten erforderlichenfalls in eine für das Publikum verständliche Form zu bringen.

Journalisten unterstellen häufig, dass ihre Gesprächspartner, insbesondere Experten, die aktuelle Nachrichtenlage zu dem Sachverhalt kennen, den sie recherchieren. Diese Annahme ist häufig falsch. Deshalb sollte dem Gesprächspartner auf jeden Fall angeboten werden, ihm einen Überblick über die aktuellen Informationen zur Verfügung zu stellen – soweit sie für die gewünschte Stellungnahme von Bedeutung sind. Anderenfalls werden oft Stellungnahmen produziert, die zwar an sich richtig sind, aber nicht auf den Fall passen, zu dem sie abgegeben worden sind, weil dem Experten wichtige Sachverhaltselemente nicht bekannt waren.

Fundierte Justizkritik erfordert in der Regel hinreichende fachliche Kenntnisse in dem jeweiligen Gegenstandsbereich – vor allem, wenn es um die Frage geht, welche Handlungsalternativen das Gericht im konkreten Fall gehabt hätte. Dazu wird oft die Auskunft von Experten benötigt. Die Intensität einer Expertenbefragung lässt sich steigern, wenn der Journalist über einschlägige Grundkenntnisse verfügt. Zur Vorbereitung eines solchen Gesprächs gehört deshalb die Vorrecherche mit Hilfe von Fachliteratur (einschlägige Gesetzestexte, Kommentare, Lehrbücher, Aufsätze; für Grundbegriffe: Rechtslexika).

Auch beim Leser setzt der Kommentar eine gewisse Sachkenntnis voraus. Soweit deren Vorhandensein nicht ohne weiteres unterstellt werden kann, wird sie am besten durch einen Bericht vermittelt, auf den sich der Kommentar dann beziehen kann. Wenn das nicht geht, müssen die notwendigen Faktenkenntnisse im Kommentar mitvermittelt werden. Fachliche Hintergrundinformationen werden am besten in einem getrennten „Kasten" gegeben.

Um nachvollziehbar zu sein, muss der Kommentar eine durchgängige Aussage, einen "roten Faden" haben und sich auf die Aspekte beschränken, auf die es nach Ansicht des Autors in erster Linie ankommt. Dazu muss der Autor der Versuchung widerstehen, in dem Kommentar alles unterzubringen, was er auf Grund seiner gründlichen Recherche über die Sache weiß.

Im „ABC des Journalismus" (S. 89 f.) empfehlen die Autoren für einen Kommentar den folgenden Aufbau:

- Am Beginn wird das Thema kurz umrissen. Die wertende - unter Umständen provozierende – These zum Thema soll zum Weiterlesen reizen (Einstieg).

- Im Mittelteil werden die Fakten analysiert, vorliegende Stellungnahmen berücksichtigt, Gegenargumentationen gewürdigt. Der Umstand, dass der Autor seine Kommentierung auf einige wenige Aspekte beschränkt, darf nicht dazu verleiten, relevante Fakten und Argumente auszublenden. "Der Kommentator wirkt umso überzeugender und glaubhafter, je mehr er seine Meinung auf die volle Würdigung der Fakten stützt und seine Gedanken klar umreißt."

- Am Ende des Kommentars "soll der Leser klar und deutlich erfahren, welche Schlussfolgerung der Kommentar-Verfasser zieht. Es ist die Meinung des Verfassers und auch der Zeitung, die dem Leser Anregung zu eigenem Nachdenken gibt, ihn möglicherweise provoziert, ihm aber auf jeden Fall zeigt, dass ein Standpunkt vertreten, eine Meinung geäußert wird und auf Seiten des Verfassers der Wunsch besteht, von der Richtigkeit einer Einschätzung und der Wertung des Ereignisses (oder Vorgangs) zu überzeugen."

Dieser Aufbau scheint mir gut für einen Kommentar geeignet zu sein, der durch ein sorgfältiges Abwägen von Argumenten Pro und Contra gekennzeichnet ist.

Demgegenüber baut man einen Kommentar, der sehr deutlich eine bestimmte Position vertritt, wohl besser so auf, dass diese Position schon im Einstieg dargestellt und anschließend im Hauptteil mit Argumenten abgestützt wird. Dabei lässt sich der Hauptteil dann so gliedern, dass die einzelnen Argumentationskomplexe (Argument und Einwand) in der Reihenfolge ihrer Bedeutsamkeit präsentiert werden: Das wichtigste Argument an den Anfang, den weniger bedeutenden Einwand an das Ende.

4.3.3 Glosse, Satire, Karikatur

Für die rechtliche Beurteilung ironisierender Darstellungsformen im Bereich der Justizberichterstattung gelten die allgemeinen Regeln[164]:

Durch Interpretation ist zunächst der ernst gemeinte „Aussagekern" des Beitrages zu ermitteln.[165] Handelt es sich bei ihm um eine unwahre ehrverletzende Tatsachenbehauptung, ist die Verbreitung üble Nachrede, also unzulässig (§ 186 StGB). Dasselbe gilt, wenn er als „Schmähkritik" zu werten ist, als eine Äußerung also, bei der nicht mehr die – wenn auch polemische und überspitzte - Auseinandersetzung in der Sache im Vordergrund steht, sondern die bloße Beschimpfung der Person.[166]

Für die Beurteilung der satirischen Einkleidung hingegen gelten weniger strenge Maßstäbe. Auch durch sie darf aber die Menschenwürde des Betroffenen nicht verletzt werden.[167]

Der Aussagekern z. B. einer Karikatur lässt sich häufig nicht eindeutig ermitteln. Sind mehrere Deutungen möglich, ist der Interpretation nach der Rechtsprechung des Bundesverfassungsgerichts und des Bundesgerichtshofes die Variante zugrunde zu legen, durch die die Meinungsäußerungsfreiheit am besten geschützt wird.

---

[164] Vgl. dazu Branahl, Medienrecht, S. 98 ff.
[165] BVerfG in NJW 1998, S. 1387 m.w.N.
[166] Vgl. dazu BGH in AfP 2000, S. 170 f.
[167] Vgl. BVerfG in NJW 1987, S. 2661 f.

5 Informationsbeschaffung und redaktionelle Planung

Die Qualität der Justizberichterstattung eines Blattes oder Senders wird dadurch bestimmt, dass sie den vielfältigen Informationsinteressen des Publikums gerecht wird. Im Idealfall bedeutet das, dass die Redaktion ihr Zielpublikum über Ablauf und Ausgang jener Prozesse informiert, an denen nach allgemeinen journalistischen Kriterien ein besonders hohes öffentliches Informationsinteresse besteht. Dazu muss sie

- sich zunächst selbst einen Überblick über unmittelbar bevorstehende, laufende und gerade abgeschlossene Verfahren beschaffen, die diese Kriterien erfüllen,
- die Verfahren auswählen, die am besten in ihr „Publikationsprogramm" passen und
- zu diesen Verfahren weitere Informationen einholen:
  - Wie ist der Stand des Verfahrens? Wann ist mit welcher Entscheidung zu rechnen?
  - Was ist entschieden worden? Welche Bedeutung hat diese Entscheidung?

Hinweise zur Beschaffung dieser Informationen bilden den Gegenstand dieses Kapitels.

5.1 Redaktionelle Planung: Wann laufen wo welche wichtigen Verfahren? Informationsquellen

Neben allgemeinen Informationen über die Organisation der Justiz, ihre Tätigkeitsfelder und die Verfahrensabläufe benötigen Berichterstatter und Rechercheure einen Überblick über

- die Gerichte, die auf ihren Berichterstattungsfeldern tätig sind,
- aktuelle Entscheidungen dieser Gerichte, an denen ein besonderes öffentliches Informationsinteresse besteht, und
- die (Verhandlungs-)Termine, die zu besuchen sich lohnt.

Zu den Basisinformationen, über die jeder Justizberichterstatter verfügen sollte, gehören insbesondere Grundkenntnisse über

- den Aufbau und die Organisation der Justiz, also vor allem die Gerichtszweige und die Instanzenzüge,
- die Grundzüge des gerichtlichen Verfahrens, vor allem die Verteilung der Zuständigkeiten, das Prinzip des gesetzlichen Richters, die Verfahrensarten sowie die Prinzipien und den Ablauf gerichtlicher Verfahren.

Solche Informationen bieten (neben diesem Handbuch) zahlreiche Broschüren der Justizministerien, die zum größten Teil auch im Internet abrufbar sind.[168]

Einen Überblick über die Gerichte, die auf den eigenen Berichterstattungsfeldern tätig sind, liefert das Taschenbuch des öffentlichen Lebens von Oeckl. Auch hier kann ein Blick auf das Internetangebot der zuständigen Justizverwaltung hilfreich sein. Ihm lässt sich z.B. in Nordrhein-Westfalen neben Name und Anschrift auch die örtliche Zuständigkeit der einzelnen Gerichte entnehmen.[169]

Innerhalb eines jeden Gerichts ist die Zuständigkeit durch den Geschäftsverteilungsplan geregelt. Dieser weist den einzelnen Spruchkörpern (Kammern, Senaten) oft bestimmte Sachgebiete zu. Die Lektüre des Geschäftsverteilungsplans kann deshalb zum einen Einblick in die Vielfalt der Tätigkeitsfelder des jeweiligen Gerichts

---

[168] Das Justizministerium von Nordrhein-Westfalen bietet z.B. solche Informationen als „Bürgerservice" unter http://www.justiz.nrw.de/BS/index.html. (Stand: 30.12.2003)

[169] http://www.justiz.nrw.de/AL/index.html (Stand: 20.12.2003)

vermitteln und damit Anregungen geben für Themen, die journalistisch zu bearbeiten sich lohnt. Zum anderen gibt er Aufschluss darüber, wo die Angelegenheiten verhandelt werden, die für die Berichterstattung besonders interessant sind.

So lässt sich dem Geschäftsverteilungsplan des Oberverwaltungsgerichts des Landes Nordrhein-Westfalen beispielsweise entnehmen, dass dessen 4. Senat seinen Tätigkeitsschwerpunkt 2003 im Wirtschaftsverwaltungsrecht hatte, während der 7. Senat vorwiegend Streitigkeiten aus dem Baurecht bearbeitete.

Einige (Ober-)Gerichte veröffentlichen ihren Geschäftsverteilungsplan im Internet. Anderenfalls ist der Geschäftsverteilungsplan bei dem jeweiligen Gericht erhältlich. Auf seine Übermittlung haben Journalisten einen Rechtsanspruch.[170]

Welche Entscheidungen bei den einzelnen Spruchkörpern demnächst anstehen, ist vorhersehbar: Die Sitzungspläne, aus denen sich ergibt, wann welcher Rechtsstreit wo verhandelt wird, werden mit erheblichem zeitlichem Vorlauf erstellt. Die Kenntnis der reinen Sitzungspläne ist für journalistische Auswahlentscheidungen allerdings wenig hilfreich. Sie enthalten lediglich die Namen der Parteien, das Aktenzeichen und allenfalls noch ein Schlagwort zum Streitgegenstand. Damit ist nicht viel anzufangen. Um zu entscheiden, an welchen dieser „Fälle" ein besonderes öffentliches Informationsinteresse besteht und welche in das „Konzept" des eigenen Blattes oder Senders passen, sind Zusatzinformationen nötig, die aus unterschiedlichen Quellen beschafft werden können. In Betracht kommen vor allem:
1. Pressesprecher von Gerichten, Staatsanwaltschaften, Ministerien,
2. (Vorsitzende) Richter (leitende) Staatsanwälte,
3. Rechtsanwälte, Strafverteidiger,
4. Parteien (Kläger, Beklagte, Zeugen, Sachverständige, Opfer und ihre Angehörigen,
5. Verbände.

---

[170] Dieser ergibt sich aus dem Auskunftsanspruch, der in den Landespressegesetzen geregelt ist.

5.1.1 Pressesprecher

Pressesprecher sind im Allgemeinen eine gute Quelle. Sie sind sachverständig und, soweit es nicht um Fehler der eigenen Behörde geht, neutral. Leider sind die Pressestellen nicht an allen Gerichten mit ausreichenden Ressourcen ausgestattet.[171] Da zudem die meisten Richter den Pressesprecher bislang nicht von sich aus über anstehende Verfahren informieren, die für die Berichterstattung in Betracht kommen, ist durchaus nicht gewährleistet, dass der Pressesprecher eines Gerichts über die an seinem Gericht anstehenden Fälle umfassend informiert ist.

Trotz dieser Probleme kann der Pressesprecher Hinweise auf wichtige Verhandlungen geben, wenn er erfährt, welche „Fälle" aus der Sicht der Redaktion wichtig sind. Eine Redaktion, die die ausgetretenen Pfade der Gerichtsberichterstattung verlassen will, sollte deshalb (mindestens) eines ihrer Mitglieder mit der Aufgabe betrauen, die für die Redaktion relevanten Teile der Justiz systematisch zu beobachten. Dieses Redaktionsmitglied wiederum sollte sich zu Beginn seiner Tätigkeit um ein ausführliches Gespräch mit dem Pressesprecher des jeweiligen Gerichts bemühen, in dem anhand des Geschäftsverteilungsplans möglichst konkret erörtert wird, welche „Arbeitsfelder" des Gerichts sich für die Berichterstattung am stärksten anbieten – und nach welchen Kriterien die Redaktion die Verfahren auswählt, über die sie berichtet. Auf dieser Basis kann der Pressesprecher dann regelmäßig um eine kurze Charakteristik der Verfahren zu bestimmten Sachgebieten gebeten werden, die bei dem zuständigen Spruchkörper in nächster Zeit anstehen.

Im Vorfeld von Strafprozessen ist der Pressesprecher der zuständigen Staatsanwaltschaft der richtige Ansprechpartner. Dieser ist gehalten,[172] zur Unterrichtung der Öffentlichkeit mit Presse und Rundfunk zusammenzuarbeiten. Dabei hat er darauf zu achten, dass

---

[171] Zur Einrichtung und zur Arbeit der Justizmedienstellen in Österreich vgl. den Medienerlass des Österreichischen Bundesministeriums der Justiz vom 12.11.2003, abgedruckt in NJW 2004, S. 430 ff.

[172] Entsprechende Anweisungen enthalten die „Richtlinien für das Strafverfahren und das Bußgeldverfahren (RiStBV)", deren Verbindlichkeit im Bund und allen Ländern auf entsprechenden ministeriellen Verfügungen beruht.

- der Untersuchungszweck nicht gefährdet wird,
- er dem Ergebnis der Hauptverhandlung nicht vorgreift und den Anspruch des Beschuldigten auf ein faires Verfahren nicht beeinträchtigt (Vermeidung einer „Vorverurteilung"),
- der Persönlichkeitsschutz der Beteiligten gewahrt bleibt.

Soweit die Beschuldigten keine Personen des öffentlichen Lebens sind, hat die Staatsanwaltschaft über den Stand des Ermittlungsverfahrens zu informieren, ohne die Identität von Verdächtigen preiszugeben. Den Namen einer Person, gegen die sich die Ermittlungen richten, darf sie jedoch nennen, wenn

- es um schwere Straftaten geht („Kapitalverbrechen"),
- dringender Tatverdacht gegen den Beschuldigten besteht und
- die Information der Medien dazu dient, diesen Verdacht durch Hinweise aus der Bevölkerung zu überprüfen.[173]

Über die Erhebung der Anklage und deren Inhalt im Einzelnen darf die Staatsanwaltschaft die Öffentlichkeit normalerweise erst informieren, wenn die Anklageschrift dem Beschuldigten zugestellt worden ist.[174]

5.1.2 Vorsitzende Richter

Obwohl der Pressesprecher – rechtlich gesehen – für Auskünfte an Journalisten zuständig ist, kann es sich empfehlen, in Absprache mit ihm direkt Kontakt mit den Vorsitzenden der Spruchkörper aufzunehmen, deren Sachgebiete für die Berichterstattung von besonderem Interesse sind. Sie können die anstehenden Verfahren am besten erläutern, weil sie den Inhalt des jeweiligen Rechtsstreits gut kennen und in einer sachlichen, neutralen Weise in den Sach- und Streitstand einführen.

Aussagen zu den Erfolgsaussichten der Klage oder des Rechtsmittels sind von ihnen vor Beginn der Verhandlung allerdings nicht zu erwarten; sie würden Zweifel an ihrer Unparteilichkeit wecken.

---

[173] OLG Celle NJW 2004, S. 1461 ff.
[174] VGH Kassel NJW 2001, S. 3802 f.

5.1.3 Rechtsanwälte, Staatsanwaltschaft, Verbände

Das ist bei Staatsanwälten und den Parteivertretern naturgemäß anders. Insbesondere Strafverteidiger versuchen zuweilen, die Medien in ihre Verteidigungsstrategie einzubauen – sei es, um in der Öffentlichkeit Verständnis für die Interessen ihres Mandanten zu wecken, sei es, um die eigene Prominenz zu fördern.[175]

Auch Verbandsvertreter versuchen oft, für ihre Anliegen und ihre Sichtweise Publizität zu erzeugen. Das gilt insbesondere dort, wo sie selbst „Musterprozesse" führen.

Die Angaben dieser Quellen zur Sache sind deshalb mit Vorsicht zu verwenden; gegenüber ihren Wertungen ist die journalistisch gebotene Distanz zu wahren.[176] Als „Tippgeber" für Verfahrenstermine können sie aber von großer Wichtigkeit sein.

5.1.4 Kläger, Beklagte bzw. Angeklagte, Zeugen, Opfer und ihre Angehörigen

Nicht selten wenden sich auch Betroffene an die Medien, die persönlich in ein Verfahren involviert sind. Anlass dafür bildet in der Regel der Umstand, dass sie sich ungerecht behandelt fühlen. Deren Angaben sind deshalb besonders kritisch zu prüfen. Soweit die eigene Sachkunde nicht ausreicht, kann es sich in solchen Fällen anbieten, einen Experten um eine erste Einschätzung des Falles zu bitten, bevor man mit einer intensiveren Recherche beginnt.

Auch ein Beschuldigter, der sich in Untersuchungs- oder Auslieferungshaft befindet, hat das Recht, mit Journalisten zu sprechen. Die dazu benötigte Besuchserlaubnis darf dem Journalisten gemäß § 119 Abs. 3 StPO nur verwehrt werden, wenn im Einzelfall konkrete Anhaltspunkte dafür vorliegen, dass der Besuch den Haftzweck oder

---

[175] Dass solche Strategien nicht nur von Strafverteidigern entwickelt werden zeigen die zahlreichen Beispiele von Wagner, S. 23 ff.

[176] Vgl. die Beispiele bei Wagner, S. 71 ff.

die Ordnung der Anstalt gefährden würde und diese Gefahr nicht mit weniger eingreifenden Mitteln beseitigt werden kann.[177]

Soweit erforderlich kann das Gespräch z.B. überwacht werden, um einer Flucht- oder Verdunkelungsgefahr entgegen zu wirken. Außerdem kann der Besucher durchsucht werden, um das Mitbringen unerlaubter Gegenstände zu verhindern. Schließlich kann das Gespräch so terminiert werden, dass die „Organisations- und Betriebsabläufe" der Anstalt nicht über Gebühr beeinträchtigt werden.

In Aufsehen erregenden Verfahren wird diese Quelle zuweilen durch „Exklusiv-Verträge" verstopft.[178] Darin verpflichten sich Verfahrensbeteiligte oder Personen aus ihrem Umfeld gegen Zahlung eines hohen Honorars, einer Redaktion exklusiv für Interviews, Foto- und Filmaufnahmen zur Verfügung zu stehen, und sie allein laufend und umfassend über das Verfahren zu informieren.[179] Solche Verträge sind rechtlich nicht zu beanstanden, soweit sie keine allgemeinen Informationsquellen verstopfen, sondern sich nur auf Material beziehen, über das der Betroffene frei verfügen kann.[180]

5.2 Besuch von Gerichtsverhandlungen

Der Besuch einer Gerichtsverhandlung erfordert erheblichen Zeitaufwand. Dennoch ist er in zwei Fällen unverzichtbar:

- zur Herstellung von Erzählungen, Reportagen, Porträts von Verfahrensbeteiligten[181] sowie
- zur Herstellung eines aktuellen eigenen Berichts über ein bedeutsames Verfahren.

---

[177] Vgl. dazu BVerfG AfP 1995, S. 596 f. (Nick Leeson)
[178] Beispiele bei Tillmanns, Abschnitt I.
[179] Vgl. z.B. die Vereinbarung zwischen dem *Stern* und Monika Weimar/Böttcher, wiedergegeben im Beschluss des OLG Hamburg, ZUM-RD 1998, S. 116 f.
[180] Vgl. dazu BGH in GRUR 1968, S. 209 ff., einerseits und OLG München in AfP 1981, S. 347, andererseits. Zum Literaturstreit vgl. die Darstellung von Tillmanns, Abschnitt 2c).
[181] Vgl. dazu oben 4.1.

5.2.1 Zugang

Möglich ist er allerdings nur, wenn die Verhandlung für den Berichterstatter zugänglich ist. Zugänglich ist sie in der Regel, soweit sie *öffentlich* ist. Welche Teile von Verhandlungen öffentlich sind, ergibt sich aus den Verfahrensgesetzen.

Für die meisten Verfahren gilt der **Grundsatz**, dass die mündliche Verhandlung im Erkenntnisverfahren[182] einschließlich der Verkündung der Urteile und Beschlüsse öffentlich ist.[183] Nicht öffentlich sind Urteilsberatungen sowie mündliche Verhandlungen im Vollstreckungsverfahren,[184] über Anordnungen, die die Untersuchungshaft betreffen, und im Verfahren zur Entscheidung über die Ablehnung eines Richters wegen Befangenheit oder den Ausschluss eines Verteidigers (§ 138d StPO).[185]

Nicht öffentlich verhandelt werden ferner *Familiensachen*, soweit nicht ausschließlich um Unterhalt oder Vermögensangelegenheiten gestritten wird.[186]

Ebenfalls nicht öffentlich sind *Jugendgerichtsverfahren*, in denen ausschließlich Jugendliche angeklagt sind, § 48 Abs. 1 JGG. Die Zulassung einzelner Personen zu solchen Verfahren ist aus besonderen Gründen aber möglich, § 48 Abs. 2 Satz 3 JGG. Als ein solcher besonderer Grund kommt auch das öffentliche Informationsinteresse in Betracht.

Sind (auch) Heranwachsende oder Erwachsene angeklagt, ist die Verhandlung zwar grundsätzlich öffentlich. Die Öffentlichkeit kann jedoch auch in diesen Fällen ausgeschlossen werden, „wenn dies im Interesse der Erziehung jugendlicher Angeklagter geboten ist", § 48 Abs. 3 JGG.

---

[182] Zum Erkenntnisverfahren vgl. oben 3.3.2 und 3.3.3.
[183] Für die Zivil- und Strafgerichtsbarkeit ist dies in § 169 Satz 1 GVG geregelt, der im Verwaltungs-, Sozial- und Finanzgerichtsverfahren entsprechend anzuwenden ist (§§ 55 VwGO, 61 Abs. 1 SGG, 52 Abs. 1 FGO). Dieselbe Regelung trifft § 52 Satz 1 ArbGG.
[184] Zum Vollstreckungsverfahren vgl. oben 3.5.
[185] Diemer in Karlsruher Kommentar, Rdz. 3 zu § 169 GVG m.w.N.
[186] Die Einzelheiten sind geregelt in § 170 GVG in Verbindung mit § 23b Abs. 1 Satz 2 Nr. 5, 6, 9 und 13 GVG sowie §§ 1615 l und m BGB.

Geht es um die *Unterbringung* des Beschuldigten in einem psychiatrischen Krankenhaus oder einer Entziehungsanstalt, kann die Öffentlichkeit insgesamt oder von Teilen der Hauptverhandlung ausgeschlossen werden, § 171a GVG.

In *Finanzgerichtsverfahren* ist die Öffentlichkeit auszuschließen, wenn ein Beteiligter dies verlangt. Die Finanzbehörde kann den Ausschluss der Öffentlichkeit jedoch nicht verlangen, § 52 Abs. 2 FGO.

Das Arbeitsgericht kann die Öffentlichkeit im *Güteverfahren* aus Zweckmäßigkeitsgründen ausschließen, § 52 Satz 3 ArbGG.

Im Übrigen kann das Gericht die Öffentlichkeit in allen Verfahrensarten[187] im Einzelfall von (Teilen) der Verhandlung ausschließen, wenn

- die Sicherheit des Staates, die öffentlichen Ordnung oder die „Sittlichkeit" gefährdet werden könnte,
- eine Gefährdung des Lebens, des Leibes oder der Freiheit eines Zeugen oder einer anderen Person zu befürchten ist,[188]
- ein wichtiges Betriebs-, Erfindungs- oder Steuergeheimnis zur Sprache kommt, durch dessen öffentliche Erörterung überwiegende schutzwürdige Interessen verletzt würden,
- ein privates Geheimnis erörtert wird, dessen unbefugte Offenbarung durch den Zeugen oder Sachverständigen mit Strafe bedroht ist, oder
- eine Person unter sechzehn Jahren vernommen wird.

Schließt das Gericht die Öffentlichkeit unter Bezugnahme auf diese Vorschriften zu Unrecht aus, schafft es damit einen absoluten Revisionsgrund. Ansonsten gibt es kein Rechtsmittel gegen diese Entscheidung. Dem zu Unrecht ausgeschlossenen Prozessbeobachter (und seinem Auftraggeber) bleibt nur die Verfassungsbeschwerde.

Das Gericht kann die Öffentlichkeit von (Teilen) der Hauptverhandlung ausschließen, soweit Umstände aus dem persönlichen Le-

---

[187] Für die Zivil- und Strafgerichtsbarkeit ist dies in § 172 GVG geregelt, der im Verwaltungs-, Sozial- und Finanzgerichtsverfahren entsprechend anzuwenden ist (§§ 55 VwGO, 61 Abs. 1 SGG, 52 Abs. 1 FGO). Dieselbe Regelung trifft § 52 Satz 2 ArbGG.

[188] Die Weigerung eines Zeugen, in öffentlicher Sitzung auszusagen, rechtfertigt den Ausschluss hingegen selbst dann nicht, wenn ihm ein Zeugnisverweigerungsrecht zur Seite steht (BGHSt 30, S. 193).

bensbereich eines Beteiligten, Zeugen oder Opfers zur Sprache kommen, deren öffentliche Erörterung schutzwürdige Interessen verletzen würde, ohne dass das Interesse an der öffentlichen Erörterung dieser Umstände überwiegt. Die Öffentlichkeit ist in diesen Fällen auszuschließen, wenn der Betroffene es verlangt, § 171b GVG. Andererseits darf sie nicht ausgeschlossen werden, wenn der Betroffene dem Ausschluss widerspricht, § 171b GVG. Die Entscheidung des Gerichts ist unanfechtbar, § 171b Abs. 3. Dem zu Unrecht ausgeschlossenen Berichterstatter und seinem Auftraggeber bleibt nur die Verfassungsbeschwerde.

Bereits für die Verhandlung über den Ausschluss der Öffentlichkeit kann das Gericht die Öffentlichkeit (durch gesonderten Beschluss) ausschließen, § 174 Abs. 1 GVG.[189]

Andererseits kann das Gericht einzelnen Personen den Zutritt zu einer nicht öffentlichen Verhandlung oder zu nicht öffentlichen Teilen einer Verhandlung gestatten, § 175 Abs. 2 Satz 1 GVG. Das gilt auch für Journalisten.[190] So können Jugend- oder Familienrichter beispielsweise (einzelne) Journalisten zulassen, damit diese einen Eindruck von den Problemen und der Art ihrer Bearbeitung in ihren speziellen Arbeitsbereichen erhalten können. Die Zulassung kann z.B. mit der Auflage erfolgen, dass über die beobachteten Verfahren nur so berichtet werden darf, dass die angeklagten Jugendlichen bzw. die Prozessparteien von ihrer Umwelt nicht erkannt werden können. Die Zulassung kann widerrufen werden, wenn der Berichterstatter gegen diese Auflagen verstößt, jedoch nicht, weil das Gericht oder ein sonstiger Prozessbeteiligter die Berichterstattung unsachlich findet oder sich durch sie provoziert fühlt.[191]

Wird Journalisten die Anwesenheit gestattet, obwohl die Öffentlichkeit wegen Gefährdung der Staatssicherheit oder zum Schutz von Geheimnissen bzw. der Privatsphäre ausgeschlossen worden ist, kann das Gericht sie zur Geheimhaltung von Tatsachen verpflichten,

---

[189] Diemer in Karlsruher Kommentar, Rdz. 2 zu § 174 GVG.
[190] Meyer-Goßner, Rdz. 4 zu § 175 GVG, meint sogar, ihnen werde „der Zutritt in der Regel gestattet werden."
[191] Streitig; wie hier: Meyer-Goßner, Rdz. 6 zu § 175 GVG m.w.N., gegen eine ältere Entscheidung des BGH.

von denen sie bei dieser Gelegenheit erfahren haben, § 174 Abs. 3
GVG. Die Verletzung dieser Schweigepflicht ist strafbar, § 353d Nr.
2 StGB.

Auf die förmliche Verpflichtung zur Geheimhaltung kann das
Gericht verzichten, wenn die anwesenden Berichterstatter sich freiwillig bereit erklären, die geheimhaltungsbedürftigen Tatsachen
nicht zu veröffentlichen. Verstößt ein Berichterstatter gegen die ü-
bernommene Verpflichtung, wird ihm der Zutritt zu solchen Ver-
handlungsteilen künftig nicht mehr gewährt.[192]

Ansonsten kann die Öffentlichkeit des Verfahrens durch Vereinbarungen zwischen den Prozessbeteiligten oder mit den anwesenden Zuhörern nicht beschränkt werden. Die (erfolgreiche) Bitte des
Vorsitzenden an die Zuhörer, den Saal zu verlassen, bildet deshalb
einen Verfahrensfehler.[193]

Soweit vorhersehbar ist, dass an einer öffentlichen Verhandlung
ein besonders großes Medieninteresse besteht, hat das Gericht angemessene Vorsorge dafür zu treffen, dass diesem Interesse Rechnung getragen wird, ohne den ordnungsgemäßen Ablauf der Sitzung
zu beeinträchtigen.

Dazu gehört, dass die Verhandlung nach Möglichkeit in einem
großen Sitzungssaal stattfindet.[194] Das bedeutet aber nicht, dass der
Saal so gewählt werden muss, dass in jedem Fall alle Interessierten
Platz finden. Denn bei der Auswahl des Verhandlungsraumes ist
auch darauf zu achten, dass die Verhandlung nicht den Charakter
eines „Schauprozesses" annimmt. Eine Verlegung in eine Stadthalle,
ein Auditorium Maximum oder gar ein Fußballstadion kommt z.B.
ebenso wenig in Betracht wie eine Übertragung der Verhandlung in
angrenzende Räume.[195]

---

[192] Vgl. RiStBV Ziff. 131 Abs. 2.
[193] BGH NStZ 1993, S. 450.
[194] Streitig, wie hier: Meyer-Goßner, Rdz. 5 zu § 176 GVG. Nach Ansicht Diemers (in Karlsruher
Kommentar, Rdz. 8 zu § 169 GVG) ist das Gericht *nicht* verpflichtet, bei einem großen Andrang von
Zuhörern in einem großen Saal zu verhandeln. Andererseits vertritt er aber auch die Auffassung, dass
es unzulässig ist, einen besonders kleinen Saal zu wählen, um größere Zuhörermengen fernzuhalten.
Auch bei einer Verhandlung im Dienstzimmer des Richters, in der nur ein Zuhörer Platz findet, ist die
Öffentlichkeit nicht gewahrt (OLG Köln NStZ 1984, S. 282).
[195] So zu Recht Meyer-Goßner, Rdz. 5 zu § 169 GVG, unter Berufung auf Roxin.

Besondere Zugangsprobleme können sich ergeben, wenn Teile der Verhandlung (etwa der Beweisaufnahme) außerhalb des Gerichtsgebäudes stattfinden müssen.

- Soweit dies auf Privatgelände (Wohnung, Betriebsgelände) geschieht, benötigen die Zuhörer zum Zutritt die Erlaubnis des Hausrechtsinhabers (im Allgemeinen also des Besitzers). Um diese Erlaubnis muss sich der Vorsitzende bemühen. Wird sie verweigert, muss dieser Teil der Verhandlung de facto unter Ausschluss der Öffentlichkeit stattfinden.[196]
- Soweit es unvermeidbar ist, unter räumlich stark beengten Verhältnissen zu verhandeln (z.B. bei der Vernehmung eines nicht transportfähigen Zeugen in seinem Krankenzimmer), sind die daraus resultierenden Beschränkungen des Zugangs für die Öffentlichkeit hinzunehmen.
- Dasselbe gilt für unvermeidbare Beschränkungen, die sich aus sicherheits- oder gesundheitspolizeilichen Gründen (z.B. in gefährlichen Betrieben) ergeben. Soweit die Sicherheit durch Kontrollmaßnahmen gewährleistet werden kann, darf die Öffentlichkeit nicht ausgeschlossen werden. So genügt es bei einer Vernehmung in der JVA z.B. nicht, nur dem Aufsichtspersonal den Zutritt zu ermöglichen.[197]
- In all diesen Fällen muss der Teil der Verhandlung, der außerhalb des Gerichtsgebäudes stattfindet, auf das Notwendigste beschränkt werden.[198]

Grundsätzlich gilt, dass Zuhörer in der Reihenfolge eingelassen werden müssen, in der sie erscheinen. Das Reservieren von Plätzen für Medienvertreter ist zulässig[199] und geboten.[200] Ist zu erwarten, dass Medienvertreter zu einem Verfahren in größerer Zahl erscheinen werden, als es die räumlichen Verhältnisse oder eine ordnungsgemäße Durchführung der Sitzung zulassen, kann der Vorsitzende die Teilnahme von einer besonderen Akkreditierung abhängig ma-

---

[196] Vgl. Meyer-Goßner, Rdz. 6 zu § 169 GVG m.w.N.
[197] BGH NJW 1979, S. 770.
[198] Vgl. dazu BGHSt Bd. 5, S. 82.
[199] Diemer in Karlsruher Kommentar, Rdz. 8 zu § 169 GVG; Meyer-Goßner, Rdz. 4 zu § 169 GVG.
[200] Durch die Richtlinien für das Strafverfahren und das Bußgeldverfahren, Ziff. 125 Abs. 3.

chen. Außerdem kann er die Zahl der Fotografen und Kamerateams begrenzen, die in den Sitzungssaal eingelassen werden und ihre Zulassung davon abhängig machen, dass die interessierten Medien sich zu „Pools" zusammenschließen und jeweils einen „Poolführer" benennen, der die Aufnahmen für alle Mitglieder des Pools[201] anfertigt. Beispiele für entsprechende Verfügungen des Landgerichts Berlin-Moabit finden sich im Internet.[202]

Jeder Ausschluss und jede Beschränkung der Öffentlichkeit ohne ausreichende gesetzliche Grundlage bilden einen absoluten Revisionsgrund.[203] Das hat zur Folge, dass das Revisionsgericht das Urteil auf eine entsprechende Verfahrensrüge der Staatsanwaltschaft oder der Verteidigung hin allein wegen dieses Verfahrensfehlers aufhebt und die Sache zur erneuten Verhandlung an das erstinstanzlich zuständige Gericht zurückverweist.

5.2.2 Verhalten in der Sitzung und im Gerichtsgebäude

Personen, die „in einer der Würde des Gerichts nicht entsprechenden Weise erscheinen", kann der Zutritt versagt werden, § 175 Abs. 1 GVG. Aus der „Würde des Gerichts" lässt sich grundsätzlich die Forderung nach einer angemessenen Bekleidung ableiten. Die Maßstäbe für das, was angemessen ist, haben sich im Laufe der Zeit erheblich gelockert. Extremer „Freizeit-Look", Badebekleidung u.ä. dürften aber auch heute noch zur Zurückweisung führen.

Aus Sicherheitsgründen müssen die Besucher in vielen Gerichten inzwischen beim Betreten des Gebäudes eine Sicherheitsschleuse passieren. Journalisten haben hier keinen Anspruch auf eine Vorzugsbehandlung. Da die Prozedur zu erheblichen Zeitverzögerungen führen kann, empfiehlt sich rechtzeitiges Erscheinen.

---

[201] Nur Mitglieder des Pools haben Zugriff auf die vom Poolführer angefertigten Aufnahmen, vgl. Kammergericht in AfP 1997, S. 729 f.
[202] Vgl. z.B. die Pressemitteilung 07/2003 der Pressestelle des Landgerichts Berlin-Moabit vom 20. 3. 2003
[203] Das ergibt sich für den Strafprozess aus § 338 Nr. 6 StPO, für den Zivilprozess aus § 547 Nr. 5 ZPO und für das Verwaltungsgerichtsverfahren aus § 138 Nr. 5 VwGO.

Gemäß § 169 Satz 2 GVG sind „Ton- und Fernseh-Rundfunkaufnahmen sowie Ton- und Filmaufnahmen zum Zwecke der öffentlichen Vorführung oder Veröffentlichung ihres Inhalts" während der Verhandlung unzulässig.[204] Das gilt selbst dann, wenn alle Anwesenden mit der Aufnahme einverstanden sind.[205] Ein Verstoß gegen diese Vorschrift bildet nach der Rechtsprechung des BGH einen absoluten Revisionsgrund.[206]

Die Vorschrift gilt für alle Gerichtsbarkeiten; für das Verfahren vor dem Bundesverfassungsgericht trifft § 17a BVerfGG allerdings eine Sonderregelung. In ihm dürfen solche Aufnahmen angefertigt werden

- zu Beginn der mündlichen Verhandlung, bis das Gericht die Anwesenheit der Beteiligten festgestellt hat, und
- bei der öffentlichen Verkündung von Entscheidungen.

Zur Wahrung schutzwürdiger Interessen von Verfahrensbeteiligten oder Dritten oder zur Sicherung des ordnungsgemäßen Ablauf des Verfahrens kann das Gericht die Anfertigung solcher Aufnahmen aber von der Einhaltung von Auflagen abhängig machen, beschränken oder ganz ausschließen.

Im Übrigen verbietet die Vorschrift entsprechende Aufnahmen „während der Verhandlung". Zur Verhandlung gehören auch Ortstermine (im Rahmen der Beweisaufnahme) und die Verkündung des Urteils.[207] Aufnahmen im Gerichtsgebäude, auch im Gerichtssaal vor Beginn der Verhandlung, in den Verhandlungspausen oder nach Schließung der Verhandlung, werden hingegen durch das Verbot nicht erfasst.[208] § 169 Satz 2 GVG verbietet ferner *nicht*, während der Verhandlung zu *fotografieren*.[209]

Im Rahmen seiner Sitzungspolizeigewalt entscheidet der **Vorsitzende** über die Anfertigung von Fotos sowie von Ton- und Filmaufnahmen, die in unmittelbarem räumlichem und zeitlichem Zu-

---

[204] Zur Verfassungsmäßigkeit dieser Regelung vgl. BVerfG AfP 2001, S. 48 ff.

[205] BGHSt 22, S. 85.

[206] BGHSt 36, S. 119.

[207] BGHSt 22, S. 83.

[208] BGHSt 23, S. 125.

[209] BGH in MDR 1971, S. 188.

sammenhang mit der Verhandlung stehen.[210] Dazu gehören Aufnahmen im Sitzungssaal[211] kurz vor, während oder kurz nach der Sitzung oder in den Sitzungspausen sowie Aufnahmen in engem räumlichem Zusammenhang mit der Verhandlung, etwa von Prozessbeteiligten auf dem Flur oder des Angeklagten bei seiner Vorführung aus der Untersuchungshaft.

Im Übrigen entscheidet der **Gerichtspräsident** im Rahmen seines Hausrechts über Aufnahmen im Gerichtsgebäude und auf dem Gerichtsgelände.[212]

Doch auch Gerichtspräsidenten dürfen Aufnahmen in den öffentlich zugänglichen Räumen nur verbieten, soweit dafür ein sachlicher Grund besteht. Einen sachlichen Grund bildet insbesondere die Gewährleistung einer sicheren und ordnungsgemäßen Durchführung der Sitzung, § 176 GVG. Da solche Beschränkungen jedoch in den Schutzbereich von Presse- bzw. Rundfunkfreiheit (Art. 5 Abs. 1 Satz 2 GG) eingreifen, müssen sie zur Erreichung dieses Ziels nicht nur erforderlich sein, sondern darüber hinaus auch dem Grundsatz der Verhältnismäßigkeit Rechnung tragen.[213]

> Als unverhältnismäßig hat das Bundesverfassungsgericht beispielsweise die Verfügung des Vorsitzenden im Prozess gegen Honecker u.a. angesehen, Filmaufnahmen im Sitzungssaal lediglich am ersten Verhandlungstag zuzulassen.[214]

Richter und Schöffen können sich gegen die Anfertigung von Aufnahmen nur zur Wehr setzen, wenn besondere Umstände Anlass zu der Befürchtung geben, dass deren Verbreitung zu erheblichen Beeinträchtigungen für sie führen würde.[215]

Kann die Gefährdung von Zeugen dadurch ausgeschlossen werden, dass sie auf den Aufnahmen unkenntlich gemacht werden, ist ein völliges Filmverbot unverhältnismäßig.[216]

---

[210] Diemer in Karlsruher Kommentar, Rdz. 13 zu § 169 GVG m.w.N.

[211] Vgl. auch RiStBV Ziff. 129 Abs. 3.

[212] RiStBV Ziff. 129 Abs. 4.

[213] Grundlagend dazu BVerfGE 87, S. 334 ff. (Honecker-Prozess); vgl. auch BVerfG in AfP 2000, S. 454 ff.

[214] BVerfG NJW 1995, S. 184 ff.

[215] BVerfG AfP 2000, S. 454 ff. (Sparkasse Mannheim)

[216] BVerfG AfP 2002, S. 213 f. (El-Kaida-Prozess)

Vielfach wird die Auffassung vertreten, neben dem Schutz des Verfahrens sei bei der Entscheidung über Foto- und Filmaufnahmen auch das Recht der Abgebildeten am eigenen Bild zu beachten.[217] Ob das in dieser Allgemeinheit richtig ist, ist durchaus zweifelhaft:

Gemäß § 22 S. 1 KUG kann erst die *Veröffentlichung* eines Fotos oder Films das Recht des Abgebildeten am eigenen Bild verletzen, nicht seine *Anfertigung*. Aus der Anfertigung kann auch nicht ohne weiteres auf die Vorbereitung einer strafbaren Veröffentlichung gem. § 33 KUG geschlossen werden. Denn im Regelfall wird davon auszugehen sein, dass die Redaktion die Bilder vor ihrer Veröffentlichung so bearbeitet, dass die Abgebildeten nicht mehr erkennbar sind, soweit dies wegen § 22 KUG in Verbindung mit § 23 KUG erforderlich ist. Die gegenteilige Annahme ist jedenfalls nur dort berechtigt, wo entsprechende tatsächliche Anhaltspunkte vorliegen, etwa bisheriges Fehlverhalten. Da die Verletzung des Rechts am eigenen Bild gemäß § 33 Abs. 2 KUG ein Antragsdelikt ist, bedarf ein Film- oder Fotografierverbot jedoch auch in diesem Fall in der Regel[218] eines entsprechenden Antrages des Abgebildeten.

In Ausnahmefällen – etwa wenn es um eine Gefährdung von Leib oder Leben des Abgebildeten geht – kann bereits die Anfertigung der Abbildung als Eingriff in das allgemeine Persönlichkeitsrecht gewertet werden. Auch in diesem Fall ist der Vorsitzende bzw. der Präsident aber nur dann legitimiert, Maßnahmen zum Schutz des Betroffenen zu ergreifen, wenn er von diesem dazu aufgefordert wird oder solche Maßnahmen zur vorläufigen Sicherung erforderlich sind, weil eine Entscheidung des Betroffenen nicht rechtzeitig herbeigeführt werden kann. Dies ergibt sich aus allgemeinen Grundsätzen des Polizeirechts[219], nach denen polizeiliche Maßnahmen zum Schutz privater Rechte nur zulässig sind, wenn ohne sie „die Ver-

---

[217] So etwa Meyer-Goßner, Rdz. 10 zu § 169 GVG und Rdz. 15 zu § 176 GVG; vgl. auch RiStBV Ziff. 129 Abs. 5.

[218] Das gilt jedenfalls, wenn der Betroffene ohne weiteres in der Lage ist, eine solche Erklärung sofort abzugeben – was in der Situation vor Gericht die Regel sein wird.

[219] Vgl. dazu die entsprechenden Regelungen in den Polizeigesetzen der Länder, etwa § 2 Abs. 2 PAG Thüringen oder § 1 Abs. 2 PolG NRW

wirklichung des Rechts vereitelt oder wesentlich erschwert werden würde".

Bestehen tatsächliche Anhaltspunkte für die Gefährdung von Zeugen oder anderen Verfahrensbeteiligten (z.B. Dolmetscher) kann das Gericht ein Fotografierverbot nach der Rechtsprechung des Bundesverfassungsgerichts[220] jedoch darauf stützen, dass es erforderlich ist,

- um diese Gefährdung zu verringern und
- die Bereitschaft der Betroffenen zu stärken, angemessen an der Rechts- und Wahrheitsfindung mitzuwirken.

Aus der durchaus kontroversen Beurteilung dieser Frage folgt die Empfehlung, möglichst konkrete Absprachen mit dem Gerichtspräsidenten bzw. dem Vorsitzenden darüber zu treffen,

- wann und wo welche Fotos und Filmen angefertigt werden sollen und
- ob und inwieweit sie vor ihrer Veröffentlichung zum Zwecke der Anonymisierung bearbeitet sollen.

§ 169 Abs. 2 GVG verbietet auch, die Verhandlung auf Tonband aufzuzeichnen, um die Aufzeichnung als Gedächtnisstütze zu verwenden. Das wäre nämlich „die Veröffentlichung ihres Inhalts". Die Anfertigung von Notizen und Zeichnungen hingegen ist grundsätzlich erlaubt.[221] Sie stört den ordnungsgemäßen Ablauf des Verfahrens in der Regel nicht. Der Vorsitzende kann die Anfertigung jedoch unterbinden, wenn im Einzelfall konkrete Anhaltspunkte dafür bestehen, dass der Berichterstatter sie in einer Weise verwenden will, die die Wahrheitsfindung beeinträchtigen kann – etwa dazu, einen gerichtlich noch nicht vernommenen Zeugen mit der Aussage eines anderen Zeugen zu konfrontieren, die dieser während der Beweisaufnahme gemacht hat.

Gespräche mit den Prozessparteien, Zeugen, Opfern und ihren Angehörigen sowie anderen Personen, die persönlich in den Konflikt involviert sind, können dazu dienen, deren Sichtweise aufzunehmen – etwa im Rahmen einer Reportage. Das bietet sich insbesondere bei

---

[220] BVerfG in NJW 1996, S. 310 f.
[221] So auch Meyer-Goßner, Rdz. 15 zu § 169 GVG.

Betroffenen an, die im Gerichtsverfahren nicht ausreichend repräsentiert sind, z.B. die unmittelbaren oder mittelbaren Opfer einer Straftat. Solche Gespräche sind zulässig, soweit sie den ordnungsgemäßen Ablauf des Verfahrens nicht stören, also z.B. in den Verhandlungspausen. Auch sie dürfen die Wahrheitsfindung nicht beeinträchtigen.

Der Vorsitzende kann Zuhörer aus dem Sitzungsraum entfernen lassen, die Anweisungen nicht befolgen, die er zur Aufrechterhaltung der Ordnung getroffen hat, § 177 GVG. Außerdem kann er Ordnungsmittel (Ordnungsgeld, Ordnungshaft) gegen sie verhängen, §§ 177 ff. GVG.

Der Vorsitzende kann die Durchführung von Kontrollmaßnahmen anordnen, soweit diese erforderlich sind, um eine ungestörte Verhandlung sicherzustellen. Ein Beispiel für eine umfassende Sicherheitsverfügung bilden die Bestimmungen, die der Vorsitzende der zuständigen Strafkammer des Kriminalgerichts Moabit zur Sicherung der Hauptverhandlung wegen der Besetzung der irakischen Botschaft in Berlin im März 2003 getroffen hat. Es ist im Internet einzusehen.[222]

Sitzungspolizeiliche Maßnahmen dürfen nicht dazu benutzt werden, Einfluss auf den Inhalt der Berichterstattung zu nehmen.[223] Insbesondere dürfen Gerichtsreporter nicht von der Verhandlung ausgeschlossen werden, weil das Gericht oder der Vorsitzende ihre bisherige Berichterstattung unsachlich oder provokant findet.

Als Rechtsmittel gegen eine unzulässige sitzungspolizeiliche Maßnahme steht dem Berichterstatter und dem Medium nur die Verfassungsbeschwerde zur Verfügung.[224]

---

[222] Pressestelle Moabit: Pressemitteilung 05/2003 vom 4.3.2003
[223] BVerfGE 50, S. 242 ff.
[224] Vgl. BVerfG NStZ 1993, S. 90, BGH in AfP 1998, S. 220 f., sowie Diemer in Karlsruher Kommentar, Rdz. 7 zu § 176 GVG.

5.2.3 Vorbereitung auf die Gerichtsverhandlung

Um der Verhandlung in komplizierten Fällen besser folgen zu können, kann es sich empfehlen, sich vorab zumindest grobe Grundkenntnisse der (rechtlichen) Probleme zu verschaffen, die für den Streit von Bedeutung sind.

So erleichtern beispielsweise Grundkenntnisse des arbeitsrechtlichen Kündigungsschutzes das Verständnis eines Kündigungsschutzprozesses enorm.

Hilfreich für den Erwerb solcher Grundkenntnisse sind in vielen Fällen Informationsangebote, die die Landesjustizministerien im Internet präsentieren. Wo diese fehlen, bieten sich in erster Linie Nachschlagewerke[225] und juristische Kurzlehrbücher an.

Zur Vorbereitung auf Prozesse vor den Obergerichten empfiehlt sich der Rückgriff auf die mit dem Rechtsmittel angegriffene Entscheidung der Vorinstanz. Bei deren Beschaffung ist der Pressesprecher des Obergerichts behilflich. Zumindest lässt sich bei ihm in Erfahrung bringen, welches Gericht diese Entscheidung unter welchem Aktenzeichen erlassen hat. Mit diesen Angaben kann dann bei der Vorinstanz eine Kopie angefordert werden.

5.3 Sonstige Formen der Informationsbeschaffung

Mit geringerem Aufwand lässt sich eine gerichtliche Entscheidung (Urteil, Beschluss) durch eine Anfrage beim Pressesprecher oder dem Vorsitzenden des jeweiligen Spruchkörpers ermitteln. Zeitlich ist dabei der folgende Ablauf zu berücksichtigen: Beim „Verkündungstermin" wird zunächst lediglich der Tenor der Entscheidung mündlich bekannt gegeben. Ein Strafurteil wird darüber hinaus sofort mündlich begründet. In allen Verfahren folgt dann einige Wochen später ein schriftliches Urteil mit ausführlichen Entscheidungsgründen. Für die aktuelle Berichterstattung kommt das schriftliche

---

[225] Geeignet sind z.B. das Rechtswörterbuch von Creifelds und das Redaktionshandbuch Justiz von Detjen.

Urteil häufig zu spät. Schon vom Verkündungstermin an kann das Gericht in der Regel jedoch bereits die folgenden Fragen beantworten:

- Welcher Sachverhalt liegt der Entscheidung zugrunde?
- Welche (Rechts-)Fragen hatte das Gericht zu entscheiden?
- Wie hat das Gericht entschieden?

Hilfreich für die Sicherung der Qualität der Berichterstattung vor allem über Entscheidungen außerhalb des Strafrechts kann es daher sein, das Gericht (den Pressesprecher) zu bitten, eine Kurzfassung der Entscheidung als Pressemitteilung zur Verfügung zu stellen.

Soll die Entscheidung einer genaueren Analyse unterzogen werden, muss das schriftliche Urteil abgewartet und (unter Angabe des Aktenzeichens) beim zuständigen Gericht eine Kopie davon angefordert werden. Ein Rechtsanspruch auf Übersendung einer solchen - anonymisierten – Kopie ergibt sich aus dem Auskunftsanspruch der Landespressegesetze.[226]

Schwierigkeiten können sich aus diesem Ablauf ergeben, wenn eine gerichtliche Entscheidung kritikwürdig erscheint und bereits bei ihrer Verkündung eine öffentliche Debatte auslöst. In diesen Fällen leiden Ad-hoc-Stellungnahmen sowohl von Politikern wie auch von Fachleuten oft darunter, dass sie ohne hinreichende Kenntnis des Sachverhalts und seiner gerichtlichen Bewertung abgegeben werden.[227]

5.4 Kontaktpflege

Die Bereitschaft der Justiz, mit Medienvertretern über das gesetzlich gebotene Mindestmaß hinaus[228] zu kooperieren, wächst erfahrungsgemäß, wenn bestimmte Rahmenbedingungen erfüllt sind:

---

[226] So zu Recht Huff in NJW 1997, S. 2652 m.w.N. (Fußnote 14); vgl. auch Landgericht Berlin in AfP 2002, S. 61f.

[227] Beispiele dafür finden sich bei Castendyk, S. 163 ff.

[228] Dieses ergibt sich aus dem presserechtlichen Auskunftsanspruch, dem auch die Justiz unterworfen ist. Zu Inhalt und Umfang dieses Anspruchs vgl. Branahl, Medienrecht, S. 33 ff.

Justizvertreter wünschen sich journalistisch ausreichend qualifizierte Justizberichterstatter, die über die erforderlichen Grundkenntnisse des Justizsystems verfügen.[229] Außerdem plädieren sie für eine gewisse personelle Kontinuität: Die für die Justizberichterstattung zuständigen redaktionellen Mitarbeiter sollten nicht ständig wechseln. Unter dieser Voraussetzung ist es hilfreich, bei der Aufnahme der Tätigkeit als Justizberichterstatter Kontakt zum Pressesprecher aufzunehmen und sich gegebenenfalls auch bei den Vorsitzenden der Spruchkörper vorzustellen, an deren Arbeit der Berichterstatter besonders interessiert ist.

Dadurch lässt sich insbesondere bei Gerichten mit wenig Publikumsverkehr die Bereitschaft des Vorsitzenden verstärken, dem Berichterstatter das Verständnis des Verfahrens dadurch zu erleichtern, dass er

- zu Beginn der Verhandlung eine ausführlichere Einführung in den Sach- und Streitstand gibt,
- den Stand des Verfahrens für die Öffentlichkeit an geeigneter Stelle erläutert,
- die Entscheidung bei ihrer Verkündung (ausführlicher) begründet.

Vor Abschluss der mündlichen Verhandlung wird der Vorsitzende im Allgemeinen allerdings selten bereit sein, außerhalb des Verfahrens zusätzliche Erläuterungen abzugeben, weil er fürchten muss, dass dadurch bei den Prozessparteien der Eindruck entstehen könnte, das Gericht sei voreingenommen („befangen").

Angesichts der zuweilen komplizierten Materie darf von der Justiz die Bereitschaft erwartet werden, Fragen von Berichterstattern geduldig und in möglichst verständlicher Sprache zu beantworten. Journalisten wiederum sollten solange nachfragen, bis sie glauben, das Verfahren, die Entscheidung bzw. die Begründung verstanden zu haben. Ein grober Fehler wäre es hingegen, einfach wegzulassen, was auf den ersten Blick verwirrend und unverständlich erscheint.

---

[229] Zu diesen Grundkenntnissen vgl. oben 2.

6 Rechtliche und ethische Grenzen der Justizberichterstattung

Wie jede andere Berichterstattung genießt auch die Justizberichterstattung den Schutz der Kommunikationsfreiheit des Art. 5 GG. Dieser Schutz ist dort besonders stark, wo sie einen Beitrag zur öffentlichen Meinungs- und Willensbildung leistet. Eingriffe der Justiz in die Freiheit der Berichterstattung, durch die sie sich gegen eine kritische, als unsachlich empfundene Berichterstattung zur Wehr setzt, sind mit diesem Schutz generell nicht vereinbar. Deshalb darf ein Gericht z.B. den Informationszugang eines Berichterstatters nicht mit der Begründung erschweren, seine bisherigen Beiträge seien unrichtig und unangemessen gewesen.[230]

Begrenzt wird die Berichterstattungsfreiheit von der allgemeinen Rechtsordnung zum Schutz anderer, mindestens gleichwertiger Rechtsgüter. Als solche kommen vor allem in Betracht

- das Interesse der Allgemeinheit daran, dass der Prozess der Rechtsfindung nicht gestört wird und
- das Interesse der Prozessbeteiligten am Schutz ihrer Ehre, ihrer Persönlichkeitsrechte und ihren Betriebs- und Geschäftsgeheimnissen.

Auch - und gerade – für die Gerichtsberichterstattung gilt darüber hinaus: Zwar ist alles erlaubt, was nicht verboten ist. Aber nicht alles, was erlaubt ist, ist auch gut – d.h. ethisch vertretbar. Anders als die rechtlichen lassen sich die ethischen Grenzen der Berichterstattungsfreiheit allerdings nicht zwangsweise durchsetzen. Ihre Feststellung und Einhaltung beruht auf der Konsensbildung innerhalb einer jeden Redaktion. Hilfreich für die Diskussion ethischer Maßstäbe können Richtlinien publizistischer Selbstkontrolleinrichtungen

---

[230] Vgl. BVerfG in NJW 1979, S. 1400 f.

sein. Insbesondere ist hier der Pressekodex des Deutschen Presserates zu nennen. Er ist zum Teil bereits in die Postulate zur Gestaltung der Justizberichterstattung[231] und zur Informationsbeschaffung[232] eingeflossen. Zum anderen enthält er neben ergänzenden Regeln zum Persönlichkeitsschutz[233] Regeln, die für die Gerichtsberichterstattung von besonderer Bedeutung sind:

- das Verbot unangemessen sensationeller Darstellung von Gewalt und Brutalität (Ziffer 11 Pressekodex),
- das Diskriminierungsverbot (Ziffer 12 Pressekodex) und
- das Verbot präjudizierender Stellungnahmen (Ziffer 13 Pressekodex).

6.1 Persönlichkeitsschutz

Da der Ausgangspunkt jedes Gerichtsverfahren eine Streitigkeit oder ein angebliches Fehlverhalten bestimmter Personen ist, liegt es nahe, diese Streitigkeit zum „Aufhänger" der Berichterstattung zu machen. Besonders anschaulich wird der Beitrag, wenn die Entstehung des Konflikts, seine Hintergründe und sein Verlauf beschrieben werden. Dabei bietet es sich an, die beteiligten Kontrahenten mit ihren persönlichen Merkmalen vorzustellen, die den Streit entscheidend beeinflussen.

Einer solchen auf Personen zentrierten Berichterstattung werden durch das allgemeine Persönlichkeitsrecht indessen enge Grenzen gesetzt. Denn dieses gibt den Beteiligten grundsätzlich das Recht, selbst zu entscheiden, welche Informationen über ihre Person und ihr Verhalten der Öffentlichkeit zugänglich gemacht werden sollen, soweit daran kein öffentliches Informationsinteresse besteht, das höher zu bewerten ist als der Persönlichkeitsschutz der Betroffenen.[234]

---

[231] Zur Wahrhaftigkeit der Berichterstattung (Ziffer 1 bis 3 Pressekodex) vgl. oben 2.1.

[232] Zu den Grundsätzen der Informationsbeschaffung (Ziffer 4 bis 6 Pressekodex) vgl. oben 5.

[233] Vgl. Ziffer 8 und 9 Pressekodex.

[234] Zu den Einzelheiten vgl. Branahl, Medienrecht, Kapitel 4.

Beispiel:
Ein älteres Ehepaar fühlt sich in seiner Nachtruhe gestört, weil am Nachbarhaus Bewegungsmelder angebracht sind, die nachts die Beleuchtung mehrfach kurzzeitig anschalten. Es klagt deshalb gegen den Nachbarn auf deren Entfernung.

Soweit das Informationsinteresse der Allgemeinheit an diesem Rechtsstreit darin besteht zu erfahren, wie die Rechtsprechung einen solchen Interessenkonflikt bearbeitet und entscheidet, ist es schutzwürdig. Soweit es sich jedoch darauf bezieht, Näheres über die „Streithähne" zu erfahren, rechtfertigt es den dazu erforderlichen Eingriff in die Persönlichkeitsrechte nicht.

Für die Berichterstattung ergibt sich daraus die Notwendigkeit, den Gegenstand der Streitigkeit in den Mittelpunkt des Beitrages zu stellen und Angaben über die beteiligten Personen und den Ort der Auseinandersetzung auf die Angaben zu beschränken, die zum Verständnis und zur Bewertung der gerichtlichen Entscheidung von Bedeutung sind.

Für Filmbeiträge bedeutet das in der Regel, dass die handelnden Personen unkenntlich zu machen sind. Gegebenenfalls muss auf Aufnahmen „vor Ort" ganz verzichtet werden.

Diese Einschränkungen entfallen jedoch, wenn *alle* Beteiligten mit der öffentlichen Erörterung ihrer Auseinandersetzung einverstanden sind. Ein solches Einverständnis ergibt sich schon daraus, dass sie Medienvertretern vorbehaltlos die entsprechenden Auskünfte erteilen (konkludente Einwilligung).

Informationen, die ein Beteiligter einer Redaktion *exklusiv* zur Verbreitung überlässt, dürfen von anderen Medien nach ihrer Veröffentlichung frei verwertet werden. Dabei muss allerdings das Urheberrecht (z.B. an Interviews, Fotos etc.) gewahrt bleiben.[235]

Auch ohne Einverständnis des Betroffenen kann sich die Zulässigkeit einer personenbezogenen Berichterstattung daraus ergeben, dass an seinem Verhalten auf Grund seiner gesellschaftlichen Stellung ein besonderes Informationsinteresse der Allgemeinheit besteht.

---

[235] Zur Abgrenzung von Werkschutz und freier Benutzung der Information vgl. Branahl, Medienrecht, S. 201.

Wegen der Kritik- und Kontrollfunktion der Medien ist ein solches Interesse beispielsweise regelmäßig beim Fehlverhalten des Trägers eines öffentlichen Amtes oder einer leitenden Position in einem Unternehmen oder Verband gegeben.

Bei einer Person, die ständig im Blickpunkt der Öffentlichkeit steht, kann die Berichterstattung über ihre Privatsphäre nach Ansicht des BGH (AfP 1999, S. 350 f.) auch durch „das Bedürfnis einer mehr oder minder breiten Leserschicht nach oberflächlicher Unterhaltung" gerechtfertigt sein, wenn sie „keinen sonderlich intensiven Eingriff in das Persönlichkeitsrecht darstellt".

Im Streitfall ging es darum, dass in einem Blatt der „Unterhaltungs- und Sensationspresse" wahrheitsgemäß berichtet worden war, Prinz Ernst August von Hannover sei in London geschieden worden. Scheidungsgrund sei sein Ehebruch mit einer nicht genannten Frau gewesen. Nach Auffassung des BGH war das Gewicht dieses Eingriffs in die Privatsphäre dadurch erheblich vermindert, dass diese Fakten zuvor bereits in England rechtmäßig verbreitet worden waren. Die Verfassungsbeschwerde des Prinzen hatte keinen Erfolg.[236]

Im Strafprozess kann das überwiegende Informationsinteresse der Öffentlichkeit auch aus der Schwere der Tat bzw. des Tatvorwurfs bzw. daraus folgen, dass die Straftat wegen der Tatumstände großes öffentliches Aufsehen erregt hat.[237]

Der Persönlichkeitsschutz steht nicht nur den Prozessparteien und – im Strafprozess – dem Beschuldigten zu. Anspruch auf vollen Schutz ihres allgemeinen Persönlichkeitsrechts haben vor allem auch die in einem Verfahren als *Zeugen* auftretenden Personen – im Strafverfahren in erster Linie das *Opfer* der Straftat.[238] Dieser Schutz kann dazu führen, dass eine identifizierende Berichterstattung selbst dann nicht zulässig ist, wenn die übrigen Beteiligten sie auf Grund der allgemeinen Regeln dulden müssten.

Die Berichterstattung über das Verhalten der an dem Prozess dienstlich Mitwirkenden (Berufsrichter, ehrenamtliche Richter, Rechtsanwälte, Staatsanwälte usw.) wird durch das allgemeine Persönlichkeitsrecht generell nicht beschränkt. Deshalb bestehen im

---

[236] Vgl. dazu BVerfG in AfP 2000, S. 352 f.

[237] Vgl. dazu unten 6.4.

[238] Zum Opferschutz vgl. auch Ziffer 11 mit den Richtlinien 11.1 bis 11.3 Pressekodex Deutscher Presserat.

Allgemeinen auch keine rechtlichen Einwände dagegen, sie in einem journalistischen Beitrag beim Namen zu nennen. Auf die Namens-nennung ist jedoch zu verzichten, wenn sie die Sicherheit der Betrof-fenen im Einzelfall konkret gefährdet.[239]

Eine solche Gefährdung kann z.B. in Strafprozessen bestehen, in denen es um organisierte Kriminalität, terroristische Straftaten oder politisch motivierte Straftaten geht.

Selbstkontrollfrage 6/1:

Unter dem Titel „Abserviert und ausgenommen" strahlt ein Fernsehsender einen Beitrag zum Thema „Scheidungsopfer Mann" aus. In der Anmoderation wird „das Phänomen durch die Scheidung finanziell ruinierter Ehemänner" angesprochen, die „wie eine Weihnachtsgans ausgenommen werden", „ackern wie die Blöden und denen am Ende doch nichts bleibt." Der Beitrag beginnt mit dem apodiktischen Statement der rechtspolitischen Sprecherin der SPD-Fraktion im Deutschen Bundestag, Margot von Renesse, den geschiedenen reichen Mann, der einen Großteil seines Vermögens an seine geschiedene Frau abgeben muss, gebe es nicht. Darauf erklärt der Moderator, man habe nicht lange suchen müssen, um einen solchen Fall doch zu finden. Vorgestellt wird dann mit vollem Namen Dr. G.X., der sich über die finanziellen Folgen seiner Scheidung beklagt, die er für ungerecht hält. Mitgeteilt wird in dem Beitrag, dass er
- für seine Ex-Frau und die gemeinsamen drei Kinder monatlich 5.600 DM Unterhalt zahlen muss,
- allein für die Schulden (DM 650.000) aufkommen muss, die durch den Erwerb des Hauses am Bodensee entstanden sind, das jetzt seiner Ex-Frau gehört und
- aus den zahlreiche familiengerichtlichen Verfahren, die seine Ex-Frau gegen ihn angestrengt hatte, 200.000 DM an Kostenzu tragen hat.
Die Ex-Frau verlangt Unterlassung sowie Zahlung einer Geldentschädigung, weil die Sendung sie in schwerwiegender Weise in ihrem Persönlichkeitsrecht verletzt habe. Zu Recht?

---

[239] Vgl. dazu auch BVerfG in AfP 2000, S. 454 ff. (Zur Rechtfertigung eines Fotografierverbots).

Im Übrigen gelten auch für die Justizberichterstattung die allgemeinen Regeln des *Ehrenschutzes*:

Tatsachenbehauptungen, die geeignet sind, das Ansehen einer Person zu verletzen, dürfen nur verbreitet werden, wenn sie erweislich wahr sind.[240] Dabei gilt für die Berichterstattung über Strafprozesse die Besonderheit, dass die rechtskräftige Verurteilung als Wahrheitsbeweis gilt, der Wahrheitsbeweis hingegen ausgeschlossen ist, wenn der Beleidigte vor der Behauptung oder Verbreitung rechtskräftig freigesprochen worden ist (§ 190 StGB).[241]

Werturteile in der Berichterstattung sind durch das Grundrecht der Meinungsäußerungsfreiheit bis zur Grenze der Schmähkritik geschützt.[242] Das gilt für Äußerungen über die Prozessbeteiligten in gleicher Weise wie für Äußerungen über das Gericht.[243] *Rechtlich* sind damit auch unsachliche, polemische und unzutreffende Bewertungen nicht angreifbar. Dies ändert jedoch nichts daran, dass die Sachgerechtigkeit der Kritik zu den zentralen Qualitätsmerkmalen der Berichterstattung gehört.[244]

6.2 Schutz von Betriebs- und Geschäftsgeheimnissen

Dem allgemeinen Persönlichkeitsrecht natürlicher Personen entspricht der Schutz von Betriebs- und Geschäftsgeheimnissen von Unternehmen. Auch wenn solche Geheimnisse in einem Prozess in öffentlicher Verhandlung erörtert worden sind, dürfen sie nicht ohne weiteres in einem Bericht über diese Verhandlung verbreitet werden. Das Interesse des Unternehmens, Betriebsinterna nur einem möglichst kleinen Kreis von vertrauenswürdigen Personen zugänglich zu machen, ist grundsätzlich geschützt.

---

[240] Zu den Einzelheiten vgl. Branahl, Medienrecht, S. 77 ff.

[241] Dies gilt auch im Rahmen zivilrechtlicher Abwehransprüche gegen eine entsprechende Berichterstattung, vgl. BGH in AfP 1985, S. 204, sowie OLG Dresden in AfP 1998, S. 410 f.

[242] Zur Abgrenzung von Tatsachenbehauptungen und Werturteilen vgl. Branahl, Medienrecht, S.65 ff.; zu den Grenzen der Meinungsäußerungsfreiheit: ders., S. 89 ff.

[243] Ein Verbot der Richterschelte, wie es das englische common law kennt („scandalizing the courts"), gibt es im deutschen Recht nicht, vgl. Brömmekamp, S. 197.

[244] Vgl. dazu oben 4.3.

Veröffentlicht werden dürfen solche Interna jedoch, soweit dadurch ein berechtigtes Informationsinteresse der Öffentlichkeit befriedigt wird. Das ist vor allem bei der Aufdeckung von Missständen der Fall, etwa bei Mängeln im Produktionsprozess, im Vertrieb oder in den Produkten.

6.3 Behinderung der Justiz

Ein generelles Verbot, durch die Berichterstattung Einfluss auf ein schwebendes Gerichtsverfahren zu nehmen, kennt das deutsche Recht - anders als das englische[245] - nicht.[246] Nach Ansicht des Deutschen Presserates gehört die Vermeidung präjudizierender Stellungnahmen vor Abschluss des Verfahrens aber zur Berufsethik der Presse.[247]

Rechtlich problematisch wird die Berichterstattung dort, wo sie auf die Entscheidung des Gerichts Druck auszuüben sucht, der die Grenze zur Nötigung (§ 240 StGB) überschreitet. *Ethisch* unvertretbar ist sie meines Erachtens aber bereits, wenn sie ein Klima schafft oder begünstigt, das Bedrohungen des Gerichts oder von Prozessbeteiligten durch Dritte fördert.

Strafbar ist die Beeinflussung von Zeugen erst, wenn diese zu einer Falschaussage angestiftet oder verleitet werden (§§ 153, 26, 159, 160 StGB). *Ethisch* bedenklich ist aber bereits ein Gespräch oder Interview mit einem Zeugen im Vorfeld eines Prozesses, da dieses sein späteres Aussageverhalten vor Gericht erheblich beeinflussen kann.[248]

Beispiel:
Vor dem Untersuchungsausschuss des Landtages von Nordrhein-Westfalen, der die Finanzierung von Flügen von Regierungsmitgliedern durch die WestLB untersuchte,

---

[245] Zum insoweit einschlägigen contempt of court vgl. Brömmekamp, S. 196 ff. Zum Schutz des Strafverfahrens in England und den USA siehe Bornkamm, S. 21 ff. und 97 ff.
[246] Zur Rechtfertigung vgl. Wassermann, S. 45 ff.; zum Für und Wider einer solchen Regelung vgl. auch Hassemer in NJW 1985, S. 1921 ff. Zu den Chancen, die eine kritische Aufnahme öffentlicher Stellungnahmen für die Rechtsprechung bietet, vgl. Sendler in NJW 2001, S. 1909 ff.
[247] Pressekodex, Ziffer 13.
[248] Vgl. Wagner, S. 67 ff.

behauptete ein Zeuge im Februar 2000, der „Spiegel" habe der Witwe des Inhabers der Charterfirma, die die Flüge durchgeführt hatte, zu ihrem Informationshonorar zusätzlich eine „Prämie" für den Fall zugesagt, dass ihre Aussage zum Sturz von Rau und Clement führe. Der „Spiegel" hat die Behauptung bestritten.[249]

Strafbar ist die Vernichtung von Beweismitteln nur, wenn sie einem anderen gehören (Urkundenunterdrückung, § 274 StGB) oder sich in amtlicher Verwahrung befinden (Verwahrungsbruch, § 133 StGB). *Ethisch* dürfte die mit der Vernichtung eines Beweismittels verbundene Erschwerung der Wahrheitsfindung allenfalls in seltenen Ausnahmefällen vertretbar sein.

Generell strafbar hingegen ist ferner die Fälschung von Beweismitteln (§§ 267 ff. StGB), die falsche Verdächtigung wider besseres Wissen (§ 164 StGB) und das Vortäuschen einer Straftat (§ 145d StGB).

Ethisch unvertretbar sind schließlich alle Einflüsse auf die Rechtsprechung, die auf eine Rechtsbeugung (§ 339 StGB) abzielen oder zu einer Verfolgung Unschuldiger führen (§ 344 StGB). Auch dies gilt unabhängig davon, ob sie im Einzelfall strafrechtlich verfolgt werden können oder nicht.

6.4 Grenzen der Informationsbeschaffung und gesetzliche Veröffentlichungsverbote

„Interviews mit Tätern während des Tatgeschehens darf es nicht geben" heißt es im Pressekodex des Deutschen Presserates (Richtlinie 11.2). Zur strafbaren Handlung wird die Begleitung von Straftätern bei der Tat, wenn die Täter dadurch erst veranlasst werden, die konkrete Tat zu begehen (Anstiftung, § 26 StGB)[250], oder in ihrem Tatentschluss bestärkt werden (psychische Beihilfe, § 27 StGB).[251]

Beispiel:
Ein Fernsehteam sucht ein Lokal auf, das rechtsradikalen Gewaltbereiten als Treffpunkt dient. Dort treffen sie ein paar Jugendliche, die beschließen, die Gelegenheit zu

---

[249] Quelle: Textarchiv der Berliner Zeitung; Datum: 14.02.2000; Ressort: Medien.
[250] Cramer in Schönke-Schröder, Rdz. 7 zu § 26 StGB, m.w.N.
[251] Cramer in Schönke-Schröder, Rdz. 12 zu § 27 StGB, m.w.N.

benutzen, um öffentlich zu demonstrieren, wie man Asylantenheime „abfackelt". In Kenntnis dieses Umstands begleitet das Fernsehteam die Gruppe, um die Brandstiftung zu filmen.

Die Zahlung von Informationshonoraren an Gewalttäter ist meines Erachtens ethisch nicht vertretbar. Strafbar ist es, einem Straftäter dabei zu helfen, aus der Haft zu entkommen (Gefangenenbefreiung, § 120 StGB), sich der Strafverfolgung zu entziehen (Strafvereitelung, § 258 StGB) oder die Vorteile der Tat, die „Beute", zu sichern (Begünstigung, § 257 StGB).

Die Zahlung von Informationshonoraren an Amtsträger kann den Tatbestand der Vorteilsgewährung (§ 333 StGB) und der der Bestechung (§ 334 StGB) erfüllen.

Wer Amtsträger veranlasst, Dienstgeheimnisse zu verraten (§ 353b StGB)[252] bzw. Betriebs- oder Geschäftsgeheimnisse preiszugeben oder das Steuergeheimnis zu verletzen (§ 355 StB), macht sich als Anstifter (§ 26 StGB) strafbar.

Soweit in einem Gerichtsverfahren die Öffentlichkeit wegen Gefährdung der Staatssicherheit ausgeschlossen worden ist, dürfen Presse, Rundfunk und Fernsehen keine Berichte über die Verhandlung und den Inhalt eines die Sache betreffenden amtlichen Schriftstücks veröffentlichen (§§ 174 Abs. 2 GVG, 55 VwGO, 52 Abs. 2 FGO). Der Verstoß gegen dieses Verbot ist strafbar (§ 353d Nr. 1 StGB).

Erhält also ein Journalist (Teile der) Verfahrensakten zugespielt oder wird er von einem Teilnehmer der nichtöffentlichen Verhandlung über deren Inhalt informiert, darf er diese Informationen nicht veröffentlichen, soweit sie nach dem Willen des Gerichts geheim gehalten werden sollen, weil ihr Bekanntwerden die innere oder äußere Sicherheit des Staates gefährden könnte. Das gilt allerdings nicht, wenn die Informationen staatliches Verhalten betreffen, das gegen die freiheitliche demokratische Grundordnung verstößt (§ 93 Abs. 2 StGB).[253]

---

[252] Einzelheiten dazu bei Behm in AfP 2000, S. 421 ff.
[253] So zu Recht Lenckner in Schönke-Schröder, Rdz. 18 zu § 353d StGB.

Ist die Öffentlichkeit wegen Gefährdung der Staatssicherheit, zum Schutz der Privatsphäre oder eines Betriebs-, Geschäfts-, Erfindungs- oder Steuergeheimnisses ausgeschlossen, kann das Gericht den anwesenden Personen die Geheimhaltung von Tatsachen zur Pflicht machen, die sie durch die Verhandlung oder ein die Sache betreffendes amtliches Schriftstück erfahren (§ 174 Abs. 3 GVG). Der Verstoß gegen diese Pflicht ist ebenfalls strafbar (§ 353d Nr. 2 StGB).

Als *Täter* dieses Delikts kommt ein Journalist nur in Betracht, wenn er in dem nichtöffentlichen Teil der Verhandlung anwesend gewesen ist. Sofern er nicht selbst Verfahrensbeteiligter ist, setzt dies voraus, dass das Gericht ihm die Anwesenheit gestattet hat. Dies ist gemäß § 175 Abs. 2 Satz 1 GVG zulässig.

Umstritten ist die Frage, ob sich auch ein Journalist strafbar macht, der entsprechende Informationen veröffentlicht, die er von einem Informanten erhalten hat, der sie seinerseits durch die nichtöffentliche Verhandlung oder ein die Sache betreffendes amtliches Schriftstück erfahren hat (z.B. von einem Prozessbeteiligten). Teilweise wird die Auffassung vertreten, dieses Verhalten stelle eine strafbare *Beihilfe* dar.[254]

Strafbar macht sich ferner, wer die Anklageschrift oder andere amtliche Schriftstücke eines Strafverfahrens, eines Bußgeldverfahrens oder eines Disziplinarverfahrens ganz oder in wesentlichen Teilen im Wortlaut öffentlich mitteilt, bevor sie in öffentlicher Verhandlung erörtert worden sind oder das Verfahren abgeschlossen ist (§ 353d Nr. 3 StGB).

Als „wesentliche Teile" eines Schriftstücks sind Passagen anzusehen, die für den Ausgang des Verfahrens von Bedeutung sind. Ein Verstoß nach § 353d Nr. 3 StGB kann aber leicht dadurch vermieden werden, dass solche Passagen nicht wörtlich, sondern nur sinngemäß, mit eigenen Worten, wiedergegeben werden. Dass dabei zentrale Begriffe, etwa Fachbegriffe, aus dem Aktenstück verwendet werden, reicht für eine Bestrafung nicht aus.

---

[254] Nachweise bei Lenckner in Schönke-Schröder, Rdz. 23 zu § 353b StGB.

Bei der wörtlichen Wiedergabe von Anwaltschriftsätzen ist das Urheberrecht zu beachten. Seine Veröffentlichung gegen den Willen des Autors kann gerechtfertigt sein, wenn es sich bei ihm um ein historisches Dokument handelt.[255] Urteile sind urheberrechtlich nicht geschützt (§ 5 Abs. 1 UrhG). Auch die Plädoyers dürfen wörtlich verwendet werden (§ 48 Abs. 1 Nr. 2 UrhG).[256]

6.5 Regeln für die Berichterstattung über Strafverfahren

6.5.1 Wahrheitsbeweis

Der Vorwurf einer Straftat ist ehrenrührig. Trifft er nicht zu, erfüllt seine Verbreitung den Tatbestand der üblen Nachrede. Deshalb ist in der Berichterstattung sorgfältig darauf zu achten, dass der Stand der Ermittlungen zutreffend und unverzerrt wiedergegeben wird.[257] So darf ein Mitläufer nicht als Drahtzieher einer Diebesbande dargestellt werden. Und wer einer Tötung verdächtig ist, darf nicht ohne weiteres eines Mordes bezichtigt werden. Schließlich darf der Beschuldigte, solange seine Schuld nicht feststeht, nicht als Täter dargestellt werden (Verbot der Vorverurteilung).[258] In den Bericht über die Verurteilung des Angeklagten gehört die Mitteilung, ob das Urteil rechtskräftig geworden ist.[259]

Grundsätzlich trägt der Berichterstatter die Beweislast für die Richtigkeit der erhobenen bzw. verbreiteten Vorwürfe. Ausnahme: Es geht um eine Angelegenheit von allgemeiner Bedeutung und der Berichterstatter kann nachweisen, dass sein Bericht sorgfältig recherchiert ist.[260] Dazu reicht es nicht aus, sich auf eine Vorveröffent-

---

[255] So Landgericht Hamburg in AfP 1999, S. 379 ff. – Havemann.

[256] Ein Sammlung von Plädoyers desselben (Staats-)Anwalts darf allerdings nur mit dessen Einwilligung verbreitet werden (§ 48 Abs. 2 UrhG).

[257] BVerfGE 35, S. 232; BGH in NJW 1965, S. 2395 f.

[258] BGH in AfP 2000, S. 168 m.w.N.; zu weitgehend aber Richtlinie 13.1 Pressekodex Deutscher Presserat. Danach soll dieser Grundsatz selbst bei einem Geständnis des Täters sowie dann gelten, wenn die Täterschaft offenkundig ist.

[259] Vgl. Landgericht Berlin in AfP 1998, S. 418, 420.

[260] Vgl. Branahl, Medienrecht, S. 78 ff. m.w.N.

lichung in einem anderen Medium zu berufen.[261] Demgegenüber gelten Auskünfte der Ermittlungsbehörden (Staatsanwaltschaft, Kriminalpolizei) als „seriöse Quellen", auf deren Richtigkeit sich die Medien verlassen dürfen.[262] Erweisen sie sich später als unrichtig, kann der Betroffene lediglich die Richtigstellung der Falschmeldung bzw. eine ergänzende Berichterstattung verlangen, durch die der falsche Eindruck korrigiert wird. Hat ein Medium über ein Strafverfahren berichtet, hat der Beschuldigte bei einem Freispruch einen Anspruch darauf, dass auch dann über diesen berichtet wird (Anspruch auf ergänzende Berichterstattung).[263] Wird das Verfahren eingestellt, weil sich eine Schuld des Verdächtigen nicht nachweisen lässt, darf der Tatverdacht nicht mehr zum Gegenstand der Berichterstattung gemacht werden. Einen Anspruch darauf, dass über die Einstellung des Verfahrens berichtet wird, hat der Betroffene jedoch nicht. Denn da das Verfahren jederzeit wieder aufgenommen werden kann, liefe ein solcher Anspruch auf eine Pflicht zur stetigen Berichterstattung hinaus, die die Medienfreiheit übermäßig einschränken würde.[264] Meines Erachtens ist eine ergänzende Berichterstattung ethisch jedoch zumindest dann geboten, wenn die Einstellung nach den Umständen des Einzelfalles als endgültig anzusehen ist.

Die Berichterstattung über einen Tatverdacht ist nur zulässig, soweit dieser durch Beweistatsachen hinreichend begründet ist.[265] Die Anforderungen an die Begründetheit des Verdachts sind umso strenger, je schwerer und nachhaltiger das Ansehen des Betroffenen durch die Veröffentlichung beeinträchtigt wird.[266] Daraus folgt:

- Die Verbreitung von Gerüchten setzt nicht nur voraus, dass es das Gerücht tatsächlich gibt, sondern auch, dass zureichende

---

[261] BGH in NJW 1996, S. 1132. Vgl. auch Landgericht Berlin in AfP 2002, S. 62 ff.

[262] Vgl. z.B. OLG Braunschweig in NJW 1975, S. 651 ff.

[263] Vgl. BGH in NJW 1972, S. 431 ff.; BVerfG in AfP 1997, S. 619 f,

[264] Landgericht Hamburg in AfP 1999, S. 93 f.

[265] Ständige Rechtsprechung des BGH; vgl. NJW 1977, S. 1289; NJW 1997, S. 1149; AfP 2000, S. 168.

[266] Ständige Rechtsprechung des BGH; vgl. NJW 1972, S. 1659; NJW 1977, S. 1289; AfP 2000, S. 168.

Anhaltspunkte dafür vorhanden sind, dass der Inhalt des Gerüchts den Tatsachen entspricht.[267]

- Auch über die Einleitung eines Ermittlungsverfahrens darf nur berichtet werden, wenn ausreichende Belege einen Tatverdacht rechtfertigen. Die bloße Einleitung des Verfahrens reicht zum Beweis dafür nicht aus.[268]

- Demgegenüber darf der Journalist sich darauf verlassen, dass ausreichende Beweistatsachen für den Tatverdacht vorliegen, wenn
  - der Beschuldigte in Untersuchungshaft genommen worden ist oder
  - die Hauptverhandlung gegen ihn eröffnet ist.[269]

Denn in beiden Fällen hat ein Richter bereits festgestellt, dass gegen den Beschuldigten bzw. Angeklagten ein dringender bzw. hinreichender Tatverdacht besteht (§ 112 StPO bzw. § 203 StPO).

Weniger strenge Anforderungen gelten für Verdachtsäußerungen, die ein Fehlverhalten des Staates als Träger staatlicher Gewalt betreffen. Hier rechtfertigt die Kritik- und Kontrollfunktion der Medien auch die „Mitteilung von Verdachtsmomenten aufgrund unbestätigter Angaben Dritter" mit dem Ziel, (weitere) Ermittlungen in Gang zu bringen.[270]

6.5.2 Persönlichkeitsschutz

Wird der Beschuldigte namentlich genannt oder kann sein Umfeld (Freunde, Verwandte, Bekannte) ihn auf Grund der Angaben in dem Bericht leicht identifizieren, wirkt die Berichterstattung über ein Strafverfahren wie ein öffentlicher Pranger. Diese Prangerwirkung muss er nur hinnehmen, wenn sie in einem angemessenen Verhältnis zur Schwere seiner Schuld steht.

---

[267] Brandenburgisches OLG in AfP 2003, S. 343 ff.
[268] Vgl. Landgericht München in AfP 2003, S. 464.
[269] OLG München in AfP 2003, S. 438.
[270] Kammergericht in AfP 1999, S. 361 f. (Kosovo).

Deshalb ist die identifizierende Berichterstattung über die Verurteilung wegen einer *leichten* Straftat, etwa zu einer Geldstrafe, nur zulässig, wenn an der Person des Beschuldigten ein besonderes öffentliches Informationsinteresse besteht. Ein solches Informationsinteresse kann sich daraus ergeben, dass der Beschuldigte ein wichtiges öffentliches Amt oder eine herausgehobene Position in der Gesellschaft (Wirtschaft, Kultur, Sport, Politik) bekleidet und sich deshalb verstärkt öffentliche Kritik an seinem Verhalten gefallen lassen muss.

So muss sich das (ehemalige) Vorstandsmitglied einer staatlichen Bank, das gelegentlich auch in der Öffentlichkeit aufgetreten ist, nach Ansicht des Landgerichts Köln[271] die identifizierende Berichterstattung darüber gefallen lassen, dass es wegen Kindesmissbrauchs in 110 Fällen, begangen an der eigenen minderjährigen Tochter und einem ebenfalls minderjährigen Zwillingspärchen, rechtskräftig zu einer Freiheitsstrafe von zwei Jahren auf Bewährung verurteilt worden ist.

Demgegenüber muss, wer eine *schwere* Straftat begangen hat, grundsätzlich hinnehmen, dass über seine Verurteilung, seine Tat und seine Motive identifizierend berichtet wird. Schwere Straftaten sind Verbrechen wie Mord, Vergewaltigung, Bankraub oder Geiselnahme. In solchen Fällen dürfen auch Fotos oder Filmaufnahmen von den Tätern veröffentlicht werden. Zu beachten ist jedoch, dass durch die Identifizierung des Täters das Persönlichkeitsrecht des Opfers z.B. eines sexuellen Missbrauch oder einer Vergewaltigung nicht verletzt werden darf.

Über Vergehen Erwachsener darf auch dann identifizierend berichtet werden, wenn sie „von erheblicher Bedeutung" sind. Diese kann sich aus der Art der Straftat ergeben oder daraus, dass die Tatumstände besonderes Aufsehen hervorgerufen haben.

In Betracht kommen beispielsweise Amtsdelikte[272], Serieneinbrüche, Großbetrügereien ebenso wie Bandenkriminalität oder politisch motivierte Gewalttaten.

---

[271] Nicht rechtskräftiges Urteil v. 6. 8. 2003, abgedruckt in AfP 2003, S. 563 f.

[272] Vgl. z.B. Landgericht Berlin in AfP 1998, S. 418 ff., zum strafbaren Zusammenwirken eines Polizeibeamten in leitender Stellung mit einem Beschuldigten aus der Rotlichtszene.

Jugendliche genießen zur Wahrung ihrer Resozialisierungschancen besonderen Schutz. Über sie darf nur bei *schweren* Straftaten identifizierend berichtet werden.

Die Gefahr, dass der Beschuldigte schuldlos an den Pranger gestellt wird, ist besonders hoch, solange die Vorwürfe gegen ihn nicht hinreichend geklärt sind. Deshalb ist die identifizierende Berichterstattung über ein laufendes *Ermittlungsverfahren* nur unter erschwerten Voraussetzungen zulässig. In diesem Verfahrensstadium fällt das öffentliche Informationsinteresse an identifizierender Berichterstattung nur dann stärker ins Gewicht als das Schutzinteresse des Verdächtigen, wenn es um schwere Kriminalität geht oder um Straftaten, die „die Öffentlichkeit besonders berühren"[273].

Solche Straftaten sind vor allem die Amtsdelikte, bei denen die Medien zur Erfüllung ihrer Kritik- und Kontrollfunktion bei ausreichenden „Beweistatsachen" auch dann identifizierend über einen Tatverdacht berichten dürfen, wenn der Tatvorwurf im Bereich der mittleren Kriminalität liegt.[274]

Dasselbe gilt für Straftaten, die Rechtsanwälte in Ausübung ihres Berufs (als „Organ der Rechtspflege") begehen.[275]

Gibt der Beschuldigte öffentliche Erklärungen zu den gegen ihn erhobenen Vorwürfen ab, ohne deutlich zu machen, dass er mit einer Berichterstattung nicht einverstanden ist, kann er sich gegen eine sachgerechte identifizierende Berichterstattung nicht (mehr) wehren. Dasselbe soll gelten, wenn sein Anwalt entsprechende Erklärungen abgibt.[276]

Um seine (Re-)Sozialisierung nicht zu gefährden, hat generell jeder Täter einen Anspruch darauf, dass die öffentliche Erörterung seiner kriminellen Vergangenheit nach Verbüßung seiner Strafe unterbleibt, sofern er nicht selbst durch sein Verhalten (z.B. durch weitere Straftaten) Anlass gibt, sich erneut damit zu befassen.[277]

---

[273] BGH in NJW 1994, S. 1952; BGH in AfP 2000, S. 170.

[274] BGH in AfP 2000, S. 170.

[275] So OLG München für den Bericht über eine Hauptverhandlung unter Abkürzung des Familiennamens des Anwalts, vgl. AfP 2003, S. 438.

[276] So jedenfalls Landgericht Berlin in AfP 2003, S. 559 ff.

[277] Zu Einzelfragen vgl. Branahl, Medienrecht, S. 192 ff.

Prangerwirkung kann die Berichterstattung nicht nur für den individuell Beschuldigten entfalten. Wird er als Mitglied einer gesellschaftlichen Gruppe identifiziert, kann sich der Bericht negativ auf das Ansehen der gesamten Gruppe auswirken. Das Leben religiöser, ethnischer und sonstiger gesellschaftlichen Minderheiten kann dadurch erheblich erschwert werden. Aus diesem Grund ist in jedem Einzelfall besonders zu prüfen, ob die Zugehörigkeit des Beschuldigten zu einer solchen Minderheit für das Verständnis oder die Beurteilung der Taten von Bedeutung ist. Anderenfalls sollte der entsprechende Hinweis unterbleiben.[278]

Eine Berichterstattung, die Verständnis für das Verhalten eines Straftäters zu wecken sucht, findet ihre rechtlichen Grenzen in dem Verbot, eine schwere[279] Straftat in einer Weise zu billigen, die geeignet ist, den öffentlichen Frieden zu stören, § 140 Nr. 2 StGB. Unter ethischen Gesichtspunkten bedarf die Verharmlosung oder Billigung einer Straftat, also eines von der Gesellschaft im Allgemeinen als besonders verwerflich beurteilten Verhaltens, immer einer besonderen Rechtfertigung.

Das journalistische Berufsrecht verbietet eine „unangemessen sensationelle" Darstellung von Gewalt und Brutalität.[280] Strafbar kann eine solche Darstellung sein, wenn sie „grausame oder sonst unmenschliche Gewalttätigkeiten gegen Menschen in einer Art schildert, die eine Verherrlichung oder Verharmlosung solcher Gewalttätigkeiten ausdrückt oder die das Grausame oder Unmenschliche des Vorgangs in einer die Menschenwürde verletzenden Weise darstellt" (§ 131 Abs. 1 und 2 StGB). Das gilt allerdings nicht, soweit die Darstellung „der Berichterstattung über Vorgänge des Zeitgeschehens oder der Geschichte dient." (§ 131 Abs. 3 StGB).

---

[278] Vgl. auch Ziffer 12 und Richtlinie 12.1 Pressekodex Deutscher Presserat.
[279] Dazu gehören nur die in den §§ 126 Abs. 1 und 138 Abs. 1 Nr. 1 bis 5 StGB aufgelisteten Straftaten.
[280] Pressekodex des Deutschen Presserates, Ziffer 11.

Selbstkontrollfrage 6/2:

Im Rahmen eines Beitrages über den sexuellen Missbrauch von Patientinnen durch Psychotherapeuten wird in der Sendereihe Report über ein Ermittlungsverfahren gegen einen bekannten Psychotherapeuten berichtet. Dieser wird mit Namen und Bild (aus einer Boulevardzeitung) vorgestellt. Im weiteren Verlauf wird auch ein Interview mit ihm gezeigt. Berichtet wird, eine „Kronzeugin" habe der zuständigen Behörde ausführlich geschildert, dass sie von ihm zu sado-masochistischen Spielen gezwungen worden sei. Außerdem wird das Interview mit einer Psychologin ausgestrahlt, von der mitgeteilt wird, sie habe gehört, er peitsche seine Patientinnen aus, gebe ihnen Urin zu trinken und missbrauche sie sexuell.

Etwa ein Vierteljahr nach Ausstrahlung dieses Berichts stellt die Staatsanwaltschaft das Verfahren ein, da den Angaben der Anzeigeerstatterin keine höhere Glaubwürdigkeit beigemessen werden könne als den Angaben des Beschuldigten.

Nunmehr verlangt der Psychotherapeut von dem Sender, die Verbreitung der Angaben der Kronzeugin und des Interviews zu unterlassen, die darin enthaltenen Behauptungen zu widerrufen und den Widerruf zu veröffentlichen, ergänzend zu berichten, das Verfahren gegen ihn sei wegen mangelnder Glaubwürdigkeit der Anzeigeerstatterin eingestellt worden, ihm den durch die Berichterstattung entstandenen materiellen Schaden zu ersetzen und ihm ein Schmerzensgeld zu zahlen. Zu Recht?

7 Die Verfahrensarten im Einzelnen

7.1 Der Zivilprozess

Der Zivilprozess dient der Feststellung und Durchsetzung zivilrechtlicher Ansprüche: Wer meint, das Recht zu haben, von einem anderen ein bestimmtes Verhalten zu verlangen, darf dieses Recht im Allgemeinen nicht im Wege der „Selbsthilfe" durchsetzen[281]. Um zu seinem Recht zu kommen, muss er sich der Hilfe des Staates bedienen.

Der Verkäufer eines Autos z.b. kann dem Käufer das bereits ausgelieferte Fahrzeug nicht wieder wegnehmen, wenn dieser seine Raten nicht pünktlich bezahlt. Er muss seinen Herausgabeanspruch vielmehr gerichtlich geltend machen. Erst wenn das zuständige (Zivil-)Gericht festgestellt hat, dass dieser Anspruch tatsächlich besteht („Erkenntnisverfahren"), kann er einen Gerichtsvollzieher damit beauftragen, dem Käufer das Auto wegzunehmen und es ihm auszuhändigen („Vollstreckungsverfahren").

Zivilprozesse machen den weitaus größten Teil aller Gerichtsverfahren aus. Im Jahre 2002 erledigten die Zivilgerichte nach Angabe des Statistischen Bundesamtes[282] in der ersten Instanz über 1,8 Millionen Verfahren. Hinzu kamen noch fast 560.00 Verfahren vor den Familiengerichten.[283]

Die Menge sowie der Umfang und Inhalt von Zivilprozessen wird allein bestimmt durch den Willen jedes Einzelnen, seine (ver-

---

[281] Zur zulässigen Selbsthilfe vgl. Branahl, Medienrecht S. 247 ff.

[282] Datenreport 2004, S. 228.

[283] Zum Vergleich: Die Strafgerichte erledigten in demselben Jahr etwas über 870.000 Verfahren, die Arbeitsgerichte gut 610.000 Verfahren. Vor den Sozialgerichten wurden knapp 267.000 Verfahren abgeschlossen, vor den Verwaltungsgerichten gut 192.000 und vor den Finanzgerichten etwa 68.300. Auch diese Angaben entstammen dem Datenreport 2004 des Statistischen Bundesamtes, S. 228.

meintlichen) Rechte gerichtlich durchzusetzen. Das zuständige Gericht kann die Annahme einer Klage nicht verweigern, weil es um eine Lappalie geht oder die Sache von vornherein aussichtslos ist. Ein guter Anwalt wird seinen Mandanten in solchen Fällen von der Erhebung einer Klage abraten – verhindern kann er die Klage in der Praxis kaum. Denn wenn er die Vertretung ablehnt, muss er damit rechnen, dass sich der Mandant einen anderen Anwalt sucht (und ihn auch findet). Auch das Risiko, die Prozesskosten tragen zu müssen, verhindert unsinnige Prozesse nicht, wenn die Parteien rechtsschutzversichert sind und die Versicherungen das Kostenrisiko (zumindest in der ersten Instanz) ohne hinreichende Prüfung der Erfolgsaussichten übernehmen.

7.1.1 Die Zuständigkeit der Zivilgerichte

Als erste Instanz in Zivilsachen kommen Amtsgericht und Landgericht in Betracht.

Das Amtsgericht ist zuständig für Streitigkeiten aus Wohnraummietverhältnissen, Reiserecht, Wildschäden, Altenteilen und das Aufgebotsverfahren, § 23 GVG. Als Familiengericht ist es zuständig für Kindschafts-, Unterhalts- und Ehesachen, §§ 23 a und b GVG.

Das Landgericht ist zuständig für Ansprüche aus Amtspflichtverletzungen von Beamten, § 71 GVG.

Im Übrigen ist das Amtsgericht zuständig, soweit der Wert des Streitgegenstandes 5.000 € nicht übersteigt. Bei höheren Streitwerten ist hingegen das Landgericht zuständig.

Beim Amtsgericht entscheidet in Zivilsachen immer ein Einzelrichter. Auch beim Landgericht sind inzwischen viele Entscheidungen dem Einzelrichter übertragen;[284] im Übrigen ist jedoch eine Zivilkammer aus drei Berufsrichtern zur Entscheidung berufen. Für Handelssachen kann an deren Stelle ein Spruchkörper aus einem Berufsrichter als Vorsitzendem und zwei ehrenamtlichen Richtern

---

[284] Vgl. dazu §§ 348, 348a ZPO.

als Beisitzern treten (Kammer für Handelssachen), §§ 93 ff. GVG. Was Handelssachen sind, ist in § 95 GVG festgelegt. Es handelt sich um Streitigkeiten, die üblicherweise zwischen Kaufleuten auftreten. Örtlich zuständig ist im Allgemeinen[285] das Gericht, in dessen Bezirk der Wohnsitz des Beklagten liegt, §§ 12, 13 ZPO.[286] Sonderregeln gelten für dingliche Ansprüche, § 24 ZPO, Miet- und Pachtverhältnisse, § 29a ZPO, Haustürgeschäfte, § 29c ZPO, und Umweltschäden, § 32a ZPO. Zwischen Kaufleuten und juristischen Personen des öffentlichen Rechts kann die Zuständigkeit eines anderen Gerichts vertraglich vereinbart werden (Gerichtsstandsvereinbarung), § 38 ZPO.

Für den Erlass eines Mahnbescheids ist – unabhängig von Art und Wert des Streitgegenstands das Amtsgericht sachlich zuständig. Die meisten Bundesländer haben von der Möglichkeit Gebrauch gemacht, die örtliche Zuständigkeit für Mahnbescheide auf einzelne Amtsgerichte zu konzentrieren.[287]

7.1.2 Der Ablauf des (streitigen) Verfahrens

Der Zivilprozess beginnt mit der Erhebung der Klage durch den Kläger, der sich in der Regel[288] durch einen Anwalt vertreten lässt. Dazu reicht er bei dem zuständigen Gericht eine Klageschrift ein. Diese muss (neben dem Gericht und dem Kläger)

- den Beklagten benennen[289],

---

[285] Als weitere Gerichtsstände kommen in Betracht: der Sitz des Insolvenzgerichts, § 23a ZPO, der Gerichtsstand des Erblassers, § 27 ZPO, der Erfüllungsort, § 29 ZPO, die Lage der Eigentumswohnung, § 29b ZPO, der Tatort einer unerlaubten Handlung, § 32 ZPO.

[286] Zu Sonderregeln für juristische Personen sowie Personen, die im Inland keinen Wohnsitz haben, vgl. §§ 15 ff. ZPO.

[287] So ist in Hessen beispielsweise das Amtsgericht Hünfeld landesweit für den Erlass von Mahnbescheiden zuständig.

[288] Beim Amtsgericht kann der Kläger seine Sache auch selbst vertreten. Beim Landgericht hingegen - und bei den meisten Familiensachen auch beim Amtsgericht - herrscht „Anwaltszwang". Einzelheiten sind in § 78 ZPO geregelt.

[289] Damit das Gericht dem Beklagten die Klage zustellen kann, benötigt es neben dem Namen auch seine „ladungsfähige" Anschrift. Bei juristischen Personen ist besonders auf deren genaue Bezeichnung zu achten.

- den Antrag enthalten, das angerufene Gericht möge ihn zu einem bestimmten Verhalten verurteilen,[290]
  - beispielsweise zur Zahlung eines bestimmten Betrages,
  - zur Herausgabe einen bestimmten Gegenstandes,
  - zur Abgabe einer bestimmten Erklärung, etwa eines Widerrufs,
  - zur Vornahme oder Unterlassung einer bestimmten Handlung (etwa dem Abdruck einer Gegendarstellung, der rechtswidrigen Verbreitung einer unwahren Tatsachenbehauptung),
- und den Sachverhalt vortragen, der nach Ansicht des Klägers einen entsprechenden Anspruch gegen den Beklagten begründet, § 253 Abs. 2 ZPO.

Der Inhalt der Klageschrift bestimmt den Streitgegenstand des Verfahrens: Das Gericht hat allein darüber zu entscheiden, ob der vorgetragene Sachverhalt den mit dem Antrag geltend gemachten Anspruch rechtfertigt. Es darf dem Kläger zwar weniger zusprechen, als er gefordert hat, aber nicht mehr und auch nichts anderes.

> Verlangt der Kläger z.B. einen Widerruf, darf das Gericht den Beklagten auch dann nicht zum Abdruck einer Gegendarstellung oder zur Zahlung einer Entschädigung verurteilen, wenn der Prozess ergibt, dass dem Kläger ein entsprechender Anspruch zusteht.

Es darf seinem Urteil auch keinen anderen Sachverhalt zu Grunde legen als den mit der Klage Vorgetragenen.

Das Gericht stellt dem Beklagten die Klageschrift unverzüglich zu und fordert ihn auf,

- einen Rechtsanwalt zu bestellen, wenn er sich gegen die Klage verteidigen will, § 271 ZPO,
- und durch diesen unverzüglich auf die Klage zu erwidern, d.h. schriftlich mitzuteilen, was er zu seiner Verteidigung gegen den geltend gemachten Anspruch vorzutragen hat, §§ 275 Abs.1, 277 Abs. 1 ZPO. Dazu kann es dem Beklagten eine Frist setzen, die mindestens zwei Wochen betragen muss, § 277 Abs. 3 ZPO.

---

[290] Die Klage kann auch auf die Feststellung gerichtet sein, dass zwischen dem Kläger und dem Beklagten ein bestimmtes Rechtsverhältnis (fort-)besteht, etwa ein zu Unrecht gekündigtes Mietverhältnis.

Nach Eingang und Zustellung der Klageerwiderung an den Kläger erhält dieser Gelegenheit, auf die Klageerwiderung zu antworten („Replik"), § 277 Abs. 4 ZPO.

Das Gericht prüft nun zunächst den Sachvortrag des Klägers darauf, ob bzw. inwieweit dieser die geltend gemachten Ansprüche rechtfertigt („Schlüssigkeitsprüfung"). Dem Kläger obliegt es, die Tatsachen dazulegen und unter Beweis zu stellen, die vorliegen müssen, damit diese Ansprüche entstanden sind (anspruchsbegündende Tatsachen). Soweit ein entsprechender Tatsachenvortrag fehlt, ist die Klage reif zur Abweisung.

Soweit die Klage schlüssig begründet ist, prüft das Gericht den Tatsachenvortrag des Beklagten darauf, ob er geeignet ist, den von vom Kläger behaupteten Anspruch gegen ihn zu Fall zu bringen (Erheblichkeitsprüfung). Erheblich ist der Vortrag des Beklagten, wenn er vom Kläger behauptete anspruchsbegründende Tatsachen bestreitet oder selbst Tatsachen darlegt und unter Beweis stellt, die geeignet sind, den Anspruch wieder zu beseitigen (anspruchsvernichtende Tatsachen). Soweit der Tatsachenvortrag des Beklagten unerheblich ist, ist der Rechtsstreit entscheidungsreif: Der Beklagte ist antragsgemäß zu verurteilen. Soweit der Tatsachenvortrag hingegen erheblich ist, hat das Gericht die ordnungsgemäß angebotenen Beweise zu erheben, um festzustellen, welche der von den Parteien vorgetragenen Behauptungen der Wahrheit entspricht. Als Beweismittel kommen im Zivilprozess in Betracht:

- die Vorlage von Urkunden, §§ 415 ff. ZPO,
- die Einholung eines Sachverständigengutachtens, §§ 402 ff. ZPO,
- die Einnahme des Augenscheins, §§ 371 ff. ZPO
- die Vernehmung von Zeugen, §§ 373 ff. ZPO, und
- die Vernehmung einer Prozesspartei, §§ 445 ff. ZPO.

Soweit erforderlich, erlässt das Gericht zur Vorbereitung der Beweisaufnahme einen Beweisbeschluss, §§ 358 ff. ZPO. Dieser muss gemäß § 359 ZPO enthalten:

- die streitigen Tatsachen, zu denen Beweis erhoben werden soll,

- die Bezeichnung der Beweismittel, also z.B. den Sachverständigen, die Zeugen oder die Partei, die vernommen werden soll(en) und
- die Partei, die das jeweilige Beweismittel angeboten hat.

Die Beweisaufnahme erfolgt in mündlicher Verhandlung in der Regel vor dem Prozessgericht (Unmittelbarkeit der Beweisaufnahme), § 355 ZPO.[291] Den Prozessparteien ist Gelegenheit zu geben, bei der Beweisaufnahme anwesend zu sein (Parteiöffentlichkeit), § 357 ZPO. Das Ergebnis der Beweisaufnahme ist zu protokollieren.

Im Anschluss an die Beweisaufnahme erhalten die Parteien Gelegenheit, zu dem Beweisergebnis Stellung zu nehmen. Soweit neue Gesichtspunkte aufgetaucht sind, zu denen eine Partei (bzw. ihr Vertreter) nicht sofort Stellung nehmen kann, gibt ihm das Gericht auf Antrag Gelegenheit, die Stellungnahme innerhalb einer vom Gericht bestimmten Frist schriftlich nachzuliefern (nachgelassener Schriftsatz), § 283 ZPO. Zum Schluss setzt das Gericht in der Regel[292] einen Termin zur Verkündung seiner Entscheidung fest.

Sobald die Sache entscheidungsreif ist, erlässt das Gericht sein Urteil. Dessen Tenor wird in öffentlicher Sitzung mündlich verkündet. Seine schriftliche Fassung wird den Prozessparteien später zugestellt.

Das Urteil wird rechtskräftig, wenn nicht eine der Parteien fristgerecht ein zulässiges Rechtsmittel einlegt. Das rechtskräftige Urteil bildet einen „Titel", aus dem der Gläubiger die Vollstreckung (durch den Gerichtsvollzieher oder das Vollstreckungsgericht) betreiben kann. Die Vollstreckung in Forderungen und bewegliche Gegenstände des Schuldners richtet sich nach dem 8. Buch der ZPO (§§ 704 ff.). In Grundstücke ist nach den Regeln des ZVG zu vollstrecken.

---

[291] Zu Ausnahmen vgl. §§ 361 ff. ZPO.

[292] Stattdessen kann sich das Gericht auch zur Beratung zurückziehen und seine Entscheidung anschließend sofort verkünden.

7.1.3 Die gütliche Einigung

Nach dem Willen des Gesetzgebers sollen zivilrechtliche Streitigkeiten nach Möglichkeit dadurch ausgeräumt werden, dass sich die Beteiligten auf eine gütliche Lösung verständigen. Aus diesem Grund haben die meisten Bundesländer öffentliche Einrichtungen geschaffen, die den Streitenden dabei helfen sollen, ihren Konflikt beizulegen. In Nordrhein-Westfalen z.B. werden geeignete Personen, die nicht über eine juristische Vorbildung verfügen müssen, zum „Schiedsmann" oder zur „Schiedsfrau" bestellt. Deren Befugnis erschöpft sich darin, den Parteien Gelegenheit zu geben, ihren Streit „am runden Tisch" miteinander zu erörtern, und ihnen Vorschläge zur gütlichen Beilegung des Streits zu machen.[293] Seit dem Jahre 2000 haben die Länder die Möglichkeit, die Zulässigkeit einer Klage davon abhängig zu machen, dass zuvor ein außergerichtliches Güteverfahren durchgeführt worden ist, § 15a EGZPO. Ein solches obligatorisches Schlichtungsverfahren können die Länder für Nachbarschaftsstreitigkeiten, Streitigkeiten wegen Ehrverletzungen[294] und generell für vermögensrechtliche Streitigkeiten mit einem Streitwert bis zu 1.500 € einführen. Die Wirksamkeit entsprechender Landesregelungen leidet allerdings stark darunter, dass das Schiedsverfahren leicht umgangen werden kann: Leitet der Kläger das Verfahren dadurch ein, dass er zunächst einen Mahnbescheid beantragt, entfällt der Schlichtungszwang, § 15a Abs. 2 Satz 1 Nr. 5 EGZPO.[295]

Zunehmende Bedeutung als alternatives Konfliktlösungsmodell hat - vor allem in familienrechtlichen Streitigkeiten - in neuerer Zeit das Mediationsverfahren gewonnen.[296] Dieses ist dadurch gekennzeichnet, dass ein neutraler „Mediator" den streitenden Parteien dabei hilft, selbst eine Lösung für ihren Konflikt zu finden.

---

[293] Außerdem haben Kammern und Verbände zahlreiche Schlichtungsstellen für ihre Klientel eingerichtet.
[294] Das gilt allerdings nicht für Ehrverletzungen in Presse oder Rundfunk.
[295] Zu den Ergebnissen der Evaluierung des Bayerischen Schlichtungsverfahrens vgl. den Abschlussbericht von Greger.
[296] Vgl. Neuenhahn a.a.O.

Von den unverbindlichen Schlichtungsverfahren zu unterscheiden ist das schiedsrichterliche Verfahren gemäß §§ 1025 ff. ZPO. Durch eine Schiedsvereinbarung können die Parteien die verbindliche Entscheidung über zivilrechtliche Streitigkeiten zwischen ihnen einem Schiedsgericht übertragen.[297] In diesem Fall entscheidet das vereinbarte Schiedsgericht[298] grundsätzlich[299] verbindlich. Die Erhebung der Klage vor einem ordentlichen Gericht ist in diesem Fall unzulässig, § 1032 ZPO.

Der Ausschluss des ordentlichen Rechtsweges ist allerdings nur wirksam, wenn die Entscheidung durch die Schiedsvereinbarung einer unabhängigen und unparteilichen Instanz übertragen wird. Soweit sich die Mitglieder von Vereinen oder Verbänden den Entscheidungen eines Vereins- oder Verbandsgerichts, z.B. eines „Sportgerichts", unterwerfen, das diese Bedingungen nicht erfüllt, z.B. weil seine Mitglieder allein vom Verein oder Verband ausgewählt werden, liegt keine wirksame Schiedsvereinbarung vor. Die von dem Spruch eines solchen Vereinsorgans Betroffenen sind trotz der sogenannten „Schiedsvereinbarung" nicht daran gehindert, vor dem zuständigen staatlichen Gericht gegen dessen Entscheidung zu klagen.[300]

Auch nach Erhebung der Klage hat das Gericht in jedem Stadium des Verfahrens auf eine gütliche Einigung der Parteien hinzuwirken, § 278 Abs. 1 ZPO. Um eine solche Einigung möglichst frühzeitig zu erzielen, ist der ersten mündlichen Verhandlung ein Gütetermin vorgeschaltet, § 278 Abs. 2 ZPO. Zu diesem Termin soll das Gericht das persönliche Erscheinen der Parteien anordnen, § 278 Abs. 3 ZPO, sie anhören und mit ihnen den Sach- und Streitstand „unter freier Würdigung aller Umstände erörtern", § 278 Abs. 2 ZPO. Ziel der Güteverhandlung wird in der Regel ein „Vergleich", also ein Kompromiss, zwischen den Parteien sein. Es kommt aber

---

[297] Das gilt für alle Ansprüche, über die die Parteien sich vergleichen können; nicht jedoch für Streitigkeiten über den Bestand eines Wohnraum-Mietverhältnisses, § 1030 ZPO. Auch arbeitsrechtliche Ansprüche können keiner Schiedsgerichtsvereinbarung unterworfen werden.
[298] Zu seiner Zusammensetzung vgl. §§ 1034 ff. ZPO.
[299] Ausnahmen sind in § 1059 ZPO geregelt.
[300] BGH in NJW 2004, S. 2226 ff. (Landseer-Hunde).

auch die Anerkennung einer berechtigten Forderung des Klägers durch den Beklagten oder die Rücknahme einer ungerechtfertigen Klage durch den Kläger in Betracht.

Die Intensität, mit der das Gericht im Gütetermin und, wenn dieser erfolglos bleibt, im anschließenden streitigen Verfahren nach einem Kompromiss sucht, hängt stark vom Temperament und der Strategie des zuständigen Richters ab. Zuweilen kann die Verhandlung vor einem Gericht, das bestrebt ist, möglichst viele Verfahren durch einen Vergleich zu erledigen, beim Zuschauer den Eindruck erwecken, es werde gefeilscht wie auf einem orientalischen Basar.

7.1.4 Die Dauer des Verfahrens

Für den Kläger hängt der Wert des zivilgerichtlichen Verfahrens stark davon ab, wie schnell er einen vollstreckbaren Titel bekommt. Das gilt insbesondere für Unternehmen, die zur Bedienung der Bankkredite, die sie zur Durchführung ihres Geschäftsbetriebes benötigen, auf die zeitnahe Eintreibung ihrer fälligen Forderungen angewiesen sind. Hinzu kommt die Gefahr, dass der Schuldner im Verlauf eines langwierigen Gerichtsverfahrens zahlungsunfähig zu werden droht, und die Forderung dann nicht mehr eingetrieben werden kann.

Zu den zentralen Aufgaben des Staates gehört es deshalb, dafür zu sorgen, dass ein Gläubiger seine Forderungen möglichst rasch eintreiben kann, ohne die berechtigten Interessen des Schuldners zu vernachlässigen, gegen ungerechtfertigte Ansprüche geschützt zu werden. Dazu dienen das Mahnverfahren, das Eilverfahren, die Beschleunigung des streitigen Verfahrens und die vorläufige Vollstreckbarkeit eines noch nicht rechtskräftigen Urteils.

Das Mahnverfahren eignet sich in erster Linie für die Fälle, in denen der Schuldner nicht zahlt, ohne dass Streit darüber besteht, dass die Forderung des Gläubigers in der geltend gemachten Höhe tatsächlich besteht. In diesen Fällen kann der Gläubiger in gut einem Monat einen vollstreckbaren Titel erhalten. Dazu beantragt er beim

zuständigen Amtsgericht[301] den Erlass eines Mahnbescheides, der
dem Schuldner umgehend zugestellt wird, §§ 690, 693 ZPO. Dieser
kann dann innerhalb von zwei Wochen Widerspruch gegen diesen
Bescheid erheben, § 692 Abs. 1 Nr. 3 ZPO. Tut er das nicht, erlässt
das Gericht auf Antrag des Gläubigers einen Vollstreckungsbescheid
und stellt diesen dem Schuldner zu, § 699 ZPO. Legt der Schuldner
gegen diesen Bescheid nicht innerhalb von zwei Wochen Einspruch
ein, kann der Gläubiger auf der Grundlage des Vollstreckungsbe-
scheids die Zwangsvollstreckung gegen den Schuldner betreiben,
§§ 794 Abs. 1 Nr. 4, 700 Abs. 1, 339 Abs. 1 ZPO.

Das Mahnverfahren führt allerdings nur dann schnell und ohne
großen Aufwand zu einem vollstreckungsfähigen Titel, wenn der
Schuldner „mitspielt". Legt er nämlich gegen den Mahnbescheid
Widerspruch ein, muss der Gläubiger das Mahnverfahren in ein
normales streitiges Verfahren überleiten, um zu einem Titel zu
kommen, § 696 ZPO.

Der zügigen Durchführung des streitigen Verfahrens dienen die
folgenden Vorschriften:

Das Verfahren soll nach Möglichkeit in einer mündlichen Verhandlung (Haupttermin) abgeschlossen werden, die so früh wie
möglich stattfinden soll, § 272 ZPO. Dazu kann das Gericht entweder einen frühen ersten Termin zur mündlichen Verhandlung festset-
zen, § 275 ZPO, oder ein schriftliches Vorverfahren einleiten, § 276
ZPO. Der frühe erste Termin eignet sich besonders, wenn erhebliche
Einwände des Beklagten nicht zu erwarten sind oder ist die Sache
nach der Klageerwiderung voraussichtlich entscheidungsreif sein
wird. Das schriftliche Vorverfahren dient der Vorbereitung des
Haupttermins in komplizierteren Fällen, in denen mehrfache Stellungnahmen des Klägers und des Beklagten zum Sachvortrag der
Gegenseite zu erwarten sind.

---

[301] Das ist grundsätzlich das Amtsgericht, in dessen Bezirk der Gläubiger seinen (Wohn-)Sitz hat,
§ 689 Abs. 2 ZPO. Eine Reihe von Bundesländern haben für das Verfahren inzwischen aber die elek-
tronische Bearbeitung eingeführt und die Zuständigkeit landesweit bei einem oder zwei Amtsgerichten
konzentriert. So sind z.B. in NRW die Amtsgerichte Euskirchen und Hagen ausschließlich zuständig.
In Baden-Württemberg ist es das Amtsgericht Stuttgart, in Bayern das Amtsgericht Coburg, in Hessen
das Amtsgericht Hünfeld, in Niedersachsen das Amtsgericht Uelzen und in Rheinland-Pfalz das Amtsgericht Mayen.

Um das Zeit kostende Wechselspiel von Vortrag und Gegenvortrag so kurz wie möglich zu halten, sind die Parteien verpflichtet, alles, was sie zur Sache vorzutragen haben, so früh wie möglich vorzubringen, § 282 ZPO. Verspätetes Vorbringen kann das Gericht zurückweisen, wenn die Verspätung auf grober Nachlässigkeit beruht und zu einer Verzögerung des Verfahrens führen würde, § 296 Abs. 2 ZPO.

Zur Abgabe ihrer Stellungnahmen hat das Gericht den Parteien jeweils eine angemessene Frist zu setzen.[302] Versäumt eine Partei diese Frist, wird ihr verspätetes Vorbringen vom Gericht nur noch berücksichtigt, wenn die Verspätung hinreichend entschuldigt ist oder nicht zu einer Verzögerung der Entscheidung führt, § 296 Abs. 1 ZPO.

Erscheint eine Partei zu der mündlichen Verhandlung nicht, erlässt das Gericht auf Antrag des Gegners ein Versäumnisurteil: Erscheint der Kläger nicht, wird seine Klage abgewiesen, § 330 ZPO. Erscheint der Beklagte nicht, lässt das Gericht seinen Sachvortrag unbeachtet und entscheidet allein auf der Basis des Klägervortrages (der „Schlüssigkeitsprüfung"), § 331 ZPO. Unter dem Gesichtspunkt der Verfahrensbeschleunigung ist das Versäumnisurteil aber ein stumpfes Schwert: Derjenige, gegen den es ergangen ist, kann es innerhalb von zwei Wochen nach seiner Zustellung durch einen einfachen Einspruch, der keiner Begründung bedarf, wieder aus der Welt schaffen, §§ 338 ff. ZPO.[303]

Um zu verhindern, dass der Unterlegene die Vollstreckung des Urteils allein dadurch erfolgreich verzögern kann, dass er ein Rechtsmittel einlegt, ist ein zivilgerichtliches Urteil „vorläufig" vollsteckbar. Die vorläufige Vollstreckbarkeit dient der Sicherung des Gläubigers gegen eine spätere Zahlungsunfähigkeit des Schuldners. Wird das Urteil, aus dem vollstreckt worden ist, später aufgehoben oder abgeändert, muss der Gläubiger dem Schuldner allen Schaden ersetzen, der diesem aus der vorzeitigen Vollstreckung entstanden ist, § 717 Abs. 2 ZPO. Um diesen Anspruch zu sichern, ist

---

[302] Zu den Einzelheiten vgl. §§ 275, 276 ZPO.
[303] Er muss dann nur die durch die Säumnis entstandenen Kosten tragen, § 344 ZPO.

die vorläufige Vollstreckung in der Regel von einer Sicherheitsleistung des Gläubigers abhängig, § 709 ZPO.[304]

Das Eilverfahren dient dazu, den Gläubiger durch eine vorläufige Regelung gegen einen drohenden Rechtsverlust zu sichern. Dies
kann durch den Erlass einer einstweiligen Verfügung oder einen
Arrestbefehl erfolgen.

Ein „dinglicher Arrest" kommt in Betracht, wenn die künftige
Vollstreckung einer Geldforderung daran zu scheitern droht, dass
der Schuldner sein Vermögen beiseite schafft, §§ 916 ff. ZPO.

Beispiel:
Der Gläubiger hat eine Forderung gegen eine ausländische Reederei. Er beantragt
beim Amtsgericht Hamburg den dinglichen Arrest in eines ihrer Schiffe, das sich gerade im Hamburger Hafen befindet. Hat er damit Erfolg, kann er das Schiff „an die
Kette legen lassen". Das Schiff darf dann den Hafen nicht verlassen, bevor die Reederei Sicherheit für die Begleichung der Forderung geleistet hat.

Eine „einstweilige Verfügung" dient in erster Linie der vorläufigen
Regelung eines Rechtszustandes.

Beispiel:
Durch Ausschachtungsarbeiten droht ein Haus auf dem Nachbargrundstück seine
Standfestigkeit einzubüßen. Der Eigentümer des Hauses kann mit einer einstweiligen
Verfügung erreichen, dass die Bauarbeiten vorläufig eingestellt und die erforderlichen
Sicherungsmaßnahmen ergriffen werden.

Die Besonderheit des Eilverfahrens besteht darin, dass das Gericht
seine Entscheidung allein auf der Grundlage eidesstattlicher Versicherungen des Antragstellers, gegebenenfalls sogar ohne Anhörung
des Antragsgegners trifft. Erweist sich die Maßnahme im späteren
Hauptsacheverfahren als ungerechtfertigt, hat der Antragsteller dem
Antragsgegner den Schaden zu ersetzen, der ihm aus der Maßnahme
entstanden ist, § 945 ZPO.

Einen Überblick über die Verfahrensdauer der Zivilprozesse in
Nordrhein-Westfalen gibt Tabelle 4.1.

---

[304] Zu den Ausnahmen vgl. §§ 708, 710 ZPO.

7.1.5 Rechtsmittel

Das erstinstanzliche Urteil des Amts- oder Landgerichts kann mit
der Berufung angegriffen werden, wenn der „Beschwerdegegen-
stand" 600 € übersteigt oder das Gericht die Berufung im Urteil zugelassen hat, § 511 Abs. 1 ZPO.

Der Wert des Beschwerdegegenstandes berechnet sich aus der
Differenz zwischen dem, was die Partei beantragt hat, und dem, was
sie zugesprochen bekommen hat.

> Beispiel:
> Der Kläger hat beantragt, den Beklagten zu verurteilen, an ihn 1.000 € zu zahlen. Das
> Gericht verurteilt den Beklagten zur Zahlung von 700 €. Der Beschwerdegegenstand
> beträgt für den Kläger 300 €, für den Beklagten 700 €.

Das Gericht hat die Berufung zuzulassen, wenn

- die Rechtssache grundsätzliche Bedeutung hat oder
- die Fortbildung des Rechts oder die Sicherung einer einheitlichen Rechtsprechung eine Entscheidung des Berufungsgerichts
  erfordert, § 511 Abs. 4 ZPO.

Das ist dann der Fall, wenn eine Rechtsfrage zur Entscheidung steht,

- die durch die Obergerichte noch nicht entschieden ist oder
- die das Gericht abweichend von der bisherigen Rechtsprechung
  anderer erstinstanzlicher Gerichte oder der Obergerichte entschieden hat.

Die Berufung kann zum einen auf die Behauptung gestützt werden,
das erstinstanzliche Gericht habe eine Rechtsnorm nicht oder nicht
richtig angewendet („Rechtsverletzung"), §§ 513 Abs. 1, 546 ZPO.
Zum anderen kann sie die Überprüfung des erstinstanzlichen Urteils
in tatsächlicher Hinsicht verlangen, also auf Richtigkeit und Voll-
ständigkeit der das Urteil tragenden Tatsachenfeststellungen auf der
Basis des in der ersten Instanz vorgetragenen Sachverhalts. Neuen
Tatsachenvortrag der Parteien darf das Berufungsgericht nur berücksichtigen, soweit der Umstand, dass er nicht schon in der ersten Instanz erfolgt ist, darauf beruht[305], dass

---

[305] Zu den Einzelheiten vgl. §§ 529 ff. ZPO.

- das Gericht erster Instanz ihn erkennbar für unerheblich gehalten oder
- auf sein Fehlen pflichtwidrig nicht hingewiesen hat oder
- das Fehlen nicht auf Nachlässigkeit der Partei beruht – etwa weil sie die Tatsachen noch nicht kannte oder ihre Bedeutung für den Ausgang des Verfahrens bis zum Schluss der mündlichen Verhandlung der ersten Instanz nicht erkennen konnte.[306]

In der Regel hat das Berufungsgericht die notwendigen Beweise zu erheben und in der Sache zu entscheiden. Unter bestimmten Umständen kann es aber das erstinstanzliche Urteil aufheben und die Sache zur erneuten Entscheidung an das Gericht der ersten Instanz zurückverweisen.[307]

Seinem Charakter als Überprüfung des erstinstanzlichen Urteils entsprechend enthält das Berufungsurteil nicht wie das erstinstanzliche Urteil Tatbestand und Entscheidungsgründe. Stattdessen beschränkt es sich auf die Darstellung von Änderungen oder Ergänzungen des Tatbestands des erstinstanzlichen Urteils und „eine kurze Begründung der Abänderung, Aufhebung oder Bestätigung der angefochtenen Entscheidung", § 540 Abs. 1 ZPO.

Für Berufungen gegen Urteile des Amtsgerichts ist das Landgericht zuständig; über Berufungen gegen erstinstanzliche Urteile des Landgerichts entscheidet das Oberlandesgericht. Im Jahr 2002 wurden von den Zivilgerichten 147 377 Berufungsverfahren erledigt, das sind ca. 8 % der in demselben Zeitraum erledigten erstinstanzlichen Verfahren.[308]

Das Rechtsmittel der **Revision** ist nur gegen Berufungsentscheidungen des Oberlandesgerichts und – unabhängig vom Wert des Beschwerdegegenstands - nur dann statthaft, wenn die Rechtssache grundsätzliche Bedeutung hat oder die Fortbildung des Rechts oder die Sicherung einer einheitlichen Rechtsprechung eine Entscheidung des Revisionsgerichts erfordert, § 543 Abs. 2 Satz 1 ZPO.[309] Über

---

[306] Vgl. dazu Gaier a.a.O., S. 2045; grundlegend BGH in NJW 2004, S. 1876 ff. und 2152 ff.
[307] Die Voraussetzungen dafür sind in § 538 Abs. 2 ZPO geregelt.
[308] Quelle: Datenreport 2004 des Statistischen Bundesamtes, S. 228.
[309] Der BGH lässt eine Revision allerdings nur dann zu, wenn die umstrittene Rechtsfrage für die Entscheidung erheblich ist, BGH NJW 2003, S. 831. Hat das Zusammenspiel mehrerer Rechtsfehler zu

die Zulassung entscheidet das Oberlandesgericht in seinem Urteil. Zuständig für die Revision ist der Bundesgerichtshof. Lässt das Oberlandesgericht die Revision zu, ist der Bundesgerichtshof an diese Entscheidung gebunden, § 543 Abs. 2 Satz 2 ZPO. Lässt es die Revision nicht zu, entscheidet – auf Beschwerde des Betroffenen - der Bundesgerichtshof über die Zulassung (Nichtzulassungsbeschwerde), § 544 ZPO.

Die Revision kann ausschließlich auf die Behauptung gestützt werden, das Berufungsgericht habe eine Rechtsnorm nicht oder nicht richtig angewendet („Rechtsverletzung"), §§ 546, 547 ZPO.

Kommt das Revisionsgericht zu dem Ergebnis, dass eine Rechtsverletzung vorliegt, hebt es das Berufungsurteil auf und verweist die Sache an das Berufungsgericht, eventuell an einen anderen Senat des Berufungsgerichts, zurück, § 563 Abs. 1 ZPO. Dieses hat dann unter Beachtung der Rechtsauffassung des Revisionsgerichts erneut zu verhandeln und zu entscheiden, § 563 Abs. 2 ZPO. Ist die Sache aber ohne weitere Beweisaufnahme entscheidungsreif, entscheidet das Revisionsgericht selbst, § 563 Abs. 3 ZPO.

Im Jahr 2002 sind beim Bundesgerichtshof insgesamt 4.595 Revisionen und Nichtzulassungsbeschwerden eingegangen, 2003 ging die Zahl der Eingänge auf 3.888 zurück.

7.1.6 Die Vollstreckung eines Zivilurteils

Befolgt der Schuldner den im Tenor des rechtskräftigen Urteils ausgesprochenen Befehl nicht, kann der Gläubiger die Zwangsvollstreckung gegen ihn betreiben.

Das Zwangsvollstreckungsverfahren richtet sich nach der Art der zu vollstreckenden Forderung des Gläubigers und nach dem Gegenstand, in den vollstreckt werden soll.

---

einer im Ergebnis zutreffenden Entscheidung des Berufungsgerichts geführt, lässt der BGH die Revision nicht zu, vgl. BGH NJW 2004, S. 1167 ff.

7.1.6.1 Geldforderungen

Am häufigsten werden Zahlungsansprüche, also Geldforderungen vollstreckt. Dazu kann der Gläubiger veranlassen, dass

- bewegliche Sachen des Schuldners, soweit sie pfändbar sind, durch einen Gerichtsvollzieher gepfändet und versteigert werden und ihm der Versteigerungserlös nach Abzug der Kosten ausgezahlt wird (§§ 808 ff. ZPO),
- ihm Forderungen des Schuldners gegen Dritte (z.B. seine Gehaltsansprüche gegen seinen Arbeitgeber) zur Einziehung überwiesen werden (§§ 828 ff. ZPO).
- Außerdem hat er die Möglichkeit, in ein Grundstück des Schuldners zu vollstrecken. Dies kann durch Eintragung einer Sicherungshypothek, Zwangsversteigerung oder Zwangsverwaltung des Grundstücks geschehen.

Eine Reihe von Gegenständen, die der Schuldner zu seinem Lebensunterhalt benötigt, sind unpfändbar. Sie sind in § 811 ZPO aufgezählt. Da der Zweck der Zwangsvollstreckung darin besteht, die Forderung des Gläubigers zu erfüllen, dürfen auch keine Gegenstände gepfändet werden, die wirtschaftlich nicht verwertbar sind, weil ihre Versteigerung keinen Erlös erbrächte, der die Versteigerungskosten überstiege.

Besonderen Beschränkungen unterliegt die Pfändung von Arbeitseinkommen. Unpfändbar ist ein Mindestbetrag der sich nach der Größe des Haushalts des Arbeitnehmers richtet. Zu Beginn des Jahres 2003 stand jedem Arbeitnehmer ein Freibetrag von 950 € monatlich zu, der sich durch Unterhaltspflichten auf bis zu 2060 € erhöhte, und zwar um 350 € für die erste zu unterhaltende Person und um 195 € für jede weitere, § 850c Abs. 1 ZPO.

Diese Freibeträge werden seit dem 1.7.2003 alle zwei Jahre an die Entwicklung des Grundfreibetrages angepasst, der der Berechnung der Einkommensteuer zugrunde gelegt wird, § 850 c Abs. 2a ZPO. Der Sinn dieser Kopplung erschließt sich dadurch, dass dieser Freibetrag als Existenzminimum anzusehen ist. Dieser Betrag ist an die Entwicklung der Lebenshaltungskosten regelmäßig anzupassen, da das BVerfG vom Steuergesetzgeber verlangt, dass das Existenzminimum unversteuert bleibt.

Der Pfändungsfreibetrag kann sich im Einzelfall um weitere Beträge erhöhen, §§ 850 - 850k ZPO. Insgesamt soll durch die Regelung sichergestellt werden, dass dem Schuldner zum einen das lebensnotwendige Existenzminimum verbleibt und der hoch verschuldete Arbeitnehmer zum anderen nicht jeden Arbeitsanreiz verliert. Sonderregeln gelten für die Vollstreckung von Unterhaltsansprüchen, § 850d ZPO.

Für das Eigengeld eines Strafgefangenen[310] gilt der Pfändungsfreibetrag nicht.[311] Es kann gepfändet werden, soweit es den für das Überbrückungsgeld erforderlichen Betrag übersteigt, § 51 Abs. 4 S. 2 StVollzG.

In Grundstücke[312] des Schuldners kann der Gläubiger die Zwangsvollstreckung durch Eintragung einer Sicherungshypothek, Zwangsverwaltung und Zwangsversteigerung betreiben, § 866 ZPO. Während die Sicherungshypothek lediglich der Absicherung des Anspruchs dient, führen Zwangsverwaltung und Zwangsversteigerung unmittelbar zur Befriedigung der Ansprüche des Gläubigers. Bei der Zwangsverwaltung werden die Überschüsse aus der Bewirtschaftung des Grundstücks, § 155 ZVG, bei der Zwangsversteigerung der daraus erzielte Erlös (abzüglich der Kosten) zur Erfüllung der Forderung verwendet, § 109 ZVG.

Grundsätzlich kann auch eine Geldforderung gegen den Staat nach diesen Regeln vollstreckt werden. Die Besonderheiten, die dabei zu beachten sind, regelt § 882a ZPO.

So kann nicht in Grundstücke oder Sachen vollstreckt werden, die für die Erfüllung öffentlicher Aufgaben unentbehrlich sind, § 882a Abs. 2 Satz 1 ZPO. Deshalb kann der Gläubiger z.B. nicht die Zwangsversteigerung eines Gerichtsgebäudes betreiben.

---

[310] Vgl. dazu unten 7.7.4.10.2.
[311] BGH NJW 2004, S. 3714 ff.
[312] Ähnliches gilt für Schiffe und Schiffsbauwerke, vgl. §§ 864, 870a ZPO.

7.1.6.2 Sonstige Ansprüche

Ein anderer Weg muss beschritten werden, wenn der Schuldner dem Gläubiger zur Abgabe einer bestimmten Willenserklärung oder zur Herausgabe bestimmter Sachen verpflichtet ist.

> **Beispiel:**
> Der Käufer will durchsetzen, dass der Maler ihm das gekaufte Bild aushändigt und übereignet (§ 433 Abs. 1 BGB). Das hat dadurch zu geschehen, dass der Maler sein Einverständnis mit dem Eigentumsübergang erklärt und ihm das Bild übergibt (§ 929 BGB). Zur Durchsetzung dieses Anspruchs ist also die Abgabe einer Willenserklärung und die Herausgabe einer bestimmten Sache erforderlich.

Die Verurteilung des Schuldners zur Abgabe einer Willenserklärung wird auf ganz einfache Weise mit Hilfe einer gesetzlichen *Fiktion* vollstreckt: Mit der Rechtskraft des Urteils *gilt* die Erklärung als abgegeben, § 894 ZPO.

Zur Vollstreckung des Herausgabeanspruchs kann der Gläubiger den Gerichtsvollzieher beauftragen, dem Schuldner die entsprechenden Gegenstände wegzunehmen und sie ihm zu übergeben, §§ 883 ZPO. Das gilt auch, wenn der Schuldner dem Gläubiger eine bestimmte Menge an Waren oder Wertpapieren zu leisten hat, § 884 ZPO. Ist ein Grundstück herauszugeben, entzieht der Gerichtsvollzieher dem Schuldner den Besitz und weist den Gläubiger in den Besitz ein, § 885 ZPO.

Ist der Schuldner dem Gläubiger zu einer Handlung, beispielsweise einer Dienstleistung, wie etwa zur Reparatur seines Autos, verpflichtet, die auch ein Dritter vornehmen kann, so hat das Gericht[313] den Gläubiger zu ermächtigen, die Handlung auf Kosten des Schuldners vornehmen zu lassen, § 887 ZPO.

Hat der Schuldner eine bestimmte Handlung vorzunehmen, die ausschließlich von seinem Willen abhängig ist und bei der er durch einen Dritten nicht vertreten werden kann, kann der Schuldner durch

---

[313] Zuständig ist in diesem Fall *nicht* das Vollstreckungsgericht, sondern das Gericht, vor dem der Prozess in erster Instanz geführt worden ist. Dasselbe gilt für die sogleich darzustellende Erzwingung unvertretbarer Handlungen (§ 888 ZPO) sowie von Unterlassungen und Duldungen (§ 890 ZPO)

die Verhängung von Zwangsgeld oder Zwangshaft zur Vornahme dieser Handlung angehalten werden, § 888 ZPO.

Verstößt der Schuldner gegen seine - rechtskräftig festgestellte - Pflicht, eine bestimmte Handlung zu unterlassen oder zu dulden, kann er für jeden Fall der Zuwiderhandlung zur Zahlung eines Ordnungsgeldes bis zu 250 000 € oder zur Ordnungshaft bis zu sechs Monaten, insgesamt jedoch nicht mehr als zwei Jahren, verurteilt werden, § 890 ZPO.

Gegen die Vollziehung unberechtigter Vollstreckungsmaßnahmen kann der Schuldner Rechtsmittel beim Vollstreckungsgericht einlegen (§§ 765a ff. ZPO). Im Übrigen hat er sie jedoch zu dulden. Leistet er Widerstand, kann der Gerichtsvollzieher sie gewaltsam durchsetzen. Dabei kann er sich der Hilfe der Polizei bedienen (§ 758 ZPO).

7.1.6.3 Rechtsmittel gegen Vollstreckungsmaßnahmen

Einwendungen gegen die Art und Weise, in der die Zwangsvollstreckung betrieben wird, also gegen die Vornahme oder Ablehnung einzelner Vollstreckungsmaßnahmen können die Parteien im Wege der so genannten "Erinnerung" beim Vollstreckungsgericht (Amtsgericht) geltend machen, § 766 ZPO, § 10 RPflG.

> Beispiele:
> Der Schuldner rügt, dass der Gerichtsvollzieher bei ihm mehr Sachen gepfändet hat, als zur Erfüllung des Anspruchs und der Kosten erforderlich sind, § 803 Abs. 1 S. 2 ZPO.
> Der Gläubiger rügt, dass der Gerichtsvollzieher die Pfändung des teuren Farbfernsehers beim Schuldner abgelehnt hat, § 811 Ziff. 1 ZPO.

Die Entscheidung des Vollstreckungsgerichts kann gemäß § 793 ZPO mit der sofortigen Beschwerde angegriffen werden, über die das Landgericht als Beschwerdegericht zu entscheiden hat. Die Entscheidung des Landgerichts wiederum kann unter bestimmten Voraussetzungen, die in § 568 Abs. 2 ZPO geregelt sind, mit der weiteren Beschwerde beim Oberlandesgericht angegriffen werden.

Will der Schuldner erreichen, dass die Zwangsvollstreckung insgesamt eingestellt wird, weil der zugrunde liegende Anspruch nicht mehr besteht, muss er - vor dem Prozessgericht des ersten Rechtszuges - die Vollstreckungsabwehrklage (auch Vollstreckungsgegenklage genannt) erheben, § 767 ZPO. In ihr kann er allerdings nur Einwendungen geltend machen, die erst nachträglich entstanden sind, also nicht schon in dem Erkenntnisverfahren vorgebracht werden konnten.

Beispiel:
Der Schuldner macht geltend, er habe die titulierte Forderung bereits außerhalb der Zwangsvollstreckung beglichen.

Vollstreckt werden soll naturgemäß nur in das Vermögen des Schuldners, nicht eines Dritten. Die Zwangsvollstreckung würde jedoch praktisch unwirksam, wenn die Vollstreckungsorgane vor jeder Maßnahme zu prüfen hätten, ob der Gegenstand auch tatsächlich zum Vermögen des Schuldners gehört. Deshalb knüpft sie an leichter feststellbare Umstände an. Gepfändet werden können dementsprechend beispielsweise Gegenstände, die sich im *Gewahrsam* des Schuldners befinden, § 808 Abs. 1 ZPO. Werden dadurch Sachen oder Rechte in die Zwangsvollstreckung einbezogen, die einem Dritten gehören oder an denen ein Dritter ein sonstiges "die Veräußerung hinderndes Recht" hat, kann der Dritte im Wege der Widerspruchsklage, § 771 ZPO, auch Drittwiderspruchsklage oder Interventionsklage genannt, erreichen, dass die Zwangsvollstreckung insoweit für unzulässig erklärt und eingestellt wird und dass bereits getroffene Maßnahmen aufgehoben werden., §§ 775 Ziffer 1, 776 ZPO.

Die Entscheidung über die Rechtsbehelfe nimmt nicht selten erhebliche Zeit in Anspruch. Um zu verhindern, dass die Verfahren dadurch obsolet werden, dass die Zwangsvollstreckung in der Zwischenzeit weiter - und gegebenenfalls auch zu Ende - geführt wird, kann das Gericht einstweilige Regelungen zum Schutze dessen treffen, der den Rechtsbehelf eingelegt hat. So kann es insbesondere anordnen, die Zwangsvollstreckung einstweilen einzustellen oder nur gegen Sicherheitsleistung fortzusetzen, §§ 766 Abs. 1 S. 2, 732 Abs. 2, 769, 770, 771 Abs. 3 ZPO.

7.1.7 Das Insolvenzverfahren

Ist ein Schuldner zahlungsunfähig oder überschuldet, kommt die Einleitung eines Insolvenzverfahrens durch ihn oder einen seiner Gläubiger in Betracht, § 13 InsO. Wird ein Verein oder eine Kapitalgesellschaft zahlungsunfähig oder überschuldet, ist der Vorstand bzw. Geschäftsführer verpflichtet, ein Insolvenzverfahren einzuleiten, § 42 Abs. 2 BGB, § 130a HGB, § 92 Abs. 2 AktG, § 64 GmbHG, § 99 GenG.

Das Insolvenzverfahren dient zur gemeinschaftlichen Befriedigung aller Gläubiger, indem das Vermögen des Schuldners verwertet und der Erlös verteilt wird, § 1 InsO. Es ersetzt die ansonsten geltende Regelung, nach der die Vollstreckung in der Reihenfolge des Zugriffs erfolgt ("Windhundverfahren"). In geeigneten Fällen kann es auch der Erhaltung des Unternehmens dienen. Ist der Schuldner eine natürliche Person, wird ihm durch das Insolvenzverfahren die Möglichkeit eröffnet, wieder schuldenfrei zu werden („Restschuldbefreiung"), §§ 286 ff. InsO. Während der Dauer des Insolvenzverfahrens ist die Zwangsvollstreckung in das Vermögen des Schuldners unzulässig, § 89 InsO.[314]

Insolvenzgericht ist in der Regel das Amtsgericht am (Wohn-) Sitz des Schuldners. Es lehnt die Eröffnung des Insolvenzverfahrens („mangels Masse") ab, wenn das Vermögen des Schuldners nicht ausreicht, um die Kosten des Verfahrens zu decken, § 26 InsO. Ansonsten bestellt es eine geeignete „geschäftskundige" Person, § 56 InsO, als Insolvenzverwalter, § 27 InsO.[315] Dieser erhält gewöhnlich die alleinige Verwaltungs- und Verfügungsbefugnis über das Vermögen des Schuldners. Seine Aufgabe besteht darin, sich zunächst einen Überblick über die wirtschaftliche Lage des Unternehmens zu

---

[314] Zur vorläufigen Sicherung der Vermögenslage des Schuldners vgl. auch § 21 InsO.

[315] Sind die Gläubiger mit dem vom Insolvenzgericht bestellten Insolvenzverwalter nicht einverstanden, können sie einen anderen wählen, § 57 InsO.

verschaffen und gegebenenfalls mit den Gläubigern über die Aufstellung eines Insolvenzplans zu verhandeln, §§ 217 ff. InsO. Dabei geht es darum, die Gläubiger zu bewegen, auf einen Teil ihrer Forderungen zu verzichten oder sie zu stunden, um den Fortbestand des Unternehmens zu sichern. Gelingt dieses nicht, hat der Insolvenzverwalter das Vermögen des Schuldners zu verwerten und nach den Regeln der Insolvenzordnung, §§ 35 ff. InsO, an die Gläubiger zu verteilen.

In geeigneten Fällen kann das Insolvenzgericht dem Schuldner auch gestatten, das Unternehmen unter der Aufsicht eines „Sachwalters" weiter zu führen („Eigenverwaltung"), §§ 270 ff. InsO.

Eine natürliche Person, die überschuldet ist, kann ein Insolvenzverfahren mit dem Ziel einleiten, sich von seinen Schulden zu befreien. Dazu muss sie ihre Einkünfte, soweit diese pfändbar sind, für die Zeit von sechs Jahren an einen vom Gericht zu bestimmenden Treuhänder abtreten, § 287 Abs. 2 InsO, der sie an die Gläubiger zu verteilen hat, § 292 ZPO. Erfüllt der Schuldner in dieser Zeit all seine Pflichten, wird er anschließend von seinen Restschulden befreit.[316] Bei einer Person, die keine selbständige wirtschaftliche Tätigkeit ausübt, kann die Restschuldbefreiung auf der Basis eines Schuldenbereinigungsplans erfolgen, bei dem die Zustimmung der Gläubiger durch das Insolvenzgericht ersetzt werden kann („Verbraucherinsolvenz").[317]

7.1.8 Das Verfahren in Familiensachen

Mit einer Ehescheidung oder der Auflösung einer Lebenspartnerschaft sind gewöhnlich eine Reihe von Folgeproblemen zu entscheiden. Dazu gehören vor allem
- die Nutzung der bisherigen gemeinsamen Wohnung und die Aufteilung des Hausrats,

---

[316] Zu den Einzelheiten vgl. §§ 289 ff. InsO.
[317] Zu den Einzelheiten vgl. §§ 305 ff. InsO.

- die Aufteilung des in der Ehezeit erworbenen Vermögens („Zugewinnausgleich"),
- Unterhaltspflichten gegenüber dem bisherigen Ehepartner und den gemeinsamen Kindern,
- Versorgungsausgleich sowie
- bei minderjährigen Kindern die Aufteilung der elterlichen Sorge und die Regelung des Umgangs mit ihnen.

Um diese Entscheidungen in eine Hand zu legen und damit ihre Entscheidung „im Verbund" zu ermöglichen, hat der Gesetzgeber das „Familiengericht" geschaffen, das für die Entscheidung aller „Familiensachen" zuständig ist. In der ersten Instanz besteht das Familiengericht aus Einzelrichtern („Familienrichtern") beim Amtgericht, § 23b GVG. Berufungsgericht für Familiensachen ist das Oberlandesgericht, bei dem „Familiensenate" eingerichtet sind, § 119 Abs. 1 GVG. Gegen deren Entscheidung ist die Revision zum Bundesgerichtshof möglich, § 133 GVG.

Den Familiengerichten obliegen außerdem generell Entscheidungen in Ehesachen, Kindschaftssachen, Angelegenheiten der elterlichen Sorge und Unterhaltssachen, § 23b GVG.

Das Verfahren in Familiensachen unterscheidet sich deutlich vom allgemeinen Zivilprozess: Das Gericht kann von Amts wegen Beweise erheben und Tatsachen berücksichtigen, die von den Parteien nicht vorgetragen worden sind (Untersuchungsgrundsatz), § 616 ZPO. Das Verfahren konzentriert sich auf die mündliche Verhandlung, bei der die Parteilen in aller Regel persönlich anwesend sind, vom Gericht angehört und vernommen werden, § 613 ZPO. Ein schriftliches Vorverfahrenfindet nicht statt; neues Vorbringen ist bis zum Schluss der letzten mündlichen Verhandlung möglich, § 611 ZPO. Ein Versäumnisurteil gegen den Beklagten ist unzulässig, § 612 Abs. 4 ZPO.

Das Gericht kann auf Antrag in weitem Umfang einstweilige Anordnungen zur vorläufigen Regelung der Streitfragen treffen, § 620 ZPO.

Ein Scheidungsverfahren kann das Gericht aussetzen, wenn Aussicht auf eine Fortsetzung der Ehe besteht, § 614 ZPO. Über die

Scheidung und ihre Folgen ist im Allgemeinen[318] gleichzeitig und zusammen zu verhandeln und zu entscheiden, § 623 ZPO. In Scheidungssachen müssen beide Parteien anwaltlich vertreten sein, § 625 ZPO.

In Unterhaltsstreitigkeiten kann das Gericht Auskünfte über die Höhe der Einkünfte einholen, § 643 ZPO. Für Entscheidungen über den Unterhalt Minderjähriger steht dem Gericht ein vereinfachtes Verfahren zur Verfügung („Regelbeträge"), §§ 645 ff. ZPO.

Vor einer Sorgerechtsentscheidung hört das Gericht im Allgemeinen das Jugendamt, die Pflegeperson[319] und das Kind[320] an, §§ 49a, 50b und c FGG. Steht das Interesse des Kindes in erheblichem Gegensatz zu dem seiner gesetzlichen Vertreter, hat das Gericht zur Wahrnehmung des Kindesinteressen in dem betreffenden Verfahren einen Pfleger zu bestellen, § 50 FGG.

Mündliche Verhandlungen in Familiensachen sind in der Regel nicht öffentlich, § 170 GVG. Zur Dauer der Verfahren vor den Familiengerichten vgl. Tabelle 4.2.

7.1.9 Die „freiwillige Gerichtsbarkeit"

Eine besondere Verfahrensordnung gilt für Vormundschafts-, Betreuungs- und Unterbringungssachen, für Nachlass- und Teilungssachen und für Registersachen. Deren Verfahrensregeln enthält das Gesetz über Angelegenheiten der freiwilligen Gerichtsbarkeit (FGG). Für die Erledigung dieser Angelegenheiten ist das Amtsgericht als Vormundschaftsgericht, Nachlassgericht oder Registergericht zuständig.

Das Vormundschaftsgericht entscheidet über

- Adoptionen, §§ 1741 ff. BGB,

---

[318] Zu Ausnahmen vgl. § 628 ZPO.
[319] Bei Kindern, die seit längerer Zeit in Familienpflege leben, § 50c FGG.
[320] Soweit dessen Neigungen und Bindungen für die Entscheidung von Bedeutung sind, § 50b FGG.

- die Berufung, Überwachung und Abberufung eines Vormunds für Minderjährige, die nicht unter elterlicher Sorge oder Vormundschaft stehen, §§ 1773 ff., 1837 ff. BGB,
- die Bestellung, Überwachung und Abberufung eines Betreuers für Volljährige, soweit diese auf Grund einer Krankheit oder Behinderung ihre Angelegenheiten nicht (mehr) selbst besorgen können, §§ 1896 ff. BGB,
- die Bestellung, Überwachung und Abberufung eines Pflegers zur Entscheidung über (einzelne) Vermögensangelegenheiten, §§ 1909 ff. BGB.

Das Nachlassgericht
- sichert erforderlichenfalls das Erbe, § 1960 BGB,
- bestellt erforderlichenfalls einen Nachlasspfleger, §§ 1961, 1975 BGB,
- ordnet die Nachlassverwaltung an, §§ 1981 ff. BGB, und wird bei der Aufstellung eines Nachlassinventars tätig, §§ 1994, 2003 BGB und
- erteilt den Erbschein, §§ 2353 ff. BGB.

Als Registergericht hat das Amtsgericht zu entscheiden über Eintragungen in das
- Handelsregister, §§ 8 ff. HGB, 125 ff. FGG,
- Partnerschaftsregister, §§ 4 f. PartGG, § 160b FGG,
- Genossenschaftsregister, § 10 GenG, § 147 FGG,
- Vereinsregister, §§ 55 ff. BGB, § 159 FGG, und das
- Güterrechtsregister, §§ 1558 ff. BGB, § 161 FGG.

Das Amtsgericht entscheidet entweder durch einen (Einzel-)Richter oder durch einen Rechtspfleger.[321]

Gegen Entscheidungen des Amtsgerichts in Angelegenheiten der freiwilligen Gerichtsbarkeit steht den Betroffenen in der Regel das Rechtsmittel der Beschwerde zu, über die das Landgericht zu entscheiden hat, § 19 FGG. Soweit gegen eine Entscheidung des Amtsgerichts nach den allgemeinen verfahrensrechtlichen Vorschriften ausnahmsweise kein Rechtsmittel zulässig ist, kann der Betroffene gegen eine Entscheidung des Rechtspflegers das Rechtsmittel

---

[321] Zu den Einzelheiten vgl. §§ 3 ff. und 14 ff. RPflG.

der Erinnerung einlegen, über die der Richter zu entscheiden hat, soweit der Rechtspfleger nicht selbst abhilft, § 11 RPflG.

Gegen die Beschwerdeentscheidung des Landgerichts ist die weitere Beschwerde zum Oberlandesgericht zulässig; diese überprüft die Beschwerdeentscheidung allein auf Rechtsfehler, § 27 FGG. Will das Oberlandesgericht in einer Rechtsfrage von der Entscheidung eines anderen Oberlandesgerichts oder des Bundesgerichtshofs abweichen, muss es die weitere Beschwerde unter Begründung seiner Rechtsauffassung dem Bundesgerichtshof zur Entscheidung vorlegen, § 28 FGG.

7.1.10 Hinweise für die Berichterstattung

Die Gegenstände zivilprozessualer Auseinandersetzungen sind so vielfältig wie das Leben. Denn es gibt kaum einen Lebensbereich, in dem nicht gestritten wird, und kaum eine Forderung, die nicht aufgestellt und geltend gemacht wird.

Für die Berichterstattung können sie in Betracht kommen, weil sie

- ■ ein Unterhaltungsinteresse befriedigen,
- ■ als Ratgeber fungieren können oder
- ■ Veranlassung zur kritischen Auseinandersetzung bieten.

Zur Befriedigung von Unterhaltungsinteressen eignen sich beispielsweise Verfahren, an denen Prominente beteiligt sind, sowie kuriose Nachbarschaftsstreitigkeiten.

Von besonderer Bedeutung für die Berichterstattung über Zivilprozesse ist die Ratgeberfunktion, die sie auf vielen Feldern wahrnehmen kann.

> Das gilt insbesondere für Entscheidungen über Allgemeine Geschäftsbedingungen, im Mietrecht sowie bei der Haftung für unerlaubte Handlungen (Verkehrssicherungspflicht, Haftung für Schäden durch Kinder oder Tiere)

Die Berichterstattung über Zivilprozesse ist schwieriger als die über andere Gerichtsverfahren. Für Außenstehende bleibt der Streit in der mündlichen Verhandlung oft unverständlich. Denn in der Regel

nehmen die Beteiligten Bezug auf die zuvor gewechselten Schriftsätze, die (nur) ihnen bekannt sind.

Die daraus resultierenden Schwierigkeiten können bei Prozessen
vor den Obergerichten, die sich bereits in der zweiten (oder gar dritten) Instanz befinden, durch das Studium des Urteils der Vorinstanz
ausgeglichen werden. Es ist deshalb dringend zu empfehlen, rechtzeitig vor dem Termin unter Angabe des Aktenzeichens das entsprechende Urteil beim Rechtsmittelgericht oder bei der Vorinstanz anzufordern.

Hilfreich ist es auch, dem Vorsitzenden des Spruchkörpers das
eigene (Berichterstattungs-)Interesse an dem Verfahren rechtzeitig
vor Beginn der Verhandlung kundzutun und ihn um eine etwas ausführlichere Einführung in den Sach- und Streitstand zu bitten. Als
Vermittler kann dabei eventuell auch der Pressesprecher des Gerichts helfen.

Eine weitere Schwierigkeit ergibt sich daraus, dass die mündliche Verhandlung im Allgemeinen mit der Bekanntgabe des Termins
für die Verkündung der Entscheidung endet, nicht aber mit der Verkündung der Entscheidung selbst. In diesen Fällen kann die Frage an
den Vorsitzenden helfen, ob und ab wann das Ergebnis bei der Ge-
schäftsstelle abgefragt werden kann. Dort erhält man allerdings nur
den Tenor der Entscheidung. Deshalb kann es sich lohnen, mit dem
Vorsitzenden einen Zeitpunkt abzusprechen, zu dem er für eine tele-
fonische Auskunft über die Begründung zur Verfügung steht.

Zur Wahrnehmung der Ratgeberfunktion wird es oft aber auch
ausreichen, mit dem Pressesprecher des Gerichts oder den Vorsitzenden der Spruchkörper Kontakt zu halten, um regelmäßig Informationen über Entscheidungen zu bekommen, an deren Verbreitung
ein öffentliches Informationsinteresse besteht.

7.2 Das Arbeitsgerichtsverfahren

Im Urteilsverfahren entscheiden die Arbeitsgerichte über zivilrechtliche Ansprüche aus einem Arbeitsverhältnis, aus einem Tarifvertrag

oder einem Arbeitskampf, § 2 ArbGG. Dabei kann es z.b. um die Frage gehen,

- nach welchem Tarif der Arbeitnehmer zu entlohnen ist,
- ob der Arbeitgeber ihn trotz Kündigung weiter beschäftigen oder eine Abfindung an ihn zahlen muss,
- welches Zeugnis er zu bekommen hat.

Ansprüche aus dem kollektiven Arbeitsrecht können z.b. die Durchführung von Tarifverträgen oder die Rechtmäßigkeit von Arbeitskämpfen betreffen.

Im Beschlussverfahren sind die Arbeitsgerichte für Streitigkeiten in Angelegenheiten der Mitbestimmung und über die Tarifzuständigkeit eines Verbandes zuständig, § 2a ArbGG.

So sind Meinungsverschiedenheiten zwischen dem Arbeitgeber und dem Betriebsrat oder dem Sprecherausschuss über die gegenseitigen Rechte und Pflichten ebenso im Beschlussverfahren zu entscheiden wie Streitigkeiten über die Wahl oder Abberufung von Arbeitnehmervertretern in den Aufsichtsrat eines Unternehmens.

Im Jahre 2003 wurden bei den deutschen Arbeitsgerichten 630.666 Klagen, 68.887 Mahnverfahren und 8.825 Eilverfahren eingeleitet.[322] Von den 635.772 Klagen, die in diesem Jahr erledigt wurden, entfielen fast 328.000 auf Kündigungsschutzklagen. In etwa 208.000 Fällen stritten die Parteien um das Arbeitsentgelt. Knapp 20.000mal wurde um den Urlaub oder das Urlaubsentgelt gestritten, gut 30.000 mal über das Zeugnis.[323]

7.2.1 Das Urteilsverfahren

In seinen Grundzügen entspricht das Urteilsverfahren vor den Arbeitsgerichten dem Zivilprozess. Es beginnt mit der Erhebung der Klage vor dem örtlich zuständigen[324] Arbeitsgericht. Für den Inhalt der Klageschrift gelten dieselben Regeln wie im Zivilprozess.[325]

---

[322] Quelle: Bundesministerium für Wirtschaft und Arbeit, Referat III A 1, Tabelle AG1.

[323] Quelle: Bundesministerium für Wirtschaft und Arbeit, Referat III A 1, Tabelle AG1.

[324] Zur örtlichen Zuständigkeit vgl. § 48 ArbGG.

[325] Vgl. dazu die Ausführungen zum Zivilprozess oben unter 7.1.

7.2.1.1 Das erstinstanzliche Verfahren vor dem Arbeitsgericht

Vor dem Arbeitsgericht müssen die Prozessparteien sich nicht durch einen Rechtsanwalt vertreten lassen. Sie können den Rechtsstreit auch selbst führen oder einen Verbandsvertreter mit der Wahrnehmung beauftragen. Gewerkschaftsmitglieder werden im Arbeitsgerichtsverfahren häufig durch einen Rechtsschutzsekretär vertreten, der von ihrer Gewerkschaft beauftragt und bezahlt wird.[326]

Beim Arbeitsgericht urteilt eine Kammer aus einem Berufsrichter als Vorsitzendem und zwei ehrenamtlichen Richtern als Beisitzern, von denen je einer von der Vorschlagsliste der Gewerkschaften und von der Liste der Arbeitgeberverbände berufen wird.[327] Außerhalb der mündlichen Verhandlung entscheidet der Vorsitzende ohne die Beisitzer, § 53 Abs. 1 ArbGG.

Einen frühen ersten Termin gibt es im Arbeitsgerichtsverfahren nicht, § 46 Abs. 2 ArbGG. Der Vorsitzende hat die streitige Verhandlung vielmehr so vorbereiten, dass sie in einem Termin zu Ende geführt werden kann, § 56 Abs. 1 ArbGG. Dazu kann er auch einen vorbereitenden Beweisbeschluss erlassen, § 55 Abs. 4 ArbGG.

Der streitigen Verhandlung ist obligatorisch ein Gütetermin mit dem Vorsitzenden vorgeschaltet, § 54 Abs. 1 ArbGG. In ihm hat der Vorsitzende den gesamten Streitstoff mit den Parteien umfassend zu erörtern, um zu einer gütlichen Einigung zu gelangen.

Kommt es im Gütetermin nicht zu einer Einigung, ist die Sache vor der Kammer mündlich zu verhandeln. Für den Ablauf dieser Verhandlung und für ihre Vorbereitung durch den Vorsitzenden gelten dieselben Grundsätze wie für den Zivilprozess.

7.2.1.2 Berufung

Das Urteil des Arbeitsgerichts kann mit der Berufung beim Landesarbeitsgericht (LAG) angegriffen werden, wenn

---

[326] Zu den Einzelheiten vgl. § 11 Abs. 1 ArbGG.
[327] Zu den Einzelheiten vgl. §§ 20 ff. ArbGG.

- das Arbeitsgericht die Berufung zugelassen hat,
- der Wert des Beschwerdegegenstandes 600 € übersteigt,
- über das Bestehen bzw. die Kündigung eines Arbeitsverhältnisses gestritten wird oder
- ein endgültiges Versäumnisurteil mit der Behauptung angegriffen wird, eine schuldhafte Säumnis habe nicht vorgelegen, § 64 Abs. 2 ArbGG.

Das Arbeitsgericht hat die Berufung zuzulassen, wenn
- die Rechtssache grundsätzliche Bedeutung hat,
- über den Bestand oder die Auslegung von Tarifverträgen oder die Rechtsfolgen von Arbeitskampfmaßnahmen gestritten wird oder
- das Gericht bei der Auslegung einer Rechtsvorschrift von der Rechtsprechung des übergeordneten Landesarbeitsgerichts oder einem Urteil abweichen will, das für oder gegen eine der Prozessparteien ergangen ist, § 64 Abs. 3 ArbGG.

Das Landesarbeitsgericht ist an die Zulassungsentscheidung des Arbeitsgerichts gebunden, § 64 Abs. 4 ArbGG.

Vor dem LAG müssen die Prozessparteien durch einen Rechtsanwalt oder einen Vertreter ihres Verbandes vertreten sein; sie können den Prozess also nicht selbst führen, § 11 Abs. 2 ArbGG.

Beim LAG entscheiden erneut Kammern, die ebenfalls aus einem Berufsrichter als Vorsitzendem und je einem ehrenamtlichen Beisitzer aus den Kreisen der Arbeitnehmer und der Arbeitgeber bestehen, § 35 ArbGG. Die ehrenamtlichen Richter sollen zuvor mindestens fünf Jahre als ehrenamtliche Richter an einem Arbeitsgericht tätig gewesen sein, § 37 Abs. 1 ArbGG.

Für den Ablauf des Berufungsverfahrens gelten die Regeln der Zivilprozessordnung entsprechend, § 64 Abs. 6 ArbGG.

Im Jahre 2003 gingen 23.571 Klageverfahren in die Berufung.[328]

---

[328] Quelle: Bundesministerium für Wirtschaft und Arbeit, Referat III A 1, Tabelle AG2.

7.2.1.3 Revision

Gegen das Urteil des LAG ist die Revision zum Bundesarbeitsgericht (BAG) zulässig, wenn sie vom LAG zugelassen ist. Sie ist zuzulassen, wenn
- die Rechtssache grundsätzliche Bedeutung hat oder
- das Urteil von einer Entscheidung des Bundesverfassungsgericht, des Gemeinsamen Senats der obersten Gerichtshöfe des Bundes, des Bundesarbeitsgerichts oder, solange eine Entscheidung des BAG nicht ergangen ist, von einer Entscheidung einer anderen Kammer desselben LAG oder eines anderen LAG abweicht, § 72 Abs. 2 ArbGG.

Hat das LAG die Revision zugelassen, ist das BAG an diese Entscheidung gebunden, § 72 Abs. 3 ArbGG. Hat das LAG die Revision nicht zugelassen, kann der Betroffene die „Nichtzulassungsbeschwerde" zum BAG erheben. Mit der Behauptung, die Rechtssache habe grundsätzliche Bedeutung, kann die Nichtzulassungsbeschwerde allerdings nur erhoben werden, wenn
- Tarifvertragsparteien über den Bestand oder den Inhalt von Tarifverträgen streiten,
- es um die Auslegung eines Tarifvertrags geht, dessen Geltungsbereich sich über den Bezirk eines LAG hinaus erstreckt oder
- um die Rechtmäßigkeit von Arbeitskampfmaßnahmen gestritten wird, § 72a Abs. 1 ArbGG.

Unter denselben Voraussetzungen ist die Einlegung der Sprungrevision zulässig, wenn der Gegner schriftlich zustimmt, § 76 ArbGG. Bei der „Sprungrevision" wird die Berufungsinstanz übersprungen: Die Revision wird gleich gegen das erstinstanzliche Urteil des Arbeitsgerichts eingelegt.

Vor dem BAG müssen die Prozessparteien durch einen Rechtsanwalt vertreten sein, § 11 Abs. 2 ArbGG.

Das BAG entscheidet durch Senate, die aus einem Berufsrichter als Vorsitzendem, zwei weiteren Berufsrichtern als Beisitzern und je einem ehrenamtlichen Beisitzer aus den Kreisen der Arbeitnehmer und der Arbeitgeber bestehen, § 41 Abs. 2 ArbGG. Die ehrenamtlichen Richter müssen das 35. Lebensjahr vollendet haben und besondere Kenntnisse und Erfahrungen auf dem Gebiet des Arbeitsrechts und des Arbeitslebens besitzen. Sie sollen längere Zeit in Deutschland als Arbeitnehmer oder Arbeitgeber und mindestens fünf Jahre als ehrenamtliche Richter an einem Arbeitsgericht tätig gewesen sein, § 43 Abs. 2 ArbGG.

Für den Ablauf des Revisionsverfahrens gelten die Regeln der Zivilprozessordnung entsprechend, § 72 Abs. 5 ArbGG.

Im Jahre 2003 wurden beim Bundesarbeitsgericht 676 Revisionen und 842 Nichtzulassungsbeschwerden eingelegt.[329]

Will der zuständige Senat in einer Rechtsfrage von der Rechtsprechung eines anderen Senats abweichen, der seinerseits an seiner Rechtsprechung festhalten will, hat er den Großen Senat anzurufen, § 45 Abs. 2 und 3 ArbGG. Er kann eine Frage von grundsätzlicher Bedeutung auch dann dem Großen Senat vorlegen, wenn dies seiner Auffassung nach zur Fortbildung des Rechts oder zur Sicherung einer einheitlichen Rechtsprechung erforderlich ist, § 45 Abs. 4 ArbGG.

Der Große Senat besteht aus dem Präsidenten des BAG, je einem Vertreter der Senate, in denen der Präsident nicht selbst den Vorsitz führt und je drei ehrenamtlichen Richtern aus den Kreisen der Arbeitgeber und der Arbeitnehmer, § 45 Abs. 5 ArbGG. Er entscheidet nur über die Rechtsfrage. Seine Entscheidung bindet den entscheidenden Senat nur in der vorliegenden Sache, § 45 Abs. 7 ArbGG.

Der Große Senat wurde 2003 nicht tätig.

7.2.2 Das Beschlussverfahren

Im Beschlussverfahren entscheiden die Arbeitsgerichte über
- betriebsverfassungsrechtliche Streitigkeiten, Mitbestimmungsrechte von Betriebsräten, Schwerbehindertenvertretungen und Sprecherausschüssen der leitenden Angestellten,
- Angelegenheiten der Unternehmensmitbestimmung und

---

[329] Quelle: Bundesministerium für Wirtschaft und Arbeit, Referat III A 1, Tabelle AG3.

- Streitigkeiten über die Tariffähigkeit bzw. Tarifzuständigkeit einer Gewerkschaft oder eines Arbeitgeberverbandes, § 2a ArbGG.

Das Verfahren wird durch einen Antrag bei dem Arbeitsgericht eingeleitet, in dessen Bezirk der Betrieb liegt bzw. das Unternehmen seinen Sitz hat, §§ 81, 82 ArbGG. Ein Beschlussverfahren zur Feststellung der Tariffähigkeit oder Tarifzuständigkeit kann nicht nur von einem betroffenen Verband oder Arbeitgeber, sondern auch von der obersten Arbeitsbehörde eines Landes eingeleitet werden, auf dessen Gebiet sich die Tätigkeit der Vereinigung erstreckt, § 97 Abs. 1 ArbGG.

Anders als im Urteilsverfahren, für das der Verhandlungsgrundsatz gilt, hat das Gericht im Beschlussverfahren den Sachverhalt von Amts wegen zu ermitteln, § 83 Abs. 1 ArbGG.

Gegen den Beschluss, mit dem das Arbeitsgericht über den Antrag entscheidet, ist die Beschwerde zum LAG zulässig, § 87 Abs. 1 ArbGG. Über die Beschwerde entscheidet das LAG durch Beschluss, § 91 ArbGG. Gegen diesen Beschluss ist die Rechtsbeschwerde zum BAG zulässig, wenn sie vom LAG oder auf eine Nichtzulassungsbeschwerde hin vom BAG selbst zugelassen worden ist, §§ 92, 92a ArbGG. Für die Zulassung der Rechtsbeschwerde gelten dieselben Grundsätze wie für die Zulassung der Revision. Dasselbe gilt für die Zulassung einer Sprungrechtsbeschwerde, § 96a ArbGG.

Im Jahre 2003 wurden bei den deutschen Arbeitsgerichten 12.749 Beschlussverfahren anhängig gemacht.[330] In die Beschwerde gingen in demselben Zeitraum 1.403 Beschlussverfahren.[331] Beim Bundesarbeitsgericht wurden 66 Rechtsbeschwerden eingelegt.[332]

---

[330] Quelle: Bundesministerium für Wirtschaft und Arbeit, Referat III A 1, Tabelle AG1.
[331] Quelle: Bundesministerium für Wirtschaft und Arbeit, Referat III A 1, Tabelle AG2.
[332] Quelle: Bundesministerium für Wirtschaft und Arbeit, Referat III A 1, Tabelle AG3.

7.2.3 Die Dauer des Verfahrens

Wegen ihrer besonderen Eilbedürftigkeit sind Kündigungsschutzverfahren vorrangig zu erledigen, § 61a ArbGG. Im Übrigen gelten die Ausführungen zum Zivilprozess, zu Mahn- und Eilverfahren auch für das Verfahren vor den Arbeitsgerichten.[333] Die Vorschriften der Zivilprozessordnung über das schiedsrichterliche Verfahren gelten im arbeitsrechtlichen Streitigkeiten jedoch nicht, § 101 Abs. 3 ArbGG. Schiedsgerichtsvereinbarungen sind im Arbeitsrecht nur zulässig, soweit es um Streitigkeiten zwischen Tarifvertragsparteien geht, § 101 Abs. 1 ArbGG, oder sie in einem Tarifvertrag für Bühnenkünstler, Filmschaffende, Artisten oder Seeleute enthalten ist, § 101 Abs. 2 ArbGG.

Einen Überblick über die Dauer von Arbeitsgerichtsverfahren in Nordrhein-Westfalten gibt Tabelle 4.4.

7.2.4 Hinweise für die Berichterstattung

Arbeitsgerichtsverfahren sind für die Berichterstattung im Allgemeinen sehr gut geeignet: Sie betreffen Angelegenheiten des täglichen Lebens, die für einen großen Teil des Publikums von existenzieller Bedeutung sind. Berichte über arbeitsrechtliche Streitigkeiten werden vom Publikum deshalb fast immer als Ratgeber benutzt. Bei ihrer Gestaltung ist deshalb besonders sorgfältig darauf zu achten, dass sie die Reichweite der jeweiligen Entscheidung hinreichend klar stellen.[334] Zugleich lassen sich arbeitsrechtliche Auseinandersetzungen, die häufig aus Alltagskonflikten resultieren, unterhaltsam darstellen.

Da das Urteilsverfahren vor dem Arbeitsgericht weitgehend dem Zivilprozess entspricht, ergeben sich hier ähnliche Schwierigkeiten für die Berichterstattung wie dort – allerdings im Allgemeinen nicht

---

[333] Vgl. dazu oben 7.2.6. und 7.1.4.
[334] Vgl. dazu oben Abschnitt 3.2.2.

in demselben Maße. Dennoch gelten die Ratschläge für den Zivilprozess auch hier.[335]

7.3 Verwaltung und Verwaltungsgerichte

Die Verwaltung erfüllt vielfältige Aufgaben. Diese reichen vom
Schutz der inneren und äußeren Sicherheit durch Polizei, Streitkräfte
und Ordnungsbehörden über Raumplanung, Arbeits- und Wirt-
schaftsförderung bis zur Sorge für eine ausreichende Infrastruktur,
etwa durch Bereitstellung von Verkehrsnetzen und Bildungseinrich-
tungen.

Wegen des Rechtsstaatsprinzips (Art. 20, 28 GG) darf die Verwaltung in Eigentum und Freiheit des Einzelnen nur eingreifen, soweit das Parlament sie dazu gesetzlich ermächtigt hat. Das deutsche
Verwaltungsrecht ist dementsprechend durch ein umfangreiches,
differenziertes und kompliziertes Geflecht von Gesetzen, Rechtsverordnungen, Verwaltungsverordnungen und Satzungen von Bund,
Ländern und Gemeinden gekennzeichnet. Neben dem Inhalt der
Verwaltungstätigkeit („materielles" Verwaltungsrecht) bestimmt
dieses auch die Handlungsinstrumente der Verwaltung und die Art
und Weise, in der die Verwaltung ihre Entscheidungen zu treffen hat
(Verwaltungsverfahren).

Trotz der Gesetzesbindung der Verwaltung hat sich in den letzten Jahren die Überzeugung durchgesetzt, dass auch verwaltungs-
rechtliche Verfahren der „Mediation" zugänglich sind – einem alternativen Konfliktlösungsverfahren, bei dem ein neutraler „Mediator"
den am Streit Beteiligten hilft, selbst eine Lösung für ihren Konflikt
zu finden. Ein Mediationsverfahren bietet sich insbesondere für Verfahren im Bau- und Umweltrecht an, in denen es darauf ankommt,
einen sachgerechten Ausgleich zwischen den unterschiedlichen Interessen zahlreicher Beteiligter zu finden.[336]

---

[335] Vgl. dazu oben Abschnitt 7.1.10.
[336] Vgl. dazu die Beiträge von Ortloff, Ziekow und Pitschas in NVwZ 2004, Heft 4.

7.3.1 Der Erstbescheid

Das wichtigste Handlungsinstrument der Verwaltung ist der Verwaltungsakt, durch den eine Behörde Rechte und Pflichten einer Person im Einzelfall begründet, ändert, aufhebt oder verbindlich feststellt. Verwaltungsakte bilden z.b.

- Polizeibefehle (etwa: „Anhalten") oder Verbote (z.b. ein Platzverweis),
- Erteilung, Verweigerung oder Widerruf einer Genehmigung (z.b. Führerschein, Baugenehmigung, Betrieb einer Müllverbrennungsanlage, Emissionszertifikat),
- Leistungsbescheide über an den Staat zu entrichtende (z.b. Steuerbescheid) oder vom Staat zu gewährende (z.b. Wohngeldbescheid) Leistungen,
- Benutzungsordnungen für Einrichtungen des Staates oder einer Gemeinde (Museum, Schwimmbad).

Begünstigende Verwaltungsakte (z.B. Erteilung einer Genehmigung, Beihilfebescheid) werden in der Regel nur auf Antrag des Begünstigten erlassen. Bescheidet eine Behörde einen solchen Antrag nicht rechtzeitig, kann der Betroffene ihr durch das Verwaltungsgericht eine Frist zum Erlass des Bescheides setzen lassen („Untätigkeitsklage"), § 75 VwGO.

Mit der Zustellung an den Betroffenen wird der Verwaltungsakt wirksam. Legt der Betroffene kein Rechtsmittel gegen ihn ein, wird er bestandskräftig und kann von der Behörde ohne weiteres vollstreckt werden. In dieser Regelung kommt die Hoheitsgewalt des Staates gegenüber (Privat-)Personen zum Ausdruck: Während eine Privatperson in der Regel eine gerichtliche Entscheidung benötigt, um ihre Rechte durchzusetzen, und sich zu ihrer Vollstreckung ebenfalls staatlicher Einrichtungen bedienen muss, kann sich eine Behörde durch den Erlass eines rechtmäßigen Verwaltungsaktes ihren Vollstreckungstitel selbst beschaffen und aus diesem dann auch selbst vollstrecken. Rechtmäßig ist der Verwaltungsakt, wenn er von der zuständigen Behörde unter Einhaltung der einschlägigen Verfahrensvorschriften erlassen worden ist und auch inhaltlich dem geltenden Recht entspricht. Will der Betroffene die Vollstreckung des Verwaltungsakts verhindern, weil er dessen Rechtmäßigkeit bezweifelt, muss er gegen ihn innerhalb eines Monats nach seiner Zustellung[337] das zulässige Rechtsmittel einlegen.

7.3.2 Das Vorverfahren

In den meisten Fällen[338] ist das zulässige Rechtsmittel der Widerspruch, § 69 VwGO.[339]

Legt der Betroffene form- und fristgerecht Widerspruch ein, überprüft die Behörde, die den Bescheid erlassen hat, ihn zunächst selbst noch einmal auf seine Recht- und Zweckmäßigkeit. Hält sie an ihrer Entscheidung fest, legt sie den Widerspruch der zuständigen Behörde zur Entscheidung vor. Zuständig für die Entscheidung über den Widerspruch ist in der Regel die nächst höhere Behörde.[340]

Den Widerspruchsbescheid kann der Betroffene mit einer Klage angreifen. Nutzt er diese Möglichkeit nicht rechtzeitig[341], wird der Widerspruchsbescheid bestandskräftig.

7.3.3 Die gerichtliche Entscheidung

Mit seiner Klage kann der Kläger
- die Aufhebung eines Verwaltungsakts, („Anfechtungsklage"),
- den Erlass eines von ihm geforderten Verwaltungsakts („Verpflichtungsklage"),
- die Verurteilung der Behörde zu einer sonstigen Leistung („allgemeine Leistungsklage") oder
- die Feststellung beantragen, dass

---

[337] Auf dieses Recht muss der Empfänger in dem Verwaltungsakt hingewiesen werden. Fehlt die Rechtsmittelbelehrung, verlängert sich die Widerspruchsfrist auf ein Jahr, § 58 Abs. 2 VwGO.
[338] Zu den Ausnahmen vgl. § 68 VwGO.
[339] Im Steuerrecht heißt der Rechtsbehelf „Einspruch".
[340] Zu den Ausnahmen vgl. § 73 VwGO.
[341] Die Klage muss innerhalb eines Monats nach Zustellung des Widerspruchsbescheids erhoben werden, § 74 VwGO.

- zwischen ihm und der Behörde ein bestimmtes Rechtsverhältnis (z.B. ein Beamtenverhältnis) besteht („allgemeine Feststellungsklage"),
- die Behörde verpflichtet ist, ein bestimmtes, von ihr geplantes Handeln zu unterlassen („vorbeugende Feststellungsklage"),
- das Verhalten der Behörde in einem inzwischen erledigten Fall rechtswidrig gewesen ist („Fortsetzungsfeststellungsklage") oder
- ein von der Behörde erlassener Verwaltungsakt nichtig ist („Nichtigkeitsklage").

Allgemeine Leistungsklagen und Feststellungsklagen sind zulässig, ohne dass zuvor ein Widerspruchsverfahren durchgeführt worden ist.

Selbstkontrollfrage 7/1:

Ein Mitarbeiter der Zeitschrift „Informationsbrief für Steuerrecht" beantragt beim Präsidenten des Finanzgerichts Bremen, ihm künftig gegen Übernahme sämtlicher Kosten von allen Urteilen, die Richter des Finanzgerichts an andere (Fach-)Zeitschriften weitergeben, eine Kopie zu übersenden. Der Präsident lehnt diesen Antrag schriftlich mit der Begründung ab, er habe keinen Einfluss auf die Veröffentlichungspraxis der einzelnen Senate seines Gerichts. Diese geben zur Veröffentlichung ausgewählte Entscheidungen bislang nur an die Zeitschrift „EFG" ab. Der Antragsteller sieht darin einen Verstoß gegen den Gleichbehandlungsgrundsatz.
Kann er gegen die Entscheidung sofort gerichtlich vorgehen oder muss er erst Widerspruch einlegen?

Das Gericht entscheidet nur noch über die Rechtmäßigkeit des mit der Klage angegriffenen Verwaltungshandelns.

Die Klage ist vor dem örtlich zuständigen Verwaltungsgericht zu erheben, soweit nicht der Rechtsweg zu den Sozialgerichten[342] oder den Finanzgerichten[343] eröffnet ist.

---

[342] Vgl. dazu unten 7.3.5.
[343] Vgl. dazu unten 7.3.6.

In erster Instanz wurden von den Verwaltungsgerichten im Jahre 2002 insgesamt 192.189 Verfahren erledigt[344]; 24.207 Verfahren erledigte die Berufungsinstanz. Das Bundesverwaltungsgericht schloss in demselben Jahr nach eigenen Angaben 2.672 Verfahren ab.[345]

7.3.3.1 Das Verfahren vor dem Verwaltungsgericht

Das gerichtliche Verfahren beginnt mit der Erhebung der Klage beim zuständigen Verwaltungsgericht.

Das Verwaltungsgericht besteht aus mehreren Kammern, deren interne Zuständigkeit sich aus dem Geschäftsverteilungsplan ergibt. Sie bestehen aus drei Berufsrichtern, von denen einer den Vorsitz führt, und zwei ehrenamtlichen Richtern. An Beschlüssen außerhalb der mündlichen Verhandlung und an Gerichtsbescheiden wirken die ehrenamtlichen Richter nicht mit, § 5 Abs. 3 VwGO.

> Die ehrenamtlichen Richter werden für die Dauer von vier Jahren von einem Wahlausschuss[346] aufgrund von Vorschlagslisten berufen, die von den Kreisen und kreisfreien Städten des jeweiligen Gerichtsbezirks aufgestellt werden, § 28 VwGO.

Wenn die Sache weder besondere Schwierigkeiten aufweist noch von grundsätzlicher Bedeutung ist, soll die Kammer den Rechtsstreit einem ihrer Berufsrichter als Einzelrichter zur Entscheidung übertragen, § 6 Abs. 1 VwGO. Dieser entscheidet dann ohne Mitwirkung von Laienrichtern. Stellt sich im Laufe des Verfahrens heraus, dass die Sache doch grundsätzliche Bedeutung hat oder besondere Schwierigkeiten aufweist, kann der Einzelrichter sie auf die Kammer zurück übertragen, § 6 Abs. 3 VwGO.

Die Klage wird nach ihrem Eingang dem Vorsitzenden der zuständigen Kammer zugeleitet, der eine Entscheidung der Kammer darüber herbeiführt, ob sie dem nach einem kammerinternen Geschäftsverteilungsplan zuständigen Mitglied als Einzelrichter zur

---

[344] Datenreport 2004 des Statistischen Bundesamtes, S. 228.
[345] Presse-Mitteilung Nr. 10/04 des Bundesverwaltungsgerichts vom 17.2.2004.
[346] Dessen Zusammensetzung ergibt sich aus § 26 Abs. 2 VwGO.

Entscheidung oder als Berichterstatter zur Vorbereitung einer Kammerentscheidung übertragen wird. Dieser beschafft zunächst alle Informationen, die für die Entscheidung des Rechtsstreits von Bedeutung sind. Dazu gibt er vor allem der Behörde, die den angegriffenen Bescheid erlassen hat, Gelegenheit zur Stellungnahme, fordert die nötigen Unterlagen an und gibt gegebenenfalls erforderliche Gutachten in Auftrag. Anschließend setzt er einen Termin zur mündlichen Verhandlung fest, zu der die Beteiligten, Zeugen und Sachverständige geladen werden.

Die mündliche Verhandlung beginnt mit der Darstellung des Sach- und Streitstandes und dessen Erörterung mit den Beteiligten. Dabei hat das Gericht auf eine gütliche Einigung („Vergleich") hinzuwirken. Kommt es nicht zu einer Einigung, stellen die Parteien ihre Anträge und das Gericht verkündet nach geheimer Beratung das Urteil, dessen schriftliche Fassung mit ausführlicher Begründung den Beteiligten allerdings erst einige Wochen später zugestellt wird.

Das Gericht kann ohne mündliche Verhandlung durch Gerichtsbescheid entscheiden, wenn der Sachverhalt geklärt ist und die Sache keine besonderen Schwierigkeiten aufweist, § 84 Abs. 1 VwGO. Die Praktikabilität dieser als Verfahrensvereinfachung gedachten Regelung leidet jedoch darunter, dass jeder der Beteiligten nach Zustellung des Gerichtsbescheids die mündliche Verhandlung (mit nachfolgendem Urteil) erzwingen kann, vgl. § 84 Abs. 2 und 3 VwGO.

7.3.3.2 Berufung

Das Urteil des Verwaltungsgerichts (VG) kann mit der Berufung vor dem Oberverwaltungsgericht (OVG) angegriffen werden, wenn das OVG sie zulässt, § 124 Abs. 1 VwGO. Der Antrag ist innerhalb eines Monats bei dem VG zu stellen, das das Urteil oder den Gerichtsbescheid erlassen hat, § 124a Abs. 1 VwGO. Das OVG lässt die Berufung gem. § 124 Abs. 2 VwGO zu, wenn

- ernstliche Zweifel an der Richtigkeit des Urteils bestehen,[347]
- die Rechtssache besondere tatsächliche oder rechtliche Schwierigkeiten aufweist oder grundsätzliche Bedeutung hat,
- das Urteil darauf beruht, dass es von einer Entscheidung des OVG, des BVerwG, des gemeinsamen Senats der obersten Gerichtshöfe des Bundes oder des BVerfG abweicht.

Lehnt das OVG den Antrag auf Zulassung der Berufung ab, ist das Verfahren beendet; das Urteil des VG wird rechtskräftig, § 124a Abs. 2 S. 3 VwGO. Lässt es die Berufung zu, geht es ohne weiteres in das Berufungsverfahren über. Der Beschwerdeführer hat dann innerhalb eines Monats seine Anträge zu stellen und zu begründen, § 124 Abs. 3 VwGO.

Das OVG überprüft die Entscheidung des VG in tatsächlicher und rechtlicher Hinsicht. Neues Vorbringen der Parteien berücksichtigt es allerdings nur, wenn das die Erledigung des Rechtsstreits nicht verzögert oder der Beteiligte die Verspätung „genügend entschuldigt", also sachliche Gründe vorträgt, die ihn daran gehindert haben, den Sachverhalt schon in der ersten Instanz vorzutragen, § 128a VwGO.

Das OVG entscheidet durch Senate, die mit einem Vorsitzenden und zwei weiteren Berufsrichtern besetzt sind. Durch Landesrecht können sie um und zwei ehrenamtlichen Richter erweitert werden, § 9 Abs. 3 VwGO.[348]

Kommt das OVG zu dem Ergebnis, dass die Berufung unzulässig oder unbegründet ist, weist es sie zurück. Das kann ohne mündliche Verhandlung durch Beschluss geschehen, wenn die Berufung unzulässig ist, § 125 Abs. 2 VwGO, oder der Senat sie einstimmig für begründet oder unbegründet und eine mündliche Verhandlung nicht für erforderlich hält, § 130a VwGO.

---

[347] Diese können sich auch daraus ergeben, dass ein Verfahrensfehler vorliegt, auf dem das Urteilberuhen kann.

[348] In den Fällen, in denen das OVG ausnahmsweise schon in erster Instanz zuständig ist, kann der Senat um weitere zwei Berufsrichter ergänzt werden, § 9 Abs. 3 S. 2 VwGO. Diese Fälle sind in § 48 Abs. 1 VwGO geregelt.

Hält das OVG die Berufung für begründet, kann es das Urteil des VG aufheben und die Sache zur erneuten Entscheidung an das VG zurückverweisen, wenn

- dieses in der Sache selbst noch nicht entschieden, die Klage z.B. als unzulässig verworfen oder einen erheblichen Verfahrensfehler gemacht hat oder
- neue entscheidungserhebliche Tatsachen oder Beweismittel aufgetaucht sind, § 130 VwGO.

Anderenfalls hat es in der Sache selbst zu entscheiden, das Urteil des VG aufzuheben und durch seine Entscheidung zu ersetzen.

7.3.3.3 Revision

Gegen das Urteil des OVG ist die Revision zum Bundesverwaltungsgericht (BVerwG) zulässig, wenn das OVG sie zugelassen hat, § 132 VwGO oder das BVerwG sie – auf die Nichtzulassungsbeschwerde des Revisionsführers hin – selbst zulässt, § 133 VwGO.

Das BVerwG überprüft die Entscheidung des OVG nur noch in rechtlicher Hinsicht. Es entscheidet durch Senate, die mit fünf Berufsrichtern besetzt sind. Über Beschlüsse außerhalb der mündlichen Verhandlung entscheidet der Senat in der Besetzung von drei Richtern. Welche drei Richter das jeweils sind, ist durch einen senatsinternen Geschäftsverteilungsplan vorab festzulegen.

Will ein Senat von der Rechtsprechung eines anderen Senats abweichen, der seinerseits an seiner Auffassung festhält, hat er den Großen Senat anzurufen, § 11 Abs. 2 und 3 VwGO. Eine Frage von grundsätzlicher Bedeutung kann ein Senat dem Großen Senat außerdem zur Entscheidung vorlegen, wenn er dies zur Fortbildung des Rechts oder zur Sicherung einer einheitlichen Rechtsprechung für erforderlich hält, § 11 Abs. 4 VwGO.

Der Große Senat besteht in der Regel[349] aus dem Präsidenten des BVerwG und je einem Richter der Revisionssenate, in denen der

---

[349] Sind von dem Streit Senate betroffen, die keine Revisionssenate sind, sind auch von diesen je ein Mitglied im großen Senat vertreten, § 11 Abs. 5 S. 2 VwGO.

Präsident nicht den Vorsitz führt. Die Mitglieder des Großen Senats sind vom Präsidium des BVerwG für ein Geschäftsjahr im voraus zu bestellen.

Den Vorsitz im Großen Senat führt der Präsident des BVerwG. Der Große Senat entscheidet nur über die ihm vorgelegte Rechtsfrage. Er kann dies auch ohne mündliche Verhandlung tun. Über den zugrunde liegenden Rechtsstreit hat anschließend der zuständige Senat unter Beachtung der Rechtsauffassung des Großen Senats zu entscheiden, § 11 Abs. 7 VwGO.

7.3.4 Verfahrensdauer und Eilverfahren

Das gerichtliche Verfahren kann erhebliche Zeit in Anspruch nehmen.[350] Das gilt insbesondere dann, wenn es durch mehrere Instanzen geführt wird. Deshalb muss in vielen Fällen vorab entschieden werden, was in der Zwischenzeit (bis zur rechtskräftigen Entscheidung des Rechtsstreits) geschehen soll.

Beispiel 1: Die Kundgebung der NPD
Die NPD meldet im Vorfeld der Landtagswahl in Nordrhein-Westfalen, die am … 2005 stattfinden sollen, am …2005 beim Ordnungsamt der Stadt Dortmund eine Kundgebung für den ….2005 auf dem Friedensplatz vor dem Rathaus an. Das Ordnungsamt verbietet die Kundgebung mit der Begründung, durch sie werde – auch wegen der zu erwartenden Gegendemonstrationen und der deswegen erforderlichen polizeilichen Sicherheitsmaßnahmen – der reibungslose Ablauf des an Sonnabenden üblicherweise allgemein hohen Geschäftsverkehrs gefährdet.
Die NPD legt gegen das Verbot Rechtsmittel ein. Muss sie mit der Kundgebung warten, bis über ihre Zulässigkeit rechtskräftig entschieden ist?

Die gesetzliche Regelung für solche Fälle findet sich in § 80 VwGO. Danach haben Widerspruch und Anfechtungsklage in der Regel[351] aufschiebende Wirkung. Diese entfällt jedoch, wenn die Behörde die sofortige Vollziehung ihrer Entscheidung anordnet. Das darf sie, wenn die sofortige Vollziehung „im öffentlichen Interesse oder im überwiegenden Interesse eines Beteiligten" liegt. Sie hat also das

---

[350] Vgl. dazu unten Tabelle 4.5.1.
[351] Zu den Ausnahmen vgl. § 80 Abs. 2 VwGO.

Rechtsschutzinteresse des Adressaten gegen die Interessen der anderen Beteiligten und das Interesse der Allgemeinheit abzuwägen. Diese Abwägung ist gerichtlich überprüfbar. Der Betroffene kann gemäß § 80 Abs. 5 VwGO beim zuständigen Verwaltungsgericht beantragen, die aufschiebende Wirkung des Rechtsmittels wiederherzustellen.

> Beispiel 2: Die Nebentätigkeit des Ministerpräsidenten
> Vier Wochen vor der Landtagswahl bekommt ein Mitarbeiter der Süddeutschen Zeitung von einem Informanten den Hinweis, der Wirtschaftsminister des Landes, der zugleich Landtagsabgeordneter ist, habe einen mit jährlich 100.000 € dotierten Beratervertrag mit dem Energieversorgungsunternehmen REWON. Er bittet den Landtagspräsidenten um Auskunft, ob diese Nebentätigkeit bei ihm angemeldet ist. Der Landtagspräsident sagt die Prüfung dieses Auskunftsbegehrens zu, teilt aber auf Nachfrage mehrfach mit, die Prüfung habe noch nicht abgeschlossen werden können. Hat der Journalist eine Chance, die Auskunft noch vor der Landtagswahl zu bekommen?

Für solche Fälle sieht § 123 VwGO den Erlass einer einstweiligen Anordnung vor. Eine solche Anordnung hat das zuständige Gericht zu treffen, wenn sie nötig ist, um wesentliche Nachteile abzuwenden, insbesondere zu verhindern, dass die Verwirklichung des Rechts vereitelt oder wesentlich erschwert wird.

Entscheidungen gemäß § 80 Abs. 5 VWGO und gemäß § 123 VwGO treffen die Verwaltungsgerichte in einem beschleunigten summarischen Verfahren. Die Dauer des Verfahrens hängt vom Grad der Eilbedürftigkeit ab: Der Zweck des Verfahrens darf durch die Verfahrensdauer grundsätzlich nicht vereitelt werden.[352]

7.4 Sozialrecht und Sozialgerichtsbarkeit

Das Sozialrecht dient der Verwirklichung sozialer Gerechtigkeit, § 1 Abs. 1 SGB I. Es bildet die Rechtsgrundlage für soziale Dienste und Einrichtungen und regelt die Gewährung von Sozialleistungen. Das Sozialrecht dient u.a. dem Schutz gegen die finanziellen Folgen von Krankheit (gesetzliche Krankenversicherung), Unfällen (Unfallver-

---

[352] Zur durchschnittlichen Dauer solcher Eilverfahren vgl. unten Tabelle 4.5.2.

sicherung) und Straftaten (Opferentschädigungsrecht), von Alter (Rentenversicherung), Pflegebedürftigkeit (Pflegeversicherung) und anderen Behinderungen (Schwerbehindertenrecht), von Arbeitslosigkeit (Recht der Arbeitsförderung und Arbeitslosenversicherung) und sonstigen finanziellen Notlagen (Sozialhilferecht).

Für die Entscheidung von Streitigkeiten über Ansprüche aus dem Sozialrecht waren bislang teilweise die allgemeinen Verwaltungsgerichte zuständig. Das galt neben der Kriegsopferfürsorge vor allem für die Sozialhilfe. Im Zusammenhang mit der Einführung der Grundsicherung für Arbeitslose (Arbeitslosengeld II) durch die so genannte „Hartz IV-Reform" hat der Gesetzgeber die Zuständigkeit für Angelegenheiten der Sozialhilfe – mit Wirkung ab 1.1.2005 auf die Sozialgerichte übertragen. Um die damit verbundene Verschiebung der Arbeitsbelastung abzumildern, hat der Bund die Länder ermächtigt, bei den Verwaltungsgerichten und Oberverwaltungsgerichten besondere Spruchkörper einzurichten, die für die Entscheidung in Angelegenheiten der Grundsicherung und der Sozialhilfe zuständig und wie sozialgerichtliche Spruchkörper zusammengesetzt sind und nach den Vorschriften des Sozialgerichtsgesetzes verfahren.[353]

Die meisten Bereiche des Sozialrechts fallen aber in die Zuständigkeit der Sozialgerichtsbarkeit. Dazu gehören vor allem die Angelegenheiten der Sozialversicherung, der Arbeitsförderung und der Schwerbehinderten. Auch Streitigkeiten zwischen Krankenkassen, Kassenärzten und ihren Vereinigungen gehören vor die Sozialgerichte. Ferner hat der Gesetzgeber den Sozialgerichten die Zuständigkeit für die gerichtliche Überprüfung von Kindergeldzahlungen übertragen.

In erster und zweiter Instanz wurden von den Sozialgerichten im Jahre 2002 insgesamt knapp 267.000 Verfahren erledigt[354]; das Bundessozialgericht schloss in demselben Jahr nach eigenen Angaben 2.255 Verfahren ab.[355]

---

[353] Heftig kritisiert hat diesen „rechtspolitischen Flickenteppich" der Präsident des Verwaltungsgerichts München in NJW 2004, S. 1850 ff.
[354] Datenreport 2004 des Statistischen Bundesamtes, S. 228.
[355] Presse-Sonderbericht Nr. 2/04 des Bundessozialgerichts vom 27.1.2004.

7.4.1 Die gesetzliche Krankenversicherung (SGB V)

Die Pflicht, als Mitglied einer gesetzlichen Krankenkasse entsprechende Beiträge zu entrichten, trifft

- Arbeitnehmer, deren Jahresverdienst eine bestimmte Höchstgrenze nicht überschreitet,
- Landwirte sowie freiberuflich tätige Künstler und Publizisten (freie Mitarbeiter),
- Studenten und Praktikanten,
- Behinderte, die in Behindertenwerkstätten tätig sind, sowie
- Rentner.

Arbeitnehmer, deren Einkommen die Versicherungspflichtgrenze überschreitet, können u.U. freiwillig Mitglied ihrer Krankenkasse bleiben. Als Krankenkassenbeitrag ist ein bestimmter Prozentsatz vom versicherungspflichtigen Einkommen abzuführen, dessen Höhe von der Krankenkasse festgelegt wird, in der der Versicherte Mitglied ist. Als Gegenleistung erhalten der Versicherte und seine Familienangehörigen, die nicht über ein eigenes Einkommen verfügen, Anspruch auf Leistungen zur Förderung der Gesundheit, Verhütung und Behandlung von Krankheiten. Welche Leistungen im Einzelnen von den Krankenkassen zu erbringen sind, ist gesetzlich geregelt, §§ 20 ff. SGB V. Um diese Leistungen zu erbringen, schließen die Verbände der Krankenkassen entsprechende Verträge mit „Kassenärztlichen Vereinigungen" ab, deren Mitglieder die Vertragsärzte („Kassenärzte") sind. Über die Zulassung eines Arztes als Kassenarzt entscheidet ein Ausschuss aus Vertretern der Ärzte und der Krankenkassen. Die Sozialgerichte entscheiden vor allem über Streitigkeiten

- zwischen Krankenkassen und ihren Mitgliedern, z.B. über deren Versicherungspflicht, Beitragshöhe und Kostenbeteiligung, Anspruch auf bestimmte Kassenleistungen usw.,
- über die Erteilung oder Entziehung einer Zulassung als Kassenarzt sowie die Abrechnung von Gebühren für ärztliche Leistungen und
- von Krankenkassen untereinander, z.B. über den „Risikostrukturausgleich".

Nicht vor die Sozialgerichte gehören hingegen Streitigkeiten aus einem Versicherungsvertrag mit einer privaten Krankenversicherung. Für sie sind die Zivilgerichte zuständig.

7.4.2 Die Pflegeversicherung (SGB XI)

Die Pflegeversicherung erfasst nicht nur den Personenkreis, der gesetzlich krankenversichert ist, sondern auch privat Versicherte, Beamte und Abgeordnete. Während die Mitglieder einer gesetzlichen Krankenkasse und ihre Angehörigen der sozialen Pflegeversicherung angehören, müssen die anderen eine private Pflegeversicherung abschließen. Für beide – die soziale und die private Pflegeversicherung – sind bei Rechtsstreitigkeiten die Sozialgerichte zuständig.

Der Umfang der Leistungen, die die Pflegeversicherung bei Pflegebedürftigkeit gewährt, hängt von der Zuordnung des Pflegebedürftigen zu einer von drei Pflegestufen ab, die nach dem notwendigen Pflegeaufwand gestaffelt sind.

7.4.3 Die gesetzliche Unfallversicherung (SGB VII)

Gegen die finanziellen Folgen von Arbeitsunfällen und Berufskrankheiten sind Arbeitnehmer, Auszubildende und Landwirte von Gesetzes wegen versichert. Träger der gesetzlichen Unfallversicherung sind die Berufsgenossenschaften, deren Kosten die Arbeitgeber zu tragen haben. Gesetzlich versichert sind auch Kinder beim Besuch des Kindergartens, Schüler und Studenten, Helfer bei Unglücksfällen, Zivil- und Katastrophenschutzhelfer sowie Blut- und Organspender. Für sie sind die Unfallversicherungsträger der öffentlichen Hand zuständig. Für Beamte hingegen gelten besondere Vorschriften.

Zu den Rechtsstreitigkeiten, die von den Sozialgerichten zu entscheiden sind, gehört insbesondere die Frage, ob ein Unfall oder eine Krankheit als Arbeitsunfall oder Berufskrankheit anzusehen ist.

Denn nur dann steht die gesetzliche Unfallversicherung für die Folgen ein.

7.4.4 Die Rentenversicherung (SGB VI)

Die gesetzliche Rentenversicherung sichert die Altersversorgung von Arbeitnehmern, auch von Auszubildenden, Wehr- oder Zivildienstleistenden und Behinderten, die in speziellen Behindertenwerkstätten arbeiten. Beamte und Selbständige sind im Allgemeinen nicht rentenversichert. Eine Ausnahme gilt jedoch für Landwirte sowie Künstler und Publizisten, also auch für freie Mitarbeiter von Zeitungen und Zeitschriften.

Rentenversicherungsträger sind die Landesversicherungsanstalten für Arbeiter, die Bundesversicherungsanstalt für Angestellte, die Bundesknappschaft für Bergleute, die Seekasse für Seeleute und die Bahnversicherungsanstalt.

Neben den Altersrenten umfasst die Rentenversicherung auch Zahlungen bei verminderter Erwerbsfähigkeit und die Versorgung der Hinterbliebenen.

7.4.5 Rehabilitation (SGB IX)

Menschen, die behindert oder von Behinderung bedroht sind, genießen besonderen staatlichen Schutz. Diese umfassen Leistungen zur medizinischen Rehabilitation (§§ 26 ff. SGB IX), zur Teilhabe am Arbeitsleben (§§ 33 ff. SGB IX), zur Unterhaltssicherung (§§ 44 ff. SGB IX) und zur Teilhabe am Leben der Gemeinschaft (§§ 55 ff. SGB IX).

Zu den besonderen Rechten von Schwerbehinderten gehören u.a. ein erweiterter Kündigungsschutz und Anspruch auf zusätzlichen Urlaub. Schwerbehindert ist jemand mit einem Behinderungsgrad von mindestens 50 %.

Verstöße gegen die Vorschriften des SGB IX können auch von Behindertenverbänden vor den Sozialgerichten geltend gemacht werden (§ 63 SGB IX).

7.4.6 Versorgungsrecht

In bestimmten Fällen tritt der Staat für die Folgen von Gesundheitsschäden ein, die der Betroffene z.b. als Kriegsopfer, Opfer einer Gewalttat, als politischer Häftling, Wehr- oder Zivildienstleistender oder durch eine Impfung erlitten hat. Diese Versorgungsansprüche sind in Spezialgesetzen geregelt. Zu ihnen gehören u.a. das Bundesversorgungsgesetz, das Soldatenversorgungsgesetz, das Zivildienstgesetz, das Opferentschädigungsgesetz, das Häftlingshilfegesetz und das Bundesseuchengesetz.

7.4.7 Arbeitsförderung und Arbeitslosenversicherung (SGB III)

Die Leistungen der Arbeitsförderung sollen dazu beitragen, einen hohen Beschäftigungsstand zu erreichen, das Entstehen von Arbeitslosigkeit zu vermeiden oder die Dauer der Arbeitslosigkeit zu verkürzen (§ 1 Abs. 1 SGB III). Sie obliegt der Bundesagentur für Arbeit mit ihren Regionaldirektionen und örtlichen Agenturen für Arbeit (§ 367 SGB III). Zu ihren Aufgaben gehört insbesondere

- die Beratung und Vermittlung von Arbeit Suchenden (§§ 29 ff. SGB III),
- die Förderung der Berufsausbildung und der beruflichen Weiterbildung (§§ 59 ff., 77 ff. SGB III),
- die Förderung der Aufnahme einer Beschäftigung oder einer selbständigen Tätigkeit ((§§ 53 ff., 57 ff. SGB III),
- die Förderung der Teilhabe behinderter Menschen am Arbeitsleben (§§ 97 ff. SGB III) und
- die Zahlung von Entgeltersatzleistungen wie Arbeitslosengeld (§§ 117 ff SGB III), Unterhaltsgeld (§§ 153 ff. SGB III), Über-

gangsgeld (§§ 160 ff. SGB III), Kurzarbeitergeld (§§ 169 ff. SGB III) und Insolvenzgeld (§§ 183 ff. SGB III).

Zur (teilweisen) Finanzierung der Arbeitsförderung dient die Arbeitslosenversicherung. Versicherungspflichtig sind Auszubildende und Arbeitnehmer, die nicht nur geringfügig, unständig oder in einer Arbeitsbeschaffungsmaßnahme beschäftigt sind (§§ 25, 27 Abs. 2, 3 SGB III). Versicherungsfrei sind hingegen Vorstandsmitglieder, Beschäftigte im öffentlichen Dienst und ihnen gleich Gestellte, Rentner sowie Schüler und Studenten (§ 27 SGB III).

7.4.8 Grundsicherung für Arbeitsuchende (SGB II)

Das bisherige Nebeneinander von Arbeitslosenhilfe und Sozialhilfe ist mit Beginn des Jahres 2005 durch die Grundsicherung für Arbeitsuchende (SGB II) ersetzt worden. Erwerbsfähige Einwohner, die zwischen 15 und 65 Jahre alt und hilfebedürftig sind, haben einen Anspruch auf Grundsicherung in Höhe etwa der Sozialhilfe, soweit sie ihren Lebensunterhalt nicht aus eigenen Mitteln oder Kräften bestreiten können, obwohl sie alle Möglichkeiten zur Beendigung oder Verringerung ihrer Hilfebedürftigkeit genutzt haben (§§ 2, 7 SGB II). Die Grundsicherung erfasst auch Personen, die mit einem erwerbsfähigen Hilfebedürftigen in einem Haushalt leben, etwa Ehe- oder Lebenspartner, Kinder, Eltern („Bedarfsgemeinschaft", § 7 Abs. 2 und 3 SGB II).

Sozialhilfe erhalten demzufolge nur noch Personen, die selbst nicht erwerbsfähig sind und auch mit keinem Erwerbsfähigen in einer Bedarfsgemeinschaft leben.

7.4.9 Verwaltungsverfahren

Das Sozialrecht ist ein Teil des öffentlichen Rechts. Die Sozialversicherungsträger sind Behörden, die nach denselben Grundsätzen tätig werden wie sonstige Verwaltungsbehörden. Im Einzelnen ist das Sozialverwaltungsverfahren im Buch X des Sozialgesetzbuchs (SGB

X) geregelt. Es enthält neben strengen Bestimmungen zum Schutz der Sozialdaten (§§ 67 ff. SGB X) Elemente, die den Berechtigten die Wahrnehmung ihrer Rechte erleichtern sollen:

- Untersuchungsgrundsatz (§ 20 SGB X) und wechselseitige Amtshilfe der Behörden (§§ 3 ff. SGB X),
- Bestellung eines Vertreters von Amts wegen (§ 15 SGB X),
- Kostenfreiheit des Verfahrens (§ 64 SGB X).

7.4.10 Rechtsbehelfsverfahren

In der Regel wird im Sozialrecht über das Bestehen und die Höhe von Sozialleistungen gestritten, die durch einen Leistungsbescheid, einen Verwaltungsakt also, festgesetzt werden. Dieser wird bindend, wenn der Betroffene bei der Behörde nicht rechtzeitig Widerspruch einlegt. Die Einlegung des Widerspruchs hingegen führt zur Überprüfung des Bescheids zunächst durch die Behörde, die den Bescheid erlassen hat. Hält diese an ihrem Bescheid fest, legt sie den Vorgang der Widerspruchsbehörde, das ist in der Regel die nächst höhere Behörde in der Verwaltungshierarchie, zur Entscheidung vor. Diese erlässt den Widerspruchsbescheid, der den Erstbescheid ersetzt. Der Widerspruchsbescheid wird verbindlich, wenn der Betroffene nicht rechtzeitig dagegen vor dem Sozialgericht klagt.

7.4.11 Das Verfahren vor dem Sozialgericht

Das gerichtliche Verfahren beginnt mit der Erhebung der Klage beim zuständigen Sozialgericht. Das Sozialgericht besteht aus mehreren Kammern, die jeweils für ein oder mehrere Rechtsgebiete zuständig sind und aus einem Vorsitzenden und zwei Beisitzern bestehen. Während der Vorsitzende Berufsrichter ist, sind die Beisitzer ehrenamtlich tätig. Durch ihre Mitwirkung sollen Kenntnisse und Erfahrungen aus der Berufspraxis für die Rechtsprechung fruchtbar gemacht werden. Sie werden für die Dauer von vier Jahren aufgrund von Vorschlagslisten berufen. Diese Listen werden von Vereinigungen aufgestellt, die jeweils einen Bezug zu dem Gebiet des Sozial-rechts haben, auf dem die ehrenamtlichen Richter tätig werden sol-len. So schlagen im Arbeitsförderungsrecht z.B. Gewerkschaften und Arbeitgebervereinigungen ehrenamtliche Richter vor. Im Schwerbehindertenrecht und bei den Angelegenheiten der Kriegsop-ferversorgung sind es Vereinigungen der Schwerbehinderten und Kriegsopfer sowie die Landesversorgungsämter. Im Vertragsarzt-recht sind es die ärztlichen Vereinigungen und die Zusammen-schlüsse der Krankenkassen.

Die Klage wird nach ihrem Eingang dem Vorsitzenden der zu-ständigen Kammer zugeleitet, der zunächst alle Informationen be-schafft, die für die Entscheidung des Rechtsstreits von Bedeutung sind. Dazu gibt er vor allem der Behörde, die den angegriffenen Be-scheid erlassen hat, Gelegenheit zur Stellungnahme, fordert von ihr die nötigen Unterlagen an und gibt gegebenenfalls erforderliche Gutachten in Auftrag. Anschließend setzt er einen Termin zur münd-lichen Verhandlung fest, zu der die Beteiligten, Zeugen und Sach-verständige geladen werden.

Die mündliche Verhandlung vor der Kammer wird vom Vorsitzenden geleitet. Sie beginnt mit der Darstellung des Sach- und Streitstandes und dessen Erörterung mit den Beteiligten. Dabei hat das Gericht auf eine gütliche Einigung („Vergleich") hinzuwirken. Kommt es nicht zu einer Einigung, stellen die Parteien ihre Anträge und das Gericht verkündet nach geheimer Beratung das Urteil, des-sen schriftliche Fassung mit ausführlicher Begründung den Beteilig-ten allerdings erst einige Wochen später zugestellt wird.

Die mündliche Verhandlung entfällt, wenn das Gericht im schriftlichen Verfahren durch Gerichtsbescheid entscheidet. Dieser wird allein durch den Vorsitzenden erlassen.

Das Urteil des Sozialgerichts kann mit der Berufung vor dem Landessozialgericht angegriffen werden, wenn der Streitwert 500 € übersteigt[356] oder die Berufung wegen der grundsätzlichen Bedeu-

---

[356] Bei Streitigkeit zwischen juristischen Personen des öffentlichen Rechts oder Behörden beträgt die Streitwertgrenze 5.000 €.

tung der Sache vom Sozialgericht zugelassen wird (§§ 143, 144 SGG).

Das Landessozialgericht überprüft die Entscheidung des Sozialgerichts in tatsächlicher und rechtlicher Hinsicht. Es entscheidet durch Senate, die mit einem Vorsitzenden, zwei weiteren Berufsrichtern und zwei ehrenamtlichen Richtern besetzt sind.

Gegen das Urteil des Landessozialgerichts ist die Revision zum Bundessozialgericht zulässig, wenn das Landessozialgericht sie zugelassen hat oder das Bundessozialgericht selbst sie – auf die Nichtzulassungsbeschwerde des Revisionsführers hin – zulässt.

Das Bundessozialgericht überprüft die Entscheidung des Landessozialgerichts nur noch in rechtlicher Hinsicht. Es entscheidet durch Senate, die ebenfalls aus einem vorsitzenden und zwei beisitzenden Berufsrichtern sowie zwei ehrenamtlichen Richtern bestehen.

Zur Dauer der Verfahren vor den Sozialgerichten vgl. unten Tabelle 4.5.3.

7.4.12 Kosten

Für Versicherte, Leistungsempfänger und Behinderte ist das Verfahren vor den Sozialgerichten grundsätzlich[357] kostenfrei (§ 183 SGG). Das gilt auch für die Kosten der Beweisaufnahme, insbesondere auch für die eines Sachverständigengutachtens, das vom Gericht eingeholt wird. Nur wenn der Kläger beantragt, ein Gutachten vom Arzt seines Vertrauens einzuholen, muss er dessen Kosten unter Umständen selbst tragen (§ 109 SGG).

Die außergerichtlichen Kosten des Prozessgegners (z.B. dessen Anwaltskosten) müssen die oben Genannten im Allgemeinen nicht erstatten. Eine Ausnahme gilt nur für die Fälle, in denen Streitigkeiten aus einer privaten Pflegeversicherung vor den Sozialgerichten verhandelt wird.

---

[357] Ausnahmen gelten für die Anfertigung von Kopien aus den Akten (§ 183 S. 4 i.V.m. § 93 S. 3 bzw. 120 Abs. 2 S. 1 SGG) und für Kosten, die durch eine nachlässige Prozessführung entstehen (§ 192 SGG).

Die Kosten für den eigenen Rechtsbeistand müssen sie allerdings selbst tragen, wenn sie den Prozess verlieren. Zwingend erforderlich ist die Vertretung durch einen Rechtsanwalt allerdings nur vor dem Bundessozialgericht. Vor dem Sozial- und dem Landessozialgericht dürfen die Betroffenen sich auch durch Rechtsbeistände vertreten lassen, die ihnen von sozial- oder berufspolitischen Verbänden (DGB, Reichsbund, VdK usw.) zur Verfügung gestellt werden.

Zur (Vor-)Finanzierung der Anwaltskosten können Bedürftige Prozesskostenhilfe beantragen.[358]

7.5 Steuern und Finanzgerichtsbarkeit

Steuern gehören neben Gebühren und Beiträgen zu den Abgaben, die der Staat zur Finanzierung seiner Aufgaben erhebt. Während Gebühren und Beiträge an eine konkrete Gegenleistung des Staates geknüpft sind,

> z.B. Erteilung einer Genehmigung, Ausstellung einer Urkunde, Durchführung einer Prüfung, Ausbau einer Anliegerstraße,

knüpfen Steuergesetze die Zahlungspflicht an Tatbestände, die mit staatlichen Leistungen nichts zu tun haben, z.B. an

- Einkünfte bzw. Gewinn (Lohn- bzw. Einkommensteuer, Körperschaftssteuer, Gewerbesteuer, Kapitalertragssteuer, Spielbankabgabe),
- Umsatz (Mehrwertsteuer, Grunderwerbssteuer, Lotterie- und Wettsteuer),
- Eigentum (Grundsteuer, KfZ-Steuer, Hundesteuer),
- Verbrauch (Mineralölsteuer, Branntweinsteuer, Biersteuer, Schaumweinsteuer, Tabaksteuer u.ä.) sowie
- Erbschaft und Schenkungen.

Die meisten dieser Steuern fallen in die Gesetzgebungskompetenz des Bundes. Für ihre Festsetzung und Einziehung die Finanzverwaltung des Bundes (Bundesfinanzministerium) und der Länder (Oberfinanzdirektionen, Finanzämter) zuständig.

---

[358] Vgl. dazu oben 2.3.4.

Die von dem Steuerpflichtigen im Einzelfall zu entrichtende Steuer wird vom Finanzamt durch einen Steuerbescheid festgestellt, gegen den dem Betroffenen das Rechtsmittel des Einspruchs zusteht. Der rechtzeitig eingelegte Einspruch führt zu einer Überprüfung des Bescheids durch das Finanzamt, das ihn erlassen hat. Hilft dieses dem Einspruch nicht ab, leitet es ein Einspruchsverfahren ein. Gegen den Einspruchsbescheid ist die Klage zum Finanzgericht zulässig.

7.5.1 Das Verfahren vor dem Finanzgericht

Das gerichtliche Verfahren beginnt mit der Erhebung der Klage beim örtlich zuständigen Finanzgericht.

In Nordrhein-Westfalen z.B. ist für den Regierungsbezirk Düsseldorf das Finanzgericht Düsseldorf, für den Regierungsbezirk Köln das Finanzgericht Köln und für die anderen Regierungsbezirke das Finanzgericht Münster örtlich zuständig.

Das Finanzgericht besteht aus Senaten, die aus drei Berufsrichtern (einem Vorsitzenden und zwei Beisitzern) und zwei ehrenamtlichen Richtern bestehen. Die ehrenamtlichen Richter wirken nur bei der mündlichen Verhandlung mit. Der Senat kann einen rechtlich einfach gelagerten Rechtsstreit auch einem seiner Mitglieder (Berufsrichter) als Einzelrichter zur Entscheidung übertragen. In diesem Fall wirken die ehrenamtlichen Richter an dem weiteren Verfahren nicht mit.

Die Zuständigkeit der Senate richtet sich nach dem Geschäftsverteilungsplan des Gerichts. Dieser kann z.B. jedem Senat die allgemeine Zuständigkeit für bestimmte Finanzämter zuweisen und diese Bezirkszuständigkeit mit der Sonderzuständigkeit einzelner Senate für bestimmte Steuerarten verbinden.

Die Klage wird nach ihrem Eingang dem Vorsitzenden des zuständigen Senats zugeleitet, der zunächst alle Informationen beschafft, die für die Entscheidung des Rechtsstreits von Bedeutung sind. Dazu gibt er vor allem der Behörde, die den angegriffenen Bescheid erlassen hat, Gelegenheit zur Stellungnahme und fordert von ihr die nötigen Unterlagen an. Anschließend setzt er einen Termin zur mündlichen Verhandlung fest, zu dem die Beteiligten geladen werden.

Die mündliche Verhandlung vor der Kammer wird vom Vorsitzenden geleitet. Sie beginnt mit der Darstellung des Sach- und Streitstandes und dessen Erörterung mit den Beteiligten. Dabei hat das Gericht auf eine gütliche Einigung („Vergleich") hinzuwirken. Kommt es nicht zu einer Einigung, stellen die Parteien ihre Anträge, und das Gericht verkündet nach geheimer Beratung das Urteil, dessen schriftliche Fassung mit ausführlicher Begründung den Beteiligten allerdings erst einige Wochen später zugestellt wird.

Die mündliche Verhandlung entfällt, wenn das Gericht im schriftlichen Verfahren durch Gerichtsbescheid entscheidet. Dieser wird allein durch den Vorsitzenden erlassen.

Das Urteil des Finanzgerichts kann mit der Revision vor dem Bundesfinanzhof angegriffen werden, wenn das Finanzgericht die Revision wegen der grundsätzlichen Bedeutung der Sache zugelassen hat (§ 115 FGO). Legt der Betroffene gegen die Nichtzulassung der Revision Beschwerde beim Bundesfinanzhof ein, entscheidet dieser über deren Zulassung (§ 116 FGO).

Der Bundesfinanzhof überprüft die Entscheidung des Finanzgerichts nur in rechtlicher Hinsicht (§ 118 FGO). Die Senate des Bundesfinanzhofs bestehen aus fünf Berufsrichtern; außerhalb der mündlichen Verhandlung entscheiden sie in einer Besetzung aus drei Berufsrichtern.

7.5.2 Kosten

Bei der Einleitung des gerichtlichen Verfahrens muss der Kläger einen Prozesskostenvorschuss in Höhe der Verfahrensgebühr entrichten, deren Höhe von dem Streitwert abhängt. Ist er dazu finanziell nicht in der Lage, kann er beim zuständigen Finanzgericht Prozesskostenhilfe beantragen, die dieses bewilligt, wenn die Klage hinreichende Aussicht auf Erfolg bietet.

Gewinnt der Kläger den Prozess, hat die Finanzbehörde die Kosten des Verfahrens zu tragen. Verliert er, muss er die Gerichtskosten (Gebühren und Auslagen) selbst tragen. Hinzu kommt gegebenenfalls das Honorar für den Rechtsanwalt oder Steuerberater, den er mit der Wahrnehmung seiner Interessen betraut hat.

Zwingend erforderlich ist die Vertretung durch einen Anwalt oder Steuerberater nicht. Der Steuerpflichtige kann die Klage auch selbst einreichen und seine Angelegenheit vor dem Finanzgericht selbst vertreten. Sein Kostenrisiko kann er außerdem dadurch verringern, dass er auf Anraten des Gerichts seine Klage bei mangelnder Erfolgsaussicht in der mündlichen Verhandlung zurücknimmt, ohne dass es zu einem Urteil kommt. In diesem Fall beträgt die Gerichtsgebühr nur die Hälfte.

Bei einem Streitwert bis zu 1.200 € z.B. ermäßigt sich die Gerichtsgebühr in diesem Fall von 220 € auf 110 €.

7.5.3 Aussetzung der Vollziehung

Einspruch und Klage entbinden den Steuerschuldner nicht von der Pflicht, die festgesetzte Steuer sofort zu bezahlen; sie haben keine aufschiebende Wirkung. Mit dem Einspruch kann er allerdings beantragen, die Vollziehung zunächst auszusetzen. Soweit Einspruch und Klage erfolglos bleiben, erhöht sich die Steuerschuld dann aber um die Aussetzungszinsen. Der Zinssatz für sie beträgt 0,5% pro Monat.

Lehnt das Finanzamt den Aussetzungsantrag ab, kann der Steuerpflichtige dagegen vor dem Finanzgericht klagen. Das Finanzgericht gibt der Klage statt, wenn ernstliche Zweifel an der Rechtmäßigkeit des angefochtenen Steuerbescheids bestehen.

Im Jahre 2002 erledigten die Finanzgerichte 68.303 Klagen.[359]

7.6 Straftaten und Strafverfahren

Eine Straftat ist ein Verstoß gegen eine gesetzliche Vorschrift, die ein bestimmtes Verhalten mit Strafe bedroht. Schwere Straftaten

---

[359] Quelle: Datenreport 2004 des Statistischen Bundesamtes, S. 228.

werden als Verbrechen[360], leichtere als Vergehen bezeichnet. Von Straftaten zu unterscheiden sind Ordnungswidrigkeiten, die von der zuständigen Verwaltungsbehörde mit einem Bußgeld geahndet werden können.

Sobald die Staatsanwaltschaft vom Verdacht einer Straftat erfährt, hat sie ein Ermittlungsverfahren einzuleiten, § 160 Abs. 1 StPO. Bei Delikten, die nur auf Antrag des Verletzten oder nur mit Ermächtigung des zuständigen Staatsorgans verfolgt werden[361], hängt die Einleitung eines Verfahrens davon ab, dass die Berechtigten den entsprechenden Antrag stellen bzw. die Ermächtigung erteilen.

Wird die Leiche eines/einer Unbekannten gefunden oder deuten Anhaltspunkte auf einen unnatürlichen Tod hin, haben Polizei und Gemeindebehörden die Staatsanwaltschaft sofort zu informieren, § 159 StPO. Im Übrigen kann jeder, der von einer Straftat erfährt, diese schriftlich oder mündlich bei der Staatsanwaltschaft, der Polizei oder dem Amtsgericht anzeigen, § 158 StPO. Verpflichtet ist er dazu aber nicht.

7.6.1 Sinn und Zweck des Strafrechts

Das Strafrecht dient dem Schutz von wichtigen Rechtsgütern des Einzelnen und der Allgemeinheit gegen Verhaltensweisen, die der Staat als so sozialschädlich bewertet, dass für ihre Bekämpfung die Mittel des Zivilrechts und des Verwaltungsrechts nicht ausreichen. Durch die Androhung, Festsetzung und Vollziehung von Strafen und Maßnahmen der Sicherung und Besserung sollen potenzielle Täter abgeschreckt (negative Generalprävention), das Rechtsbewusstsein und die Rechtstreue der Bevölkerung erhalten und gestärkt (positive Generalprävention) und der Täter davon abgehalten werden, weitere Straftaten zu begehen (Spezialprävention). Das wichtigste Instru-

---

[360] Verbrechen sind Straftaten, die mit mindestens einem Jahr Freiheitsstrafe oder mehr bedroht sind, § 12 Abs. 1 StGB. So wird z.B. ein Raub „mit Freiheitsstrafe nicht unter einem Jahr" bestraft, § 249 StGB. Bei einem Totschlag beträgt die Mindeststrafe fünf Jahre, § 212 StGB.

[361] Zu deren Form und Frist vgl. §§ 77 – 77e StGB.

ment zur Erreichung dieses Zwecks bildet die Strafe: Sie bildet die Sühne dafür, dass der Täter sich durch die Straftat schuldig gemacht hat. Dem liegt die Vorstellung zugrunde, dass der Mensch ein vernunftbegabtes Wesen ist und deshalb in der Lage ist, das Unrecht einer Straftat zu erkennen und nach dieser Einsicht zu handeln. Soweit ihm diese Fähigkeit ausnahmsweise fehlt, handelt er nicht schuldhaft – und kann deshalb auch nicht bestraft werden, § 20 StGB. Die Schwere der Schuld begrenzt und bestimmt in der Regel zugleich die Höhe der Strafe, § 46 StGB. Das Spannungsverhältnis, das dadurch entstehen kann, dass die schuldangemessene Strafe nicht ausreicht, die Allgemeinheit vor weiteren Straftaten des Täters zu schützen, wird dadurch ausgeglichen, dass in einem solchen Fall gegen ihn Maßregeln der Sicherung und Besserung[362] verhängt werden können, die – unabhängig von seiner Schuld - allein durch das Sicherungsbedürfnis der Allgemeinheit bestimmt werden (Zweispurigkeit des Strafrechts). Soweit eine geringere als die schuldangemessene Strafe ausreicht, den Täter von der Begehung weiterer Straftaten abzuhalten, ist die geringere Strafe zu verhängen oder von einer Bestrafung ganz abzusehen – soweit nicht generalpräventive Gesichtspunkte - „zur Verteidigung der Rechtsordnung", § 47 Abs. 1 StGB, eine höhere Strafe gebieten.

Die Frage, inwieweit die Strafjustiz insgesamt und das erkennende Gericht im Einzelfall diesen Anforderungen gerecht werden, bildet ein legitimes Kriterium für die Kommentierung von gerichtlichen Entscheidungen ebenso wie solchen der Sicherheitspolitik und der Justizpolitik. Während die Frage nach der Schwere der Schuld vorwiegend wertender Natur ist, ist die nach den Instrumenten, die geeignet und erforderlich sind, um ein ausreichendes Maß an „innerer Sicherheit"[363] zu gewährleisten, in erster Linie durch tatsächliche Annahmen geprägt. Leider sind diese in weiten Bereichen empirisch nicht gut abgesichert. Das gilt vor allem für die verbreitete Annahme, die bloße Erhöhung des Strafrahmens verbessere bereits die Ab-

---

[362] Vgl. dazu §§ 61 ff. StGB.
[363] Die Abwägung zwischen dem erstrebenswerten Maß an „innerer Sicherheit" und den dazu erforderlichen Beschränkungen bürgerlicher Freiheiten ist dann wiederum eine Frage der politischen Bewertung.

schreckungswirkung. Vor dem Ruf nach härterer Bestrafung durch Politik und Medien sollte deshalb vernünftigerweise die Prüfung der Eignung alternativer Präventionsinstrumente stehen, deren Wirksamkeit allerdings auch der Evaluation bedarf.[364] Die Berichterstattung über Präventionsprojekte und deren (Miss-)Erfolge bilden einen wichtigen Bestandteil qualitativ hochwertiger Kriminalberichterstattung. Als hilfreiches Instrument für die Beurteilung solcher Projekte bietet sich z.b. der Leitfaden des Landespräventionsrates Nordrhein-Westfalen zur Planung, Durchführung und Evaluation kommunaler kriminalpräventiver Projekte an.[365]

7.6.2 Häufigkeit von Straftaten

Wie viele Straftaten tatsächlich begangen werden, weiß niemand. Statistische Angaben über die Häufigkeit bestimmter Straftaten und deren Entwicklung sind mit erheblichen Unsicherheiten belastet. Diese resultieren daraus, dass unbekannt ist, wie hoch der Anteil der Straftaten ist, die unentdeckt bleiben oder nicht angezeigt werden (Dunkelziffer). Dass die in der polizeilichen Kriminalstatistik registrierte Kriminalität[366] nur einen – nicht unbedingt repräsentativen – Teil der Gesamtkriminalität widerspiegelt, zeigt die kriminologische Dunkelfeldforschung, die allerdings mit Hilfe repräsentativer anonymer Umfragen auch nur einen Teil des Dunkelfeldes aufklären kann.

Angaben über die Zunahme oder Abnahme bestimmter Delikte, die aus der polizeilichen Kriminalstatistik abgeleitet werden, sind deshalb mit großer Vorsicht zu behandeln. Häufigkeitsänderungen in der Statistik können – jedenfalls auch - auf einer Änderung des Anzeigeverhaltens oder der Verfolgungsintensität beruhen.[367]

---

[364] Erste Ansätze dazu finden sich im „Düsseldorfer Gutachten" über kriminalpräventive Wirkungen, a.a.O.

[365] Landespräventionsrat Nordrhein-Westfalen (Hg.): Kommunale Kriminalprävention, 2004.

[366] Vgl. z.B. die im Anhang wiedergegebenen Zahlen der Polizeilichen Kriminalstatistik für das Jahr 2002.

[367] Zur Problematik von Strafrechtspflegestatistiken vgl. z.B. Wolfgang Heinz in Festschrift für Hans-Joachim Schneider, S. 779 ff.

Unter ähnlichen Problemen leidet der Versuch festzustellen, inwieweit Strafrecht und Strafvollzug ihre Aufgabe erfüllen, Straftäter dazu zu bewegen, keine weiteren Straftaten zu begehen (Spezialprävention, Resozialisierung). Seit 2003 liegt eine Rückfallstatistik[368] vor, die auf der Basis der Daten des Bundeszentralregisters (BZR) zu ermitteln sucht, wie viele der im Jahre 1994 strafrechtlich Sanktionierten oder aus der Haft Entlassenen in den folgenden vier Jahren wieder straffällig geworden sind. Die Aussagekraft dieser Studie leidet allerdings darunter, dass in ihr als rückfällig nur auftaucht, wer in den vier Jahren wegen einer weiteren Straftat verurteilt worden ist. Ihre Daten sind also sowohl durch die Dunkelziffer als auch dadurch verzerrt, dass Fälle, in denen das Verfahren gegen einen erwachsenen Täter oder Tatverdächtigen gemäß §§ 153 ff. StPO eingestellt worden ist, im BZR nicht in Erscheinung tritt. Feststellen lässt sich mit Hilfe dieser Studie aber, wie viele der Verurteilten in den folgenden vier Jahren *mindestens* rückfällig geworden sind. Dabei zeigt sich: Je schwerer die Strafe, desto höher die Rückfallwahrscheinlichkeit. Während von den zu einer Geldstrafe Verurteilten lediglich 30,2% erneut im BZR auftauchen, sind es bei den zu einer Freiheitsstrafe mit Bewährung Verurteilten 44,6% und bei den zu einer Freiheitsstrafe ohne Bewährung Verurteilten 56,4%. Noch höher liegen die Rückfallquoten bei Jugendlichen: Von den zu einer Jugendstrafe auf Bewährung Verurteilten sind es 59,6%, bei den zu einer Jugendstrafe ohne Bewährung Verurteilten sogar 77,8%. Diese Differenz erklärt sich nicht allein aus dem Umstand, dass bei den Jugendlichen – im Unterschied zu den Erwachsenen - auch die Fälle einbezogen sind, in denen analog zu § 153 ff. StPO von der Verfolgung abgesehen oder das Verfahren eingestellt wurde. Lässt man diese unberücksichtigt, bleiben dennoch Rückfallquoten von 57,5% und 77,5%. Selbst bei den leichteren Fällen (sonstige Entscheidungen nach JGG) beträgt sie noch 44,4%.[369]

---

[368] Jehle, Heinz und Sutterer, a.a.O.
[369] Zu den Einzelheiten vgl. unten Tabelle 5.8.

Diese Zahlen scheinen auf den ersten Blick zumindest eher die Theorie der „kriminellen Karriere" zu belegen als den Erfolg der Spezialprävention.

7.6.3 Verfolgung von Straftaten durch die deutsche Strafjustiz

Die deutschen Strafverfolgungsbehörden sind für die Aufklärung und Verfolgung von Straftaten zuständig, die

- auf dem Gebiet der Bundesrepublik Deutschland (§ 3 StGB) oder auf deutschen Schiffen und Luftfahrzeugen (§ 4 StGB) begangen worden sind,
- gegen inländische oder international geschützte Rechtsgüter gerichtet sind (vgl. die Aufzählung in §§ 5, 6 StGB),
- von einem Deutschen oder gegen einen Deutschen begangen worden sind (§ 7 Abs1 und Abs.2 Nr. 1 StGB) oder
- von einem Ausländer begangen worden ist, der nicht ausgeliefert wird (§ 7 Abs. 2 Nr. 2 StGB).

7.6.4 Ablauf des Ermittlungsverfahrens

Das Ermittlungsverfahren dient dazu herauszufinden, ob eine Straftat vorliegt und wer sie begangen hat.[370] Außerdem sind die Tatumstände zu ermitteln, die „für die Bestimmung der Rechtsfolgen der Tat von Bedeutung sind", § 160 Abs. 3 StPO. Dabei sind sowohl belastende als auch entlastende Umstände zu ermitteln und erforderliche Beweise zu sichern, § 160 Abs. 2 StPO.

Das Ermittlungsverfahren wird durch den zuständigen Staatsanwalt geleitet. Zuständig ist die Staatsanwaltschaft, in deren Bezirk[371] die Tat begangen worden ist. Welcher Staatsanwalt innerhalb

---

[370] Zu den Verfahrensgrundsätzen vgl. oben 2.3.1.

[371] Staatsanwaltschaften sind bei den Landgerichten eingerichtet. Ihr Bezirk deckt sich im Allgemeinen mit dem Landgerichtsbezirk. Sonderregeln gelten für Staatsschutzdelikte und Schwerpunktstaatsanwaltschaften, die im jeweiligen Bundesland z.B. für die Verfolgung von Wirtschaftskriminalität oder organisierter Kriminalität geschaffen worden sind.

der Behörde zuständig ist, richtet sich nach deren Geschäftsverteilung, über die der Behördenleiter entscheidet, der „leitende Oberstaatsanwalt" (LOStA).

Zur Durchführung der Ermittlungen kann der Staatsanwalt von allen Behörden Auskunft verlangen. Er kann die Ermittlungen selbst vornehmen oder durch die Polizei vornehmen lassen, die dann ihrerseits von allen Behörden Auskunft verlangen kann, § 161 Abs. 1 StPO.

Auch ohne staatsanwaltschaftliche Weisung muss die Polizei, wenn sie von einer Straftat erfährt, alles Notwendige tun, um diese zu aufzuklären und die „Verdunkelung" der Sache zu verhindern, § 163 Abs. 1 StPO. Sie hat ihre „Verhandlungen" dann aber unverzüglich der Staatsanwaltschaft zu übermitteln, § 163 Abs. 2 StPO.

Im Zuge des Ermittlungsverfahrens erheben die Strafverfolgungsbehörden notwendige Beweise durch die Vernehmung von Zeugen und Sachverständigen, § 161a StPO. Dem Beschuldigten ist vor Abschluss des Verfahrens Gelegenheit zur Stellungnahme zu geben, § 163a StPO. Er kann sich des Beistands eines von ihm gewählten[372] Verteidigers bedienen, § 137 StPO.

7.6.4.1 Einsatz von Zwangsmitteln

Beschuldigte, deren Aufenthaltsort unbekannt ist, können zur Fahndung ausgeschrieben werden, §§ 163d, 163e StPO. Zur Feststellung seiner Identität kann ein Beschuldigter festgehalten und erkennungsdienstlich behandelt werden, §§ 81b, 163b, 163c StPO. Bei Flucht-, Verdunkelungs- oder Wiederholungsgefahr kann der Beschuldigte u.U. in Untersuchungshaft genommen werden, §§ 112, 112a StPO.

Zur Ermittlung relevanter Tatsachen kann der Beschuldigte körperlich untersucht werden, § 81a StPO. Ihm können Blut oder andere Körperzellen zur molekulargenetischen Untersuchung entnommen werden, §§ 81e, 81g StPO. Er kann zur Beobachtung in einem psychiatrischen Krankenhaus untergebracht werden, § 81 StPO.

---

[372] Zur Ausschließung eines Wahlverteidigers vgl. §§ 138a – 138d StPO.

Zur Gewinnung von Beweismitteln können verdeckte Ermittler eingesetzt werden, §§ 110a – 110e StPO. Öffentliche und private Räume können akustisch und visuell überwacht, der Post und Fernmeldeverkehr kann aufgezeichnet und kontrolliert werden, §§ 99, 100a, 100c, 100g StPO. Wohnungen und Geschäftsräume können durchsucht, Beweismittel beschlagnahmt werden, §§ 94 ff., 102 ff. StPO.

Die meisten dieser Maßnahmen dürfen Staatsanwaltschaft und Polizei erst durchführen, nachdem sie eine entsprechende richterliche Anordnung eingeholt haben. Dadurch soll sichergestellt werden, dass zunächst von einer unabhängigen Instanz in jedem Fall sorgfältig geprüft wird, ob die gesetzlichen Voraussetzungen für die schwer wiegenden Eingriffe in Freiheit und Eigentum der Betroffenen vorliegen. Daran, dass dieses Ziel in der Praxis tatsächlich erreicht wird, sind in letzter Zeit Zweifel aufgetaucht. Die Anzahl solcher Eingriffe hat seit einigen Jahren jedenfalls explosionsartig zugenommen.

7.6.4.2 Abschluss des Ermittlungsverfahrens

Bestätigt sich der Verdacht einer Straftat nicht, lässt sich der Täter nicht mit hinreichender Sicherheit ermitteln oder kann er aus Rechtsgründen oder tatsächlichen Gründen nicht zur Rechenschaft gezogen werden, stellt die Staatsanwaltschaft das Verfahren ein, § 170 Abs. 2 StPO. Dasselbe gilt, wenn sie wegen der geringen Schuld des Täters oder aus anderen Gründen von der Verfolgung absieht, §§ 153 ff. StPO. Davon hat sie den Beschuldigten und den Verletzten in Kenntnis zu setzen, §§ 170 Abs. 2, 171 StPO. Der Verletzte kann die Entscheidung mit einer Beschwerde angreifen und notfalls eine gerichtliche Entscheidung herbeiführen (Klageerzwingungsverfahren, § 172 StPO).

Die Justizstatistik[373] zeigt, dass nur knapp 20% der Fälle, in denen ein staatsanwaltschaftliches Ermittlungsverfahren eingeleitet

---

[373] Vgl. dazu die Anzahl der Ermittlungsverfahren mit der Anzahl der erstinstanzlichen Strafverfahren unten in Tabelle 5.4.

wird, zur Anklage kommen. Die angeklagten Fälle führen dann aber in über 80% zu einer Verurteilung.[374]

Ergibt sich aus dem Ermittlungsverfahren ein hinreichender Tatverdacht gegen einen oder mehrere Beschuldigte, beantragt die Staatsanwaltschaft den Erlass eines Strafbefehls, oder sie erhebt Anklage durch Einreichung einer Anklageschrift bei dem zuständigen Gericht.

7.6.5 Zuständigkeit der Strafgerichte

Als erstinstanzliche Spruchkörper in Strafsachen kommen in Betracht: beim Amtsgericht der Strafrichter als Einzelrichter oder das Schöffengericht, beim Landgericht die große Strafkammer (auch als Schwurgericht, als Wirtschaftsstrafkammer oder Staatsschutzkammer) und beim Oberlandesgericht der Strafsenat. Im Einzelnen ist die Regelung kompliziert und unübersichtlich. Der Strafrichter am Amtsgericht ist zuständig für die Aburteilung von

- Vergehen, die im Wege der Privatklage verfolgt werden, und von
- Vergehen, wenn die Staatsanwaltschaft Anklage zum Einzelrichter erhebt und keine höhere Strafe als eine Freiheitsstrafe von zwei Jahren zu erwarten ist, §§ 24, 25 GVG.

Das Schöffengericht beim Amtsgericht ist gemäß §§ 24, 25, 28, 29 GVG zuständig für die Aburteilung von

- Vergehen, soweit nicht
  - die Zuständigkeit des Strafrichters als Einzelrichter begründet ist,
  - die Staatsanwaltschaft wegen der besonderen Bedeutung des Falles Anklage beim Landgericht erhebt oder
  - ein Staatsschutzdelikt (§§ 74a, 120 GVG) vorliegt;
- Verbrechen, wenn nicht

---

[374] Vgl. dazu die Anzahl der erstinstanzlichen Strafverfahren in Tabelle 5.4 und der Verurteilten in Tabelle 5.5.

- die Zuständigkeit des Schwurgerichts oder des Oberlandesgerichts begründet ist,
- im Einzelfall eine höhere Strafe als vier Jahre Freiheitsstrafe zu erwarten ist,
- die Unterbringung in einem psychiatrischen Krankenhaus oder in Sicherungsverwahrung zu erwarten ist oder
- die Staatsanwaltschaft wegen der besonderen Bedeutung des Falles Anlage beim Landgericht erhebt.

Die große Strafkammer beim Landgericht ist zuständig

- als Schwurgericht bei vorsätzlichen Tötungsdelikten, zahlreichen Delikten mit Todesfolge und besonders gefährlichen gemeingefährlichen Straftaten (Aufzählung in § 74 Abs. 2 GVG),
- als Wirtschaftsstrafkammer für die in § 74c GVG aufgezählten Wirtschaftsstraftaten,
- als Staatsschutzkammer für die in § 74a GVG aufgezählten leichteren Staatsschutzdelikte und im Übrigen
- bei allen Verbrechen, die nicht zur Zuständigkeit des Amtsgerichts oder des Oberlandesgerichts gehören,
- bei allen Vergehen oder Verbrechen, die von der Staatsanwaltschaft wegen der besonderen Bedeutung des Falles bei ihr angeklagt oder vom Amtsgericht an sie verwiesen werden, weil dessen Strafgewalt zu ihrer Aburteilung nicht ausreicht, § 74 Abs. 1 GVG.

Der erstinstanzliche Strafsenat des Oberlandesgerichts ist zuständig für die schwereren Staatsschutzdelikte, §§ 120, 122 GVG.

Örtlich zuständig ist in erster Linie das Gericht, in dessen Bezirk

- die Tat begangen worden ist, § 7 StPO;
- der Angeschuldigte seinen Wohnsitz bzw. gewöhnlichen Aufenthaltsort hat oder gehabt hat, § 8 StPO, oder
- der Angeschuldigte ergriffen worden ist, § 9 StPO.

Für Pressedelikte ist im Allgemeinen nur das Gericht örtlich zuständig, in dessen Bezirk das Druckwerk erscheint. Wer durch den Inhalt eines Druckwerks beleidigt worden ist, kann ein Privatklageverfahren aber auch bei dem Gericht einleiten, in dessen Bezirk er wohnt, § 7 Abs. 2 StPO. Die Zuständigkeit für Staatsschutzdelikte ist in der Regel bei den Gerichten der jeweiligen Landeshauptstadt konzentriert, §§ 74a, 120 GVG. In Sonderfällen können sich darüber hinaus „außerordentliche" Gerichtsstände ergeben, vgl. §§ 13 – 15, 19, 354 Abs. 2 StPO.

7.6.6 Strafbefehl

Den Antrag auf Erlass eines Strafbefehls kann die Staatsanwaltschaft nur beim Amtsgericht (Strafrichter oder Schöffengericht) stellen. Eine Freiheitsstrafe kann durch einen Strafbefehl nur verhängt werden, wenn sie nicht mehr als ein Jahr beträgt und zur Bewährung ausgesetzt wird. Freiheitsentziehende Maßregeln, Führungsaufsicht und Berufsverbote können durch Strafbefehl nicht festgesetzt werden, die Entziehung der Fahrerlaubnis nur für höchstens zwei Jahre, § 407 Abs. 2 StPO.

Hält der Richter den Angeschuldigten nicht für hinreichend verdächtig, hat er den Erlass abzulehnen, § 408 Abs. 2 StPO. Bestehen gegen den Erlass keine rechtlichen Bedenken, hat er ihn zu erlassen. Will der Richter gegen den Willen der Staatsanwaltschaft von deren Antrag abweichen oder hält er eine Hauptverhandlung für erforderlich, beraumt er eine solche an, § 408 Abs. 3 StPO.

Innerhalb von zwei Wochen nach Zustellung kann der Angeklagte gegen den Strafbefehl Einspruch einlegen, § 410 Abs. 1 StPO. Dann kommt es zur Hauptverhandlung. Legt er keinen Einspruch ein, wirkt der Strafbefehl wie ein rechtskräftiges Urteil, § 410 Abs. 3 StPO.

7.6.7 Zwischenverfahren

Der Vorsitzende des Gerichts, bei dem die Staatsanwaltschaft Anklage erhoben hat, teilt dem Angeschuldigten die Anklageschrift mit und gibt ihm Gelegenheit, Einwände gegen die Eröffnung des Hauptverfahrens vorzubringen oder vor der Entscheidung darüber einzelne Beweise zu erheben, § 201 StPO.

Vor seiner Entscheidung über die Zulassung der Anklage kann das Gericht zur besseren Aufklärung der Sache einzelne Beweiserhebungen anordnen, § 202 StPO.

Anschließend entscheidet das Gericht über die Zulassung. Erscheint ihm der Angeschuldigte nach den Ergebnissen des Ermittlungsverfahrens einer Straftat hinreichend verdächtig, beschließt es die Eröffnung des Hauptverfahrens, § 203 StPO. Kann die Hauptverhandlung für längere Zeit nicht durchgeführt werden, weil der Angeschuldigte abwesend oder verhandlungsunfähig ist, kann das Gericht das Verfahren durch Beschluss vorläufig einstellen, § 205 StPO. Stehen der Eröffnung des Hauptverfahrens dauerhaft rechtliche oder tatsächliche Gründe entgegen, lehnt das Gericht die Eröffnung des Hauptverfahrens ab, § 204 StPO. Das Gericht kann die Anklage auch mit Änderungen zulassen, § 207 Abs. 2 StPO. Hält das angerufene Gericht ein Gericht niedrigerer Ordnung in seinem Bezirk für zuständig, eröffnet es das Hauptverfahren vor diesem, § 209 Abs. 1 StPO. Hält es ein höheres Gericht für zuständig, legt es diesem durch Vermittlung der Staatsanwaltschaft die Akten zur Entscheidung vor, § 209 Abs. 2 StPO.

Gegen die Eröffnung des Hauptverfahrens steht dem Angeklagten kein Rechtsmittel zu, § 210 Abs. 1 StPO. Gegen die Ablehnung oder die Verweisung an ein Gericht niedrigerer Ordnung steht der Staatsanwaltschaft die sofortige Beschwerde zu, § 210 Abs. 2 StPO. Gibt das Beschwerdegericht der Beschwerde statt, entscheidet es zugleich, vor welchem Gericht und welchem Spruchkörper die Hauptverhandlung stattzufinden hat, § 210 Abs. 3 StPO. Ist die Eröffnung rechtswirksam abgelehnt, kann die Staatsanwaltschaft die Anklage nur auf Grund neuer Tatsachen oder Beweismittel erneut erheben, § 211 StPO.

7.6.8 Hauptverfahren

Der Vorsitzende legt den Termin für die Hauptverhandlung fest und ordnet an, dass die zu ihrer Durchführung nötigen Personen geladen werden, §§ 213, 214 Abs. 1 StPO. Dazu gehören neben dem Angeklagten und seinem Verteidiger vor allem Zeugen und Sachverständige. Kann einem Zeugen oder Sachverständigen das Erscheinen nicht zugemutet werden, kann das Gericht seine Vernehmung außerhalb der Hauptverhandlung durch einen beauftragten oder ersuchten Richter anordnen, § 223 StPO. Der Staatsanwalt, der Angeklagte und sein Verteidiger sind über den Vernehmungstermin in der Regel vorab zu informieren, § 224 StPO. Der Angeklagte erhält spätestens mit seiner Ladung zur Hauptverhandlung den Eröffnungsbeschluss, § 215 StPO.

Neben dem Gericht können auch Staatsanwaltschaft und Angeklagte weitere Personen laden, §§ 214 Abs. 3, 220 Abs. 1 StPO.

Staatsanwaltschaft und Gericht sorgen für die Herbeischaffung der Gegenstände, die als Beweismittel dienen sollen, §§ 214 Abs. 4, 221 StPO. Soweit das nicht möglich ist, kann auch der Augenschein durch einen beauftragten oder ersuchten Richter eingenommen werden, § 225 StPO.

Ist die Besetzung des Gerichts den Beteiligten rechtzeitig vor Beginn der Hauptverhandlung mitgeteilt worden, kann sie nur bis zum Beginn der Vernehmung des ersten Angeklagten zur Sache gerügt werden, §§ 222a, 222b StPO.

7.6.9 Hauptverhandlung

Die Hauptverhandlung beginnt mit dem Aufruf der Sache, der Feststellung der Anwesenheit der Beteiligten, der Belehrung der Zeugen und der Vernehmung des Angeklagten zur Person, § 243 Abs.1 und 2 StPO. Anschließend verliest der Sitzungsvertreter der Staatsanwaltschaft den Anklagesatz, § 243 Abs. 3 StPO. Nach Belehrung über sein Aussageverweigerungsrecht wird zunächst der Angeklagte zur Sache vernommen, § 243 Abs. 4 StPO.

Geprägt wird die Hauptverhandlung durch den Untersuchungsgrundsatz und das Mündlichkeitsprinzip: Das Gericht hat von Amts wegen Beweis über alle Tatsachen zu erheben, die für die Beurteilung des Falles von Bedeutung sind, § 244 Abs. 2 StPO. Der Vorsitzende leitet die Sitzung. Er hat dafür zu sorgen, dass alle für die Beurteilung der Sache bedeutsamen Gesichtspunkte zur Sprache kommen und dass auch der Angeklagte und sein Verteidiger ausreichend Gelegenheit erhalten vorzutragen, was zu seinen Gunsten spricht. Auf diese Aufgabe bereitet sich der Vorsitzende vor der Verhandlung durch das Studium der von der Staatsanwaltschaft übersandten Akten vor. Damit sich auch die Schöffen, die diese Akten nicht kennen, ein eigenes Bild von der Sachlage und dem Angeklagten machen können, werden alle relevanten Umstände mündlich erörtert. Damit alle Prozessbeteiligten einen persönlichen Eindruck gewinnen können, sind vor allem Zeugen und Sachverständige unmittelbar in der Hauptverhandlung zu vernehmen, § 250 StPO. Im Allgemeinen kann deren Aussage nicht durch eine schriftliche Stellungnahme oder durch einen mittelbaren „Zeugen vom Hörensagen" ersetzt werden[375]. Der Vorsitzende kann dem Angeklagten aber die Aussagen „vorhalten", die dieser in einem früheren Verfahrensstadium gemacht hat, § 254 StPO.

Um die Belastung möglichst gering zu halten, die die Hauptverhandlung für den Angeklagten mit sich bringt, muss diese möglichst „in einem Zuge" durchgeführt werden. Sie darf in der Regel nicht für mehr als zehn Tage unterbrochen werden; nur sehr umfangreiche und langwierige Verfahren dürfen zwischendurch auch bis zu dreißig Tage unterbrochen werden, § 229 StPO.

Über das Ergebnis der Verhandlung entscheidet das Gericht „nach seiner freien, aus dem Inbegriff der Verhandlung geschöpften Überzeugung", § 261 StPO (Grundsatz der freien Beweiswürdigung). Damit dies möglich ist, müssen alle Mitglieder des Gerichts die gesamte Verhandlung aufmerksam verfolgt haben. Ist ein Richter während der Verhandlung eingeschlafen, kann der entsprechende Teil wiederholt werden. Geschieht das nicht vor der Beratung des Urteils, muss das Urteil im Rechtsmittelverfahren wegen eines Verfahrensfehlers aufgehoben werden. Fällt ein Richter im Laufe des Verfahrens aus, kann er durch einen anderen Richter nur ersetzt werden, wenn dieser der Hauptverhandlung ebenfalls von Anbeginn an beigewohnt hat. Anderenfalls muss die Hauptverhandlung ab-

---

[375] Zu den Ausnahmen vgl. §§ 251 ff. StPO.

gebrochen und gegebenenfalls zu einem späteren Zeitpunkt von vorn begonnen werden.

Der Grundsatz der freien Beweiswürdigung entbindet das Gericht nicht von der Pflicht, nachvollziehbar zu begründen, wie es zu seiner Überzeugung gekommen ist. Bloße Vermutungen reichen dafür nicht aus. Ist das Gericht von der Schuld des Angeklagten nicht restlos überzeugt, hat es ihn freizusprechen (in dubio pro reo).

Dasselbe gilt, wenn dem Angeklagten seine Schuld nur mit Beweismitteln nachgewiesen werden kann, die auf unzulässige Weise gewonnen worden sind und deshalb nicht verwertet werden dürfen. Doch nicht jeder Verstoß gegen ein Beweiserhebungsverbot zieht ein entsprechendes Beweisverwertungsverbot nach sich; die Rechtsprechung des Bundesgerichtshofs zu dieser Frage ist sehr auf den Einzelfall bezogen und deshalb auch sehr unübersichtlich.

Nach der Beweisaufnahme (§§ 244 ff. StPO) folgen die Plädoyers von Staatsanwaltschaft und Verteidigung, gegebenenfalls mit einer Erwiderung des Staatsanwalts und wiederum des Verteidigers, § 258 Abs. 1 und 2 StPO. Schließlich erhält der Angeklagte Gelegenheit für das letzte Wort, § 258 Abs. 3 StPO.

Das Gericht berät in nicht öffentlicher Sitzung über das Ergebnis der Hauptverhandlung und stimmt anschließend über die Schuldfrage und die Rechtsfolgen ab (§§ 192 ff. GVG, 263 StPO). Zur Verurteilung ist eine Mehrheit von zwei Dritteln der Stimmen erforderlich, § 263 Abs. 1 StPO.

Am Schluss der Verhandlung verliest der Vorsitzende in öffentlicher Sitzung die Urteilsformel und verkündet die Entscheidungsgründe, § 268 StPO. Die Verkündung schließt mit der Rechtsmittelbelehrung, § 35a StPO.

Innerhalb von fünf Wochen nach seiner Verkündung ist eine schriftliche Fassung des Urteils zu den Akten zu nehmen, § 275 Abs. 1 StPO. Bei Verhandlungen, die länger als drei Tage gedauert haben, verlängert sich diese Frist um einige Wochen. Wird die Frist erheblich überschritten, ist das Urteil auf die Verfahrensrüge der

Staatsanwaltschaft oder des Angeklagten hin allein wegen dieses Verfahrensfehlers aufzuheben (absoluter Revisionsgrund).[376]

7.6.10 Die Verständigung im Strafverfahren

Die Staatsanwaltschaft ist verpflichtet, beim Verdacht einer Straftat deren Umstände zu ermitteln, § 160 StPO, und Anklage zu erheben, wenn das Ergebnis ihrer Ermittlungen dafür genügenden Anlass bietet, § 170 StPO. Das Gericht hat die Wahrheit zu erforschen und dazu alle verfügbaren und bedeutsamen Beweismittel zu erheben. Aus der Gesamtheit der in der Hauptverhandlung erlangten Kenntnisse hat es sich von der Schuld oder Unschuld des Angeklagten zu überzeugen und gegebenenfalls eine Strafe oder Maßregel zu verhängen, die schuldangemessen, § 46 StGB, bzw. erforderlich und verhältnismäßig ist, § 62 StGB. Diese Grundsätze („Legalitätsprinzip" und ‚"Untersuchungsgrundsatz") stehen nicht zur Disposition der Verfahrensbeteiligten. Der Staatsanwaltschaft und dem Gericht ist es untersagt, sich auf einen „Vergleich", auf einen „Handel mit der Gerechtigkeit" einzulassen.[377] Das schließt nach herrschender Ansicht jedoch nicht aus, dass Absprachen zwischen dem Gericht, der Staatsanwaltschaft und der Verteidigung über den (weiteren) Ablauf des Verfahrens getroffen werden.[378]

Gegenstand der Absprache ist in der Regel die Zusage des Gerichts, für den Fall, dass der Angeklagte ein Geständnis ablegt, eine bestimmte Strafobergrenze nicht zu überschreiten. Bei der Festlegung dieser Obergrenze ist das Gericht nicht frei: Es hat auch bei einer solchen Absprache die allgemeinen Strafzumessungsgrundsätze zu beachten. In diesem Rahmen kann es aber das Geständnis auch dann strafmildernd bewerten, wenn es im Rahmen einer Absprache erfolgt. An die zugesagte Obergrenze ist das Gericht nur dann nicht gebunden, wenn ihm später in der Hauptverhandlung neue Tatsa-

---

[376] OLG Zweibrücken in NJW 2004, S. 2108 f.
[377] Vgl. dazu BVerfG in NJW 1987, S. 2662 ff.
[378] Grundlegend dazu das Urteil des 4. Senats des BGH vom 28.8.1997 in NJW 1998, S. 86 ff.

chen bekannt werden, die den Angeklagten gravierend belasten. In diesem Fall muss es die beabsichtigte Abweichung in der Hauptverhandlung mitteilen.

Dass Vorgespräche zu solchen Absprachen außerhalb der Hauptverhandlung stattfinden, lässt der BGH gelten. Er verlangt aber, dass die Absprache selbst unter Mitwirkung aller Verfahrensbeteiligten in der öffentlichen Hauptverhandlung stattfindet. Gegen dieses Erfordernis scheinen die Gerichte in der Praxis allerdings häufig zu verstoßen.

Ob es zulässig ist, einen allseitigen Rechtsmittelverzicht zu vereinbaren, um das Verfahren endgültig zu beenden und das Ergebnis der Absprache damit zugleich gegen eine Überprüfung durch die Rechtsmittelinstanz abzusichern, ist auch innerhalb des BGH umstritten. Zu dieser Frage steht demnächst eine Entscheidung des Großen Senats für Strafsachen an.[379]

7.6.11 Rechtsmittel

Vollstreckt werden kann ein Strafurteil erst, wenn es rechtskräftig ist – dagegen also kein Rechtsmittel (mehr) zulässig ist oder ein solches innerhalb der Rechtsmittelfrist nicht eingelegt worden ist.

Das erstinstanzliche Urteil eines Amtsgerichts kann mit der Berufung angegriffen werden. Wie die Justizstatistik zeigt, geschieht dies nur bei einem kleinen Teil der Fälle (ca. 8 %). Über die Berufung entscheidet eine Strafkammer des Landgerichts. Das Berufungsverfahren beginnt nach dem Aufruf der Sache mit dem Vortrag des Berichterstatters über die Ergebnisse des bisherigen Verfahrens. Es folgt die Vernehmung des Angeklagten zur Person und zur Sache und eine erneute Beweisaufnahme. Bei den Plädoyers beginnt der Beschwerdeführer; ansonsten läuft das Verfahren wie das erstinstanzliche Verfahren, § 324 StPO. Gegen das Berufungsurteil eines Landgerichts ist noch die Revision zum Oberlandesgericht zulässig, § 121 Abs. 1 Nr. 1b GVG.

---

[379] Vgl. dazu den Vorlagebeschluss des 3. Senats vom 15.6.2004 in NJW 2004, S. 2536 ff.

Gegen die erstinstanzlichen Strafurteile des Landgerichts und des Oberlandesgerichts ist im Allgemeinen die Revision zum BGH zulässig, § 333 StPO i.V.m. § 135 Abs. 1 GVG. Dass dies in ca. 20 % der Fälle auch tatsächlich geschieht[380], erklärt sich aus der Schwere der verhängten Strafen. Die Revision kann nur auf die Behauptung gestützt werden, das angegriffene Urteil beruhe auf einem Verfahrensfehler oder auf einer unrichtigen Anwendung des materiellen Rechts, §§ 337f. StPO. Das Revisionsverfahren beginnt mit dem Vortrag des Berichterstatters, auf das sogleich die Plädoyers folgen. Auch hier plädiert der Beschwerdeführer zuerst, § 351 StPO.

Ein Verfahren, das durch ein rechtskräftiges Urteil abgeschlossen ist, kann nur unter sehr engen Voraussetzungen noch einmal wieder aufgerollt werden (Wiederaufnahme, §§ 359 ff. StPO).

7.6.12 Die Rechte des Opfers

Gewöhnlich ist das Opfer der Straftat im Strafverfahren nur als Zeuge beteiligt. Um einen größeren Einfluss auf Inhalt und Ablauf des Verfahrens zu erhalten, kann das Opfer aber als Nebenkläger auftreten, §§ 395 ff. StPO. Es hat dann das Recht, in der Hauptverhandlung anwesend zu sein, Fragen und Beweisanträge zu stellen, Anordnungen des Vorsitzenden und Fragen zu beanstanden, Richter oder Sachverständige abzulehnen und Erklärungen abzugeben, § 397 Abs. 1 StPO. Der Nebenkläger kann auch unabhängig von der Staatsanwaltschaft ein Rechtsmittel einlegen, § 401 StPO.

Geht es um die Verfolgung eines Verbrechens, ist dem Nebenkläger auf seinen Antrag hin auf Staatskosten ein Rechtsanwalt als Beistand zu bestellen. Jugendliche unter 16 Jahren haben Anspruch auf einen Rechtsbeistand auch bei der Verfolgung von Vergehen. Ansonsten kann der Nebenkläger einen Rechtsbeistand auf eigene Kosten beauftragen. Dazu ist ihm erforderlichenfalls Prozesskostenhilfe zu gewähren, § 397a StPO.

---

[380] Vgl. dazu die Tabellen 5.4 und 5.5.

Der Verletzte kann im Strafverfahren auch seine vermögensrechtlichen Ansprüche geltend machen, die sich aus der Straftat ergeben, §§ 403, 404 StPO. Soweit diese nach dem Ergebnis der
Hauptverhandlung begründet sind, hat das Gericht dem entsprechenden Antrag im Urteil stattzugeben. Es steht insoweit einem im
Zivilprozess ergangenen Urteil gleich, § 406 StPO.

Im Übrigen kann sich der Verletzte auch außerhalb der Neben-
klage des Beistandes eines Rechtsanwalts bedienen, dem Aktenein-
sicht zu gewähren ist, §§ 406 e ff. StPO.

7.6.13 *Privatklageverfahren*

Die Verfolgung mancher Delikte übernimmt der Staat nur, soweit
dies im Allgemeinen („öffentlichen") Interesse liegt; ansonsten überlässt er die Verfolgung dem Verletzten, § 376 StPO. Solche „Privat-
klagedelikte" bilden der Hausfriedensbruch (§ 123 StGB), die Belei-
digung (§§ 185 – 189 StGB), die Verletzung des Briefgeheimnisses
(§ 202 StGB), die Körperverletzung (§§ 223, 229 StGB), Bedrohung
(§ 241 StGB), Sachbeschädigung (§ 303 StGB), Bestechung oder
Bestechlichkeit im geschäftlichen Verkehr (§ 299 StGB) sowie
Straftaten im Wettbewerbsrecht, gewerblichen Rechtsschutz und
Urheberrecht (vgl. § 374 Abs. 1 Nr. 7 und 8 StPO).

Nach einem erfolglosen Sühneversuch (§ 380 StPO) kann der
Verletzte die Anklage einreichen, § 381 StPO. Das weitere Verfahren richtet sich nach den allgemeinen Vorschriften: Das Gericht entscheidet über die Eröffnung des Hauptverfahrens, § 383 StPO. In der
Hauptverhandlung wird die Verlesung der Anklage dadurch ersetzt,
dass das Gericht den Eröffnungsbeschluss verliest, § 384 Abs. 2
StPO. Im Übrigen tritt der Privatkläger in der Hauptverhandlung an
die Stelle der Staatsanwaltschaft, § 385 StPO.

Bis zur Beendigung des letzten Worts kann der Beschuldigte
mittels einer Widerklage Bestrafung des Klägers verlangen, wenn er
von diesem ebenfalls durch eine Straftat verletzt worden ist, die im
Wege der Privatklage verfolgt werden kann und die mit dem Gegenstand des Verfahrens in Zusammenhang steht, § 388 StPO.

7.6.14 Hinweise für die Berichterstattung

Kriminalität ist ein „normaler" Teil der gesellschaftlichen Wirklichkeit. Sie ist in allen gesellschaftlichen Schichten und Gruppen weit verbreitet. Trotz dieser „Normalität" nimmt die Kriminalberichterstattung in den Medien großen Raum ein. Vermutlich bezieht sie ihre Attraktivität zu einem nicht unerheblichen Teil aus dem Unterhaltungsinteresse des Publikums:

- Der Umstand, dass der „erwischte" Straftäter verfolgt und bestraft wird, bestätigt den Einzelnen emotional in seinem Verzicht, sich auf strafbare Weise persönliche Vorteile zu verschaffen, und befriedigt zugleich Rachegelüste, die aus dem Gefühl eigener Bedrohtheit oder dem Mitleid mit dem Opfer resultieren können.
- Die Berichterstattung über schwere Straftaten bedient auch das Interesse an „Sensationen" und die Lust an „Gruselgefühlen".

Einen Beitrag zur Erfüllung der „öffentlichen Aufgabe" der Medien kann die Kriminalberichterstattung dadurch leisten, dass sie

- generalpräventiv wirkt,
- das Publikum über Angelegenheiten von allgemeiner Bedeutung informiert.

7.6.14.1 Prävention

Generalpräventiv kann Kriminalberichterstattung vor allem dadurch wirken, dass sie an Beispielen auf die Folgen abweichenden Verhaltens hinweist. Das gilt insbesondere für weit verbreitete Straftaten, so genannte „Kavaliersdelikte" und Verhaltensweisen, deren Folgen dem Publikum nicht ausreichend bewusst sind.

Weit verbreitet sind z.B. Ladendiebstähle, Schwarzfahrten und Rauschgiftdelikte. Als „Kavaliersdelikte" gelten wohl immer noch Schwarzarbeit und Steuerhinterziehung. Dass ein Vermieter einen strafbaren Hausfriedensbruch begeht, wenn er die Wohnung seines Mieters ohne dessen Einwilligung betritt, ist vermutlich nicht allgemein bekannt. Die Folgen, die sich für den Täter aus einer (unzutreffenden) Bombendrohung ergeben können, sind diesem möglicherweise auch nicht klar.

Zur Prävention beitragen kann die Berichterstattung auch dadurch, dass sie das Publikum über Gefahrenlagen informiert. Das gilt insbesondere dann, wenn sie zugleich Hinweise darauf enthält, wie sich solche Gefahren verringern lassen.

> Beispiele:
> - Aufmerksame Nachbarn sind der beste Schutz gegen Wohnungseinbrüche.
> - Wer teure Dinge sichtbar im parkenden Auto liegen lässt, riskiert deren Verlust.

Unter präventiven Gesichtspunkten bedeutsam ist ferner die Berichterstattung über Aktivitäten, die geeignet sind, Straftaten zu verhindern oder zu bekämpfen. Solche Aktivitäten reichen von allgemeinen Projekten, die die Eingliederung von Problemgruppen fördern, über spezielle Projekte zur Kriminalprävention und vorbildliches Verhalten von Tatzeugen bis zur Veröffentlichung von Fahndungsaufrufen der Polizei. Als allgemeine Maßnahmen, die zugleich präventiv wirken können, kommen z.B. in Betracht:

- Verbesserung des Wohnumfeldes (Beleuchtung, Beseitigung von „Schmuddelecken"),
- Schulische Sozialisation: Sozialpraktika, Anti-Aggressionstrainings, Konfliktschlichtung durch Schüler,
- Verbesserung der Chancen auf dem Arbeitsmarkt: Beschaffung von Lehrstellen, Bewerbungstraining in der Schule, Kombination von Schule und Betriebspraktikum.

Spezielle Projekte zur Kriminalprävention reichen von der Suchtberatung über das Konflikttraining bis zur Erlebnispädagogik, von der Videoüberwachung öffentlicher Plätze bis zur Intensivbetreuung Jugendlicher in Pflegefamilien. Erst seit kurzer Zeit werden solche Maßnahmen auf ihre Wirksamkeit überprüft.[381] Auf der Basis dieser Erkenntnisse hat der Landespräventionsrat Nordrhein-Westfalen einen Leitfaden zur Planung, Durchführung und Evaluation solcher Projekte entwickelt, der sich gut als Grundlage zu ihrer Beurteilung eignet.

---

[381] Daraus lassen sich die von Bannenberg, S. 57 ff., vorgestellten „Leitlinien für die angewandte Kriminalprävention" entwickeln.

Zur Aufdeckung strafbaren Verhaltens, einem der entscheidenden Präventionsfaktoren, bedarf es einer „Kultur des Hinsehens und Interessierens"[382] – einer Bürgerschaft, deren Mitglieder soziale und individuelle Schädigungen nicht einfach hinnehmen. Einen Beitrag zur Entwicklung einer solchen Kultur können Medien dadurch leisten, dass sie über Fälle berichten, in denen Hinweise oder die Mitwirkung eines Zeugen dazu beitragen haben, eine Straftat aufzuklären. etwa über die hilfreiche Mitwirkung von Zeugenhinweisen bei der Aufklärung einer Straftat betonen. Dasselbe gilt für die Veröffentlichung von Fahndungshinweisen der Polizei.

7.6.14.2 Kritik und Kontrolle

Öffentliches Informationsinteresse besteht unter dem Gesichtspunkt der Kritik- und Kontrollfunktion der Massenmedien an der Berichterstattung über

- Straftaten von Amtsträgern (Korruption, Parteispenden, Misshandlungen)
- Wirtschaftsstraftaten von erheblichem Ausmaß (Anlagebetrug, Sozialbetrug, Kartellabsprachen, Insolvenzdelikte, Steuerhinterziehung, Veruntreuung von Geldern),
- organisierte Kriminalität (Bandendiebstahl, Schutzgeld-Erpressung, Waffen-, Rauschgift- und Menschenhandel),
- politisch motivierte Rechtsbrüche (Straftaten von Extremisten, Wahlfälschungen) und
- sonstige Straftaten von Personen des öffentlichen Lebens (Prominente).

Ferner begründen Missstände bei Strafverfolgungsbehörden, Strafgerichtsverfahren und im Strafvollzug ein öffentliches Informationsinteresse. Auch Berichte, die die Aufmerksamkeit auf besondere Probleme bei der Verhinderung und Verfolgung bestimmter Straftaten lenken, gehören in diesen Zusammenhang.

---

[382] Bannenberg a.a.O., S. 61 f.

Beispiele:
- „Billigware Frau". Polizei tut sich schwer im Kampf gegen modernen Sklavenhandel im Bayerisch-tschechischen Grenzgebiet (SZ v. 5.5.2004 über die Arbeit der Frauenbeauftragten im Polizeipräsidium Niederbayern/Oberpfalz)
- Vergewaltigung – ein verdrängtes Verbrechen (SZ v. 5.5.2004 über die Kampagne „2000 plus 3 – gegen Vergewaltigung")
- Behrens: Handel fördert Betrug. Einkauf per Lastschrift oft ohne Kontrolle (WAZ v. 20.5.2004)

7.6.14.3 Aufsehen erregende Straftaten

Anlass zur Berichterstattung bieten ferner Straftaten, die durch die Art ihrer Ausführung öffentliches Aufsehen erregt haben oder auf die das Publikum durch Fahndungsmaßnahmen aufmerksam geworden ist. Zu den Straftaten, die durch die Art ihrer Ausführung öffentliches Aufsehen erregen gehören typischerweise

- Attentate, Sprengstoffdelikte, Bombendrohungen, Brandstiftungen,
- Entführungen und Geiselnahmen,
- Taten mit prominenten Opfern (z.B. Kanzler-Ohrfeige)
- Verbreitung verbotener Produkte (z.B. Computer-Würmern, wie „Sasser")
- Entführungen, Geiselnahmen.

Als Fahndungsmaßnahmen, die die öffentliche Aufmerksamkeit auf eine Straftat lenken, kommen vor allem in Betracht

- Suche nach vermissten Personen,
- Fahndungsaufrufe,
- Razzien, aufwendige Durchsuchungen, Festnahme und Inhaftierung von Verdächtigen.
- Schwere Straftaten finden besondere Beachtung, wenn
- sie geeignet sind, besonders intensives Mitleid mit den Opfern oder den Hinterbliebenen auszulösen,
- die Motive der Täter besonders ungewöhnlich sind oder besondere Verachtung auslösen oder
- die Tatumstände besonders ungewöhnlich sind.

7.6.14.4 Vermeidung unerwünschter Nebenfolgen

Berichte, die die Beschuldigten für ihre Umwelt erkennbar machen, lösen in der Regel informelle soziale Sanktionen aus („Prangerwirkung"). Wer eine schwere Straftat begeht, muss dies hinnehmen. Bei leichten Straftaten besteht jedoch die Gefahr, dass solche Wirkungen in keinem angemessenen Verhältnis zur Schwere der Verfehlung stehen. Dasselbe gilt, wenn sich der Vorwurf später als unberechtigt herausstellt. Andererseits legitimiert die Kritik- und Kontrollfunktion der Massenmedien die identifizierende Berichterstattung bei Amtsträgern und anderen Personen des öffentlichen Lebens. Für die Zulässigkeit identifizierender Kriminalberichterstattung lassen sich aus diesem Spannungsverhältnis die folgenden Faustregeln[383] ableiten:

- Über Ordnungswidrigkeiten und leichte Straftaten darf nur bei Personen des öffentlichen Lebens identifizierend berichtet werden.

- Solange ein Tatverdacht gegen den Beschuldigten nicht ausreichend erhärtet ist, ist auch bei schweren Straftaten auf die Identifizierung des Beschuldigten zu verzichten. Indizien für einen ausreichenden Tatverdacht bilden Zwangsmaßnahmen gegen den Beschuldigten (Verhaftung, Durchsuchung) und der „erfolgreiche" Abschluss der Ermittlungen (Erhebung der Anklage, Antrag auf Erlass eines Strafbefehls, Einstellung gegen Auflagen). Nimmt eine Person des öffentlichen Lebens zu gegen sie erhobenen Vorwürfen öffentlich Stellung, rechtfertigt dies die – auch kritische – Berichterstattung.

Nach Abschluss des Verfahrens und vollzogener Bestrafung hat der Täter das Recht, in Ruhe gelassen zu werden. Um die Resozialisierung des Verurteilten nicht zu gefährden, darf insbesondere seine Haftentlassung nicht zum Anlass erneuter intensiver Berichterstattung über sein Fehlverhalten genommen werden.

Während der Täter durch sein eigenes Verhalten Anlass zur Berichterstattung gegeben hat, gilt dies für das Opfer und für Tatzeu-

---

[383] Zu den Einzelheiten vgl. Branahl, Medienrecht, Kapitel 7.

gen in aller Regel nicht. Bei der Kriminalberichterstattung ist deshalb streng darauf zu achten, dass deren Persönlichkeitsrechte nicht verletzt werden. Dies kann z.b. bei sexuellen Übergriffen innerhalb der Familie dazu führen, dass zum Schutz des Opfers auch über den Täter nicht identifizierend berichtet werden darf.

Zu den gravierendsten ethischen Problemen der Kriminalberichterstattung gehört der Umstand, dass sie Nachahmungstaten auslösen kann.

So können sich z.b. Straftäter, die durch ihre Taten Aufsehen erregen wollen, durch die Berichterstattung in ihrem Tun geradezu bestätigt fühlen. Dieser Umstand kann zwar nicht zu dem Schluss führen, dass die Berichterstattung über politisch motivierte Gewalttaten ganz unterbleiben sollte. Bei ihrer Gestaltung sollte jedoch darauf geachtet werden, dass sie den Tätern möglichst wenig Anlass zur Selbstdarstellung bietet.

Unter demselben Gesichtspunkt sind Berichte über „erfolgreiche" Straftaten problematisch. Deshalb sollten Angaben über die Höhe der Beute bei Banküberfällen in der Regel unterbleiben. Andererseits besteht an Berichten über Unzulänglichkeiten in der Kriminalprävention und der Strafverfolgung ein öffentliches Berichterstattungsinteresse, das wohl dazu berechtigt, eine solche Gefahr in Kauf zu nehmen, soweit sie auch bei einem zutreffenden sachlich gehaltenen Beitrag nicht vermieden werden kann.

Dass durch eine dramatisierende Kriminalberichterstattung auch irrationale Ängste im Publikum ausgelöst werden können, ist nicht von der Hand zu weisen. Entsprechende Dramatisierungen sollten deshalb unterbleiben, Berichte den Erkenntnisstand vielmehr sachgerecht wiedergeben.

Dasselbe Problem kann sich daraus ergeben, dass ein Thema „Karriere" macht.

Hat ein Vorgang in „den" Medien besondere Aufmerksamkeit ausgelöst, tendieren Nachrichtenredakteure dazu, Berichten über ähnliche Vorgänge besondere Aufmerksamkeit zu schenken, ihnen bei der Auswahl in die Nachrichten eine Zeitlang einen gewissen Vorrang einzuräumen. Die „Themenkarriere" endet, wenn die Journalisten den Eindruck haben, „dass es jetzt genug ist", dass die Adressaten des Themas überdrüssig sind.

Ob und aus welchen Gründen es angemessen ist, die öffentliche Aufmerksamkeit durch eine verstärkte Berichterstattung auf ein Thema zu lenken bzw. auf diesem Thema zu halten („agenda setting"), bedarf der bewussten Erörterung und Entscheidung. Solche Entwicklungen sollten sich möglichst nicht unreflektiert durchsetzen.

7.6.14.5 Hintergrundberichte

Die auf den Einzelfall bezogene Kriminalberichterstattung konzentriert sich - journalistischen Auswahlregeln folgend – auf Aufsehen erregende schwere Straftaten, die relativ selten vorkommen und nur einen kleinen Teil der Gesamtkriminalität ausmachen. Um kein falsches Bild zu vermitteln, ist diese Differenz bei der Berichterstattung über die von den Strafverfolgern und dem Statistischen Bundesamt regelmäßig vorgelegten Kriminalstatistiken im Auge zu behalten. Durch eine hinreichend differenzierte Darstellung der in diesen Statistiken erfassten Straftaten sollte dem falschen Eindruck entgegengewirkt werden, die dort genannten Zahlen bezögen sich auf Straftaten der Art und Schwere, über die das Medium in der Regel berichtet.

In der Regel bedürfen die Zahlen der Polizeilichen Kriminalstatistik einerseits sowie der Justizstatistik und der Verurteiltenstatistik andererseits einer fachkundigen Interpretation.

7.7 Strafvollzug (von Ralf Bothge)

7.7.1 Vorbemerkungen

Über 60.000 Menschen befinden sich derzeit in Deutschland in Strafhaft. Nicht für alle diese Menschen gestaltet sich Strafvollzug gleichermaßen. Die Rede ist nicht von den unterschiedlichen sozialen und psychologischen Problemen, die eine Inhaftierung für den Betroffenen, für seine Familie, Partner und Angehörige mit sich bringen. Das Augenmerk soll vielmehr darauf gerichtet werden, ob es sich um einen jungen oder älteren Gefangenen handelt, ob er männlichen oder weiblichen Geschlechts ist, ob er erstmals in Strafhaft einsitzt oder schon des Öfteren inhaftiert war, ob er eine lange oder eine kurze Strafe absitzt und so weiter.

Die folgenden Ausführungen geben einen Überblick über das deutsche Vollzugswesen. Sie können in der Kürze der Darstellung nur einen groben Abriss geben und nicht auf Detailprobleme eingehen.

Die Darstellungen beginnen mit einigen Grundlagen des Strafvollzugswesens in der Bundesrepublik Deutschland inklusive einer begrifflichen Abgrenzung und einer statistischen Übersicht über die Zahl der in Deutschland inhaftierten Menschen. Es folgen Ausführungen zu den Aufgaben des Vollzugs, zum Zweck des Strafens sowie zur Organisation des Strafvollzugs.

In einem praktischen Teil werden die wesentlichen Stationen im Ablauf des Strafvollzuges dargestellt.

Kurz eingegangen werden soll sodann auf besondere Vollzugsformen: den Jugendvollzug, den Frauenvollzug, die Sicherungsverwahrung und die Untersuchungshaft.

Schließlich sollen einige Ausführungen zu den Grenzen des Vollzugs gemacht werden, zur Frage, was der Vollzug nicht leisten kann.

7.7.1.1 Rechtsgrundlagen des Strafvollzugs

Die Rechtsgrundlage des Strafvollzugs ist das Strafvollzugsgesetz (StVollzG) vom 16. März 1976, das am 1.1.1977 in Kraft getreten und seither mehrfach geändert worden ist. Im Strafvollzugsgesetz finden sich Vorschriften über Rechte und Pflichten der Strafgefangenen, Pflichten und Eingriffsrechte der Bediensteten im Vollzug sowie organisatorische und personelle Voraussetzungen für den Strafvollzug.

Eine für die Vollzugspraxis wichtige Ergänzung zum Strafvollzugsgesetz bilden die Verwaltungsvorschriften zum Strafvollzugsgesetz (VV). Dabei handelt es sich um übereinstimmende Regelungen, die die Landesjustizvollzugsverwaltungen als verwaltungsinterne Entscheidungshilfen erlassen haben, um den Handlungsspielraum des Gesetzes zu konkretisieren. Die Verwaltungsvorschriften sind für die Vollzugsbehörden bindend – nicht jedoch für Gerichte im Falle gerichtlicher Überprüfungen von Vollzugsentscheidungen.

Neben dem Strafvollzugsgesetz und seinen Verwaltungsvorschriften gibt es zahlreiche weitere Regelungen, die sich mittelbar oder unmittelbar mit dem Vollzug befassen. Zu nennen wären etwa für den Jugendvollzug die Verwaltungsvorschriften zum Jugendstrafvollzug (VVJug), für die Untersuchungshaft die Untersuchungshaftvollzugsordnung (UVollzO) oder für formelle Vollstreckungsfragen die Strafvollstreckungsordnung (StVollstrO).

7.7.1.2 Begriffliche Abgrenzungen, Zahlen, Statistiken

Strafvollzug meint nur solche Sanktionen, die die Freiheit entziehen[384]. Nicht umfasst vom Strafvollzug – und damit jedenfalls auch nicht primär Gegenstand dieser Ausführungen – sind mithin Maßnahmen wie der Jugendarrest[385], die Fürsorgeerziehung[386], die Unterbringung psychisch Kranker[387] oder auch die Untersuchungshaft[388]. Für diese Maßnahmen existieren eigene Vorschriften, das Strafvollzugsgesetz ist meist nicht anwendbar.

Wie sich die rund 60.000 Menschen, die in sich derzeit Strafhaft befinden, auf Männer und Frauen und die verschiedenen Altersgruppen verteilen, in welcher Vollzugsart sie sich befinden und wie lange sie voraussichtlich im Vollzug verbringen müssen, zeigt Tabelle 5.7.

Wenngleich die Zahl der derzeit Inhaftierten hoch erscheint: Die Freiheitsstrafe ist die Ausnahme, nicht die Regel des Strafens. Nur noch etwa fünf Prozent aller Strafen, die heute ausgesprochen wer-

---

[384] siehe § 1 StVollzG, §§ 38ff. StGB, §§ 17, 91 JGG
[385] § 16 JGG
[386] § 12 JGG
[387] § 63 StGB
[388] §§ 119 ff. StPO

den, sind Freiheitsstrafen. Im Vergleich dazu waren etwa im Jahre 1882, dem anteilmäßigen Höhepunkt der Gefängnisstrafe, fast 80 % aller Verurteilungen Freiheitsstrafen und nur 20 % Geldstrafen.

In relativ kurzer Zeit kehrte sich dieses Verhältnis allerdings um. Der eigentliche Grund für den prozentualen Rückgang der Freiheitsstrafen dürfte insbesondere in der Entdeckung der negativen Folgen des kurzen Freiheitsentzuges liegen: Kurze Haftstrafen sind ungeeignet für die Besserung von Menschen. Sie schrecken auch nicht ab. Auch die Tatsache, dass die Rückfallquoten nach verbüßtem Freiheitsentzug hoch sind sowie die erheblichen Kosten des Vollzuges[389] tragen dazu bei, dass heute die Mehrzahl der Strafen Geldstrafen sind.

7.7.2 Aufgaben und Ziele des Strafvollzugs

7.7.2.1 Resozialisierung und Wiedereingliederung / Schutz der Gesellschaft

Das Strafvollzugsgesetz hat in § 2 S. 1 die Resozialisierung des Strafgefangenen als wichtigstes Ziel festgelegt. Dort heißt es, dass der Gefangene dazu gebracht werden soll, nach der Entlassung in sozialer Verantwortung ein Leben ohne Straftaten zu führen. Diese Zielvorgabe stellt den verbindlichen Maßstab für die gesamte Vollzugsorganisation dar, an ihr hat sich die Gestaltung des Behandlungsprozesses zu orientieren.

Gleichzeitig dient der Vollzug der Freiheitsstrafe „auch dem Schutz der Allgemeinheit vor weiteren Straftaten" (§ 2 S. 2 StVollzG).

---

[389] Die Kosten der Unterbringung eines Gefangenen pro Tag beliefen sich in Nordrhein-Westfalen im Jahr 2002 durchschnittlich auf 74,81 € (ohne Baukosten), sie variieren jedoch zwischen der Unterbringung im offenen und geschlossenen Vollzug erheblich.

7.7.2.2 Schuldausgleich?

Unter den am Strafvollzug Beteiligten besteht große Uneinigkeit über die Beantwortung der Frage, ob neben der Resozialisierung als Vollzugsziel und dem Schutz der Allgemeinheit auch Fragen des Schuldausgleichs bei vollzuglichen Entscheidungen eine Rolle spielen dürfen. Kann beispielsweise einem Täter, bei dem mit an Sicherheit grenzender Wahrscheinlichkeit ein Missbrauch vollzuglicher Lockerungen nicht zu befürchten ist, eine Beurlaubung aus der Haft mit der Erwägung versagt werden, er habe besonders schwere Schuld, besonders viel Unrecht auf sich geladen?[390]

Zwar war der Strafvollzugsgesetzgeber in der Festlegung der Resozialisierung als Hauptziel des Strafvollzugs eindeutig, doch haben die Entwicklungen seit den 80er Jahren gezeigt, dass die Rechtssprechung in verschiedenen Entscheidungen zum Strafvollzug (insbesondere in Entscheidungen zu Vollzugslockerungen wie Urlaub, offener Vollzug, Freigang) dazu geneigt ist, nicht nur Behandlungserwägungen, sondern auch Gedanken des Schuldausgleichs einfließen zu lassen. Diese Rechtsprechung hat zwar scharfe Kritik erfahren, ist jedoch heute bei den Obergerichten anerkannt. Nach der Rechtsprechung können daher im Rahmen strafvollzugsrechtlicher Entscheidungen auch Schuldbelange berücksichtigt werden.

Dieser Auffassung wird allerdings entgegengehalten, dass Strafzwecke wie der Schuldausgleich wegen des eindeutigen Wortlauts des § 2 StVollzG im Vollzug keine unmittelbare Bedeutung haben dürften. Lediglich mittelbar könnten sie Einfluss auf vollzugliche Entscheidungen erlangen. Beispielsweise könne mit besonders schwerer Schuld einerseits ein besonderes Behandlungs- oder Sicherungsbedürfnis, andererseits eine erhöhte Flucht- oder Missbrauchsgefahr einhergehen. Je weiter entfernt etwa der Entlassungszeitpunkt

---

[390] Markanteste Beispiele für diese Fragestellungen sind die Fälle nationalsozialistischen Unrechts: Das Oberlandesgericht Karlsruhe hatte etwa über den Fall eines sehr lebensalten Gefangenen zu entscheiden, der wegen Mordes an mindestens 18.900 Menschen im Rahmen des nationalsozialistischen Unrechtsregimes zu lebenslanger Haft verurteilt worden war. Der Mann hatte Urlaub aus der Haft beantragt – Fluchtgefahr lag bei ihm nicht vor, Missbrauchsgefahr auch nicht. Kann ihm, so die Überlegung, der Urlaub unter Hinweis auf das große Maß an Schuld, das er auf sich geladen hatte, verwehrt werden?

liege, um so größer werde für den Inhaftierten die Versuchung zur Flucht sein, so dass die Vollzugsbehörde die Schwere der Tatschuld bei der Frage der Fluchtgefahr zu bedenken habe.

7.7.3 Organisation des Strafvollzugs / Personal / Mitarbeiter

Auch wenn der Strafvollzug auf der Grundlage eines für ganz Deutschland geltenden Gesetzes, des Strafvollzugsgesetzes, stattfindet, so ist doch die Ausgestaltung im Detail Ländersache. Der Strafvollzug ist den Justizressorts der einzelnen Länder zugeordnet. In Justizvollzugsanstalten werden neben Freiheitsstrafe und Sicherungsverwahrung auch Jugendstrafe, Untersuchungshaft, Strafarrest etc. vollzogen[391]. Oberste Vollzugsbehörden sind demnach die Landesjustizverwaltungen, d.h.: die Landesjustizministerien (§ 151 Abs. 1 StVollzG). In den Ländern sind als „Unterbau" zu den Justizministerien bzw. -senaten zwei Systeme zu beobachten: ein zweistufiges System, in dem aufsichtsrechtlich die Vollzugsanstalten unmittelbar dem Ministerium unterstellt sind, sowie ein dreistufiges System[392], in dem zwischen Justizministerium und Vollzugsanstalten ein Justizvollzugsamt als so genannte Mittelbehörde eingeschoben ist.

Die Verwaltung einer Justizvollzugsanstalt ist in verschiedene Bereiche untergliedert, und zwar typischerweise:

- eine Hauptgeschäftsstelle für die Personalverwaltung,
- eine Vollzugsgeschäftsstelle für die Verwaltung der Angelegenheiten der Inhaftierten,
- eine Zahlstelle (insbesondere auch für die Verwaltung des Geldes der Gefangenen),
- den Sicherheitsdienst für Sicherheits- und Ordnungsfragen innerhalb der Anstalt,

---

[391] Nicht aber die Abschiebehaft. Hierfür sind in Vollziehung des Ausländergesetzes die Innenressorts zuständig. Freilich wird der Vollzug der Abschiebehaft, da den Innenministerien angemessene Unterbringungsmöglichkeiten fehlen, teilweise in Justizvollzugsanstalten vorgenommen.
[392] Unter anderem in dem Bundesland mit den meisten Gefangenenzahlen, Nordrhein-Westfalen, praktiziert.

- die Arbeitsverwaltung für Angelegenheiten rund um die Arbeit der Gefangenen,
- die Wirtschaftsverwaltung finanzielle Belange der Anstalt und
- die Bauverwaltung.

Für die Anstaltsorganisation gilt ein hierarchisches Prinzip, in dem zumindest derzeit noch der größte Teil der Mitarbeiter verbeamtet ist:

An der Spitze der Vollzugsanstalt steht ein Beamter des höheren Dienstes, der Anstaltsleiter. In der Praxis handelte es sich hierbei bislang regelmäßig um einen Juristen. In den letzten Jahren ist allerdings eine zunehmende Tendenz zu beobachten, auch Fachdienste wie Psychologen oder Pädagogen zu Leitern von Justizvollzugsanstalten zu bestellen.

Der Anstaltsleiter trägt die Alleinverantwortung. Er hat die vollständige Außen- und Innenkompetenz, wozu auch die Verantwortung für die Rechtmäßigkeit des Strafvollzugs und die Anstaltssicherheit gehören. Er ist teilweise in den Normen des Strafvollzugsgesetzes direkt erwähnt[393], aber selbst wenn dies nicht der Fall ist, trägt er die Verantwortung für alle Entscheidungen im Rahmen des Strafvollzugs in seiner Anstalt. Die hierarchisch auf eine einzelne Person an der Spitze der Behörde zulaufende Struktur kann allerdings in Richtung einer kooperativen Zusammenarbeit modifiziert werden (und wird es in den meisten Anstalten auch): Denn § 159 StVollzG sieht die Vorbereitung wichtiger Vollzugsentscheidungen in Konferenzen vor, gleichzeitig räumt § 156 Abs. 2 StVollzG die Befugnis ein, Verantwortung für bestimmte Aufgabenbereiche auf andere Vollzugsbedienstete zu übertragen.

Neben dem Anstaltsleiter sind in den Justizvollzugsanstalten zahlreiche weitere Bedienstete tätig. § 155 Abs. 2 StVollzG unterscheidet verschiedene Berufsgruppen, die Aufgaben im Vollzug wahrzunehmen haben.

Dazu zählt zunächst der zahlenmäßig größte Mitarbeiterkreis des allgemeinen Vollzugs- und Verwaltungsdienstes, dem eine Vielzahl von Aufgaben obliegt. Dazu gehören die Beaufsichtigung,

---

[393] beispielsweise in § 14 StVollzG: Erteilung von Weisungen bei Vollzugslockerungen

Betreuung und Versorgung der Gefangenen. Die Bediensteten des allgemeinen Vollzugs- und Verwaltungsdienstes haben dadurch einen beständigen und direkten Kontakt zu den Gefangenen, durch den sie unmittelbar an deren Resozialisierung und Behandlung mitwirken.

Ebenfalls in § 155 Abs. 2 StVollzG genannt sind die Beamten des Werkdienstes, d.h. die für Betriebe und Ausbildung zuständigen Beamten.

Mit den Aufgaben der sozialen und sonstigen Behandlung im engeren Sinne betraut sind die Fachdienste, nach § 155 Abs. 2 StVollzG insbesondere Seelsorger, Ärzte, Pädagogen, Psychologen und Sozialarbeiter. Diese Aufzählung ist jedoch nicht abschließend, es können weitere Dienste hinzutreten, etwa Schulden- oder Drogenberater.

Über diese Bediensteten hinaus gibt es zahlreiche Menschen außerhalb des Vollzuges, die an dem ordnungsgemäßen Funktionieren einer Haftanstalt beteiligt sind. Zu nennen wären zunächst ehrenamtliche Betreuer, die auf Privatinitiative hin den Resozialisierungsvorgang durch Gruppen- oder Einzelarbeit unterstützen.

Darüber hinaus sind gemäß §§ 162 ff. StVollzG in den Justizvollzugsanstalten sog. Anstaltsbeiräte zu bilden. Die Anstaltsbeiräte sind Außengremien, welche den Gefangenen im Vollzug unterstützen und ein Bindeglied zwischen ihm und der Gesellschaft darstellen sollen. Die Mitglieder der Beiräte wirken bei der Gestaltung des Vollzuges und bei der Betreuung der Gefangenen mit, sie unterstützen die Anstalt durch Anregungen und Verbesserungsvorschläge und sollen so dazu beitragen, die Eingliederung der Gefangenen nach der Entlassung zu fördern. Die Tätigkeit der Anstaltsbeiräte ist stark öffentlichkeitsbezogen. Sie soll Transparenz der Vollzugsarbeit nach außen gewährleisten und Vorurteile abbauen. Dieser Funktion entsprechend kommen als Beiratsmitglieder häufig Personen in Betracht, die im öffentlichen Leben und / oder im wirtschaftlichen Bereich eine zumindest lokal bedeutende Schlüsselfunktion innehaben, also etwa Politiker, Vertreter der lokalen Arbeitnehmer- und Arbeitgebervereinigungen, der Ausbildungsinstitutionen, der Sportvereinigungen oder der Religionsgemeinschaften.

Mitglieder des Anstaltsbeirats einer Justizvollzugsanstalt haben ein umfassendes und unüberwachtes Recht auf Kommunikation mit den Gefangenen. Ihnen kommt darüber hinaus ein Informations- und Kontrollrecht über vollzugliche Vorgänge zu.

Um die Gefangenen möglichst früh an ein Leben in Freiheit zu gewöhnen, soll schließlich gemäß § 160 StVollzG die Gefangenenmitverantwortung ermöglicht werden. Gefangene sollen an Entscheidungen mitbeteiligt werden, die von gemeinsamem Interesse sind und die sich zur Mitwirkung eignen[394].

7.7.4 Ablauf des Vollzugs

7.7.4.1 Strafantritt

Ist das Urteil, das von einem Gericht ausgesprochen worden ist, rechtskräftig geworden, so wird es von der Staatsanwaltschaft vollstreckt.

Regelmäßig werden Verurteilte allerdings nicht direkt bei der Urteilsverkündung im Gerichtssaal verhaftet. Sie können sich vielmehr zunächst nach Hause begeben und dort alles Weitere abwarten. Befindet sich der Betroffene auf diese Weise nach seiner Verurteilung auf freiem Fuß, so wird er nach einiger Zeit von der Staatsanwaltschaft zum Strafantritt in die zuständige Justizvollzugsanstalt geladen[395]. Diese Ladung bedeutet nichts anderes als die Mitteilung an den Verurteilten, dass er sich nunmehr in der zuständigen Justizvollzugsanstalt zum Strafantritt einzufinden hat. Hierfür wird ihm nochmals eine ausreichende Frist gesetzt, damit er seine Angelegenheiten außerhalb des Vollzuges noch regeln kann.

Welche konkrete Anstalt für den Verurteilten zuständig ist, ergibt sich aus dem so genannten Vollstreckungsplan: Dabei handelt es sich um einen von den Landesjustizverwaltungen gem. § 152 StVollzG aufgestellten Katalog, der die örtliche und sachliche Zu-

---

[394] was etwa bei Fragen der Sicherheit oder Ordnung einer Anstalt nicht der Fall ist
[395] § 27 StVollstrO

ständigkeit der Vollzugsanstalten festlegt, in denen die Strafe zu vollstrecken ist. Der Vollstreckungsplan legt dabei zahlreiche Kriterien zugrunde, geht bei der Festlegung einer konkreten Anstalt jedoch zunächst von den gesetzlichen Trennungsgrundsätzen aus: So ist etwa die Jugendstrafe in besonderen Vollzugsanstalten zu vollstrecken. Auch gilt der Grundsatz der Trennung von männlichen und weiblichen Gefangenen (§ 140 StVollzG).

Sind diese Trennungsgrundsätze befolgt, so orientiert sich die weitere Klassifikation der Verurteilten nach allgemeinen Merkmalen. Als solche kommen neben der voraussichtlichen Vollzugsdauer unter anderem das Geschlecht, das Lebensalter, der Wohnort, die Frage erster oder wiederholter Straffälligkeit oder auch ein eventuelles Sicherheitsrisiko in Betracht.

Der Vollstreckungsplan hat die Funktion, bindend und lückenlos festzulegen, welche Anstalt für die Aufnahme welches Gefangenen zuständig ist. Die Bindung der Vollstreckungsbehörden ist nicht zuletzt auch aus verfassungsrechtlichen Gründen erforderlich, weil mit der Zuständigkeit der Anstalt auch die Zuständigkeit der Vollstreckungskammer begründet und damit der gesetzliche Richter festgelegt wird. Daraus wird eine Selbstbindung der Justizverwaltung hergeleitet, die sie verpflichtet, die vollstreckungsplanmäßige Zuweisung nicht ohne wichtigen Grund zu ändern.

Abweichend vom Vollstreckungsplan kann der Gefangene namentlich dann in eine andere für den Vollzug der Freiheitsstrafe zuständige Anstalt verlegt werden,

- wenn seine Behandlung oder Eingliederung nach der Entlassung hierdurch gefördert wird,
- wenn dies aus Gründen der Vollzugsorganisation oder aus anderen wichtigen Gründen (z.B. zum Ausgleich unterschiedlich starker Belegung zwischen zwei Vollzugsanstalten) erforderlich ist,
- wenn dies wegen einer Erkrankung aus medizinischen Gründen notwendig ist oder
- wenn die sichere Unterbringung (z.B. bei Fluchtgefahr) dies erfordert.

Kommt der von der Staatsanwaltschaft in eine bestimmte Anstalt Geladene der Aufforderung, sich freiwillig zum Strafantritt zu stellen, nicht nach, ist er nicht zu ergreifen oder hat er sich aktiv durch Flucht dem weiteren Verlauf der Strafvollstreckung entzogen, so erlässt die Vollstreckungsbehörde einen Haft- oder Vorführungsbefehl. Dieser wird von den Polizeidienststellen der Länder vollzogen und gibt die Möglichkeit, den Betreffenden zwangsweise der Haft zuzuführen.

Möglich ist jedoch auch, dass der Verurteilte sich zum Zeitpunkt des Urteils bereits in behördlicher Verwahrung befindet. Dies kann etwa dann der Fall sein, wenn er sich in dem Verfahren, in dem die Verurteilung erfolgt ist, bereits in Untersuchungshaft befand oder auch dann, wenn mehrere Freiheitsstrafen nacheinander zu vollstrecken sind und gegen ihn gerade eine andere Strafe vollstreckt wird. Soweit erforderlich, veranlasst die Staatsanwaltschaft in diesem Fall lediglich die Überführung in die Vollzugsanstalt, die gegebenenfalls nach dem neuen Urteil nunmehr zuständig ist.

7.7.4.2 Aufnahme in den Vollzug

Für praktisch alle Gefangenen beginnt der Strafvollzug mit dem Aufnahmeverfahren, in dem zunächst die Voraussetzungen für die Aufnahme geprüft werden. Insbesondere wird die Identität des Gefangenen festgestellt, er wird über Formalien sowie Rechte und Pflichten belehrt. Die Durchführung der Aufnahme besteht unter anderem in der Ausstattung mit Anstaltskleidung[396], der körperlichen Durchsuchung[397] sowie der Abgabe mitgebrachter und der Aushändigung in der Anstalt erlaubter Gegenstände[398].

Alsbald schließt sich eine ärztliche Untersuchung des Gefangenen an[399]. Hier wird nicht nur festgestellt, ob der Gefangene überhaupt vollzugstauglich ist, sondern es werden auch Aussagen getrof-

---

[396] § 20 StVollzG
[397] § 84 StVollzG
[398] §§ 19, 70 StVollzG
[399] § 5 Abs. 3 StVollzG

fen zu besonderen Behandlungsbedürftigkeiten sowie zu Fragen der Arbeits- und Sporttauglichkeit.

Abgeschlossen wird das Aufnahmeverfahren mit der Vorstellung des Gefangenen beim Leiter der Anstalt oder der Aufnahmeabteilung. Soweit erforderlich wird der Gefangene dabei nochmals über seine Rechte und Pflichten unterrichtet.

7.7.4.3 Behandlungsuntersuchung und Vollzugsplan

Um eine planvolle Behandlung des Gefangenen im Vollzug zu gewährleisten sowie einen Überblick zu erhalten über das, was für seine Eingliederung nach der Entlassung notwendig ist, muss der Gefangene intensiv kennen gelernt werden. § 6 Abs. 1 Satz 1 StVollzG schreibt daher grundsätzlich eine Behandlungsuntersuchung vor, die den Zweck hat, die Persönlichkeit und die Lebensverhältnisse des Gefangenen zu erforschen[400].

Bereits zu einem sehr frühen Zeitpunkt des Behandlungsprozesses benötigt man dazu zahlreiche Informationen über den Gefangenen. Man erhält sie zunächst aus den Akten: Urteile, Anklageschriften, psychologische und psychiatrische Gutachten etc. bilden regelmäßig eine gute Grundlage, um sich ein Bild von dem jeweiligen Inhaftierten zu machen. Von dieser Grundlage ausgehend wird schnell deutlich, wo Mängel in der Persönlichkeit des Gefangenen liegen, die zu seiner Straffälligkeit geführt haben. War es Geldnot, die ihn zu einem Banküberfall getrieben hat? Waren es Drogen- oder Alkoholprobleme, die ihn in die Straffälligkeit haben abgleiten lassen? War es eine besondere Gewaltbereitschaft oder ein besonderes Sexualproblem, das zu seinem strafbaren Handeln geführt hat?

Je nach Schwerpunkt seines kriminellen Verhaltens wird ein Aktenstudium bereits deutliche Hinweise auf den nächsten Schritt geben, nämlich die Beteiligung von Fachdiensten am Behandlungsprozess. Fachdienste im Vollzug sind in der Regel Psychologen und

---

[400] Lediglich ausnahmsweise kann von einer Behandlungsuntersuchung abgesehen werden, wenn eine solche „mit Rücksicht auf die Vollzugsdauer nicht geboten erscheint", was gem. der Verwaltungsvorschrift zu § 6 bei Vollzugsdauern unter einem Jahr regelmäßig der Fall sein soll

Sozialarbeiter, Lehrer und Ärzte. Je nachdem, wo die Ursache für das kriminelle Verhalten des Gefangenen liegt, werden mit unterschiedlichem Schwerpunkt bereits ganz früh, zu Beginn des Vollzuges Gespräche mit dem Inhaftierten geführt, die ihm die Möglichkeiten des Vollzuges eröffnen sollen, die aber auch seine Motivation zur Teilnahme an dem Behandlungsprozess ausloten sollen.

Das Aktenstudium und diese sehr frühen Gespräche mit dem Gefangenen münden im so genannten Vollzugsplan[401]. Dieser Vollzugsplan stellt das Kernstück der Behandlung dar, enthält er doch die auf den einzelnen Gefangenen konkretisierten Aussagen für seinen Resozialisierungsprozess.

Der Vollzugsplan muss mindestens Angaben über die in § 7 Abs. 2 StVollzG genannten Behandlungsmaßnahmen enthalten, also Aussagen treffen

- zur Unterbringung im geschlossenen oder offenen Vollzug,
- zur Verlegung in eine sozialtherapeutische Anstalt,
- zur Zuweisung zu Wohn- und Behandlungsgruppen,
- zum Arbeitseinsatz sowie zu Maßnahmen der beruflichen Aus- oder Weiterbildung,
- zur Teilnahme an Weiterbildungsveranstaltungen,
- zu besonderen Hilfs- und Behandlungsmaßnahmen,
- zu Lockerungen des Vollzuges sowie
- zu notwendigen Maßnahmen zur Vorbereitung der Entlassung.

Der Vollzugsplan ist „mit der Entwicklung des Gefangenen und weiteren Ergebnissen der Persönlichkeitserforschung in Einklang zu halten"[402], d.h. fortzuschreiben. Gem. § 7 Abs. 3 S. 2 StVollzG sind dafür im Vollzugsplan selbst angemessene Fristen vorzusehen.

7.7.4.4 Unterbringung

Die Unterbringung der Gefangenen hängt wesentlich ab von der Tageseinteilung[403]. Während der Arbeits- und Freizeit sind Gefan-

---

[401] § 7 StVollzG
[402] § 7 Abs. 3 S. 1 StVollzG
[403] vgl. die Dreiteilung des § 82 Abs. 1 StVollzG: Arbeits-, Frei- und Ruhezeit

gene gemeinsam untergebracht, während der Ruhezeit haben sie einen Anspruch auf Einzelunterbringung – eine Regelung, die die Justizverwaltungen in Zeiten massiver Überbelegung der meisten Anstalten vor nicht unerhebliche Probleme stellt.

Zur Größe und Ausgestaltung der Hafträume macht das Strafvollzugsgesetz keine Angaben, sie variieren naturgemäß je nach Anstalt. Bei einem Einzelhaftraum dürfte die durchschnittliche Größe zwischen neun und zwölf Quadratmetern liegen, bei mit mehreren Personen belegten Hafträumen existiert eine Vielzahl gerichtlicher Entscheidungen, die sich detailliert mit der Frage befasst, welche Größe „gerade noch hinnehmbar" ist. Sechs bis sieben Quadratmeter pro Person bei gemeinschaftlicher Unterbringung dürfte hier ein ungefährer, von der Rechtsprechung akzeptierter Wert sein.

Ausgestattet ist ein Haftraum mit einem Grundmobiliar: Bett, Tisch, Stuhl, Schrank. Neben einer Toilette kann sich in den Hafträumen eine eigene Nasszelle befinden. Welche weiteren Ausstattungsgegenstände der Gefangene (in der Regel: auf seine Kosten) im Haftraum haben darf, hängt von den Verhältnissen in der jeweiligen Anstalt ab. § 19 StVollzG gibt ihm das Recht, seinen Haftraum in angemessenem Umfang mit eigenen Sachen auszustatten. Dazu gehören etwa persönliche Andenken an nahe stehende Personen. Allerdings sind auch Radios, CD-Spieler und Fernseher heute eher die Regel als die Ausnahme.

7.7.4.5 Besuch

§ 24 Abs. 1 S. 1 StVollzG gibt dem Gefangenen das Recht, regelmäßig Besuch zu empfangen. Die praktische Durchführung des Besuchs vollzieht sich so, dass der Gefangene einen Besuchstermin beantragt. Im Rahmen von Konferenzen, an denen alle Dienste teilnehmen, die mit der Behandlung des jeweiligen Gefangenen beteiligt sind, wird der Besuchsantrag beraten. Insbesondere wird erörtert, ob der konkrete Besucher zugelassen oder ausnahmsweise abgelehnt wird. Letzteres ist indes nur in den Fällen des § 25 StVollzG möglich, wonach der Anstaltsleiter Besuche untersagen kann, wenn die Sicherheit und Ordnung der Anstalt gefährdet würde sowie bei Gefahr für den Erfolg des Vollzugszieles.

Die Gesamtdauer beträgt gem. § 24 Abs. 1 S. 2 StVollzG mindestens eine Stunde im Monat. Einzelheiten regelt die Hausordnung (§§ 24 Abs. 1 S. 2, 161 Abs. 2 Nr.1 StVollzG). Die meisten Anstalten versuchen indes, über diese Mindestzeit von einer Stunde hinaus in größerem Umfang Besuchsmöglichkeiten zu gewähren.

Um die Sicherheit zu gewähren, können Besucher durchsucht werden. Dies gilt auch für Besucher, deren Besuch ansonsten privilegiert ist, wie etwa Verteidiger oder Notare[404].

Grundsätzlich können Besuche in Anstalten überwacht werden (§ 27 StVollzG). § 27 Abs. 1 StVollzG unterscheidet zwischen der Sichtkontrolle und der Gesprächsüberwachung. Die Gesprächsüberwachung ist der weitergehende Eingriff, sie darf folglich nur unter sehr engen Voraussetzungen stattfinden, während die Sichtkontrolle gem. § 27 Abs. 1 S. 1 StVollzG aus Gründen der Behandlung oder Sicherheit oder Ordnung jederzeit möglich ist.

Eine Sonderregelung für den Besuch von Verteidigern, Rechtsanwälten und Notaren findet sich in § 26 StVollzG. Für sie gibt es gem. Satz 1 grundsätzlich keine Einschränkungen im Hinblick auf Zeitpunkt und Häufigkeit von Besuchen. Auch eine Überwachung der Besuche von Verteidigern findet nicht statt (§ 27 III StVollzG)[405].

Als Pendant zum generellen Recht des Gefangenen auf Empfang von Besuchern regelt § 25 StVollzG als schärfste Maßnahme das Besuchsverbot. Danach kann der Anstaltsleiter Besuche untersagen, wenn

- die Sicherheit und Ordnung der Anstalt gefährdet würde oder wenn
- die Gefahr besteht, dass das Vollzugsziel gefährdet würde (Gefahr schädlichen Einflusses auf den Gefangenen bzw. Gefahr der Eingliederungsbehinderung)

---

[404] Vgl. § 26 Abs. 1 S. 2 i.V.m. § 24 Abs. 3 StVollzG
[405] Man beachte allerdings die feinsinnige Regelung des § 27 III StVollzG, nach der nur die Besuche von Verteidigern nicht überwacht werden. Im Umkehrschluss bedeutet dies, dass eine Überwachung von Rechtsanwalts- und Notarbesuchen sehr wohl möglich ist.

Das Gesetz berücksichtigt bei der Untersagung von Besuchen jedoch den besonderen Schutz von Ehe und Familie durch Art. 6 Abs. 1 GG und lässt einen Ausschluss nur aus Gründen der Sicherheit und Ordnung der Anstalt zu.

In den letzten Jahren hat es vermehrte und verstärkte Bemühungen gegeben, durch Inhaftierung eingetretene partnerschaftliche und familiären Schwierigkeiten durch die Organisation so genannter Langzeitbesuche zu begegnen. Bei Langzeitbesuchen wird einzelnen Partnern oder ganzen Familien die Möglichkeit gegeben, über einen längeren Zeitraum unbewacht in einem abgeschlossenen Bereich der Justizvollzugsanstalt zusammenzukommen. In neueren, modernen Vollzugseinrichtungen geschieht dies in größeren, mehrräumigen Bereichen. Beispielsweise steht in der 1998 in Betrieb genommenen Justizvollzugsanstalt Gelsenkirchen für Langzeitbesuche ein Bereich mit Kinderzimmer, Küche und Schlafzimmer zur Verfügung.

Die Frage, ob die dadurch geschaffene Möglichkeit eines Intimverkehrs eingeräumt werden soll, ist lange Zeit kontrovers diskutiert worden. Die positiven Erfahrungen, die mit dieser Besuchsmöglichkeit gemacht worden sind, haben die Kritiker indes weitestgehend verstummen lassen. Insbesondere für Inhaftierte mit langer bis hin zu lebenslanger Haft stellen Langzeitbesuche eine gute Möglichkeit dar, Außenkontakte zu pflegen und über viele Jahre stabil zu halten. Langzeitbesuche gehören heute in vielen Anstalten zum Standard.

7.7.4.6 Schriftwechsel und Paketempfang

Die §§ 28 Abs. 1, 30 Abs. 1 StVollzG erlauben dem Gefangenen, durch Vermittlung der Anstalt auf eigene Kosten Schreiben abzusenden und zu empfangen. Doch auch hier sind Einschränkungen möglich und vielfältig.

Grundsätzlich sind die Schreiben durch Vermittlung der Anstalt zu versenden und zu empfangen (§ 30 StVollzG). Gemäß § 29 Abs. 3 StVollzG kann dabei der Schriftwechsel aus Gründen der Behandlung des Gefangenen oder der Sicherheit oder Ordnung der Anstalt überwacht werden. Macht eine Anstalt von der Möglichkeit der

Kontrolle des Schriftwechsels Gebrauch, so kann sie eine generelle Regelung zur Überwachung der Post ergreifen (etwa dergestalt, dass alle Briefe aller Gefangener überwacht werden) oder sie kann eine Regelung treffen, die individuell auf einzelne Gefangene abgestellt ist (d.h. etwa in der Weise, dass nur die Briefe bestimmter Gefangener oder nur die ausgehende Post etc. zu überwachen ist). Auch obliegt es der jeweiligen Anstalt, eine Regelung darüber zu treffen, ob etwa lediglich eine Sichtkontrolle stattfindet (um zu überprüfen, ob verbotene Gegenstände ein- oder ausgeschmuggelt werden) oder ob auch inhaltlich von dem Brief Kenntnis erlangt wird, d.h. der Brief gelesen wird. Letzteres ist zumindest in Anstalten mit langstrafigen Gefangenen wohl die Regel.

Nicht überwacht wird der Schriftwechsel des Gefangenen mit seinem Verteidiger[406]. Ebenso nicht überwacht werden Schreiben des Gefangenen an Volksvertretungen des Bundes und der Länder sowie deren Mitglieder sowie an die Europäische Kommission für Menschenrechte[407].

§ 31 StVollzG gibt dem Anstaltsleiter die Befugnis, Schreiben nicht nur zu überwachen, sondern auch anzuhalten. Bei der Ermessensentscheidung ist die Bedeutung des Rechts auf Meinungsfreiheit aus Art. 5 Abs. 1 GG zu berücksichtigen. Die in § 31 StVollzG genannten Gründe sind abschließend, d.h. es darf ein Schreiben ausschließlich angehalten werden, wenn

- das Ziel des Vollzuges oder die Sicherheit oder Ordnung der Anstalt gefährdet würde,
- die Weitergabe in Kenntnis ihres Inhalts einen Straf- oder Bußgeldtatbestand verwirklichen würde,
- sie grob unrichtige oder erheblich entstellende Darstellungen von Anstaltsverhältnissen enthalten,
- sie grobe Beleidigungen enthalten

---

[406] Ausnahmen gelten für nach § 129a StGB Beschuldigte oder Verurteilte, vgl. § 29 Abs. 1 S. 2 StVollzG

[407] Wenn § 29 Abs. 2 StVollzG Schreiben „an" die genannten Vertretungen und Institutionen von der Briefkontrolle ausnimmt, so ist dies durchaus wörtlich zu nehmen: Schreiben „von" den Institutionen an die Gefangenen unterliegen nämlich der Überwachung. Grund hierfür ist die Fälschungsmöglichkeit des Absenders.

- sie die Eingliederung eines anderen Gefangenen gefährden können oder
- sie in Geheimschrift, unlesbar, unverständlich oder ohne zwingenden Grund in einer fremden Sprache abgefasst sind.

Ist ein Schreiben angehalten worden, so wird dies dem Gefangenen
mitgeteilt, um ihm letztlich auf diese Weise die Möglichkeit zu geben, gegen die belastende Maßnahme gerichtlich vorzugehen. Angehaltene Schreiben werden an den Absender zurückgegeben oder,
sofern dies unmöglich oder aus besonderen Gründen „untunlich" ist,
wie das Gesetz es nennt, behördlich verwahrt.

Schließlich kann unter den gleichen Voraussetzungen, unter denen auch ein Besuchsverbot ergehen kann, gemäß § 28 Abs. 2
StVollzG der Schriftwechsel mit bestimmten Personen untersagt
werden[408].

Der Empfang und Versand von Paketen ist wegen des damit
verbundenen personellen und organisatorischen Aufwandes in § 33
StVollzG restriktiver geregelt. Als Minimum gewährt § 33 Abs. 1 S.
1 StVollzG dem Gefangenen das Recht, „dreimal jährlich in angemessenen Abständen ein Paket mit Nahrungs- und Genussmitteln"
zu empfangen.

7.7.4.7 Ferngespräche und Telegramme

Gem. § 32 S.1 StVollzG kann dem Gefangenen gestattet werden,
„Ferngespräche zu führen oder Telegramme aufzugeben". Abgesehen davon, dass das Versenden von Telegrammen heute praktisch
kaum noch in Frage kommt, sind Telefonate aus nachvollziehbaren
Gründen bei Gefangenen zwar beliebt – ihre Genehmigung wird
jedoch in den meisten Anstalten sehr restriktiv gehandhabt, insbesondere mit Blick auf den nicht unerheblichen Aufwand, der damit
verbunden ist, die Telefonate zu überwachen.

---

[408] Die Gründe für die Untersagung des Schriftwechsels mit bestimmten Personen sind identisch mit
denjenigen, die gem. § 25 StVollzG ein Besuchsverbot rechtfertigen würden

7.7.4.8 Vollzugslockerungen und Urlaub

Freiheitsstrafe bedeutet immer einen erheblichen Eingriff in die Privatsphäre der Betroffenen. Sie bedeutet nicht nur Entzug der Bewegungsfreiheit, sondern ebenso Beschränkung im Hinblick auf Kontakte zur Familie und zu Freunden, auf Sexualität, Ernährung, Konsum etc.

Die Außenkontakte, die ein Gefangener pflegen kann, sind für ihn wichtige Mittel der Kommunikation. Dazu gehören etwa der Brief- und der Besuchsverkehr. Sie helfen ihm, die Isolation aufzubrechen und sich in der Haftsituation zu stabilisieren, sie bieten auf dem Weg der Resozialisierung letztlich eine wichtige Brücke in die Freiheit. Zur Erreichung des Vollzugsziels sind viele Faktoren wichtig, wobei der intakte, gut gepflegte Kontakt zu Freunden oder zur Familie sich als wichtigster all dieser Faktoren darstellt.

Neben Schrift- und Besuchskontakt bietet das Strafvollzugsgesetz mit den Vollzugslockerungen und dem Urlaub weitere Möglichkeiten, die Außenkontakte zu pflegen und zu stabilisieren.

7.7.4.8.1.   Lockerungen nach § 11 StVollzG

§ 11 StVollzG benennt Vollzugslockerungen, die dem Gefangenen als Resozialisierungsmaßnahmen gewährt werden können, um seine Außenkontakte zu pflegen und um vor allem schädlichen Haftfolgen vorzubeugen. Das Gesetz unterscheidet Vollzugslockerungen mit Aufsicht eines Vollzugsbediensteten (Außenbeschäftigung und Ausführung) und solche, die ohne Beaufsichtigung eines Bediensteten stattfinden (Freigang und Ausgang).

Bei der Außenbeschäftigung, § 11 Abs. 1 Nr. 1 StVollzG, und bei der Ausführung, § 11 Abs. 1 Nr. 2 StVollzG, verlässt der Gefangene die Anstalt unter Aufsicht eines Bediensteten. Beim Ausgang, § 11 Abs. 1 Nr. 2 StVollzG, wird auf die Begleitung durch einen Bediensteten verzichtet, dem Gefangenen wird die Möglichkeit eingeräumt, allein für einen vorher festgelegten Zeitraum von i.d.R.

mehreren Stunden die Anstalt zu verlassen, um etwa Besorgungen außerhalb der Mauern zu machen etc.

Der Freigang, § 11 Abs. 1 Nr. 1 StVollzG, stellt die weitestgehende Form vollzuglichen Außenkontakts dar. Der Gefangene verlässt dabei jeden Tag ohne Beaufsichtigung die Anstalt zur Arbeit oder zur Teilnahme an Schul- oder Berufsausbildungsmaßnahmen und kehrt erst abends in die Anstalt zurück. Er schließt im Rahmen eines freien Beschäftigungsverhältnisses (§ 39 Abs. 1 StVollzG) einen normalen Arbeitsvertrag mit einem Unternehmer ab und wird tariflich entlohnt.

7.7.4.8.2. Urlaub nach § 13 StVollzG

Das Strafvollzugsgesetz hat im Jahre 1977 generell die Möglichkeit eingeführt, Gefangene zu ihren Angehörigen zu beurlauben. Mit dem Inkrafttreten des Strafvollzugsgesetzes hat die Zahl der Beurlaubungen von Jahr zu Jahr zugenommen. Zuletzt lag die Zahl der jährlichen Urlaubsfälle bei über 107.000.

Eine verbindliche Aussage zum tatsächlichen Nutzen der Urlaubsgewährung erscheint kaum möglich. Es kann jedoch angenommen werden, dass insbesondere der Jahresurlaub, der zum Besuch der Angehörigen benutzt wird, zu einer Aufrechterhaltung und Festigung der Familienbande führt, einer Entfremdung besonders der Ehepartner durch die Haftzeit entgegenwirkt und sich damit insgesamt günstig auf die Wiedereingliederung des Gefangenen nach seiner Entlassung auswirkt.

Trotz der insgesamt günstigen Erfahrungen mit der Urlaubsgewährung kann nicht übersehen werden, dass die erweiterten Urlaubsmöglichkeiten gelegentlich in der Öffentlichkeit mit dem Vorwurf verbunden werden, der Gesetzgeber habe insoweit das Sicherheitsbedürfnis der Allgemeinheit vernachlässigt. Dieser Vorwurf wird naturgemäß insbesondere dann erhoben, wenn es im Einzelfall zu spektakulären Ereignissen kommt[409].

---

[409] So etwa unlängst im so genannten Fall „Zurwehme"

Nach den vorliegenden Erkenntnissen werden allerdings Gefangene, die aus der Haft beurlaubt worden waren, nach ihrer Entlassung weniger häufig wieder straffällig als diejenigen, die keinen Hafturlaub bekommen haben. Jedoch wird bei aller Sorgfalt bei der Prüfung von Urlaubsanträgen nie ganz verhindert werden können, dass es mitunter zu Fehleinschätzungen kommt.

Die Hauptform des Urlaubs ist der in § 13 StVollzG geregelte „Urlaub aus der Haft". Bei diesem vom Resozialisierungsgedanken geprägten Urlaub geht es um die Aufrechterhaltung der Außenwelterfahrung, um die Prüfung der Belastungsfähigkeit in Freiheit und letztlich darum, den Gefangenen langsam an die Verhältnisse außerhalb der Mauern zu gewöhnen, ihm den Übergang in die Freiheit zu erleichtern und so schädlichen Folgen des Strafvollzugs vorzubeugen.

§ 13 Abs. 1 StVollzG sieht einen so genannten Regelurlaub vor, der bis zu 21 Kalendertage im Jahr beträgt. Dieser Regelurlaub soll nach § 13 Abs. 2 StVollzG erst gewährt werden, wenn der Gefangene sich mindestens sechs Monate im Strafvollzug befunden hat. Der Anstalt soll dadurch ermöglicht werden, den Gefangenen genauestens kennen zu lernen: regelmäßig wird man erst nach einer gewissen Zeit der Beobachtung des Gefangenen Kriterien für eine solide Beurteilung etwaiger Flucht- oder Missbrauchsgefahren haben.

7.7.4.8.3.   Voraussetzungen für die Gewährung von Lockerungen oder Urlaub

Die Entscheidung, ob einem Gefangenen Lockerungen nach § 11 StVollzG oder Urlaub nach § 13 StVollzG gewährt werden, setzt zunächst die Zustimmung des Gefangenen voraus. Der Gesetzgeber will mit dieser Einbeziehung des Gefangenen seinem Selbstbestimmungsrecht Rechung tragen.

Neben der Zustimmung ist das zentrale Kriterium die Eignung des Gefangenen für die in Aussicht genommene Maßnahme, d.h. konkret die fehlende Flucht- oder Missbrauchsgefahr.

Liegt Flucht- oder Missbrauchsgefahr vor, so ist ein zwingender Grund für die Versagung der Lockerung gegeben. Die Behörde hat zur Beantwortung der Frage, ob der Gefangene für die beabsichtigte Maßnahme geeignet ist, eine Prognoseentscheidung zu treffen und zu beantworten, ob aus zurückliegenden und aktuellen Beobachtungen des Gefangenen die Frage einer Fluchtabsicht oder eines Rückfalls mit ausreichender Sicherheit beantwortet werden kann.

Es liegt auf der Hand, dass eine sichere Antwort auf diese Fragestellung nicht möglich ist – es gibt schlichtweg bislang keine zuverlässigen Kriterien, die aus der Beobachtung von Menschen eine Missbrauchswahrscheinlichkeit mit Sicherheit beurteilen lassen. Der Gesetzgeber wusste dies natürlich auch. Wenn er in Kenntnis der Tatsache, dass es eine hundertprozentige Aussage zur Flucht- oder Missbrauchsgefahr nicht gibt, gleichwohl Lockerungen zugelassen hat, so hat er akzeptiert, dass ein gewisses Restrisiko bestehen bleiben kann. Dieses Restrisiko muss, so die Ausarbeitungen in der Rechtsprechung, verantwortbar sein, es muss umgekehrt proportional zur Schwere der möglichen Missbräuche sein. Besteht insoweit eine konkretisierbare Gefahr, so scheidet die Gewährung von Vollzugslockerungen aus. Gleiches gilt, wenn trotz Ausschöpfung aller Erkenntnisquellen konkrete Zweifel an der Eignung des Gefangenen bestehen – diese gehen dann letztlich zu seinen Lasten.

Die Beurteilung der Flucht- und Missbrauchsgefahr erfährt für besondere Straftäter in den Verwaltungsvorschriften zu §§ 11 und 13 StVollzG Konkretisierungen. Deutlich gemacht werden soll dies an einigen Beispielen aus den Verwaltungsvorschriften zu § 11 StVollzG[410].

So sind etwa nach Nr. 6 dieser Verwaltungsvorschriften Außenbeschäftigung, Freigang und Ausgang unter anderem ausgeschlossen bei Gefangenen,

- gegen die Untersuchungs-, Auslieferungs- oder Abschiebungshaft angeordnet ist,

---

[410] Zur Urlaubsvorschrift, § 13 StVollzG, existieren sehr ähnliche Voraussetzungen in den Verwaltungsvorschriften.

- gegen die eine vollziehbare Ausweisungsverfügung besteht und die aus der Haft abgeschoben werden sollen,
- gegen die eine freiheitsentziehende Maßregel der Besserung und Sicherung oder eine sonstige Unterbringung gerichtlich angeordnet und noch nicht vollzogen ist.

Ungeeignet wegen einer zu vermutenden Flucht- oder Missbrauchsgefahr sind nach der Verwaltungsvorschrift Nr. 7 zu § 11 StVollzG in der Regel Gefangene,

- die erheblich suchtgefährdet sind,
- die während des laufenden Freiheitsentzugs entwichen sind, eine Flucht versucht, einen Ausbruch unternommen oder sich an einer Gefangenenmeuterei beteiligt haben,
- die aus dem letzten Urlaub oder Ausgang nicht freiwillig zurückgekehrt sind oder bei denen zureichende tatsächliche Anhaltspunkte dafür gegeben sind, dass sie während des letzten Urlaubs oder Ausgangs eine strafbare Handlung begangen haben,
- gegen die ein Ausweisungs-, Auslieferungs-, Ermittlungs- oder Strafverfahren anhängig ist,
- bei denen zu befürchten ist, dass sie einen negativen Einfluss ausüben, insbesondere die Erreichung des Vollzugsziels bei anderen Gefangenen gefährden würden.

Darüber hinaus schreiben die Verwaltungsvorschriften für besondere Straftäter, etwa Sexualtäter, grobe Gewalttäter oder betäubungsmittelabhängige Täter eine besonders gründliche Prüfung der Frage vor, ob verantwortet werden kann, dass diese Täter in den Genuss einer Lockerung des Vollzuges bzw. eines Urlaubs kommen können.

Sind Lockerungen oder Urlaub gewährt worden, so besteht die Möglichkeit, diese Maßnahmen mit Weisungen zu flankieren. Weisungen gem. § 14 StVollzG sollen bestimmte Risiken, die zu einem Missbrauch führen könnten, mindern. Nach den Verwaltungsvorschriften zu § 14 StVollzG kommen als Weisungen insbesondere in Betracht:

- Anordnungen, die sich auf den Aufenthalt oder bestimmte Tätigkeiten beziehen
- Meldepflichten

- das Verbot, mit bestimmten Personen oder mit Personen einer bestimmten Gruppe, die Gelegenheit oder Anreiz zu weiteren Straftaten bieten, zu verkehren,
- bestimmte Gegenstände, die Gelegenheit oder Anreiz zu weiteren Straftaten bieten können, zu besitzen, bei sich zu führen etc. oder
- alkoholische oder andere berauschende Getränke und Stoffe sowie bestimmte Lokale oder Bezirke zu meiden.

7.7.4.8.4. Missbrauch von Lockerungen

Langjährige Forschungen haben ergeben, dass eine großzügigere Lockerungspraxis die Gefahr des Missbrauchs nicht erhöht. Die Regeln, die das Strafvollzugsgesetz und seine Verwaltungsvorschriften für die Gewährung von Lockerungen aufstellen, sind derart eng, der Prüfungsumfang derart intensiv, dass es nur in ausgesprochen wenigen Fällen zu Missbräuchen oder zur Nichtrückkehr kommt.

Die „Versagerquote", d.h. der prozentuale Anteil der Fälle, in denen die Gefangenen nicht oder nicht freiwillig aus dem Urlaub oder aus Lockerungen zurückgekehrt sind, liegt seit vielen Jahren bundeseinheitlich bei unter einem Prozent, in einigen Ländern wird sogar die Grenze von 0,5 % unterschritten.

Die Misserfolgsraten sind insgesamt seit Inkrafttreten des Strafvollzugsgesetzes im Jahre 1977 rückläufig. Schwere Straftaten während einer Lockerung oder eines Urlaubs sind äußerst selten – daher vermitteln reißerische Berichte in bestimmten Massenmedien ein falsches Bild.

7.7.4.9 Offener und geschlossener Vollzug

Die Frage, ob der Vollzug der Strafe im offenen oder im geschlossenen Vollzug stattfindet, ist für die meisten Gefangenen von entscheidender Bedeutung. Sie kann sich bereits sehr frühzeitig stellen, etwa mit der Ladung eines Gefangenen in eine bestimmte Vollzugsanstalt, bei der es sich durchaus um eine Anstalt des offenen Vollzuges handeln kann.

Die Frage wird aber auch bei Gefangenen, die im geschlossenen Vollzug untergebracht sind, immer wieder Aktualität haben, denn bei Vorliegen entsprechender Eignungsvoraussetzungen ist eine Verlegung aus dem geschlossenen in den offenen Vollzug praktisch jederzeit möglich.

Warum eine Unterbringung im offenen Vollzug wesentlich angenehmer ist als eine solche im geschlossenen Vollzug, wird weniger durch einen Blick ins Gesetz deutlich. Dieses verweist für den offenen Vollzug nämlich im Wesentlichen nur auf die verminderten Sicherheitsvorkehrungen (§ 141 StVollzG) sowie auf die Unzulässigkeit des Schusswaffengebrauchs zur Fluchtvereitelung (§ 100 StVollzG). Allerdings zeigt ein Blick in die vollzugliche Praxis, dass den Gefangenen in den Anstalten des geschlossenen Vollzuges aus Gründen der Sicherheit ungleich mehr Beschränkungen auferlegt werden müssen als denjenigen, die im offenen Vollzug untergebracht sind. Das Leben der Gefangenen in geschlossenen Anstalten ist notwendigerweise stark reglementiert, die Möglichkeiten eigenverantwortlichen Handelns sind gering. Insbesondere bei längerer Strafverbüßung können sich diese Einschränkungen auf die Persönlichkeit und das Verhalten der Gefangenen negativ auswirken.

Diese Folgen müssen in Kauf genommen werden bei Verurteilten, die der sicheren Verwahrung bedürfen. Sie sind jedoch nicht vertretbar bei den Inhaftierten, die kein oder allenfalls ein geringes Sicherheitsrisiko darstellen. Für sie war es wichtig, eine Vollzugsform zu finden, in der unter Verzicht auf größere Sicherungen möglichst große Selbständigkeit gewährt und Eigenverantwortung gefördert wird, um ihnen den Übergang in die Freiheit zu erleichtern.

Diese Vollzugsform stellt der offene Vollzug dar. Die Gefangenen des offenen Vollzuges genießen wesentlich mehr Freiheiten: sie haben die Möglichkeit, außerhalb der Anstalt bei freien Unternehmern zu arbeiten und Geld zu verdienen, sie können so in ungleich stärkerem Maße als Gefangene des geschlossenen Vollzuges ihre Familien finanziell unterstützen, überhaupt ist der Kontakt zwischen Gefangenen und Angehörigen ein weitaus besserer als er es bei Gefangenen in geschlossenen Anstalten ist. Die allgemeinen Lebensverhältnisse sind, kurz gesagt, weitgehend denjenigen Nichtinhaftierter angeglichen (§ 3 StVollzG).

Bei so viel Liberalität leuchtet ein, dass nicht jeder Gefangene in den Genuss des offenen Vollzuges gelangt. Die Voraussetzungen für eine Unterbringung im offenen Vollzug sind auf den ersten Blick ähnlich wie diejenigen für die Gewährung von Lockerungen und Urlaub.

Der Gefangene muss für diese Unterbringungsform zunächst seine Zustimmung erklären, was auf den ersten Blick noch mehr überrascht als das Erfordernis der Zustimmung bei Beurlaubungen oder Lockerungen. Hintergrund für diese Regelung ist die Tatsache, dass auch hier wieder ein Gefangener nicht zum Objekt staatlichen Handelns gemacht werden soll, sondern dass er selbst für sich die in Rede stehende Entscheidung treffen soll. Darüber hinaus ist ein wesentlicher Faktor das erhöhte Verantwortungsgefühl, das auch dem Gefangenen abverlangt wird, wenn man ihm mehr Freiheiten gibt. Oftmals ist er selbst es, der am besten eine Einschätzung darüber abgeben kann, ob er sich dieser erhöhten Verantwortung gewachsen fühlt. Aber auch andere Gründe werden von Gefangenen gar nicht so selten genannt, um lieber im geschlossenen Vollzug untergebracht zu sein, etwa der Umstand, dass die geschlossene Anstalt sich näher an der Heimat und an den Angehörigen befindet als die offene Anstalt oder dass er im Zustand der Gefangenschaft nicht den Blicken Außenstehender ausgeliefert sein will. Letztlich sind die Gründe gleichgültig: ohne Zustimmung des Gefangenen erfolgt keine Unterbringung im offenen Vollzug.

Daneben muss der Gefangene für eine Unterbringung im offenen Vollzug dessen besonderen Anforderungen genügen, namentlich darf nicht zu befürchten sein, dass er sich dem Vollzug entzieht oder dass er den offenen Vollzug zu Straftaten missbrauchen werde. Die Feststellung, ob Flucht- oder Missbrauchsgefahr besteht, ist die wesentliche prognostische Aufgabe aller im Vollzug arbeitenden Bediensteten, sie entspricht weitestgehend derjenigen, die bereits für die Prüfung der Beurlaubung oder der Gewährung von Lockerungen erörtert worden ist. Auch hier geben die Verwaltungsvorschriften zahlreiche Hinweise, wann Gefangene für die Unterbringung im offenen Vollzug ungeeignet sind, wann die Überprüfung eine besonders gründliche sein muss etc. So sind etwa Suchtgefährdete, frühere Ausbrecher, Urlaubs- und Ausgangsversager, Gefangene mit noch laufenden Strafverfahren oder Gefangene mit schädlichen Einflüssen auf andere Gefangene von der Unterbringung in offenen Vollzugsanstalten ausgeschlossen oder nur bedingt für den offenen Vollzug geeignet.

7.7.4.10   Arbeit, Ausbildung und Weiterbildung

Schwerpunkt der Vollzugsgestaltung war in früheren Jahren vor allem die Beschäftigung der Gefangenen. Im Zusammenhang mit dem in den letzten Jahren erfolgten Wandel der Aufgabenstellung des Strafvollzuges hat sich das Verständnis vom Sinn der Gefangenenarbeit geändert. Die Arbeit wird heute nicht mehr als ein Teil der Strafe oder unter fiskalischen Gesichtspunkten gesehen, sondern als ein wesentlicher Bestandteil der Behandlung der Gefangenen unter sozialpädagogischen Aspekten[411]. Es geht insbesondere darum, den Gefangenen Fähigkeiten für eine Erwerbstätigkeit nach der Entlassung zu vermitteln, zu erhalten oder zu fördern.

Das Schwergewicht der Bemühungen liegt weiterhin darin, qualifizierte Arbeitsplätze zu schaffen und die Verhältnisse in den Betrieben denen der freien Wirtschaft möglichst anzugleichen.

Infolge der schwankenden Konjunkturlage bereitet die Beschaffung geeigneter Arbeitsaufträge allerdings oftmals Schwierigkeiten. Negative Entwicklungen auf dem freien Arbeitsmarkt wirken sich erfahrungsgemäß auf die Gefangenenarbeit besonders stark aus. Ursächlich hierfür ist vor allem, dass viele Auftraggeber bei einer rückläufigen Wirtschaftsentwicklung die Beschäftigung von Gefangenen einschränken oder aufgeben, um so Arbeitsplätze für freie Arbeitnehmer zu erhalten. Die Arbeitslosigkeit stellt deshalb auch in den

---

[411] John Howard, ein englischer Gefängnisreformer, führte dazu aus: „Macht die Menschen fleißig, und sie werden ehrlich sein." – Ein Grundsatz, der auch heute noch im Strafvollzug Gültigkeit für sich beansprucht.

Anstalten ein Problem dar – Arbeitslosenzahlen um 50 % sind in manchen Anstalten keine Seltenheit.

7.7.4.10.1. Arbeit

Anstalten sind grundsätzlich gehalten, den Gefangenen Arbeit zuzuweisen. Diese soll gemäß § 37 Abs. 2 StVollzG zunächst wirtschaftlich ergiebig sein, d.h. es soll sich um eine Beschäftigung handeln, die außerhalb der Anstalt einen Verdienst einbrächte. Ist die Zuweisung einer wirtschaftlich ergiebigen Arbeit nicht möglich und kann der Gefangene auch an Aus- oder Fortbildungsmaßnahmen (§ 37 Abs. 3 StVollzG) nicht teilnehmen, so wird ihm – sofern er arbeitsfähig ist – eine „angemessene Beschäftigung" zugeteilt, das heißt eine solche, deren Ergebnis wirtschaftlich verwertbar ist und in einem vertretbaren Verhältnis zum Aufwand steht. Neben diesen objektiven Kriterien sind aber auch subjektive zu berücksichtigen, wie die Neigungen und Fähigkeiten des Gefangenen.

Für Gefangene, die zu wirtschaftlich ergiebiger Arbeit nicht fähig sind, kommt eine arbeitstherapeutische Beschäftigung in Betracht, § 37 Abs. 5 StVollzG. Ziel der Arbeitstherapie ist es, die Arbeitsfähigkeit der Gefangenen zu verbessern.

Letztlich können Gefangene zu Hilfstätigkeiten in der Anstalt herangezogen werden, § 41 Abs. 1 S. 2 StVollzG, etwa zur Essensausgabe oder zu Reinigungsarbeiten.

Die zugewiesene Arbeit kann ausgeübt werden in Eigenbetrieben oder in Unternehmerbetrieben. Eigenbetriebe sind Betriebe, die die Anstalt selbst unterhält. Neben Tätigkeiten, die anstaltsinterne Bedürfnisse befriedigen, können hier auch auf Bestellung von außerhalb Waren verarbeitet werden. In Unternehmerbetrieben hingegen lassen auswärtige Unternehmer ihre Produkte in den Anstalten von Gefangenen produzieren oder bearbeiten.

7.7.4.10.2. Arbeitspflicht und Entlohnung

Zur Ausübung der ihnen zugewiesenen Arbeit sind die Gefangenen nach Maßgabe des § 41 StVollzG, d.h. solange die Arbeit körperlich angemessen ist, verpflichtet.

Gemäß § 43 StVollzG steht den Gefangenen für ihre Arbeit ein Arbeitsentgelt zu, über das sie allerdings nicht völlig frei verfügen können. Das Geld wird vielmehr zu bestimmten Zwecken aufgeteilt. So steht den Gefangenen gemäß § 47 StVollzG ein gewisser Betrag als Hausgeld zur Verfügung, mit dem etwa Einkäufe innerhalb der Anstalt (§ 22 StVollzG) getätigt werden können[412]. Ebenso ist ein Überbrückungsgeld für die ersten vier Wochen nach der Entlassung zurückzulegen (§ 51 StVollzG). Über andere Beträge kann er als Eigengeld (§ 52 StVollzG) frei verfügen.

Das Bundesverfassungsgericht hat mit Urteil vom 1.7.1998 wesentlich in die bis dato geltenden Regeln zur Entlohnung der Gefangenenarbeit eingegriffen, indem es sich umfassend zur Arbeitspflicht, zum Arbeitsentgelt und zum Sozialversicherungsschutz der Gefangenen geäußert hat. Es hat ausgeführt, dass die Arbeit, zu der die Gefangenen verpflichtet sind, nur dann ein wirksames Resozialisierungsmittel sein kann, wenn sie angemessen entlohnt wird. Nur so könne dem Gefangenen die Bedeutung der Arbeit zur Schaffung und Sicherung seiner Lebensgrundlage verdeutlicht werden und nur bei angemessener Entlohnung bereite Arbeit auf ein Leben in Freiheit vor.

Der Gesetzgeber, so die Ausführungen des Bundesverfassungsgerichts, sei angehalten, die geleistete Arbeit auf eine Art und Weise „anzuerkennen", die dem Gefangenen den „Wert regelmäßiger Arbeit für ein künftiges eigen verantwortetes und straffreies Leben in Gestalt eines für ihn greifbaren Vorteils vor Augen" führe. Die vom BVerfG geforderte angemessene Anerkennung muss indes nicht monetärer Natur sein. Vielmehr kann diese auch in dem Aufbau ei-

---

[412] Dies geschieht bargeldlos. Gefangene können bei den Einkäufen die über die von Seiten der Anstalt gewährte Grundverpflegung hinausgehenden „kleinen Luxusgüter" erwerben, etwa Tabak oder Süßigkeiten.

ner sozialversicherungsrechtlichen Anwartschaft, in Hilfen zur Schuldentilgung oder in der Verkürzung der Haftzeit liegen. Liegt die Anerkennung aber bloß in der Bezahlung, dann muss diese, soll sie mit dem Resozialisierungsgebot vereinbar sein, in der Höhe des Entgelts zum Ausdruck kommen.

Das Bundesverfassungsgericht hat in dieser Entscheidung ferner zur Zulässigkeit von Zwangsarbeit Stellung genommen und hierzu ausgeführt, dass nach Art. 12 Abs. 3 GG zulässige Zwangsarbeit auf solche Einrichtungen bzw. Tätigkeiten beschränkt sei, hinsichtlich derer die Vollzugsbehörde die öffentlichrechtliche Verantwortung für den Gefangenen behalte. Eine „Vermietung" von Gefangenen an private Unternehmen außerhalb der Anstalt, die den Gefangenen zu einem normalen Arbeitnehmer in dem betreffenden Betrieb macht, ist damit nicht zulässig. Dies entspricht im übrigen auch der Auffassung des International Labour Office, die Vermietung von Gefangenen widerspreche dem Internationalen Übereinkommen Nr. 29 (zu Zwangsarbeit).

7.7.4.10.3. Ausbildung und Weiterbildung

Der Grundsatz der Resozialisierung erfordert es, bereits sehr früh zu Beginn der Haftzeit die Frage zu stellen, warum ein Gefangener straffällig geworden ist. Hier liegt der Ansatz, will man ein künftiges Leben ohne Straftaten ermöglichen. Bei zahlreichen Gefangenen sind im weitesten Sinne schulische oder berufliche Defizite festzustellen, die mehr oder weniger unmittelbar in strafbarem Handeln geendet sind. Die Schrittfolge über eine mangelhafte Schulbildung zu fehlender Berufsausbildung, die damit oftmals verbundenen massiven finanziellen Probleme hin zu dem Gedanken, sich Geld auf illegale Weise durch Überfälle oder Diebstähle zu besorgen mag trivial klingen – sie ist in der vollzuglichen Praxis indes nicht gerade selten anzufinden.

Vor diesem Hintergrund obliegt es den Anstalten, Fragen der Aus- und Weiterbildung ein besonderes Augenmerk zu widmen.

Von den Vollzugsanstalten werden seit vielen Jahren schulische Bildungsmaßnahmen für Strafgefangene durchgeführt. Hiermit wird dem Umstand Rechnung getragen, dass eine Vielzahl von Gefangenen erhebliche Bildungsdefizite im schulischen Bereich aufweist. Wie ein roter Faden zieht sich das Fehlen einer in einigermaßen geordneten Bahnen verlaufenden Sozialisation im Kindes- und Jugendalter durch die Lebensläufe von Inhaftierten. Sozial unangepasstes Verhalten ist oft eine Folge gestörter Familienverhältnisse. Damit ist bereits die erste Stufe im Sozialisationsprozess bewältigt und führt zwangsläufig zu Auffälligkeiten auch in der Schule. Die Außenseiterrolle wird manifest und erstreckt sich auch auf den Leistungsbereich. Der Anschluss an Gruppen Gleichgesinnter, für die schulisches Versagen kein Defizit darstellt, ist dann nur noch eine Frage der Zeit. Der Schulversager findet sich schließlich mit seiner Rolle ab. Er nimmt in Kauf, dass die bildungsmäßigen Voraussetzungen für die Aufnahme einer qualifizierten Berufsausbildung fehlen. Leistungsanforderungen geht er konsequent aus dem Weg und es bedarf großer Motivationsarbeit, Gefangene wieder zur Teilnahme am Unterricht – dem Ort früherer Misserfolgserlebnisse – zu bewegen.

Im Strafvollzug existiert eine breite Palette schulischer Maßnahmen:

- Analphabetenunterricht
- Liftkurse (Wissensstand 8. Klasse)
- Hauptschulabschlusskurse sowie
- die Erlangung der Fachoberschulreife und des Abiturs.

Darüber hinaus können Gefangene auch Studien absolvieren. Zu einem großen Teil studieren sie an der Fernuniversität Hagen, und zwar überwiegend als Gasthörer.

Für ausländische Strafgefangene werden in einigen Anstalten ebenfalls Bildungsmaßnahmen, insbesondere Sprachkurse, durchgeführt.

Entsprechend der vorgenannten Ausführungen hat ein Großteil der Gefangenen auch erhebliche Bildungsdefizite im beruflichen Bereich. Der Anteil ungelernter Hilfskräfte ist bei den Gefangenen erheblich höher als bei dem Durchschnitt der Gesamtbevölkerung.

Maßnahmen der beruflichen Ausbildung und Weiterbildung dienen daher vor allem dem Ziel, dem Gefangenen eine solide berufliche Qualifikation zu vermitteln und damit möglicherweise für ihre Kriminalität ursächliche Defizite aufzuarbeiten. Eine fachliche Qualifizierung verbessert die Aussichten für die Vermittlung und den Erhalt eines krisensicheren Arbeitsplatzes.

Der beruflichen Ausbildung kommt darüber hinaus aber auch eine gesellschaftliche Sozialisierungsfunktion zu. Die Gefangenen erfahren – oft erstmals – Leistungs- und Erfolgserlebnisse. Ihnen werden Fähigkeiten wie Aktivität, Leistungsbereitschaft und Durchhaltevermögen abverlangt, die sie nach der Entlassung brauchen, um in Belastungssituationen besser bestehen zu können. Untersuchungen der Arbeitsgruppe Kriminologischer Dienst des Justizministeriums Nordrhein Westfalen zur Legalbewährung ehemaliger Gefangener bestätigen die Annahme, dass Gefangene, die im Vollzug einen Beruf erlernt haben, in ihrer Persönlichkeit stabilisiert werden und damit kriminell weniger anfällig sind.

Um an einer Aus- oder Weiterbildungsmaßnahme teilzunehmen, muss der Gefangene gem. § 37 Abs. 3 StVollzG geeignet sein. Die Eignung muss in persönlicher, fachlicher und vollzuglicher Hinsicht gegeben sein. Zur persönlichen Eignung gehören die Bildungsbedürftigkeit, -fähigkeit und -willigkeit, zur fachlichen die physischen und psychischen Fähigkeiten für die Bildungsmaßnahme und zur vollzuglichen, dass nicht Gründe des Vollzuges – insbesondere Sicherheitsaspekte – der Bildungsmaßnahme entgegenstehen.

Gem. § 41 Abs. 2 S. 1 StVollzG muss der Gefangene der Teilnahme an der Bildungsmaßnahme zustimmen. Die Vorschrift konkretisiert Grundsatz des § 4 Abs. 1 StVollzG, wonach der Gefangene an der Gestaltung seines Vollzuges mitzuwirken hat. Bei Teilnahme an Bildungsmaßnahmen erhält der Gefangene gem. § 44 StVollzG eine Ausbildungsbeihilfe, deren Höhe der Höhe des Arbeitsentgelts entspricht.

7.7.4.11   Gesundheitsfürsorge

Die §§ 56 – 66 StVollzG regeln die ärztliche Behandlung der Gefangenen. Ziel dieser Vorschriften ist die Angleichung an die Leistungen der gesetzlichen Krankenversicherung – dieses Ziel wird allerdings nicht überall erreicht.

Der Gesetzgeber hat bei der Formulierung der Vorschriften über die Gesundheitsfürsorge ausdrücklich auf die freie Arztwahl ebenso verzichtet wie auf die Gewährung eines Anspruchs auf einen freien Therapeuten.

Vergleichbar mit den Regelungen außerhalb des Vollzuges sind allerdings die Vorschriften über die ärztliche Schweigepflicht, die auch innerhalb des Vollzuges gelten. Diese bereits früher von zahlreichen Gerichten vertretene Auffassung ist nunmehr im Rahmen der Einfügung datenschutzrechtlicher Bestimmungen in § 182 Abs. 2 S. 1 StVollzG Gesetz geworden.

7.7.4.12.   Freizeit

Im streng geregelten Tagesablauf des Vollzugs hat die Freizeit zwar nicht den gleichen Stellenwert wie im normalen Leben, sie bietet aber doch begrenzte Möglichkeiten für Eigenverantwortung und individuelle Entfaltung der Persönlichkeit.

In den §§ 67 - 70 StVollzG sind drei verschiedene Regelungsbereiche zusammengefasst, die ausschließlich oder überwiegend in der Freizeit relevant werden, nämlich die eigentliche Freizeitgestaltung (§ 67 StVollzG), die Regelung der Informationsfreiheit (§§ 68, 69 StVollzG) und der Besitz von Gegenständen zur Fortbildung oder Freizeitbeschäftigung (§ 70 StVollzG).

Allgemeine Regelungen zur Freizeitgestaltung trifft § 67 StVollzG. Satz 1 dieser Vorschrift gibt dem Gefangenen das Recht, „sich in seiner Freizeit zu beschäftigen", Satz 2 verpflichtet die Vollzugsbehörde grundsätzlich, dem Gefangenen die dort genannten Freizeitangebote (z.B. Unterricht, Sport, Fernunterricht, Freizeitgruppen, Gruppengesprächen) anzubieten.

Dabei regeln §§ 68, 69 StVollzG zunächst den Zugang zu den Massenmedien und damit auch die Ausübung des Grundrechts auf Informationsfreiheit. Gefangene dürfen Zeitungen und Zeitschriften in angemessenem Umfang und durch Vermittlung der Anstalt beziehen, allerdings kann der Bezug periodischer Druckerzeugnisse dann untersagt werden, wenn deren Verbreitung mit Strafe oder Geldbuße bedroht ist. Einzelausgaben oder Teile von Zeitungen können vorenthalten werden, wenn die Erreichung des Vollzugszieles gefährdet wäre oder wenn die Vorenthaltung für die Aufrechterhaltung von Sicherheit und Ordnung unerlässlich ist.

§ 69 regelt die Teilnahme am Rundfunk- und Fernsehempfang sowie den Besitz von Rundfunk- und Fernsehgeräten. Beides darf der Gefangene besitzen – allerdings nur unter den Voraussetzungen des § 70 StVollzG, auf den sogleich näher eingegangen werden soll.

Gefangene haben im Übrigen das Recht, in angemessenem Umfang Gegenstände zu besitzen, die der Gestaltung der Freizeit oder der Fort- oder Weiterbildung dienen, § 70 Abs. 1 StVollzG. Begrenzt wird dieser Besitz durch § 70 Abs. 2 StVollzG. Danach sind Gegenstände ausgeschlossen, deren Besitz, Überlassung oder Benutzung eine Straftat oder eine Ordnungswidrigkeit darstellen würde oder das Vollzugsziel bzw. die Sicherheit und Ordnung der Strafvollzugsanstalt gefährden würde.

7.7.5 Sicherheit und Ordnung

In einem Strafvollzug, der sich primär auf die Resozialisierung des Straftäters konzentriert, hat Sicherheit und Ordnung einen anderen Stellenwert als im traditionellen repressiven Vollzug. Dies wird in § 81 Abs. 1 StVollzG deutlich, in dem unter der Überschrift „Sicherheit und Ordnung" ausgeführt wird, dass das Verantwortungsbewusstsein des Gefangenen für ein geordnetes Zusammenleben in der Anstalt zu wecken und zu fördern ist. Es ist die Einsicht des Inhaftierten zu fördern, um ihn zu einem ordnungsgemäßen Verhalten zu veranlassen.

Dem entspricht es, wenn zur Aufrechterhaltung von Sicherheit und Ordnung die Auferlegung von Pflichten und Zwangsmaßnahmen nur das letzte Mittel, das dem Gefangenen nur dann auferlegt werden darf, wenn andere Maßnahmen, etwa Gespräche etc., nicht zu der notwendigen Einsicht führen.

In den §§ 82 – 107 StVollzG werden der Vollzugsbehörde Eingriffsbefugnisse zur Verfügung gestellt. Sie ermächtigen (notfalls auch gegen den Willen des Gefangenen) zur Bewahrung oder Wiederherstellung der Sicherheit und Ordnung in der Anstalt. Dazu zählen Verhaltensvorschriften (§ 82 StVollzG), Sicherungsmaßnahmen (§§ 84 ff. StVollzG), die Anwendung unmittelbaren Zwangs (§§ 94 ff. StVollzG) sowie die Verhängung von Disziplinarmaßnahmen (§§ 102 ff. StVollzG).

7.7.5.1 Verhaltensvorschriften

In § 82 StVollzG hat der Gesetzgeber allgemeine Vorschriften zur Gewährleistung eines geordneten Zusammenlebens im Vollzug normiert. So muss sich der Gefangene an die in der Hausordnung (§ 161 Abs. 2 Nr. 2 StVollzG) festgelegte Tageseinteilung halten, er ist zur Rücksichtnahme gegenüber Bediensteten und Mitgefangenen verpflichtet und darf das Zusammenleben innerhalb der Anstalt nicht stören.

7.7.5.2 Sicherungsmaßnahmen

Das Gesetz ermächtigt die Vollzugsbehörde die für die Aufrechterhaltung von Sicherheit und Ordnung erforderlichen Eingriffe anzuordnen und durchzuführen. Dabei wird üblicherweise zwischen allgemeinen und besonderen Sicherungsmaßnahmen unterschieden.

Allgemeine Sicherungsmaßnahmen können unabhängig von einer konkret vorliegenden Gefahr, d.h. mitunter sogar routinemäßig angeordnet werden. Die besonderen Sicherungsmaßnahmen hingegen richten sich gegen einen Gefangenen anlässlich einer im Gesetz konkret beschriebenen Gefahr für die Sicherheit.

Zu den allgemeinen Sicherungsmaßnahmen gehört zunächst eine Regelung darüber, welche Gegenstände ein Gefangener mit Zustimmung der Vollzugsbehörde in seinem Haftraum haben darf (§ 83 StVollzG). Das Gesetz ermächtigt die Vollzugsbehörde ferner, sich durch regelmäßige Durchsuchungen davon zu überzeugen, dass die von den Gefangenen benutzten Räume und Einrichtungsgegenstände unbeschädigt sind, nichts vorhanden ist, was die Sicherheit und Ordnung gefährden könnte und dass keine Vorbereitungen zu Angriffen oder zur Flucht getroffen werden (§ 84 StVollzG). Bei gefährlichen oder fluchtverdächtigen Gefangenen kann dies sogar täglich geschehen.

Weitere allgemeine Sicherungsmaßnahmen sind die sichere Unterbringung nach § 85 StVollzG (etwa bei den Inhaftierten, deren Verhalten auf eine erhöhte Fluchtgefahr hindeutet oder die eine Gefahr für die Sicherheit oder Ordnung der Anstalt darstellten) sowie die Vornahme erkennungsdienstlicher Maßnahmen nach § 86 StVollzG (etwa die Abnahme von Fingerabdrücken und die Fertigung von Lichtbildern).

Besondere Sicherungsmaßnahmen können gegen einen Gefangenen angeordnet werden, wenn sein Verhalten oder sein seelischer Zustand eine erhöhte Fluchtgefahr signalisiert oder wenn die Gefahr von Gewalttätigkeiten gegen Personen oder Sachen oder die Gefahr eines Selbstmords oder einer Selbstverletzung. § 88 Abs. 2 StVollzG zählt die in diesem Fall möglichen Eingriffe der Vollzugsbehörde abschließend auf:
- Nr. 1: der Entzug oder die Vorenthaltung von Gegenständen
- Nr. 2: die Beobachtung bei Nacht
- Nr. 3: die einfache vorübergehende Absonderung von anderen Gefangenen
- Nr. 4: der Entzug oder die Beschränkung des Aufenthalts im Freien
- Nr. 5: die vorübergehende Unterbringung in einem besonders gesicherten Haftraum ohne gefährdende Gegenstände
- Nr. 6: die Fesselung.

Die Anordnung besonderer Sicherungsmaßnahmen ist dem Anstaltsleiter vorbehalten und darf nur bei Gefahr im Verzuge von anderen
Bediensteten vorläufig angeordnet werden (§ 91 Abs. 1 StVollzG).

7.7.5.3 Unmittelbarer Zwang

Die Anwendung unmittelbaren Zwangs stellt diejenige vollzugliche
Maßnahme dar, die am intensivsten in die Gefangenenrechte ein-
greift. Nach der Legaldefinition des § 95 StVollzG handelt es sich
dabei um einen Eingriff durch körperliche Gewalt oder durch Waffen in Sachen oder auf Personen. Als Hilfsmittel der körperlichen
Gewalt sind in § 95 Abs. 3 StVollzG beispielhaft Fesseln genannt.
Hierunter zählen auch andere, äußerlich auf den Gefangenen einwir-
kende Mittel wie Wasserwerfer oder Diensthunde. Waffen sind nach
§ 95 Abs. 4 StVollzG die dienstlich zugelassenen Hieb- und
Schusswaffen sowie Reizstoffe (z.B. Tränengas).
   Eine spezielle Regelung hat in diesem Zusammenhang die ärztliche Zwangsmaßnahme gefunden (§ 101). Danach sind zwangsweise
Eingriffe nur zulässig, wenn sich der Gefangene im Zustand der Le-
bensgefahr oder einer schwerwiegenden gesundheitlichen Gefahr
befindet, wenn die Maßnahmen für die Beteiligten zumutbar sind
und wenn sie nicht mit erheblichen Gefahren für Leib und Leben des
Gefangenen verbunden sind. Liegen diese Voraussetzungen vor und
befindet sich der Gefangene bei vollem Bewusstsein, so darf die
Vollzugsbehörde zu zwangsweiser medizinischer Behandlung grei-
fen, sie muss es aber nicht. Erst wenn sich der Gefangene im Zustand der Bewusstlosigkeit oder Willenlosigkeit befindet, entsteht
die Verpflichtung zum Eingriff. Die Regelung des § 101 StVollzG
war eine Konsequenz der Hungerstreiks von wegen terroristischer
Straftaten inhaftierter Gefangener.

7.7.5.4 Disziplinarmaßnahmen

Während Sicherungsmaßnahmen und die Anordnung unmittelbaren Zwangs der Abwehr von befürchteten oder bestehenden Gefahren für die Sicherheit oder Ordnung der Anstalt dienen, verfolgt die Verhängung von Disziplinarmaßnahmen gem. §§ 102 ff. StVollzG repressive Zwecke: Schuldhafte Verstöße der Gefangenen gegen ihnen obliegende Pflichten können disziplinarisch geahndet werden.

Dabei handelt es sich beispielsweise um eine dauerhafte Arbeitsverweigerung, das Einschmuggeln nicht erlaubter Gegenstände bei der Rückkehr aus dem Urlaub, den unbefugten Besitz von Gegenständen, die nicht rechtzeitige Rückkehr aus einem gewährten Urlaub, aber auch um Straftaten, die ein Gefangener während seiner Haft begangen hat.

Keinen disziplinarrechtlich zu ahnenden Pflichtverstoß stellen hingegen die Selbstbeschädigung und der Selbstmordversuch dar. Das gleiche gilt übrigens auch für das Entweichen aus der Anstalt: Da das Vollzugsrecht keine ausdrücklich formulierte Pflicht des Gefangenen kennt, im Anstaltsbereich zu verbleiben, kann ein Verstoß dagegen auch nicht disziplinarisch sanktioniert werden.

Die Disziplinargewalt liegt beim Anstaltsleiter. Im Verfahren gilt das Opportunitätsprinzip, d.h.: ein schuldhafter Pflichtenverstoß des Gefangenen kann, muss aber nicht die Verhängung einer Disziplinarmaßnahme nach sich ziehen. Reicht es beispielsweise aus, einen Gefangenen zu ermahnen, so kann auf die Verhängung einer Disziplinarmaßnahme verzichtet werden.

Im Übrigen sind die Voraussetzungen eines rechtsstaatlichen Verfahrens zu wahren: der Sachverhalt muss geklärt werden, der beschuldigte Gefangene muss die Möglichkeit haben, sich zu den Vorwürfen zu äußern und es muss der Schuldgrundsatz gewahrt sein, d.h. es darf keine Disziplinarmaßnahme angeordnet werden, die die Schuld des Gefangenen übersteigt oder die den Verhältnismäßigkeitsgrundsatz außer acht lässt.

Die Disziplinarmaßnahmen sind in § 103 StVollzG abschließend geregelt:

- Nr. 1: Verweis
- Nr. 2: die Beschränkung oder der Entzug der Verfügung über das Hausgeld und des Einkaufs bis zu drei Monaten
- Nr. 3: die Beschränkung oder der Entzug des Lesestoffs bis zu zwei Wochen sowie des Hörfunk- und Fernsehempfangs bis zu drei Monaten (gleichzeitig aber nur bis zu zwei Wochen)
- Nr. 4: die Beschränkung oder der Entzug von Gegenständen für die Freizeitbeschäftigung oder die Teilnahme an Gemeinschaftsveranstaltungen bis zu drei Monaten
- Nr. 5: die getrennte Unterbringung während der Freizeit bis zu vier Wochen
- Nr. 7: der Entzug der zugewiesenen Arbeit oder Beschäftigung bis zu vier Wochen unter Wegfall der im Strafvollzugsgesetz geregelten Bezüge
- Nr. 8: die Beschränkung des Verkehrs mit Personen außerhalb der Anstalt auf dringende Fälle bis zu drei Monaten
- Nr. 9: Arrest bis zu vier Wochen.

Nr. 6 des Katalogs des § 103 StVollzG („Entzug des täglichen Aufenthalts im Freien bis zu einer Woche") ist im Jahre 1998 gestrichen worden.

7.7.6 Entlassung

7.7.6.1 Zeitpunkt der Entlassung

Nicht jeder Verurteilte muss seine Strafe bis zum letzten Tag absitzen. Die Vorschriften des Strafgesetzbuches bieten vielmehr Möglichkeiten, unter bestimmten Umständen einen Teil der Strafe vorzeitig zur Bewährung auszusetzen.

Nach Verbüßung von zwei Dritteln der Strafe kann gem. § 57 Abs. 1 StGB mit Einwilligung des Gefangenen die Vollstreckung der Reststrafe zur Bewährung ausgesetzt werden, wenn eine positive Prognose für den Gefangenen ausgesprochen werden kann. Hierdurch soll sowohl ein Anreiz zur Mitarbeit im Strafvollzug geschaffen als auch schädlichen Folgen der mangelnden Sozialisierung entgegengewirkt werden. Auch sind die Einwirkungsmöglichkeiten etwa der Bewährungshilfe größer als bei einer unbedingten Entlassung aus dem Vollzug nach Vollverbüßung.

Voraussetzung für eine Entlassung zum Zweidrittelzeitpunkt ist gem. § 57 Abs. 1 StGB in seiner seit Anfang 1998 geltenden Fassung, dass unter Berücksichtigung der Sicherheitsinteressen der Bevölkerung verantwortet werden kann zu erproben, ob der Verurteilte außerhalb des Strafvollzugs keine Straftaten mehr begehen wird. Ob dies der Fall ist, entscheiden die Gerichte – nach vorheriger Anhörung der Vollzugsanstalten, die über den Gefangenen und den Verlauf, den er in der Haft genommen hat, eine Stellungnahme abgeben.

In manchen Fällen ist bereits die Aussetzung nach der Hälfte der Strafe möglich (§ 57 Abs. 2 StGB), wenn der Betroffene erstmals eine Strafe verbüßt oder besondere Umstände vorliegen.

7.7.6.2 Vorbereitung der Entlassung

Die Vollzugsbehörde muss den voraussichtlichen Entlassungszeitpunkt und die zur Vorbereitung der Entlassung notwendigen Maßnahmen schon bei der Vollzugsplanung berücksichtigen. Das folgt aus § 3 Abs. 3 StVollzG. Die Eingliederungshilfe, zu der diese Vorschrift die Vollzugsbehörde verpflichtet, umfasst auch die rechtzeitige Vorbereitung der Entlassung; je besser der Übergang in die Freiheit vorbereitet ist, desto leichter ist die Eingliederung. § 7 Abs. 2 Nr.8 StVollzG schreibt zu diesem Zweck vor, dass die notwendigen Maßnahmen zur Vorbereitung der Entlassung im Vollzugsplan zu nennen sind.

Abgestimmt auf den jeweiligen Einzelfall können Maßnahmen zur Vorbereitung der Entlassung sein:
- Lockerungen des Vollzuges gem. §§ 15 Abs. 1, 11 StVollzG,
- Verlegung in eine offene Anstalt oder Abteilung gem. § 15 Abs. 2 StVollzG,
- Sonderurlaub gem. § 15 Abs. 3 StVollzG, etwa um notwendige Behördengänge, die Wohnungs- oder Arbeitssuche zu erleichtern,

- Freigängerurlaub gem. § 15 Abs. 4 StVollzG,
- Beratung und Hilfe bei der Ordnung der persönlichen, wirtschaftlichen und sozialen Angelegenheiten gem. § 74 StVollzG.

Der Vorgang der Entlassung ist das Gegenstück zum Aufnahmevorgang. Der Gefangene wird ärztlich untersucht, er erhält seine persönliche Habe ausgehändigt, in der Regel das Überbrückungsgeld ausgezahlt (§ 51 Abs. 2 StVollzG, Ausnahmen gem. § 51 Abs. 2 S. 2, 4 StVollzG) und – soweit seine eigenen Mittel nicht ausreichen – eine Beihilfe zu den Reisekosten, eine Überbrückungsbeihilfe und erforderlichenfalls ausreichende Kleidung (§ 75 Abs. 1 StVollzG).

Der Zeitpunkt der Entlassung bestimmt sich nach § 16 StVollzG. § 16 Abs. 1 StVollzG verfügt grundsätzlich, dass der Gefangene am letzten Tag seiner Strafzeit möglichst frühzeitig, jedenfalls noch am Vormittag entlassen werden soll. Wann die Strafzeit endet, ergibt sich aus der Strafzeitberechnung, die gem. § 36 Abs. 1 S. 2 StVollstrO der Staatsanwaltschaft als Vollstreckungsbehörde obliegt. Die Strafzeit kann sich verkürzen

- durch Aussetzung des Strafrestes zur Bewährung gem. §§ 57 ff. StGB, 462a StPO,
- durch Begnadigung oder
- durch Anrechnung von Untersuchungshaft oder einer anderen Freiheitsentziehung gem. §§ 51 StGB, 450 f StPO.

Ausnahmen vom Grundsatz des § 16 Abs. 1 StVollzG machen § 16 Abs. 2, 3 StVollzG: Unter den dort genannten Voraussetzungen (Strafende ist ein Sonnabend oder Sonntag, ein gesetzlicher Feiertag etc. einerseits, Vorliegen dringender Gründe für eine Vorverlegung des Entlassungszeitpunkts andererseits) erlauben sie der Vollzugsbehörde, den Gefangenen vor Ablauf seiner Strafzeit zu entlassen.

7.7.6.3 Überwachung und Hilfen nach der Entlassung

Mit der Entlassung enden weitestgehend die auf das Resozialisierungsziel ausgerichteten Überwachungs- und Hilfsmaßnahmen. Möglich sind dann noch:

- bei vorzeitiger Entlassung im Falle der Strafaussetzung zur Bewährung Auflagen, Weisungen und die Unterstellung unter die Aufsicht und Leitung eines Bewährungshelfers gem. §§ 57 Abs. 3, 57a Abs. 3 i.V.m. §§ 56 b - 56 d StGB
- bei Entlassung nach voller Strafverbüßung Führungsaufsicht gem. § 68 f StGB
- Strafentlassenenhilfe durch gemeinnützige Vereine und Verbände
- bei Entlassung aus einer sozialtherapeutischen Anstalt die nachgehende Betreuung des Entlassenen gem. § 126 StVollzG oder (auf Antrag des Entlassenen) die vorübergehende Wiederaufnahme in den Vollzug gem. § 125 StVollzG.

7.7.7 Besondere Vollzugsformen

7.7.7.1 Jugendvollzug

In Jugendhaftanstalten befinden sich Jugendliche, Heranwachsende und junge Erwachsene im Alter von 14 bis 24 Jahren. Rechtsgrundlage für den Vollzug der Jugendstrafe sind im Wesentlichen §§ 91, 92, 115 Jugendgerichtsgesetz (JGG) und die bundeseinheitlichen Verwaltungsvorschriften VVJug. Ob diese Vorschriften für den Vollzug der Jugendstrafe ausreichen oder ob es eines eigenen Jugendvollzugsgesetzes bedarf – diese Frage ist seit längerem unter Juristen umstritten.

Da die Jugendstrafe vorrangig den Charakter einer Erziehungsstrafe hat, ist es Aufgabe des Jugendvollzugs, eine wirkungsvolle Nacherziehung durchzuführen und eine positive Persönlichkeitsentwicklung der jungen Gefangenen zu fördern. Defizite im beruflichen und schulischen Bildungsbereich sowie im Sozialverhalten sind aus-

zugleichen. Besondere Aufmerksamkeit wird auf den Aufbau trag-
fähiger und verbindlicher sozialer Beziehungen und eine sinnvolle
Freizeitgestaltung gelegt. Entsprechend verfügen Jugendanstalten
über ein differenziertes Angebot schulischer und beruflicher Bildungsmaßnahmen, ein breites Betreuungs- und Erziehungsangebot
durch z. B. besonders geeignete Mitarbeiter, Wohngruppen, Ge-
sprächs- und Therapiegruppen und ein vielfältiges Angebot zur
Sport- und Freizeitgestaltung.

Jugendstrafe wird in besonderen, vom Erwachsenenvollzug getrennten Anstalten vollzogen. Gefangene, die über 18 Jahre alt sind,
können allerdings auch in normale Vollzugsanstalten für erwachsene
Verurteilte untergebracht werden, wenn sie sich nicht für den Jugendstrafvollzug eignen. Gefangene, die über 24 Jahre alt sind, werden immer in Erwachsenenanstalten untergebracht.

7.7.7.2 Frauenvollzug

Die Zahl der inhaftierten Frauen ist ungleich niedriger als diejenige
der inhaftierten Männer. Untersuchungen haben mehrere Gründe für
dieses Phänomen ergeben. Frauen werden nicht so häufig und wegen
nicht so schwerer Delikte, insbesondere weniger wegen gewaltsamer
Taten registriert und bestraft. Gelegentlich mag ferner die Betreuung
von Kindern eine richterliche Hemmschwelle vor der Verhängung
einer vollstreckbaren Freiheitsstrafe bilden.

Neben Besonderheiten über die Gesundheitsfürsorge für Frauen
(§§ 76 ff. StVollzG) enthält das Strafvollzugsgesetz besondere Vorschriften über so genannte Mutter-Kind-Einrichtungen des Strafvollzugs (§ 142 StVollzG). Hierdurch soll unter bestimmten Voraussetzungen[413] eine Erziehung des Kindes durch die Mutter in einer Justizvollzugsanstalt ermöglicht werden.

---

[413] vgl. dazu § 80 StVollzG

7.7.7.3 Unterbringung in der Sicherungsverwahrung

Die Unterbringung in der Sicherungsverwahrung, § 66 StGB, ist keine Form des Strafvollzuges. Ebenso wie die anderen in § 61 StGB genannten Unterbringungsformen (Unterbringung in einem psychiatrischen Krankenhaus, § 63 StGB, und Unterbringung in einer Entziehungsanstalt, § 64 StGB) handelt es sich bei der Sicherungsverwahrung um eine „Maßregel der Besserung und Sicherung".

Die Sicherungsverwahrung hat den Schutz der Allgemeinheit vor gefährlichen Hangtätern zum Ziel. Der Täter muss zu einer Freiheitsstrafe von mindestens zwei Jahren verurteilt sein, davor müssen bereits zwei Vorverurteilungen zu mindestens einem Jahr Freiheitsstrafe und eine Vorverbüßung von mindestens zwei Jahren liegen. Außerdem ist eine ungünstige Prognose erforderlich: Der Täter muss ein Hangtäter sein, von dem aufgrund des Hanges erhebliche Straftaten und damit eine Gefahr für die Allgemeinheit zu befürchten ist[414].

Im Rahmen des Gesetzes zur Bekämpfung von Sexualdelikten und anderen gefährlichen Straftaten wurde § 66 III ins Strafgesetzbuch eingefügt, der für bestimmte Delikte die Voraussetzungen der Verhängung der Sicherungsverwahrung absenkt. Zugleich wurde die bislang bestehende Beschränkung der erstmalig angeordneten Sicherungsverwahrung auf zehn Jahre aufgehoben.

7.7.7.4 Untersuchungshaft

Die Untersuchungshaft fällt nicht unter den Begriff des Strafvollzugs. Allerdings ähneln sich die Probleme naturgemäß – wenngleich deutliche Unterschiede in der Rechtsstellung der Inhaftierten bestehen. Bis zur Rechtskraft des Urteils gilt der Gefangene als unschul-

---

[414] Hangtäter ist, wer aufgrund seiner verwurzelten, auf charakterlicher Veranlagung bestehenden oder durch Übung erworbenen intensiven Neigung Rechtsbrüche von besonderer Erheblichkeit begeht. Um dies festzustellen, muss die Herkunft des Täters, seine Sozial- und Erziehungsverhältnisse, sein krimineller Werdegang mit Häufigkeit und Rückfall, die Art der Straftatbegehung, sein Arbeits- und Freizeitverhalten und sein Charakter betrachtet werden.

dig, woraus eine gewisse Zurückhaltung des Staates bei Eingriffen in die Freiheit des Betroffenen folgt.

Da Untersuchungsgefangene keine Strafgefangenen sind (von denen sie im Übrigen nach dem Trennungsrundsatz auch strikt getrennt werden müssen) kann das Strafvollzugsgesetz auf sie von wenigen Ausnahmen abgesehen[415] auch keine Anwendung finden. Zentrale Vorschrift für den Vollzug der Untersuchungshaft ist vielmehr § 119 Strafprozessordnung (StPO); zur Konkretisierung des Vollzuges existieren darüber hinaus auch hier Verwaltungsvorschriften, die so genannte Untersuchungshaftvollzugsordnung (UVollzO).

Die Rechtsstellung des Untersuchungsgefangenen stellt sich regelmäßig wesentlich besser dar als diejenige des Strafgefangenen. So hat er grundsätzlich einen Anspruch auf Unterbringung in einer Einzelzelle. Ihm dürfen insgesamt nur solche Beschränkungen auferlegt werden, die der Zweck der Untersuchungshaft oder die Ordnung in der Vollzugsanstalt erfordert. Dazu gehört unter anderem, dass er einer Arbeitspflicht nicht unterliegt, eigene Kleidung tragen und sich auf eigene Kosten Genussmittel und Gegenstände des persönlichen Bedarfs kaufen darf[416].

7.7.8 Aktuelle Probleme des Vollzugs

Die aktuelle Lage des Strafvollzugs ist gekennzeichnet von einer seit Jahren stark angespannten Belegungssituation, einem Fehlbestand an Personal sowie einer schwierigen Gefangenenpopulation mit immer mehr langstrafigen und sicherheitsgefährdenden Gefangenen und hohem Ausländeranteil. Schließlich wird intensiv die Frage diskutiert, ob zumindest Teilbereiche des Vollzuges privatisiert werden können und sollten.

Die erstgenannten Probleme lassen sich bearbeiten mit einem Ausbau der Haftplatzkapazität, Einstellung von mehr Personal und einer Intensivierung von Behandlungsprogrammen für bestimmte

---

[415] Lediglich in §§ 177, 178 StVollzG wird auf die Untersuchungshaft Bezug genommen
[416] vgl. Ziffer 50 ff. UVollzO

Tätergruppen, etwa Gewalt- oder Sexualstraftäter. Da sich allerdings in Anbetracht der finanziellen Situation der Landeshaushalte kaum kurzfristig kostenintensive Maßnahmen der genannten Art verwirklichen lassen, konzentriert sich die Diskussion derzeit auf Alternativen zum Strafvollzug (etwa der Anordnung gemeinnütziger Arbeit oder der Einsatzmöglichkeiten des elektronisch überwachten Hausarrestes) sowie auf den Einsatz privater Dienstleister.

Ob diese Alternativen juristisch, vor allem verfassungsrechtlich möglich und praktikabel sind – diese Frage wird derzeit mit großer Vehemenz erörtert. Sie kann an dieser Stelle nicht ansatzweise beantwortet werden. Fakt ist, dass Alternativen zum Strafvollzug dünn gesät sind. Für einen gewissen Kernbestand von – dann wohl sehr problematischen – Gefangenen wird es jedenfalls immer die Freiheitsstrafe als Sanktion für begangenes Unrecht geben müssen.

Beispielantworten zu den Selbstkontrollfragen

4/1 Auto Bild hilft

Auf die Klage eines Rechtsanwalts hin hat das Oberlandesgericht den Verlag zur Unterlassung verurteilt, weil die Serie bei einem nicht unerheblichen Teil der Leser den Eindruck hervorrufe, die Redaktion werde sich zu Gunsten der Hilfe Suchenden mit der Frage befassen, ob sie rechtlich begründete Ansprüche haben, und ihnen bei der Durchsetzung solcher Ansprüche behilflich sein. Der BGH hat die dagegen eingelegte Revision nicht angenommen. Die Verfassungsbeschwerde blieb erfolglos. Das BVerfG folgte dem Fachgericht in der Einschätzung, aus der Sicht des Publikums erscheine die Ankündigung als Angebot der Rechtsbesorgung. Es bewertete den Umstand, dass der Redaktion mit dem Verbot eine Möglichkeit genommen wurde, zu ihren Lesern Kontakt aufzunehmen und Material über berichtenswerte Fälle zu erhalten, als zulässige Beschränkung der durch die Pressefreiheit mit umfassten Recherchefreiheit. Ebenso wenig wie die rechtswidrige Beschaffung von Informationen schütze die Pressefreiheit rechtswidrige Maßnahmen zur Schaffung von Ereignissen, die Anlass für eine spätere Berichterstattung bieten sollten (BVerfG in NJW 2004, S. 1855 ff.; 1856).

4/2 Bürgeranwalt

Nach Ansicht des BGH liegt trotz des Hinweises auf „Ihr gutes Recht" keine erlaubnispflichtige Rechtsbesorgung vor, weil der Schwerpunkt der Hilfestellung nicht auf rechtlichem Gebiet gelegen habe. Der Sender habe eine Unterstützung bei der Konfliktlösung und keine Rechtsberatung angeboten. Das sei den Zuschauern der Sendung trotz des Hinweises auf ihr „gutes Recht" auch klar gewesen. Anders hingegen hätte es sich verhalten, wenn beim Publikum der Eindruck entstanden wäre, der Sender werde geltend gemachte Ansprüche von Zuschauern, die sich bei ihm meldeten, auf ihre rechtliche Begründetheit überprüfen.
(BGH in AfP 2002, S. 429 ff.)

6/1 „Scheidungsopfer Mann"

Die Berichterstattung über Ehe- und Familienstreitigkeiten ist grundsätzlich auch dann unzulässig, wenn sie aus der Sicht eines der Beteiligten und mit dessen Zustimmung erfolgt, die übrigen Beteiligten aber nicht eingewilligt haben. Nach diesen Grundsätzen ist die Berichterstattung im vorliegenden Fall unzulässig. Das Oberlandesgericht Karlsruhe hat die Klage dennoch abgewiesen und dies mit einem überwiegenden Informationsinteresse der Öffentlichkeit begründet. Dies ergibt sich nach Ansicht des Gerichts daraus, dass die prominente Rechtspolitikerin Margot von Renesse solche Fallkonstellationen öffentlich als „konstruiert" und „nicht existent" bezeichnet hatte. Dieser Umstand ließe es „als vertretbar erscheinen, das ‚Opfer' Dr. G. X. zu individualisieren und damit zwangsläufig auch die Identifizierbarkeit der Kläger zu ermöglichen." Denn durch die Namensnennung würden „Authentizität und Glaubhaftigkeit der Äußerung wesentlich erhöht und damit die Anliegen des Beitrags gefördert", „der pointiert vorgetragenen Auffassung einer prominenten Rechtspolitikerin zu einer die Öffentlichkeit wesentlich berührenden Frage – wirtschaftliche Auswirkungen der Scheidung auf beide Seiten – die eigene Sichtweise entgegen zu stellen."
(OLG Karlsruhe in AfP 2002, S. 42 ff.)

6/2 „Psychotherapeut"

Das OLG München (AfP 1997, S. 636 ff.) hat die Klage in vollem Umfang abgewiesen. Nach seiner Ansicht hat der Sender durch die Ausstrahlung des Beitrages keine Rechte des Klägers verletzt. Der Eingriff in sein Persönlichkeitsrecht sei durch die Rundfunkfreiheit gerechtfertigt. Dafür seien die folgenden Gesichtspunkte von Bedeutung:

- Der Beitrag habe sich ernsthaft mit einem Thema von allgemeiner Bedeutung auseinandergesetzt und dabei den Fall des Klägers nur beispielhaft aufgegriffen.

- Dem Umstand, dass die Intimsphäre berührt sei, komme keine entscheidende Bedeutung zu, da es um *berufliches* Fehlverhalten des Klägers gegangen sei.
- Das öffentliche Informationsinteresse an dem Beispielsfall werde durch den Bekanntheitsgrad des Klägers verstärkt.
- Die Grenzen zulässiger *Verdachts*berichterstattung seien eingehalten. Der Verdacht sei wegen des laufenden Ermittlungsverfahrens und zuvor bereits ergangener Zivilurteile gegen den Kläger begründet gewesen. Die journalistische Sorgfaltspflicht sei erfüllt, da nicht nur die Zeuginnen unmittelbar gehört wurden, sondern auch der Kläger selbst Gelegenheit zur Stellungnahme erhalten hatte.
- Weil er dem Sender das Interview gegeben habe, habe dieser davon ausgehen dürfen, dass er mit der Veröffentlichung seines Bildes und der Nennung seines Namens einverstanden gewesen sei. Anders mache die Gewährung eines Interviews vor laufender Kamera keinen Sinn.

Da der Beitrag nicht widerrechtlich war, hat der Kläger weder Unterlassungs- noch Schadensersatz- oder Schmerzensgeldansprüche.

Der Widerrufsanspruch scheitert daran, dass der Kläger die Unwahrheit der gegen ihn erhobenen Vorwürfe nicht beweisen kann.

Das OLG vertrat die Auffassung, ein Anspruch auf ergänzende Berichterstattung liege nicht vor, weil in der Sendung lediglich über den Tat*verdacht* berichtet worden sei und auch entlastende Umstände hinreichend deutlich zum Ausdruck gekommen seien.

7/1 „Urteilskopien"

Die Antwort hängt davon ab, ob die ablehnende Entscheidung als Verwaltungsakt oder als schlichtes Verwaltungshandeln zu bewerten ist. In der rechtswissenschaftlichen Fachliteratur wird überwiegend die Auffassung vertreten, sie sei schlichtes Verwaltungshandeln. Begründet wird diese Auffassung folgendermaßen: Die Erteilung einer Auskunft sei bloße Wissenskundgabe, ein Realakt – und damit schlichtes Verwaltungshandeln. Sie sei kein Verwaltungsakt, weil sie keine Regelung treffe (so Löffler-Ricker, S. 132, Soehring,

Rdz.4.76, S. 77). Da die Auskunftserteilung kein Verwaltungsakt sei, sei auch ihre Verweigerung nicht als Verwaltungsakt zu qualifizieren (Wenzel in Löffler/Wenzel/Sedelmeier, Rdz. 170 ff., S. 238f.).

Diese Auffassung hat der VGH Mannheim in einer Entscheidung vom 5.2.1979 geteilt (NJW 1979, S. 2117ff.). Demgegenüber bewertet das OVG Bremen die Ablehnung eines Auskunftsbegehrens zumindest dann als Verwaltungsakt, wenn sie sich auf die dauerhafte Belieferung mit Informationen bezieht (OVG Bremen, Urteil v. 25.10.1988, NJW 1989, S. 926ff.). Denn durch die Zusage oder Ablehnung der Belieferung mit Auskünften werde das durch das Auskunftsbegehren entstandene Rechtsverhältnis zwischen dem Antragsteller und der Behörde hoheitlich und mit Rechtswirkung ihm gegenüber (also nach „außen") geregelt. Die Auffassung des OVG Bremen ist überzeugend. Die Gegenposition setzt die Auskunft, die in der Tat schlichtes Verwaltungshandeln darstellt, mit der Entscheidung über die Erteilung oder Verweigerung der Auskunft in eins, ohne dies überzeugend zu begründen. Im Ergebnis ebenso hat das BVerwG schon 1969 entschieden (Urteil vom 25.2.1969, NJW 1969, S. 1131ff.).

Tabellen

Tabelle 1: Zulässigkeit von Rechtsmitteln gegen Urteile

A. Zivilprozess
I. Rechtsmittel gegen erstinstanzliche Urteile

1. des Amtsgerichts:
Berufung zum Landgericht bei einem Beschwerdewert von mehr als 600 € oder bei Zulassung der Berufung durch das Amtsgericht
In Familiensachen: Berufung zum Oberlandesgericht

2. des Landgerichts:
Berufung zum Oberlandesgericht bei einem Beschwerdewert von mehr als 600 € oder bei Zulassung der Berufung durch das Landgericht

II. Rechtsmittel gegen Berufungsurteile

1. des Landgerichts:
Revision zum Oberlandesgericht bei Zulassung durch das Land- oder das Oberlandesgericht

2. des Oberlandesgerichts:
Revision zum Bundesgerichtshof bei Zulassung durch das Oberlandesgericht oder den Bundesgerichtshof

B. Strafprozess
I. Rechtsmittel gegen erstinstanzliche Urteile

1. des Amtsgerichts (Einzelrichter oder Schöffengericht):
Berufung zum Landgericht (kleine Strafkammer)

2. des Landgerichts oder Oberlandesgerichts:
Revision zum Bundesgerichtshof

II. Rechtsmittel gegen Berufungsurteile des Landgerichts:
Revision zum Oberlandesgericht (Strafsenat)

C. Verwaltungs-, Sozial-, Finanzgerichtsverfahren
I. Rechtsmittel gegen erstinstanzliche Urteile

1. des Verwaltungsgerichts:
Berufung zum Oberverwaltungsgericht bei Zulassung durch das OVG

2. des Oberverwaltungsgerichts:
Revision zum Bundesverwaltungsgericht bei Zulassung durch das OVG oder das BVerwG

3. des Sozialgerichts:
Berufung zum Landessozialgericht bei einem Beschwerdewert von mehr als 500 € bzw. 5.000 € oder Zulassung

4. **des Finanzgericht:**
Revision zum Bundesfinanzhof bei Zulassung durch das Finanzgericht

II. Rechtsmittel gegen Berufungsurteile
1. **des Oberverwaltungsgerichts:**
Revision zum Bundesverwaltungsgericht bei Zulassung durch das OVG
2. **des Landessozialgerichts:**
Revision zum Bundessozialgericht bei Zulassung durch das Landessozialgericht

D. Arbeitsgerichtsverfahren

I. Rechtsmittel gegen erstinstanzliche Urteile des Arbeitsgerichts:
Berufung oder Beschwerde zum Landesarbeitsgerichts bei einem Beschwerdewert von mehr als 600 € oder Zulassung

II. Rechtsmittel gegen Berufungsurteile des Landesarbeitsgerichts:
Revision oder Rechtsbeschwerde zum Bundesarbeitsgericht bei Zulassung durch das Landesarbeitsgericht

Tabelle 2:
Kosten eines Zivilprozesses
(ohne Aufwendungen für Zeugen und Sachverständige bei einer Beweisaufnahme)   **Stand: 1.7.2004**

Kosten eines durchschnittlich schwierigen Rechtsstreits über 100 €:

Gebühren der ersten Instanz (Amtsgericht)	
Gebühren/Auslagen für den Anwalt des Klägers	109,61 €
Gebühren/Auslagen für den Anwalt des Beklagten	109,61 €
Gerichtsgebühren	75,00 €
Summe	289,22 €
Gebühren der zweiten Instanz (Landgericht)	
Gebühren/Auslagen für den Anwalt des Klägers	120,05 €
Gebühren/Auslagen für den Anwalt des Beklagten	120,05 €
Gerichtsgebühren	112,50 €
Summe	352,60 €
Gesamt	641,82 €

Kosten eines durchschnittlich schwierigen Rechtsstreits über 5.000 €:

Gebühren der ersten Instanz (Amtsgericht)	
Gebühren/Auslagen für den Anwalt des Klägers	1.123,06 €
Gebühren/Auslagen für den Anwalt des Beklagten	1.123,06 €
Gerichtsgebühren	363,00 €
Summe	2.609,12 €
Gebühren der zweiten Instanz (Landgericht)	
Gebühren/Auslagen für den Anwalt des Klägers	1.227,81 €
Gebühren/Auslagen für den Anwalt des Beklagten	1.227,81 €
Gerichtsgebühren	471,90 €
Summe	2.927,52 €
Gesamt	5.536,64 €

Kosten eines durchschnittlich schwierigen Rechtsstreits über 50.000 €:

Gebühren der ersten Instanz (Landgericht)	
Gebühren/Auslagen für den Anwalt des Klägers	3.845,28 €
Gebühren/Auslagen für den Anwalt des Beklagten	3.845,28 €
Gerichtsgebühren	1.368,00 €
Summe	9.058,56 €
Gebühren der zweiten Instanz (OLG)	
Gebühren/Auslagen für den Anwalt des Klägers	4.209,29 €
Gebühren/Auslagen für den Anwalt des Beklagten	4.209,29 €
Gerichtsgebühren	1.778,40 €
Summe	10.196,98 €
Gebühren der dritten Instanz (BGH)	
Gebühren/Auslagen für den Anwalt des Klägers	5.422,65 €
Gebühren/Auslagen für den Anwalt des Beklagten	5.422,65 €
Gerichtsgebühren	2.736,00 €
Summe	13.581,30 €
Gesamt	32.836,84 €

Tabelle 3: Besoldungsgruppen für Richter
(Höhe des Grundgehalts im Jahre 2003)

R 1 (2.961 - 4.827 €)	Richter am AmtsG, LG, ArbG, VG, SG oder Bundes-disziplinargericht
R 2 (3.610 - 5.288 €)	Richter am OLG, LAG, OVG, LSG, FG oder Bundes-patentgericht; Vorsitzender Richter am LG, VG, Bundesdisziplinar-gericht oder Truppendienstgericht; Direktor eines kleinen AmtsG, ArbG oder SG
R 3 (5.798 €)	Vorsitzender Richter am OLG, LAG, OVG, LSG, FG oder Bundespatentgericht; Präsident eines AmtsG, LG, ArbG, VG oder SG mit bis zu 40 Richtern, eines Bundesdisziplinargerichts oder eines Truppendienstgerichts
R 4 (6.138 €)	Präsident eines AmtsG, LG oder VG mit 41 bis 80 Richtern, eines ArbG oder SG mit mehr als 40 Richtern; Vizepräsident eines OLG, LSG oder OVG mit mehr als 100 Richtern oder des Bundespatentgerichts
R 5 (6.529 €)	Präsident eines AmtsG, LG oder VG mit 81 bis 150 Richtern; Präsident eines OLG, LAG, OVG, LSG oder FG mit bis zu 25 Richtern
R 6 (6.898 €)	Richter am BGH, BAG, BVerwG, BSG oder BFH; Präsident eines AmtsG oder LG mit mehr als 150 Richtern; Präsident eines OLG, OVG oder LSG mit 26 bis 100 Richtern oder eines LAG bzw. FG mit mehr als 25 Richtern
R 8 (7.632 €)	Vorsitzender Richter am BGH, BAG, BVerwG, BSG oder BFH; Präsident eines OLG, OVG oder LSG mit mehr als 100 Richtern oder des Bundespatentgerichts
R 10 (9.951 €)	Präsident des BGH, BAG, BVerwG, BSG oder BFH Richter am Bundesverfassungsgericht
B 11 x 1 1/3 (13.804 €)	Präsident des Bundesverfassungsgerichts

Tabelle 4: Dauer von Gerichtsverfahren

4.1. Dauer der Zivilprozesse in Nordrhein-Westfalen[417]

Von den im Jahr 2003 erledigten Verfahren waren anhängig

in Mona-ten	< 3	3 - 6	6 - 12	12-24	> 24	Durchschnitt
AmtsG	46,7%	28,2%	18,4%	5,6%	1,1%	4,7 Monate
LG Berufung	35,5%	40,9%	15,2%	7,5%	0,9%	5,2 Monate
LG 1.Instanz	33,2%	25,5%	23,9%	12,2%	5,3%	7,7 Monate
OLG Berufung	21,0%	29,0%	35,4%	11,4%	3,1%	7,8 Monate

Verfahrensdauer beim BGH 2003
(Revisionen und Nichtzulassungsbeschwerden)[418]

in Monaten	< 6	6 - 12	> 12
	12,0%	44,6%	43,4%

4.2. Dauer der Prozesse vor den Familiengerichten in Nordrhein-Westfalen[419]

Von den im Jahr 2003 erledigten Verfahren waren anhängig

Monate	< 3	3 - 6	6 - 12	12 - 24	> 24	durchschnittlich
AmtsG	13,8%	16,4%	39,8%	24,8%	5,2%	10,3 Monate
OLG	34,2%	34,8%	23,5%	6,2%	1,4%	5,4 Monate

---

[417] Quelle: Justizministerium NRW, Tabellarische Angaben zur Verfahrensdauer, Tabellen Z 1.4, Z 2.3.3, Z 2.3.4. und Z 4.2.
[418] Quelle: BGH, Tätigkeitsbericht 2003
[419] Quelle: Justizministerium NRW, Tabellarische Angaben zur Verfahrensdauer, Tabellen Z 1 A.4 Nr.44, Z 5 A.2.

4.3. Dauer der Strafverfahren in Nordrhein-Westfalen [420]

Von den im Jahr 2003 erledigten Verfahren waren anhängig

A. Ermittlungsverfahren (Dauer in Monaten)

< 1	1-2	2–3	3-6	6-12	12-18	> 18	durchschnittlich
56,3%	17,5%	9,2%	10,3%	4,7%	1,0%	0,9	2,0 Monate

B. Strafprozesse vor den Amtsgerichten (Dauer in Monaten)

< 3	3-6	6–12	12-18	18-24	24-36	>36	durchschnittlich
55,1%	27,7%	12,4%	3,0%	1,0%	0,6%	0,3%	4,0 Monate

Berufungsverfahren vor den Landgerichten (Dauer in Monaten)

< 3	3-6	6–12	12-18	18-24	24-36	>36	durchschnittlich
63,4%	21,9%	10,6%	2,6%	0,8%	0,6%	0,2%	3,5 Monate

C. Erstinstanzliche Strafverfahren vor den Landgerichten
(Dauer in Monaten)

< 3	3-6	6–12	12-18	18-24	24-36	>36	durchschnittlich
44,3%	31,9%	15,4%	4,1%	1,9%	1,6%	0,8%	5,3 Monate

D. Revisionsverfahren vor dem Bundesgerichtshof
(Dauer in Monaten)[421]

	< 3	3-6
Beschlussverfahren	97,9%	
Urteilsverfahren	67,1%	26,6%

---

[420] Quelle: Justizministerium NRW, Tabellarische Angaben zur Verfahrensdauer, Tabellen EL 1.3 II, S 1.4, S 4.3 und S 3.3.
[421] Quelle: Tätigkeitsbericht 2003 des Bundesgerichtshofs.

4.4. Dauer der Prozesse vor den Arbeitsgerichten in Nordrhein-Westfalen

Dauer der Kündigungsschutzprozesse[422]

Von den im Jahr 2003 erledigten Verfahren waren anhängig

in Monaten	bis 1	>1 – 3	>3 - 6	>6 - 12	> 12
ArbG	73.370	145.863	67.495	44.191	8.015
Berufung LAG		3.337	4.322	2.674	666

Dauer der übrigen Urteilsverfahren[423]

Von den im Jahr 2003 erledigten Verfahren waren anhängig

in Monaten	bis 1	>1 – 3	>3 - 6	>6 - 12	> 12
ArbG	60.315	113.069	55.220	52.382	15.852
Berufung LAG		3.423	3.531	2.931	1.460

Dauer der Beschlussverfahren[424]

Von den im Jahr 2003 erledigten Verfahren waren anhängig

in Monaten	bis 1	>1 – 3	>3 - 6	>6 - 12	> 12
ArbG	3.729	3.065	2.155	1.774	479
Beschwerde LAG		571	424	277	109

Verfahrensdauer beim BAG 2003[425]

in Monaten	Bis 6	> 6 - 12	> 12 - 24	> 24
Revisionen(Urteile)	24	292	179	2
Rechtsbeschwerden	11	20	14	0

---

[422] Einschließlich der sonstigen Rechtsstreitigkeiten über das Bestehen oder Nichtbestehen eines Arbeitsverhältnisses im Sinne des § 61a ArbGG. Quelle: Bundesministerium für Wirtschaft und Arbeit, Referat III A 1, Tabellen AG1 und 2.

[423] Einschließlich der sonstigen Rechtsstreitigkeiten über das Bestehen oder Nichtbestehen eines Arbeitsverhältnisses im Sinne des § 61a ArbGG. Quelle: Bundesministerium für Wirtschaft und Arbeit, Referat III A 1, Tabellen AG1 und 2.

[424] Einschließlich der sonstigen Rechtsstreitigkeiten über das Bestehen oder Nichtbestehen eines Arbeitsverhältnisses im Sinne des § 61a ArbGG. Quelle: Bundesministerium für Wirtschaft und Arbeit, Referat III A 1, Tabellen AG1 und 2.

[425] Quelle: Bundesministerium für Wirtschaft und Arbeit, Referat III A 1, Tabelle AG3.

4.5.1. Dauer der Prozesse vor den Verwaltungsgerichten in Nordrhein-Westfalen

Von den im Jahr 2003 erledigten Verfahren waren anhängig (in %)

In Mona-ten	bis 3	>3 bis 6	>6 bis 12	>12 bis 18	>18 bis 24	>24 bis 36	>36	Durch-schnittlich
VG	16,3	10,7	17,7	13,4	9,7	19,3	13,0	18,1 Monate
OVG erst-instanzlich	15,7	6,4	17,1	15,7	12,9	20,7	11,4	19,5 Monate
OVG Berufung	54,7	7,8	12,5	12,4	5,6	5,2	1,9	7,2 Monate

Die im Jahre 2003 durch Urteil entschiedenen Revisionsverfahren vor dem BVerwG dauerten durchschnittlich 10 Monate und 22 Tage.[426] Etwa drei Viertel von ihnen wurde innerhalb eines Jahres erledigt; kein Verfahren dauerte länger als zwei Jahre.[427]

4.5.2. Dauer der verwaltungsgerichtlichen Eilverfahren in Nordrhein-Westfalen[428]

Von den im Jahr 2003 erledigten Verfahren waren anhängig (in %)

in Monaten	bis 3	>3 - 6	>6-12	>12	durchschnittlich
VG	90,0	6,6	2,8	0,6	1,4 Monate

4.5.3. Dauer der Prozesse vor den Sozialgerichten in Nordrhein-Westfalen[429]

Von den im Jahr 2003 erledigten Verfahren waren anhängig

in Monaten	< 6	6 - 12	12-18	18-24	> 24	durchschnittlich
SozialG	27,6%	31,0%	20,0%	10,2%	10,6%	11,7 Monate
LSG	27,7%	30,0%	17,8%	10,9%	12,8%	12,0 Monate
BSG[430] Revisionen	27,2%	40,2%	25,3%	5,8%	2,5%	
NZ-Beschw.	84,4%	12,1%	3,0%	0,5%	-	

---

[426] Pressemitteilung 10/2004 vom 17.2.2004.
[427] So der Präsident des BVerwG in seinem Jahres-Pressegespräch 2004.
[428] Justizministerium NRW Verfahrensdauer Tabelle V 2.2.
[429] Justizministerium NRW Verfahrensdauer Tabellen SG 10 und SG 20.
[430] Quelle: Presse-Sonderbericht Nr. 2/04 des Bundessozialgerichts vom 27.1.2004, Tabelle 8.

4.5.4. Dauer der Prozesse vor den Finanzgerichten in Nordrhein-Westfalen[431]

Von den im Jahr 2003 erledigten Verfahren waren anhängig

A. Vorläufiger Rechtsschutz (Dauer in Monaten)

< 3	3-6	6–9	9-12	12-15	15-18	> 18	Durchschnittlich
67,3%	26,5%	5,0%	1,4%	0,1%	0,05%	-	2,7 Monate

B. Klagen (Dauer in Monaten; Anteil in %)

< 3	3-6	6–12	12-18	18-24	24-36	36-48	48-60	> 60	Ø
15,5 %	18,4 %	19,7 %	9,5%	7,0%	14,0 %	10,5%	3,9%	1,5 %	17,6 Monate

Tabelle 5: Häufigkeit von Straftaten und Strafverfahren[432]

5.1. Registrierte Straftaten und Tatverdächtige in der Bundesrepublik Deutschland

Inhalt	Anzahl 2002	2001	Aufklärungsquote(%) 2002	2001
Straftaten insgesamt				
erfasste Fälle	6.507.394	6.363.865		
aufgeklärte Fälle	3.425.416	3.379.618	52,6	53,1
Ausländerspezifische Delikte[433]	173.401	187.269	99,3	98,9
Gewaltkriminalität	197.492	188.413	74,4	73,8
darunter:				
- Mord und Totschlag	2.664	2.641	95,9	94,1
- Vergewaltigung, sexuelle Nötigung	8.615	7.891	81,8	80,8
- Raubdelikte	58.867	57.108	50,2	50,9
- gefährliche und schwere Körperverletzung	126.932	120.345	84,6	83,8

---

[431] Quelle: Justizministerium NRW, Tabellarische Angaben zur Verfahrensdauer, Tabellen Z 1.4, Z 2.3.3, Z 2.3.4. und Z 4.2.

[432] Quelle Tabelle 5.1 – 5.3: Bundeskriminalamt: Polizeiliche Kriminalstatistik 2002

[433] Die registrierte Entwicklung ist stark durch die Aktivitäten der Polizei beeinflusst.

Inhalt	Anzahl		Aufklärungsquote(%)	
	2002	2001	2002	2001
Diebstahlskriminalität	3.090.154	2.971.727	30,2	30,8
darunter:				
- von Kraftwagen[434]	70.617	75.408	26,8	25,8
- aus Kraftwagen	491.972	466.017	9,7	10,0
- Ladensdiebstahl[435]	559.033	549.314	94,4	94,3
- Wohnungseinbruchdiebstahl	130.055	133.722	19,6	18,7
- Taschendiebstahl	110.256	99.620	5,1	4,8
Betrug[436]	788.208	793.403	79,3	79,4
darunter:				
Erschleichen von Leistungen[437]	168.290	158.407	98,5	98,5
Insolvenzstraftaten nach StGB	6.146	5.600	99,6	99,7
Wettbewerbs-, Korruptions- und Amtsdelikte[438]	6.572	7.394	86,7	87,2
darunter:				
- Vorteilsannahme	1.433	1.107	97,3	99,1
- Bestechlichkeit	356	745	96,9	98,3
- Vorteilsgewährung	399	413	100,8	98,3
- Bestechung	541	923	104,4	97,9
- Körperverletzung im Amt	2.114	2.310	72,2	70,8
Rauschgiftdelikte[439]	250.969	246.518	95,2	95,2
nach Drogenarten:				
- Heroin	42.298	45.376	94,5	94,3
- Kokain	22.913	45.376	94,6	94,8
- Amphetamine und Derivate	29.377	28.988	95,0	94,6
- Cannabis	139.082	131.836	96,1	96,1
Umweltkriminalität (StGB)[440]	26.626	30.950	63,3	61,1

---

[434] Verbesserte Sicherungseinrichtungen an Kfz (Wegfahrsperren der neuen Generation)

[435] Die Entwicklung wird im Wesentlichen bestimmt durch Überwachungsmaßnahmen des Einzelhandels.

[436] Enthält 2001 ein Großverfahren bei Anlagebetrug mit über 26.000 Einzelfällen.

[437] Die Entwicklung wird im Wesentlichen durch Kontrollen der Verkehrsbetriebe bestimmt.

[438] Schwankungen in der Fallentwicklung erklären sich zum Teil durch komplexe Ermittlungsvorgänge mit zahlreichen Einzelfällen.

[439] Die registrierte Entwicklung ist stark durch die Aktivitäten von Zoll und Polizei beeinflusst.

[440] Die registrierte Entwicklung ist stark durch die Kontrollintensität der Umweltbehörden beeinflusst.

5.2. Tatverdächtige (TV)

	2002	2001	%-Anteil 2002	%-Anteil 2001
Tatverdächtige insgesamt	2.326.149	2.280.611	100,0	100,0
männlich	1.778.549	1.751.633	76,5	76,8
weiblich	547.600	528.978	23,5	23,2
deutsche	1.759.231	1.712.227	75,6	75,1
nichtdeutsche	566.918	568.384	24,4	24,9
Kinder[441]	134.545	143.045		
Jugendliche[442]	297.881	298.983		
Heranwachsende	245.761	246.713		
Erwachsene	1.647.962	1.591.870		

5.3. Tatverdächtigenbelastungszahl der Deutschen

(TV pro 100000 Einwohner der jeweiligen Altersgruppe)

	2002	2001
Tatverdächtige insgesamt (ohne Kinder unter 8 Jahren)	2.525	2.461
- Kinder (ohne Kinder unter 8 Jahren)	2.227	2.292
- Jugendliche	7.332	7.416
- Heranwachsende	7.506	7.440
- Erwachsene	2.060	1.980

---

[441] Die anhaltend rückläufige Entwicklung ist vor allem auf den Rückgang beim Ladendiebstahl – insgesamt – um
4 417 auf 64 682 tatverdächtige Kinder zurückzuführen. Der in den letzten Jahren bei Körperverletzung – insgesamt – registrierte Anstieg setzte sich nicht fort. Hier wurde ein Rückgang um 1 163 auf
17 277 tatverdächtige Kinder festgestellt.
[442] Einen Rückgang gab es beim Ladendiebstahl – insgesamt – um 941 auf 78 965 tatverdächtige
Jugendliche. Bei Rauschgiftdelikten war ein leichter Rückgang um 117 auf 34 340 Jugendliche Tatverdächtige festzustellen. Ein erneuter Anstieg wurde bei der Körperverletzung – insgesamt – um 1 449
auf 56 334 tatverdächtige Jugendliche registriert.

5.4. Strafverfahren 2001/02 (ohne Bußgeldverfahren)[443]

	Neuzugänge		Erledigte Verfahren	
	2001	2002	2001	2002
Staatsanwaltschaften[444]				
beim Landgericht	4.548.939	4.616.477	4.555.675	4.598.290
beim Oberlandesgericht[445]	51	31	58	32
Eingangsinstanz				
Strafgerichte	855.793	870.671	852.414	871.265
Amtsgerichte	842.317	856.238	838.759	857.046
Landgerichte	13.463	14.417	13.638	14.204
Oberlandesgerichte	13	16	17	15
Rechtsmittelinstanz				
Strafgerichte	62.305	63.571	63.024	63.106
Landgerichte	53.821	55.423	54.567	54.976
Oberlandesgerichte	5.307	5.128	5.293	5.191
Bundesgerichtshof	3.177	3.020	3.164	2.941

---

[443] Tabelle 5.4 – 5.8: Justizstatistiken.
[444] Für Schleswig-Holstein Ergebnisse aus 1997.
[445] Für 2001 auch ohne Sachsen.

5.5. Verurteilte 2002

Art der Straftat	Verurteilte			
	Insgesamt	Jugend-liche	Heran-wachsende	Erwachsene
Straftaten insgesamt	719.751	53.374	75.218	591.159
Straftaten gegen den Staat, die öffentliche Ordnung und im Amt	20.618	1.579	2.216	16.823
Straftaten gegen die Person	94.968	11.514	11.499	71.955
darunter:				
Verletzung d. Unterhaltspflicht	4.260	1	39	4.220
Sex. Missbrauch v. Kindern	2.294	177	129	1.988
Sex. Nötigung / Vergewaltigung	1.983	277	187	1.519
Mord und Totschlag (inkl. Versuch)	613	36	60	517
Körperverletzung[446]	53.645	9.824	8.597	35.224
Straftaten gegen das Vermögen	299.994	29.030	30.002	237.962
darunter				
Diebstahl und Unterschlagung	149.139	19.600	15.690	113.849
Raub und Erpressung	9.535	3.259	2.116	4.160
Urkundenfälschung	18.400	735	1.656	16.009
Betrug	59.376	643	2.906	55.827
gemeingefährliche Delikte / Umweltstraftaten	8.622	330	510	7.782
Straßenverkehrsdelikte	196.835	6.163	18.366	172.306
Sonstige	101.714	4.758	12.625	84.331
darunter Delikte nach dem				
Betäubungsmittelgesetz	45.598	3.984	9.359	32.255
Ausländergesetz	18.840	81	695	18.064
Asylverfahrensgesetz	4.377	107	541	3.729

© Statistisches Bundesamt Deutschland 2004

---

[446] Einschließlich schwerer und gefährlicher Körperveletzung, aber ohne Straftaten im Straßenverkehr.

5.6. Ausländische Verurteilte 2002

Art der Straftat	Verurteilte Ausländer Insgesamt	in %[447]	darunter unter 25 Jahre insgesamt	in %[448]
Straftaten insgesamt	174.519	24,2	59.005	33,8
Straftaten gegen den Staat, die öffentliche Ordnung, im Amt	4.096	19,9	1.482	36,2
Straftaten gegen die Person, *darunter:*	22.209	23,4	9.165	41,3
Verletzung der Unterhaltspflicht	503	11,8	34	6,8
Sex. Missbrauch von Kindern	297	12,9	72	24,2
Sex. Nötigung / Vergewaltigung	633	31,9		
Mord und Totschlag (einschl. Versuch)	197	32,1	67	34,0
Körperverletzung[449]	13.700	25,5	6.689	48,8
Straftaten gegen das Vermögen *darunter:*	74.235	25,0	27.612	37,2
Diebstahl und Unterschlagung	40.237	27,0	15.765	39,2
Raub und Erpressung	3.199	33,6	2.372	74,1
Urkundenfälschung	7.329	39,8	2.125	29,0
Betrug	10.470	17,6	2.400	22,9
gemeingefährliche Delikte / Umweltstraftaten	1.221	14,2	233	19,1
Straßenverkehrsdelikte	34.770	17,7	9.104	26,2
Sonstige *darunter Delikte nach dem*	37.988	37,3	11.409	30,0
Betäubungsmittelgesetz	10.666	23,4	4.978	46,7
Ausländergesetz	16.069	85,3	3.276	20,4
Asylverfahrensgesetz	4.159	95,0		

© Statistisches Bundesamt Deutschland 2003

---

[447] Anteil an allen (deutschen und ausländischen) Verurteilen.
[448] Anteil an den ausländischen Verurteilten.
[449] Auch schwere und gefährliche Körperverletzung, aber ohne Straftaten im Straßenverkehr.

5.7. Strafgefangene

	2000	2001	Stichtag jeweils 31. März 2002	2003
Strafgefangene insgesamt	60.798	60.678	60.742	62.594
Geschlecht:				
Männer	58.412	58.137	57.997	59.818
Frauen	2.386	2.541	2.745	2.775
Alter:				
14 bis unter 18 Jahre	911	841	849	822
18 bis unter 21 Jahre	3.850	3.872	3.754	3.709
21 bis unter 30 Jahre	20.063	19.922	19.968	20.934
30 bis unter 50 Jahre	30.576	30.568	30.644	31.174
50 Jahre und älter	5.398	5.475	5.527	5.955
Art des Strafvollzugs:				
Geschlossener Vollzug	48.586	49.015	49.363	51.118
Offener Vollzug	12.212	11.663	11.379	11.476
Freiheitsstrafe	53.183	52.939	52.988	55.012
Jugendstrafe	7.396	7.482	7.455	7.276
Sicherungsverwahrung	219	257	299	306
Voraussichtliche Vollzugsdauer:				
bis unter 3 Monaten	5.40720.	5.153	5.320	5.557
3 Monate bis einschließlich 1 Jahr	345	20.239	19.882	20.878
mehr als 1 Jahr bis 5 Jahre	27.144	27.183	27.377	27.824
mehr als 5 Jahre bis 15 Jahre	6.084	6.188	6.142	6.255
lebenslang	1.818	1.915	2.021	2.080

5.8. Rückfälligkeit von verurteilten Straftätern

5.8.1. Strafart und Rückfallwahrscheinlichkeit

	Freiheitsstrafe ohne Bewährung	Freiheitsstrafe mit Bewährung	Geldstrafe
Fälle insgesamt	19.551	85.460	612.747
Rückfälle, darunter	11.028 (= 56,4%)	38.177 (= 44,7%)	184.854 (= 30,2%)
Freiheitsstrafe ohne Bewährung	5.746 (= 29,4%)	12.664 (= 14,8%)	16.214 (= 2,6%)
Freiheitsstrafe mit Bewährung	2.529 (= 12,9%)	11.523 (= 13,5%)	46.277 (= 7,6%)

5.8.2. Lebensalter und Rückfallhäufigkeit

Altersgruppen	Fälle insgesamt	Rückfälle	in %
gesamt	942.566	334.694	35,5%
14 – 17	165.068	73.485	44,5%
18 - 20	93.057	41.169	44,2%
21 - 24	134.363	53.755	40,0%
25 - 29	150.491	54.327	36,1%
30 - 34	118.575	40.408	34,1%
35 - 39	86.094	26.769	31,1%
40 – 44	64.257	17.814	27,7%
45 - 49	43.961	10.831	24,6%
50 - 59	63.82	12.735	20,2%
60 +	23.618	3.401	14,4%

Abkürzungen

AmtsG	Amtsgericht
AO	Abgabenordnung
ArbG	Arbeitsgericht
ArbGG	Arbeitsgerichtsgesetz
BAG	Bundesarbeitsgericht
BFH	Bundesfinanzhof
BGB	Bürgerliches Gesetzbuch
BGH	Bundesgerichtshof
BGHSt	Amtliche Sammlung der Entscheidungen des Bundesgerichtshofs in Strafsachen, zitiert nach Band und Seite
BRAGO	Bundesrechtsanwaltsgebührenordnung
BRAO	Bundesrechtsanwaltsordnung
BSG	Bundessozialgericht
BVerfG	Bundesverfassungsgericht
BVerfGE	Amtliche Sammlung der Entscheidungen des Bundesverfassungsgerichts, zitiert nach Band und Seite
BVerwG	Bundesverwaltungsgericht
EGZPO	Einführungsgesetz zur Zivilprozessordnung
FG	Finanzgericht
FGG	Gesetz über die Angelegenheiten der freiwilligen Gerichtsbarkeit
FGO	Finanzgerichtsordnung
GG	Grundgesetz
GVG	Gerichtsverfassungsgesetz
InsO	Insolvenzordnung
JBeitrO	Justizbeitreibungsordnung
JGG	Jugendgerichtsgesetz
JVA	Justizvollzugsanstalt
LAG	Landesarbeitsgericht
LG	Landgericht
LSG	Landessozialgericht
MDR	Monatsschrift für Deutsches Recht, zitiert nach Jahrgang und Seite
m.w.N.	mit weiteren Nachweisen
NJW	Neue Juristische Wochenschrift, zitiert nach Jahrgang und Seite
NStZ	Neue Zeitschrift für Strafrecht, zitiert nach Jahrgang und Seite
NStZ-RR	Rechtsprechungsreport der Neuen Zeitschrift für Strafrecht, zitiert nach Jahrgang und Seite
OLG	Oberlandesgericht
OVG	Oberverwaltungsgericht
PAG	Polizeiaufgabengesetz
PartGG	Gesetz über Partnerschaftsgesellschaften Angehöriger Freier Berufe
PolG	Polizeigesetz
RBerG	Rechtsberatungsgesetz
Rdz.	Randziffer
RiStBV	Richtlinien für das Strafverfahren und das Bußgeldverfahren
RPflG	Rechtspflegergesetz
SG	Sozialgericht

SGG	Sozialgerichtsgesetz
StGB	Strafgesetzbuch
StPO	Strafprozessordnung
StVollzG	Strafvollzugsgesetz
VG	Verwaltungsgericht
VwGO	Verwaltungsgerichtsordnung
VwVG	Verwaltungsvollstreckungsgesetz
ZPO	Zivilprozessordnung
ZSEG	Gesetz über die Entschädigung von Zeugen und Sachverständigen
ZVG	Gesetz über die Zwangsversteigerung und Zwangsverwaltung

Literaturverzeichnis

Ahlke, Karola / Hinkel, Jutta: Sprache und Stil. Ein Handbuch für Journalisten. UVK Medien Konstanz. 2. Aufl. 2000

Ausubel, D.P.: Educational psychology. A cognitive view, New York 1968.

Bannenberg, Britta: Strategien wirkungsorientierter Kriminalprävention, in: Deutsche Zeitschrift für Kommunalwissenschaften 2003/I, S. 53-68

Behm, Ulrich: Verletzung von Dienstgeheimnissen und Beihilfe durch Journalisten? AfP 2000, S. 421 - 426

Blum, Joachim / Bucher, Hans-Jürgen: Die Zeitung: Ein Multimedium. Textdesign – ein Gestaltungskonzept für Text, Bild und Grafik. UVK Medien Konstanz 1998

Bornkamm, Joachim: Pressefreiheit und Fairneß des Strafverfahrens. Die Grenzen der Berichterstattung über schwebende Verfahren im englischen, amerikanischen und deutschen Recht. Nomos Baden-Baden 1980

Branahl, Udo: Medienrecht. Eine Einführung. Westdeutscher Verlag Wiesbaden. 4. Aufl. 2002

Branahl, Udo: Die Rechtsordnung der Bundesrepublik Deutschland. Eine Einführung. Westdeutscher Verlag Opladen 1997

Brömmekamp, Birgit: Die Pressefreiheit und ihre Grenzen in England und der Bundesrepublik Deutschland. Peter Lang Frankfurt a.M. u.a. 1997

Busse, Axel F.: Durch die Spalten gepeitscht, in message 1/2002.

Busse, Dietrich: Bedeutungsfeststellung, Interpretation, Arbeit mit Texten? Juristische Auslegungstätigkeit in linguistischer Sicht, in: Haß-Zumkehr, Ulrike (Hg.): Sprache und Recht. Berlin, New York, de Gruyter 2002, S. 136 ff.

Bussmann, Kai D.: Das Ei in der Backmischung. Funktionen kommunaler Kriminalprävention in einer modernen Gesellschaft. Vortrag auf dem 1. Landespräventionstag in Magdeburg am 19.10.2000, zugänglich unter http://www.jura.uni-halle.de/download/bussmann (Stand: 8.1.2004)

Castendyk, Oliver: Rechtliche Begründungen in der Öffentlichkeit. Ein Beitrag zur Rechtskommunikation in Massenmedien. Westdeutscher Verlag Opladen 1994

Creifelds, Carl: Rechtswörterbuch. 13. Aufl. 1996 herausgegeben von Kauffmann, Hans. Beck München 1996

Delitz, Jürgen: Tagespresse und Justiz. Gerichtsberichterstattung als Vermittlung institutioneller Wirklichkeit. Verlag Dr. R. Krämer Hamburg 1989

Detjen, Stephan: Redaktionshandbuch Justiz. Gerichte, Verfahren, Anwaltschaft. Zum Nachschlagen und Nachdrucken. List München 1998

Friske, Hans-Jürgen: Justiz und Medien. Vergleichende Analyse der Justizberichterstattung einer Regionalzeitung aus den Jahren 1960 und 1980 unter besonderer Berücksichtigung des Richterbildes. Lit Verlag Münster 1988

Gaier, Reinhard: Das neue Berufungsverfahren in der Rechtsprechung des BGH, in NJW 2004, S. 2041 - 2046

Geiger, Harald: Verlagerung der Sozialhilfestreitigkeiten auf die Sozialgerichte, in: NJW 2004, S. 1850 - 1852

Gerasch, Sabine: Prozesswirklichkeit und Gerichtsberichterstattung. Eine Untersuchung der Lokalberichterstattung zu Strafprozessen bei Gewalt- und Sexualdelikten vor dem Dortmunder Land- und Amtsgericht. K.G.Saur München u.a. 1995

Greger, Reinhard: Außergerichtliche Streitbelegung in Bayern. Abschlussbericht zum Forschungsprojekt, Friedrich-Alexander-Universität Erlangen-Nürnberg, Mai 2004

Haller, Michael: Das Interview. Ein Handbuch für Journalisten. 2. Aufl. UVK Konstanz 1997

Haller, Michael: Recherchieren. Ein Handbuch für Journalisten. 5. Aufl. UVK Konstanz 2000

Haller, Michael: Die Reportage. Ein Handbuch für Journalisten. 3. Aufl. UVK Konstanz 1995

Handbuch der Rechtsförmlichkeit. Bekanntmachung der 2. Auflage in Bundesanzeiger Nr. 123a vom 7. Juli 1999

Hassemer, Winfried: Vorverurteilung durch die Medien? In: NJW 1985, S. 1921 ff.

Hassemer, Winfried: Der Einfluß der Medien auf das Strafverfahren aus strafrechtlicher Sicht, in: Oehler, Dietrich u.a. (Hg.): Der Einfluß der Medien auf das Strafverfahren, C.H.Beck München 1990, S. 61 ff.

Heinz, Wolfgang: Strafrechtspflegestatistiken und Kriminalpolitik, in: Schwind, Hans-Dieter u.a.: Kriminologie an der Schwelle zum 21. Jahrhundert. Festschrift für Hans Joachim Schneider zum 70. Geburtstag. Berlin / New York (de Gruyter) 1998, S. 779 – 812.

Höbermann, Frauke: Der Gerichtsbericht in der Lokalzeitung: Theorie und Alltag. Nomos Baden-Baden 1989

Hoffmann, Ludger: Rechtsdiskurse zwischen Normalität und Normativität, in: Haß-Zumkehr, Ulrike (Hg.): Sprache und Recht. Berlin, New York, de Gruyter 2002, S. 80 ff.

Jehle, Jörg-Martin / Heinz, Wolfgang / Sutterer, Peter: Legalbewährung nach strafrechtlichen Sanktionen. Eine   kommentierte Rückfallstatistik, hg. vom Bundesministerium der Justiz, Berlin 2003

Kania, Harald: Kriminalitätsdarstellung in den Massenmedien, in: Bundesministerium der Justiz (Hg.): Kriminalität in den Medien, Forum Mönchengladbach, S. 78 – 97.

Kirchhof, Paul: Rechtsprechen ist mehr als Nachsprechen von Vorgeschriebenem, in: Haß-Zumkehr, Ulrike (Hg.): Sprache und Recht. Berlin, New York, de Gruyter 2002, S. 119 ff.

Klein, Wolfgang: Textverständlichkeit-Textverstehen, in: Zeitschrift für Literaturwissenschaft und Linguistik Band 55 (1984).

Kurz, Josef / Müller, Daniel / Pötschke, Joachim / Pöttker, Horst: Stilistik für Journalisten. Westdeutscher Verlag Wiesbaden 2000

Landespräventionsrat Kommunale Kriminalprävention Nordrhein-Westfalen: Ein Leitfaden zur Planung, Durchführung und Evaluation kriminalpräventiver Projekte, Düsseldorf 2004

Langer, Inghard / Schulz v. Thun, Friedemann / Tausch, Reinhard: Verständlichkeit in Schule, Verwaltung, Politik und Wissenschaft , Ernst Reinhardt Verlag München Basel 1974

Lasser, Ingeborg: Verständliche Gesetze – eine Utopie? Bemerkungen aus linguistischer Sicht zur sprachlichen Gestaltung von BGB und ZGB der DDR, in: Zeitschrift für Literaturwissenschaft und Linguistik Band 118 (2000), S. 34 ff.

Löffler, Martin / Wenzel, Karl Egbert / Sedelmeier, Klaus: Presserecht. Kommentar zu den Landespressegesetzen   der Bundesrepublik Deutschland, 4. Aufl. C.H.Beck München 1997

Löffler, Martin / Ricker, Reinhart: Handbuch des Presserechts, 3. Aufl. C.H.Beck München 1994

Mauz, Gerhard: Die Gerechten und die Gerichteten. Ullstein Frankfurt, Berlin 1968

Mauz, Gerhard: Vorwort, in: Wilmes, Annette: Recht geschieht ihnen. Gerichtsreportagen. Köln 1986, S. 9 ff.

Meyer-Goßner, Lutz: Strafprozessordnung, 45. Aufl. C.H.Beck München 2001

Müller-Tuckfeld, Jens: Integrationsprävention, Frankfurt a.M. 1998

Neuenhahn, Hans-Uwe: Madiation – ein effizientes Konfliktlösungsinstrument auch in Deutschland, in NJW 2004, S. 663 - 665

Nowag, Werner / Schalkowski, Edmund: Kommentar und Glosse. UVK Konstanz 1998

Ortloff, Karsten-Michael: Mediation außerhalb und innerhalb des Verwaltungsprozesses, in NVwZ 2004, S. 385 – 390

Pfeiffer, G. (Hg.): Karlsruher Kommentar zur Strafprozessordnung und zum Gerichtsverfassungsgesetz, 4. Aufl. C.H.Beck München 1999

Piepenstock, Karola: Rechtsberatung in den Medien. Köln 2002

Pitschas, Rainer: Mediation als Methode und Instrument der Konfliktmittlung im öffentlichen Sektor, in NVwZ 2004, S. 396 – 403

Sauer, Christoph: Ein Minimalmodell zur Verständlichkeitsanalyse und -optimierung, in: Spillner, Bernd (Hg.): Sprache: Verstehen und Verständlichkeit. Lang Frankfurt/Main, 1995, S. 149 ff.

Schäder, Barbara: Sprich Recht und rede darüber. Zur Öffentlichkeitsarbeit von Gerichten. Diplomarbeit. Institut für Journalistik, Dortmund 2002

Schneider, Hans Joachim: Das Opfer und sein Täter – Partner im Verbrechen, München 1979.

Schönke-Schröder: Strafgesetzbuch. Kommentar. 25. Aufl. C.H.Beck München 1997

Soehring, Jörg: Presserecht, 2. Aufl. Stuttgart 1995

Stemmler, Theo: Zur Sprache der deutschen Landesverfassungen. Ein Test, in: Haß-Zumkehr, Ulrike (Hg.): Sprache und Recht. De Gruyter Berlin, New York 2002, S. 210 ff.

Tillmanns, Lutz: Mediale Vermarktung von Verbrechen und Grundsätze eines *fair trial*

Wachtel, Stefan: Schreiben fürs Hören. Trainingstexte, Regeln und Methoden, UVK Konstanz 1997

Wagner, Joachim: Strafprozessführung über Medien. Nomos Baden-Baden 1987

Wahrig, Gerhard: Deutsches Wörterbuch. 7. Aufl. Bertelsmann Gütersloh / München 2000

Wassermann, Rudolf: Justiz und Medien. Luchterhand Neuwied und Darmstadt 1980

Weber-Grellet, Heinrich: Finanzgerichte als Motor der EuGH-Rechtsprechung, in NJW 2004, S. 1617 ff.

Widmaier, Gunter: Gerechtigkeit – Aufgabe von Justiz und ‚Medien? In NJW 2004, S. 399–403

Wieners-Horst, Barbara: Die Arbeit des Redaktionsstabes der Gesellschaft für deutsche Sprache beim Deutschen Bundestag, in: Haß-Zumkehr, Ulrike (Hg.): Sprache und Recht. de Gruyter Berlin, New York 2002, S. 375 ff.

Zehrt, Wolfgang: Hörfunk-Nachrichten. UVK Konstanz 1996

Ziekow, Jan: Mediation in der Verwaltungsgerichtsbarkeit, in: NVwZ 2004, S. 390 - 396

Zindel, Udo / Rein, Wolfgang (Hg.): Das Radio-Feature. Ein Werkstattbuch. UVK Konstanz 1997

Beispieltexte

Die betrogene Verkäuferin glaubte an ein prima Geschäft

Kunde jubelte ihr falschen 100-Euro-Schein unter - Gericht spricht Angeklagten frei - Frau erkannte ihn im Gericht nicht wieder

Die Verkäuferin des Bastelladens an der Schützenstraße hatte sich so über das gute Geschäft kurz vor Feierabend gefreut. Am nächsten Tag kam dann die große Enttäuschung.

"Meine Schwiegertochter, die ich damals auf die Schnelle vertreten hatte, sagte mir: Mama, du hast dir einen falschen Hunderter andrehen lassen", sagte die Frau noch immer ganz aufgeregt auf dem Zeugenstuhl des Amtsgerichtes.

Immer wieder sah sie zu jenem jungen Mann hinüber, dem die Staatsanwaltschaft Verbreitung von Falschgeld vorwarf. Immer wieder beteuerte derjenige mit blas

sem Gesicht, nichts mit der Tat vom 30. Juli zu tun zu haben: "Ich war das nicht, kenne diesen Laden überhaupt nicht." Ein letzter prüfender Blick der Zeugin in Richtung Anklagebank, dann die Aussage: "Ich bin mir nicht ganz sicher. Und ich will nicht, dass hier jemand zu Unrecht bestraft wird." Da gab es nur eine Entscheidung für Amtsrichter Erhard Heinrichs: Freispruch für den Angeklagten.

Vor Jahren wurde der 25-Jährige wegen Herstellens von Falschgeld verurteilt, ist seitdem bei der Polizei mit einem Foto registriert. Jenes Foto wurde der Verkäuferin dann zusammen mit ande-

ren Bildern vorgelegt, allerdings erst vier Wochen nach der Tat. Damals war sie sich „zu 95 Prozent sicher", so steht es im Polizeibericht.

Als an jenem 30. Juli ein junger Mann in den Laden kam und zunächst nur Geld wechseln wollte, schöpfte die Verkäuferin keinerlei Verdacht.

„Ich konnte nicht wechseln, da kaufte er verschiedene Spielpüppchen", erinnerte sich die Frau. „So lange, bis ich ihm 68 Euro zurückgab." Sie hatte sogar ein Prüfgerät neben der Kasse stehen. „Ich wusste nur nicht, wie das geht."

K.M.

(WAZ v. 6.11.2003; Layout verändert)

Wie zufällig falten sich Hände zum Gebet

Glauben hinter Gittern: An jedem zweiten Sonntag predigt Pfarrer Klaus Kramer

Von Marc Raschke

WAZ Recklinghausen.
Die Symbolik, wie bestellt.
Ein Schmetterling müht
sich am vergitterten Fens-
ter, mit letzter Kraft die
kleine Luke nach draußen
zu erreichen. Vergebens.
"Bewaffnet euch", ruft
Knastpfarrer Klaus Krä-
mer, "aber wie?" Die Häftlinge nehmen es gelas-
sen. Gottesdienst in der
JVA Recklinghausen.

Schnittblumen stehen in
einer Vase auf einem Sperr-
holztisch. Daneben ein
Kelch und ein paar Kerzen.
Krämer verzichtet darauf,
das fahle Licht im Raum
durch die Neonröhren an der
Decke zu unterstützen. Das
habe was mit Atmosphäre,
mit Setting zu tun, meint er.
Außerdem reiche es vielen
Gefangenen, wenn in den
Zellen Neonlicht sei. So
sitzen sie vor ihm in einer
Art Gemeinschaftsraum,
rund zwei Dutzend Männer.
Ganze Kerle, obwohl viele
erst 20 bis 25 Jahre alt sind.
Sie ziehen es vor, anonym zu
bleiben. Krämer (64) rät
ihnen in Anlehnung an ein
Bibelwort, sich mit dem
Gürtel der Ehrlichkeit, dem
Brustpanzer aus Gerechtigkeit und dem Schwert des
Geistes zu "bewaffnen". Die
meisten Häftlinge tragen
weite Trainingshosen, Pulli
und Schlappen.

Einer von ihnen sucht stumm
die Blicke seiner Sitznach-
barn. So, als erwarte er jeden
Moment Gekicher, dem er
sich anschließen könne.
Doch kaum jemand verzieht
eine Miene. Sie schätzen
ihren Pfarrer. Schließlich ist
er es, der ihnen zuhört, mit
ihnen spricht und ab und zu
ein wenig Zigarettentabak
verschenkt. Tabak ist wie
Gold im Knast, ein Seelsorger wie Krämer ebenfalls.
"Entscheidend ist, sich als
Mensch hier zurecht zu finden und sich mit einer besseren Perspektive auseinanderzusetzen", sagt der katholi-
sche Geistliche. Ein Häftling
sei schließlich mehr als eine
Akte.

Wer in der JVA-Zweig-
stelle Recklinghausen sitzt,
hat maximal eine Freiheitsstrafe von zwei Jahren zu
verbüßen. Derzeit sind hier
105 Gefangene unterge-
bracht. Manchmal, wenn
jemand neu inhaftiert wird
und in der kahlen Zelle sitzt,
leiht der Pfarrer ihm ein
kleines, altes Radio: "Da hat
er dann wenigstens die Uhr-
zeit und ein bisschen Mu-
sik."

Der Gottesdienst, den Krämer jeden zweiten Sonntag
für eine gute Stunde abhält,
ist für viele eine Abwechs-
lung. Alle seien eingeladen,
heißt es. An diesem Morgen
sind auch zwei Moslems dabei. Ökumene hinter Gittern?
"Ich bin nicht für den Papst
hier, sondern aus meinem

Glauben und für euch",
betont der Geistliche.
Krämer will nicht indoktri-
nieren, Krämer will helfen.
Oft diskutiert er mit den
Häftlingen über Missbrauch
von Religion. Dabei zeichnet
sich der 64-Jährige, der in
grobmaschigem Strickpul-
lunder und dunkler Baum-
wollhose mit Seitentaschen
wie ein Globetrotter aus-
sieht, stets durch seine Bo-
denständigkeit aus. "Was hat
denn auch Glaube für einen
Sinn, wenn er nicht mit dem
Leben zu tun hat?"
Ähnliches gilt für ihn auch
in der Musik: Als der Pfarrer im Gottesdienst singt
und auf der Gitarre spielt,
münzt er immer wieder
Textpassagen spontan auf
den Knastalltag um. So wird
etwa die Stelle in "Amazing
Grace", die vom "nach Hause gehen" erzählt, umge-
wandelt in den
"Tag der Entlassung". Und
während Krämer singt,
scheint es, als würde ein
Fußballtrainer seine Mannschaft mental auf das entscheidende Spiel vorbereiten. In den Reihen wird es
ruhig. Vor dem Vater Unser
hebt Krämer eine kleine
Kerze in die Höhe. "Wenn
wir gleich beten, wofür soll
dann dieses Licht hier bren-
nen", fragt er. "Für meinen
Sohn", antwortet jemand.
Stille. Solche Worte liegen
schwer. "Und diese Kerze
hier?", fragt Krämer weiter.

"Für mein Patenkind, das ich noch nie gesehen habe", entgegnet ein anderer. Es folgt eine Kerze für jene Häftlinge auf der Welt, die in Todestrakten auf ihre Hinrichtung warten. Und eine Kerze für Frieden. Dann betet Krämer. Und auch wenn sich einige Häft linge vor ihren Kumpels bemühen, das Falten ihrer Hände möglichst zufällig wirken zu lassen: Sie beten ebenfalls.

Als Pfarrer Krämer dann während der Heiligen Kommunion auf seiner Gitarre erneut "Amazing Grace" zupft, weiß der 64-Jährige, dass seine Worte gefruchtet haben: Ein Häftling in der Nähe des Fensters nimmt den nahezu reglosen Schmetterling und schubst ihn durch die Luke: "Der stirbt eh, aber wenn schon, dann soll er in Freiheit sterben.

(WAZ v. 13.11.2003; Layout verändert; Bilder entfernt)

Auf Geld in Jacke selbst aufpassen
Gast wollte 850 Euro vom Hotelier zurück

WAZ Miesbach. „Für die Garderobe wird keine Haf tung übernommen." Diesen alt vertrauten Satz wollte ein Gast nicht glauben. Vergeblich versuchte er, von einem Hotelier 850 Euro ersetzt zu bekommen.

Mit seiner Freundin hatte der junge Mann sich in einem gediegenen Hotelrestaurant ein Frühstücksbuffet gegönnt. Als die beiden die Gaststube betraten, nahm ihnen die Oberkellnerin die Lederjacken ab und hängte diese in eine kleine Garderobe im Eingangsbereich.

Beim Verlassen des Lo kals reagierte der Mann auf gebracht. Er sei bestohlen worden, rief er. Ein Unbekannter habe ihm aus der Innentasche seiner Lederjacke die Geldbörse gestohlen. Und dort habe er immerhin 850 Euro Bargeld aufbewahrt. Das Hotel hätte besser aufpassen müssen, kritisierte er und wollte den Betrag einklagen.

Doch das Amtsgericht Miesbach stellte sich auf die Seite des Hoteliers: Er hafte nicht für den Verlust. Zum einen habe der Bestohlene gar nicht in dem Hotel gewohnt, sondern nur das Restaurant aufgesucht. Für Wertsachen von Essensgästen sei der Hotelier aber gar nicht verantwortlich.

Zum anderen begründe auch die höfliche Frage der Oberkellnerin, ob sie den Gästen die Jacken abnehmen und aufhängen dürfe, keine Pflicht des Personals, auf die Kleidung der Gäste aufzupassen. In guten Hotels, so schloss das Gericht offenbar aus eigener Erfahrung, gehörten Gefälligkeiten dieser Art zum selbstverständlichen Service. Eine besondere Überwachung der Garderobe werde damit nicht garantiert.

Az: 2 C 920/02   **gri**

(WAZ v. 20.1.2004; Layout verändert)

Beispielurteile

1. Zivilurteil

Landgericht Köln, Urteil vom 16.12.2004 (Az.: 84 O 136/04)

Rubrum: entfernt

Tenor:

Die Antragsgegnerin wird verurteilt, es bei Vermeidung eines vom Gericht für jeden Fall der Zuwiderhandlung festzusetzenden Ordnungsgeldes bis zu € 250.000,00, ersatzweise Ordnungshaft, oder von Ordnungshaft bis zu 6 Monaten, zu unterlassen,

im geschäftlichen Verkehr zu Zwecken des Wettbewerbs in der Bundesrepublik Deutschland Endverbrauchern gegenüber, wie nachstehend wiedergegeben, Flugreisen unter Angabe einer Flughafenbezeichnung "Flughafen Düsseldorf (Weeze)" und/oder "Düsseldorf-Weeze" zu bewerben:

- es folgt eine dreiseitige Bilddarstellung -

Die Antragsgegnerin trägt die Kosten des Verfahrens.

Das Urteil ist vorläufig vollstreckbar.

Tatbestand:

Die Antragsgegnerin benutzt einen im Bereich der Gemeinde Weeze gelegenen Flughafen als Abflughafen. Bei Weeze handelt es sich um einen Ort im Regierungsbezirk Düsseldorf, der zwischen Kevelaer und Goch in der Nähe der niederländischen Grenze liegt und etwa 70 – 80 km von Düsseldorf entfernt ist. Der Flughafen war am 1. 5. 2003 zunächst unter dem Namen "Airport Niederrhein" eröffnet worden. Die Antragsgegnerin hatte ihn mit der Bezeichnung "Niederrhein (Düsseldorf)" beworben, was der Antragsgegnerin auf Antrag der Antragstellerin durch einstweilige Verfügung des Landgerichts Köln, bestätigt durch Urteil des OLG Köln vom 5. 12. 2003 – Aktenzeichen 6 U 107/03 –, untersagt worden war.

Der Flughafen hatte sich daraufhin in Flughafen Düsseldorf-Weeze umbenannt. Sowohl die zuständigen Bundes- und Landesministerien als auch die IATA haben den Flughafen dem Großraum Düsseldorf zugeordnet.

Der Flughafen ist über die A 57 zu erreichen; ein Bus verkehrt von Düsseldorf zum Flughafen unter der Woche 7mal täglich und am Wochenende 5mal täglich; die Anreise ist mit dem Zug bis Weeze-Bahnhof möglich, wobei es einen Shuttle vom Bahnhof bis zum Flughafen gibt.

Die Parteien streiten nunmehr über das Recht der Antragsgegnerin, den Flughafen als "Düsseldorf (Weeze)" – wie in der vorstehenden Zeitungswerbung – oder als "Düsseldorf-Weeze" – wie in der Internetwerbung – zu bezeichnen. Der Flughafen hat sich aufgrund einer gegen ihn ergangenen einstweiligen Verfügung inzwischen in "Düsseldorf Regional (Weeze)" umbenannt.

Die Antragstellerin sieht die von der Antragsgegnerin verwendeten Bezeichnungen als irreführend an, weil sich der Flughafen nicht in Düsseldorf befinde und auch nicht in der näheren Umgebung von Düsseldorf.

Der Verbraucher müsse annehmen, dass es sich um einen Flughafen in unmittelbarer Nähe der Stadt Düsseldorf handele. Den Hinweis "Weeze" werde der Verbraucher nicht als Aufklärung empfinden, weil kaum jemandem der Ort "Weeze" bekannt sei. Soweit die Bezeichnung "Düsseldorf-Weeze" laute, werde ein Großteil der Verbraucher davon ausgehen, dass es sich um einen Stadtteil oder Vorort von Düsseldorf handele. Die Werbung sei geeignet, den Wettbewerb nicht unerheblich zu beeinträchtigen.

Im Wege der einstweiligen Verfügung beantragt die Antragstellerin, wie erkannt.

Die Antragsgegnerin beantragt,

den Antrag auf Erlass einer einstweiligen Verfügung zurückzuweisen.

Die Antragsgegnerin behauptet, dass der Flughafen der Region Düsseldorf politisch, wirtschaftlich, kulturell und luftfahrt-rechtlich zugeordnet sei. Die Erwartungen der angesprochenen Verkehrskreise würden durch die Verwendung der Bezeichnung Düsseldorf-Weeze nicht enttäuscht. Es entspreche der gängigen Praxis, dass die Bezeichnung von Flughäfen sich an der Metropolenregion, der sie zugeordnet seien, orientieren würden. Es sei gerade nicht üblich, dass die Bestandteile eines Flughafennamens auf Stadtteile hinweisen würden. Die Werbung mit dem Namen Frankfurt-Hahn sei heute allgemein anerkannt.

Aufgrund kontinuierlicher Presseberichterstattung über sogenannte Low Cost Carrier sei den Verbrauchern bekannt, dass diese Billigflieger bevorzugt die Infrastruktur kleinerer, von den jeweiligen Metropolen weiter entfernt liegenden Regionalhäfen nutzen würden. Darüber hinaus sei den Verbrauchern die Lage des Flughafens auch aufgrund kontinuierlicher Berichte in der Presse bekannt.

Wegen der weiteren Einzelheiten des Sach- und Streitstandes wird auf den Akteninhalt verwiesen.

Entscheidungsgründe:

Der Antrag ist gemäß §§ 3, 5, 8, 12 UWG begründet, weil die in der Werbung der Antragsgegnerin verwendeten Bezeichnungen für den 70 bis 80 km von Düsseldorf entfernt liegenden Flughafen irreführend sind.

Die Bezeichnungen "Düsseldorf (Weeze)" oder "Düsseldorf-Weeze" lassen einen Flughafen erwarten, der in einem Vorort von Düsseldorf oder jedenfalls in einem Ort bei Düsseldorf liegt. Dies können die Mitglieder der Kammer beurteilen, die selbst zu den angesprochenen Verbraucherkreisen zählen. Der Verbraucher erwartet angesichts dieser Bezeichnung nicht, dass der Flughafen tatsächlich mit einer Fahrtzeit von ca. 1 Stunde von Düsseldorf erreichbar in nördlicher Richtung kurz vor der niederländischen Grenze liegt, wobei der Flughafen zu Städten wie Krefeld, Duisburg oder Kleve erheblich näher liegt als zu Düsseldorf.

Es trifft in der Allgemeinheit, wie die Antragsgegnerin vorträgt, nicht zu, dass es nicht üblich sei, dass bei Flughafennamen die der Bezeichnung eines größeren Ortes folgende weitere Ortsbezeichnung nicht auf Stadtteile des zuerst genannten Ortes hinweisen würde. "Berlin-Tegel" und "Berlin-Tempelhof" sowie "München-Riem" sind Gegenbeispiele; "Berlin-Schönefeld" grenzt unmittelbar an Berlin an. Der Flughafen "Düsseldorf International" ist auch heute noch als "Flughafen Düsseldorf-Lohausen" bekannt.

Soweit die Antragsgegnerin auf europäische oder außereuropäische Flughäfen verweist, die den Namen von Metropolen tragen, teilweise aber in noch größerer Entfernung zu der Metropole als Weeze zu Düsseldorf liegen, sind die Verhältnisse nicht vergleichbar. Wie schon das Oberlandesgericht Köln in seinem Urteil vom 5. 12. 2003 hierzu bemerkt hat, handelt es sich hierbei um Weltstädte, die die sie umgebende Region völlig beherrschen, während dies im Fall von Düsseldorf nicht der Fall ist; denn Städte wie Kleve, Krefeld oder Duisburg oder das gesamte Ruhrgebiet stehen selbständig neben Düsseldorf, so dass sich Weeze aufgrund der größeren Nähe zu diesen Gemeinden oder Gebieten eben nicht regional oder kulturell eindeutig Düsseldorf zuordnen lässt. Dass Weeze in dem großflächigen Regierungsbezirk Düsseldorf liegt, in dem es diverse andere sehr namhafte Gemeinden gibt, führt nicht dazu, dass der angesprochene Verbraucher den Ort Weeze der Stadt Düsseldorf zuordnet, weil das Verständnis des angesprochenen Verbrauchers von den Organisationsstrukturen der öffentlichen Verwaltung nicht geprägt wird. Ebenso ist für den Verbraucher eine vorgenommene luftfahrtrechtliche Zuordnung zu einem Großraum ohne Belang.

Soweit die Antragsgegnerin behauptet, dass der Verbraucher wisse, dass Billigflieger bevorzugt die Infrastruktur kleinerer, von den jeweiligen Metropolen weiter entfernt liegenden Regionalhäfen nutzen würden, so kann dies in dieser Allgemeinheit nicht festgestellt werden. Denn in der Nachfolge der Antragsgegnerin sind diverse weitere Billigflieger auf den Markt getreten, die ihren Flugverkehr durchaus von den Flughäfen innerhalb der Städte bzw. in der Nähe der Städte abwickeln und ihren Kunden weite Anfahrten ersparen. Soweit die Antragsgegnerin Frankfurt-Hahn anspricht, sind dieser Flughafen sowie seine Lage im Zusammenhang mit der großen Publizität, die der erste Auftritt der Antragsgegnerin auf dem deutschen Markt in Presse und Fernsehen gefunden hatte, allgemein bekannt geworden. Eine ähnlich intensive Berichterstattung, die die Lage des Flug-

hafens in Weeze bekannt gemacht hätte, vermag die Kammer nicht festzustellen; der Mehrheit der Mitglieder der Kammer war die Existenz eines
Flughafens in Weeze bis zur Befassung mit der vorliegenden Sache unbekannt geblieben.

Es kann auch nicht festgestellt werden, dass deshalb eine Irreführung
ausscheidet, weil der Verbraucher die Flugtickets bei der Antragsgegnerin
im Internet zu buchen pflegt und sich dort über ein vorhandenes Link zu
"Informationen zum Flughafen Düsseldorf-Weeze" über dessen örtliche
Lage informieren kann. Diese Informationsmöglichkeit besteht bei der Zeitungswerbung, die ebenfalls Gegenstand des Unterlassungsanspruchs ist,
ohnehin nicht. Durch diese wird aber der Verbraucher bereits angesprochen und auf das Angebot der Antragsgegnerin gelenkt. Aus dem kleinge-
druckten Text am Fuß der Anzeige ergibt sich zur Lage des Flughafens
nur, dass er sich an der A 57 befindet und die Abfahrt Weeze zu wählen
ist. Wem Weeze bisher kein Begriff war, wird auch aufgrund dieses Hinweises nicht schlauer; der vorstehende Hinweis "Direktflüge ab Düsseldorf
(Weeze)" sowie der weitere Hinweis "Direkte Busverbindung zum Hbf
Düsseldorf" verleiten vielmehr zu der irrigen Annahme, dass sich der Flughafen im engeren räumlichen Umfeld von Düsseldorf befindet, wozu auch
die Aussage "Nur ein Katzensprung von Düsseldorf und Dortmund" bei-
trägt.

Soweit es um die über das Internet gebotene Informationsmöglichkeit
geht, hatte das OLG Köln bereits in seinem vorstehend angesprochenen
Urteil vom 5. 12. 2003 die Fallgestaltungen angesprochen, in denen der
Verbraucher eine Buchung vornimmt, ohne sich zuvor über die genaue
Lage oder die Verkehrsanbindung des Flughafens zu informieren. Hierauf
wird verwiesen.

Die hiernach bestehende Gefahr der Irreführung ist von wettbewerblicher
Relevanz. Es macht für einen Flugreisenden, zumal wenn er mit einigem
Gepäck verreist, einen Unterschied, ob er von einem an einem Verkehrsknotenpunkt gelegenen zentralen Flughafen, der aufgrund seiner engen,
auch räumlichen Anbindung an eine Großstadt mit öffentlichen Verkehrsmitteln oder einem Taxi bequem zu erreichen ist, fliegt oder ob er den
Flughafen von diesem Verkehrsknotenpunkt aus, wie ihn etwa der Haupt-
bahnhof von Düsseldorf darstellt, nur erreichen kann, indem er noch eine
weitere Strecke, für die die Kosten eines Taxis zu teuer wären, mit unterschiedlichen öffentlichen Verkehrsmitteln zurücklegen muss, was zudem
auch ein wiederholtes Umsteigen mit dem gesamten Gepäck bedingt,
davon, dass eventuelle Verkehrsstörungen eingeplant werden müssen,
einmal ganz abgesehen.

Kunden, für deren Anfahrtsweg es einen erheblichen Unterschied macht,
ob der Flughafen bei Düsseldorf oder unweit der deutsch/niederländischen
Grenze liegt, also etwa solche, die aus dem südlichen Bereich der Nieder-

rhein-Region stammen, werden ihre Buchungsentscheidung auch von der angenommenen Nähe des Flughafens zu Düsseldorf abhängig machen. Die Kostenentscheidung beruht auf § 91 ZPO. Die Entscheidung über die vorläufige Vollstreckbarkeit folgt aus dem Zweck der einstweiligen Verfügung.
Streitwert: € 20.000,00

2. Verwaltungsgerichtsurteil

Verwaltungsgericht Minden Urteil vom 21. 3. 2005 (Az.: 11 K 2354/04)

Rubrum: entfernt

Tenor:

Die Klage wird abgewiesen.
Die Kosten des Verfahrens trägt der Kläger.
Das Urteil ist hinsichtlich der Kosten vorläufig vollstreckbar. Dem Kläger wird nachgelassen, die Vollstreckung durch Sicherheitsleistung oder Hinterlegung in Höhe des zu vollstreckenden Betrages abwenden, wenn nicht der Beklagte zuvor Sicherheit in gleicher Höhe leistet.

Tatbestand:

Der Kläger ist Eigentümer des mit einem Wohnhaus bebauten Grundstückes "B.-------weg 11" in F. , in dem 10 Personen mit Hauptwohnsitz gemeldet sind.
Mit Bescheid vom 13.4.2004 forderte der Beklagte den Kläger unter Berufung auf die gemeindliche Abfallentsorgungssatzung auf, bis zum 26.4.2004 neben dem vorhandenen 240-L-Restmüllbehälter ein zusätzliches 80-L-Restmüllgefäß aufzustellen. Für den Fall der Weigerung drohte der Beklagte dem Kläger ein Zwangsgeld in Höhe von 50,00 EUR an.
Gegen diesen Bescheid legte der Kläger mit Schreiben vom 28.4.2004 Widerspruch ein und führte zur Begründung aus: Sein Haushalt bestehe zu 40 % aus Kindern. Auf Grund umweltbewusst niedriger Konsumrate sei der Restmüllanfall auf seinem Grundstück so gering, dass nicht einmal der vorhandene 240-L- Restmüllbehälter ausgelastet sei. Außerdem sei Presseberichten zu entnehmen, dass die Abfallmenge sich in den letzten 15 Jahren halbiert habe.
Mit Bescheid vom 21.6.2004 wies der Beklagte den Widerspruch des Klägers zurück und führte zur Begründung aus: Die Gemeinde könne durch Satzung die Zuteilung eines Behälters bestimmter Mindestgröße vorschreiben. Die festgelegte Mindestgröße orientiere sich am durchschnittlichen Abfallaufkommen in der Gemeinde und halte sich im Rahmen ihres Organisationsermessens. Sie sei nicht verpflichtet, jedem Bewohner ein Restmüllgefäß zur Verfügung zu stellen, dass seinem individuellen Be-

dürfnis entspreche und das im einzelnen Haushalt anfallende Müllvolumen berücksichtige.

Der Kläger hat daraufhin am 8.7.2004 Klage erhoben und zur Begründung auf sein Vorbringen im Verwaltungsverfahren Bezug genommen.

Er beantragt,

den Bescheid des Beklagten vom 13.4.2004 in Gestalt des Widerspruchsbescheides vom 21.6.2004 aufzuheben.

Der Beklagte beantragt, die Klage abzuweisen.

Er trägt zur Begründung ergänzend vor: Im Jahre 2004 seien in der Stadt F. 3118 Tonnen Restmüll angefallen. Aufgeteilt auf die gemeldeten 26.411 Einwohner ergebe sich hieraus ein Restmüllaufkommen pro Einwohner von 118,09 kg pro Jahr. Diese Restmüllmenge sei in Liter-Volumen umzurechnen. Hierbei sei er von einem Wert von 160 g/L ausgegangen. Umgerechnet ergebe dies einen Wert von 14,1 L Restmüllvolumen pro Einwohner pro Woche. In der Satzung habe er einen Durchschnittswert von 7,5 L pro Woche zu Grunde gelegt. Berechnet auf den Haushalt des Klägers bedeute dies, dass pro Person 30 L pro Monat zu Grunde zu legen seien und damit bei einem Haushalt von 10 Personen ein Restmüllgefäß von 300 L zur Verfügung zu stellen sei.

Wegen der weiteren Einzelheiten des Sach- und Streitstandes wird Bezug genommen auf den Inhalt der Gerichtsakte und die beigezogenen Verwaltungsvorgänge des Beklagten.

Entscheidungsgründe:

Die Klage ist zulässig, aber unbegründet.

Der angefochtene Bescheid des Beklagten vom 13.4.2004 in Gestalt des Widerspruchsbescheides vom 21.6.2004 ist rechtmäßig und verletzt den Kläger nicht in seinen Rechten (§ 113 Abs. 1 Satz 1 VwGO).

Er findet seine Rechtsgrundlage in den §§ 5 Abs. 6, 9 LAbfG NRW i.V.m. den §§ 6 Abs.1, 10 Abs. 2 und 11 Abs. 2 und 15 der Satzung über die Abfallentsorgung in der Stadt F. vom 16.12.1999 in der ab dem 1.1.2002 geltenden Fassung - im Folgenden: AES -.

Die Stadt F. ist als zuständiger öffentlich-rechtlicher Entsorgungsträger (§ 5 Abs. 6 Satz 1 LAbfG NRW) verpflichtet, die im Gemeindegebiet anfallenden und ihr zu überlassenden Abfälle einzusammeln und zu den Abfallentsorgungsanlagen zu befördern, soweit diese von Kreisen betrieben oder in deren Auftrag betrieben werden. Die öffentlich-rechtlichen Entsorgungsträger regeln die Abfallentsorgung durch Satzung (§ 9 Abs. 1 Satz 1 LAbfG NRW), die nach § 13 Abs. 1 bis 3 Krw-/AbfG den Anschluss- und Benutzungszwang bei privaten Haushaltungen für alle Abfälle vorschreiben kann, soweit nicht Abfälle auf dem Grundstück ordnungsgemäß und schadlos verwertet werden (§ 9 Abs. 1a Satz 1 und 3 LAbfG NRW). Von

dieser Möglichkeit hat der Beklagte durch o.g. Satzung Gebrauch gemacht.

Der Kläger ist als Eigentümer eines zu Wohnzwecken genutzten Grundstückes verpflichtet, sein Grundstück an die kommunale Abfallentsor-
gungseinrichtung anzuschließen und dieser den auf seinem Grundstück
anfallenden Restmüll zu überlassen (§ 6 Abs. 1 AES). Für die Entsorgung
des Restmülls stellt die Stadt F. den Einwohnern Abfallbehälter in Größen
von 80 L, 120 L, 240 l und 1100 L zur Verfügung (§ 10 Abs. 2 lit c AES),
die im 4-Wochen-Rhythmus geleert werden (§ 15 Nr. 2 AES). Die Größe
der bereit zu stellenden Restmüllbehälter bestimmt sich nach der Anzahl
der auf dem Grundstück mit Hauptwohnsitz gemeldeten Personen. Für
Grundstücke mit bis zu 8 mit Hauptwohnsitz gemeldeten Personen ist ein
240-L-Restmüllgefäß bereitzuhalten, für Grundstücke mit größerer Perso-
nenzahl entsprechend mehr Abfallbehälter der Größen 80 L, 120 L, 240 L
und 1100 L (§ 11 Abs. 2 AES).

Im Hinblick auf die auf dem Grundstück des Klägers mit Hauptwohnsitz
gemeldeten 10 Personen war demnach das vorhandene 240-L-
Restmüllgefäß nicht (mehr) ausreichend, sodass der Beklagte den Kläger
zu Recht aufgefordert hat, ein weiteres 80-L-Restmüllgefäß aufzustellen.

Rechtliche Bedenken gegen diese satzungsrechtlich begründete Zuweisung eines weiteren Müllbehälters im Falle des Klägers sind für das Gericht nicht ersichtlich. Die maßgeblichen Satzungsbestimmungen, insbesondere die Vorschriften zur Bereithaltung von Restmüllgefäßen bestimmter Mindestgröße in Abhängigkeit zur Anzahl der mit Hauptwohnsitz gemeldeten Hausbewohner (§ 11 AES), stehen mit § 9 Abs. 1 Satz 3 LAbfG
NRW in Einklang.

§ 9 Abs. 1 Satz 3 1. Halbsatz LAbfG NRW ermächtigt die Gemeinden ausdrücklich, für einzelne Abfallfraktionen bestimmte Mindestbehältervolumen
vorzuschreiben. Der vom Beklagten für die Bestimmung des Mindestbehältervolumens gewählte Anknüpfungspunkt - Anzahl der mit Hauptwohnsitz gemeldeten Personen - ist hierbei rechtlich nicht zu beanstanden. In
der Rechtsprechung ist anerkannt, dass die Gemeinde im Rahmen ihres
Organisationsermessens bei der Zuteilung des Behältervolumens allgemeine Durchschnittswerte sowohl für den Ansatz eines durchschnittlichen
Abfallaufkommens als auch für die Bereithaltung von Behältergrößen zu
Grunde legen darf und nicht verpflichtet ist, den Müllanfall in jedem einzelnen Haushalt zu ermitteln und diesem konkreten Müllanfall ein individuel-
les Behältervolumen zuzuweisen.

> Vgl. OVG NRW, Urteil vom 28.11.1994 - 22 A 3036/93 -, Mitt. NWStGB
> 1995, 144 = Städte- und Gemeinderat 1995, 190 = NWVBl 1995, 308 =
> HGZ 1995, 508 = Gemeindehaushalt 1996, 118; OVG Lüneburg, Urteil vom
> 26.3.2003 - 9 KN 439/02 -, KStZ 2004, 36.

Die Einwände des Klägers, auf Grund umweltbewusst niedriger Konsumrate sei der Hausmüllanfall auf seinem Grundstück so gering, dass der vorhandenen 240-L- Restmüllbehälter ausreiche, können seiner Klage deshalb nicht zum Erfolg verhelfen.

Soweit der durch Änderungsgesetz vom 24.11.1998 eingefügte § 9 Abs. 1 Satz 3 2. Halbsatz LAbfG NRW bestimmt, dass durch die Bemessung des Mindestbehältervolumens die Anreizfunktion der Gebührenbemessung nach § 9 Abs. 2 Satz 3 LAbfG NRW zur Vermeidung, Getrennthaltung und Verwertung nicht unterlaufen werden darf, ergibt sich hieraus nach Auffassung des Gerichts nicht, dass - abweichend von der o.g. Rechtsprechung des OVG NRW - das Organisationsermessen der Gemeinde nunmehr mit der Maßgabe eingeschränkt ist, dass nicht mehr auf Durchschnittswerte abgestellt werden darf, sondern sich das Mindestvolumen an einem absolutem Minimum zu orientieren hat, d.h. an dem, was bei allen Anstrengungen zur Vermeidung, Getrennthaltung und Verwertung nicht mehr vermieden werden kann.

Vgl. hierzu Schulte/Wiesemann in Driehaus, KAG, Loseblattkommentar, § 6 Rdn. 343b, Stand: September 2004 m.w.N.; offen gelassen: VG Aachen, Urteil vom 19.3.2004, a.a.O.

Die Regelung des § 9 Abs. 1 Satz 3 2.Halbsatz LAbfG NRW zum Mindestvolumen ist - wie der Wortlaut der Bestimmung zeigt - im Zusammenhang mit der Gebührenbemessungsregelung des § 9 Abs. 2 Satz 3 LAbfG NRW zu sehen. Aus ihr ergibt sich nicht, dass bereits bei der Bestimmung der Behältergrößen der Idealfall eines alle Anstrengungen zur Vermeidung, Getrennthaltung und Verwertung beachtenden Einwohners in Betracht zu ziehen ist. Ein an derartigen Maßstäben orientiertes Mindestbehältervolumen ließe die Mehrzahl derjenigen außer Betracht, die nicht in der Lage oder willens ist, diesem Idealbild zu entsprechen. Eine illegale Entsorgung von Restmüll oder eine Entsorgung des Restmülles über andere zur Verfügung gestellte Müllbehälter wegen eines zu geringen Behältervolumens wäre bei einer Orientierung am absoluten Minimum zu befürchten. Mit den bundesrechtlichen Zielen einer umweltverträglichen Abfallbeseitigung (§ 1 Krw- /AbfG) und dem landesrechtlichen Gebot einer Getrennthaltung von Abfällen zur Verwertung und Abfällen zur Beseitigung (§ 4a LAbfG NRW) wäre dies nicht zu vereinbaren.

Gemessen an diesen Voraussetzungen unterliegt die in § 11 Abs. 2 AES erfolgte Bestimmung von Mindestrestmüllbehältern keinen durchgreifenden Bedenken.

Der Beklagte hat in der mündlichen Verhandlung schlüssig und für das Gericht nachvollziehbar dargelegt, dass die Bestimmung des Mindestbehältervolumens auf konkreten und aktuellen Feststellungen zum Restmüllaufkommen im Gemeindegebiet besteht. Die vom Beklagten in der mündlichen Verhandlung genannten Zahlen - 118,09 kg/E Restmüll pro Jahr -

decken sich im Wesentlichen mit den dem Gericht vorliegenden Zahlen zum Restmüllaufkommen in der Gemeinde,

> vgl. Hausmüllstatistik im Kreis Minden-Lübbecke für das Jahr 2004 - Stadt F. - : 113,90 kg/E pro Jahr -,

und im Kreisgebiet.

> Vgl. Abfallwirtschaftsplan der Bezirksregierung Detmold 2004, Nr. 7.2.6. Restabfall Minden - Lübbecke : 119 kg/E pro Jahr.

Es ist deshalb nicht ersichtlich, dass die Bemessung des Restmüllbehältervolumens auf einem unrealistischem oder überholten Zahlenmaterial beruht.

Es kann dahin gestellt bleiben, ob der vom Beklagten zu Grunde gelegte Umrechnungsfaktor - Schüttvolumen 160 g/L - zutreffend ist, oder - soweit es den hier streitigen Hausmüll angeht - nicht vielmehr eine Schüttdichte von 250 mg/L realistisch ist.

> Vgl. VG Aachen, Urteil vom 19.3.2004, a.a.O. unter Berufung auf eine Stellungnahme des Prof. Dr. Ing. Q.E. der RWTH Aachen.

In beiden Fällen ergibt sich jedenfalls unter Berücksichtigung des durchschnittlichen Hausmüllanfalles (s.o.) und der auf dem Grundstück des Klägers mit Hauptwohnsitz gemeldeten Personen ein Restmüllvolumen, dass die Bereithaltung eines weiteren Restmüllgefäßes neben dem vorhandenen 240-L- Restmüllgefäß erfordert.

Bei Berücksichtigung des vom Beklagten errechneten Schüttvolumens ergibt sich ein durchschnittliches Restmüllvolumen für jeden Einwohner pro Woche von 14,19 L pro Woche (118,09/52/0,160), mithin ein monatliches Restmüllvolumen im Falle des Klägers, dass das Fassungsvermögen des vorhandenen 240-L-Restmüllgefäßes um mehr als das Doppelte übersteigt (10*4*14,19 = 576,6 L).

Die Kostenentscheidung folgt aus den § 154 Abs. 1 VwGO, die Entscheidung über die vorläufige Vollstreckbarkeit aus den §§ 167 VwGO, 708 Nr. 11, 711 ZPO.

Sachregister